城厢年鉴

2023

YEARBOOK OF CHENGXIANG

中共莆田市城厢区委党史和地方志研究室 编

方志出版社
Publishing House of Local Records

图书在版编目（CIP）数据

城厢年鉴. 2023 / 中共莆田市城厢区委党史和地方志研究室编. — 北京 : 方志出版社, 2023.12
ISBN 978-7-5144-5991-3

Ⅰ. ①城… Ⅱ. ①中… Ⅲ. ①区（城市）－莆田－2023－年鉴 Ⅳ. ①Z525.74

中国国家版本馆CIP数据核字（2023）第253110号

责任编辑：王娜
责任校对：张玉霞
责任印制：梅中英
出 版 者：方志出版社
地　　址：北京市朝阳区潘家园东里9号（国家方志馆4层）
邮　　编：100021
网　　址：http://www.zgfzcb.cn
发　　行：方志出版社图书营销中心（010-67110500）
印　　刷：云南美嘉美印刷包装有限公司
开　　本：889毫米×1194毫米　1/16
印　　张：20.75
字　　数：537千字
版　　次：2023年12月第1版
印　　次：2023年12月第1次印刷
定　　价：268.00元

《城厢年鉴》编辑部

主　　编：林建如

副 主 编：徐志群　崔建行　林丽洪

编　　辑：谢　彬　林葵华　方友新　吴娓金　陈伟家　郑美梅
陈荔婷　郑星星

摄　　影：许文泉　易振环　许金珊　蔡新添

编辑说明

一、《城厢年鉴》是中共莆田市城厢区委员会、莆田市城厢区人民政府主办，中共莆田市城厢区委党史和地方志研究室编纂的地方年度资料性文献，一年一卷，国内外公开发行，《城厢年鉴（2023）》为第十卷。

二、《城厢年鉴（2023）》以马克思列宁主义、毛泽东思想、邓小平理论、“三个代表”重要思想、科学发展观、习近平新时代中国特色社会主义思想为指导，坚持辩证唯物主义和历史唯物主义的立场、观点和方法，求真务实，全面、客观、系统地记载2022年城厢区政治、经济、文化、社会、生态等方面的基本情况，突出反映各行各业、各条战线的新发展、新成就、新经验。

三、《城厢年鉴（2023）》原则上记载城厢区2022年度资料，记事时限为2022年1月1日至2022年12月31日。文中凡直书月、日的，均指2022年内的日期，“年内”均指2022年内。文中涉及其他年份的时间均标明年份。

四、《城厢年鉴（2023）》内容分为三大版块，卷首设图片、专记、大事记、区情概貌；正文（主体部分）有中共莆田市城厢区委员会、莆田市城厢区人民代表大会、莆田市城厢区人民政府、政协莆田市城厢区委员会、纪检 监察、民主党派 工商联、群众团体、法治、军事、外事 侨务 台湾事务、应急管理、经济管理、市场监督、财政 税务、金融、城乡建设与管理、生态环境、农业 农村、工业、商贸经济、交通 邮政 通信、教育、科技、文化 旅游、卫生 体育、社会民生、镇（街道）；卷末设人物 名录、附录、索引等。框架采用类目、分目、条目三级结构，除专记收录综合性文章外，内文（主体部分）采用综合年鉴规范性记述，以条目为基本单元和主要表现形式。

五、《城厢年鉴（2023）》文中各种机构在各类目首次出现时用全称，同时标明简称，以后则用简称。文中除“民主党派”部分外，未标明党派的“市委”均指“中共莆田市委”，“区委”均指“中共莆田市城厢区委”，“党员”均指“中共党员”，“党建”工作均指“中国共产党建设”，“省”“全省”均指福建省，“市”“全市”均指莆田市，“区”“全区”均指城厢区。

六、《城厢年鉴（2023）》采用记述体为主兼具说明体。数字用法、标点符号用法分别采用国家标准《出版物上数字用法》（GB/T 15835—2011）、《标点符号用法》（GB/T 15834—2011）；计量单位采用国家技术监督局1993年12月发布的《量和单位》系列国家标准，部分内容基于习惯，保留使用计量单位“亩”“公里”“公斤”。

七、《城厢年鉴（2023）》入鉴的资料、图片均由各相关单位撰写或提供，并经主要负责人审核，作者署名。主要数据和统计资料由城厢区统计局提供，部分数据由各相关单位提供。由于统计口径不同，相关部门的个别数据与统计资料不一致的，以统计资料为准。个别数据在不同条目中不尽相同，使用时请注意出处。

八、《城厢年鉴（2023）》配备双重检索系统，正文前刊有目录，书后配有检索。索引采用主题分类法，款目按汉语拼音字母顺序排列。

城厢区地图

比例尺1：170 000

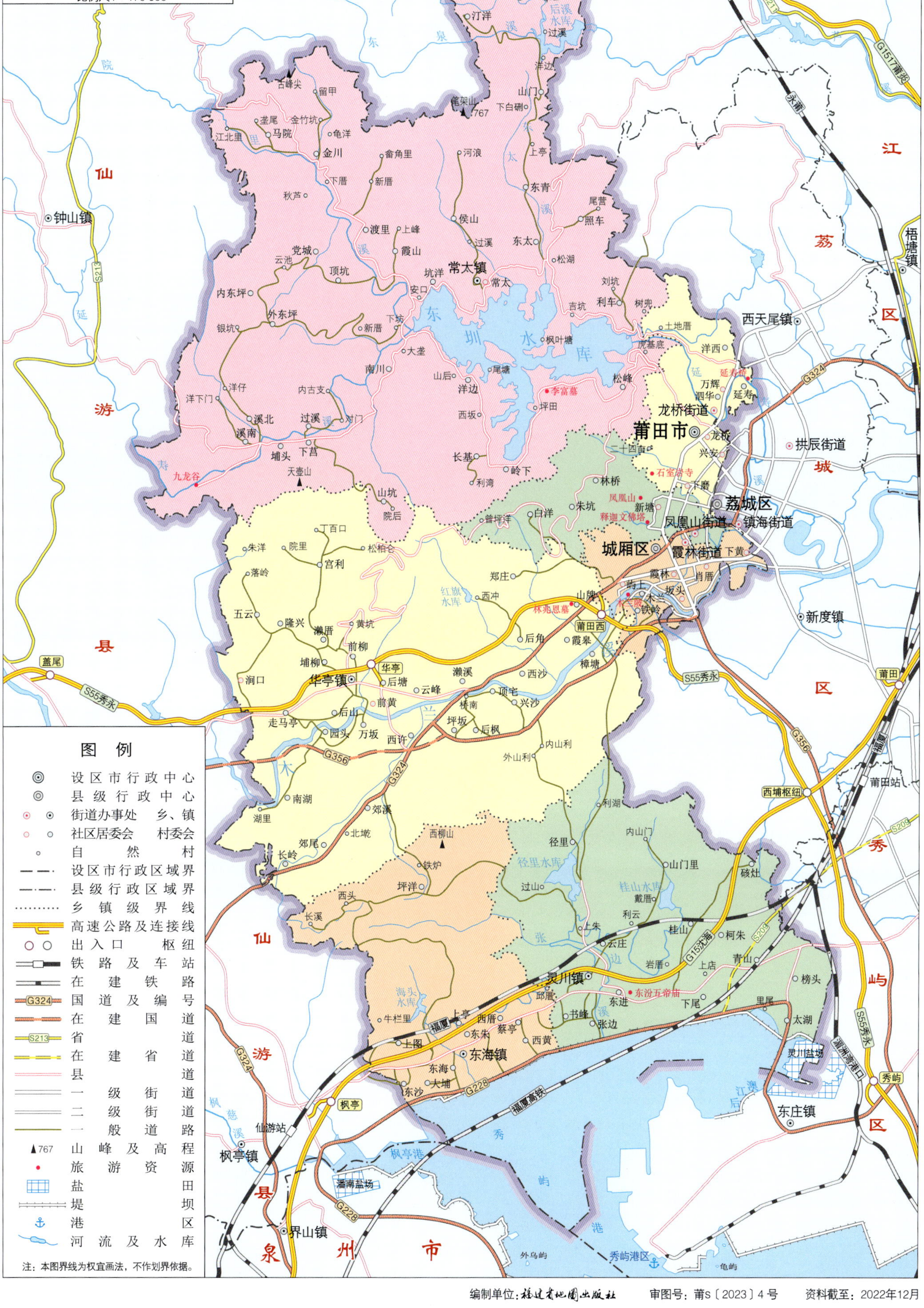

编制单位：福建省地图出版社　审图号：莆S〔2023〕4号　资料截至：2022年12月

数字城厢 2022年

◇ 总面积：505平方千米

◇ 地区生产总值：587.08亿元

◇ 第一产业增加值：10.27亿元

◇ 第二产业增加值：225.70亿元

◇ 第三产业增加值：351.11亿元

◇ 三次产业结构：1.8：38.4：59.8

◇ 常住人口：54.5万人

◇ 农林牧渔总产值：20.76亿元

◇ 种植业产值：4.24亿元

◇ 林业产值：0.53亿元

◇ 牧业产值：10.10亿元

◇ 渔业产值：4.15亿元

◇ 粮食产量：11400吨

◇ 猪肉产量：6839吨

◇ 活家禽出栏：1548.33万羽

◇ 蔬菜产量：21700吨

◇ 规模以上工业产值：509.70亿元

◇ 建筑企业完成产产值：222.08亿元

▲ 2022年5月13日，城北新貌　（许金珊　摄）

◇ 社会消费品零售总额：653.89亿元

◇ 限上消费品零售额：329.21亿元

◇ 限上批发零售业销售额：912.2亿元

◇ 限上住宿餐饮业营业额：13.86亿元

◇ 利用外资总额：2628万美元

◇ 外贸出口总额：89.44亿元

◇ 接待旅游人数：411.85万人次

◇ 旅游收入：30.11亿元

◇ 公路运输总周转量：84704万吨千米

◇ 居民人均可支配收入：46991元

◇ 农村居民人均可支配收入：27465元

◇ 城镇居民人均可支配收入：53723元

◇ 居民人均消费支出：28878元

◇ 农村居民人均消费支出：20408元

◇ 城镇居民人均消费支出：32150元

◇ 学校：157所

◇ 在校中小学生：95804名

城厢要闻

▲ 2022年12月24—26日，莆田市城厢区第十届人民代表大会第二次会议召开 （许金珊　摄）

▲ 2022年12月24日，中国人民政治协商会议第九届莆田市城厢区委员会第二次会议召开 （陈德胜　摄）

▲ 2022年12月10日，莆田市城厢区工商业联合会（总商会）第四次代表大会召开 （吴平州　摄）

▲ 2022年9月9日，城厢区举行庆祝第38个教师节暨推进教育高质量发展大会嘉奖仪式 （吴平州 摄）

▲ 2022年2月11日，城厢区民营经济暨产业发展招商推介大会项目签约仪式举行 （吴平州 摄）

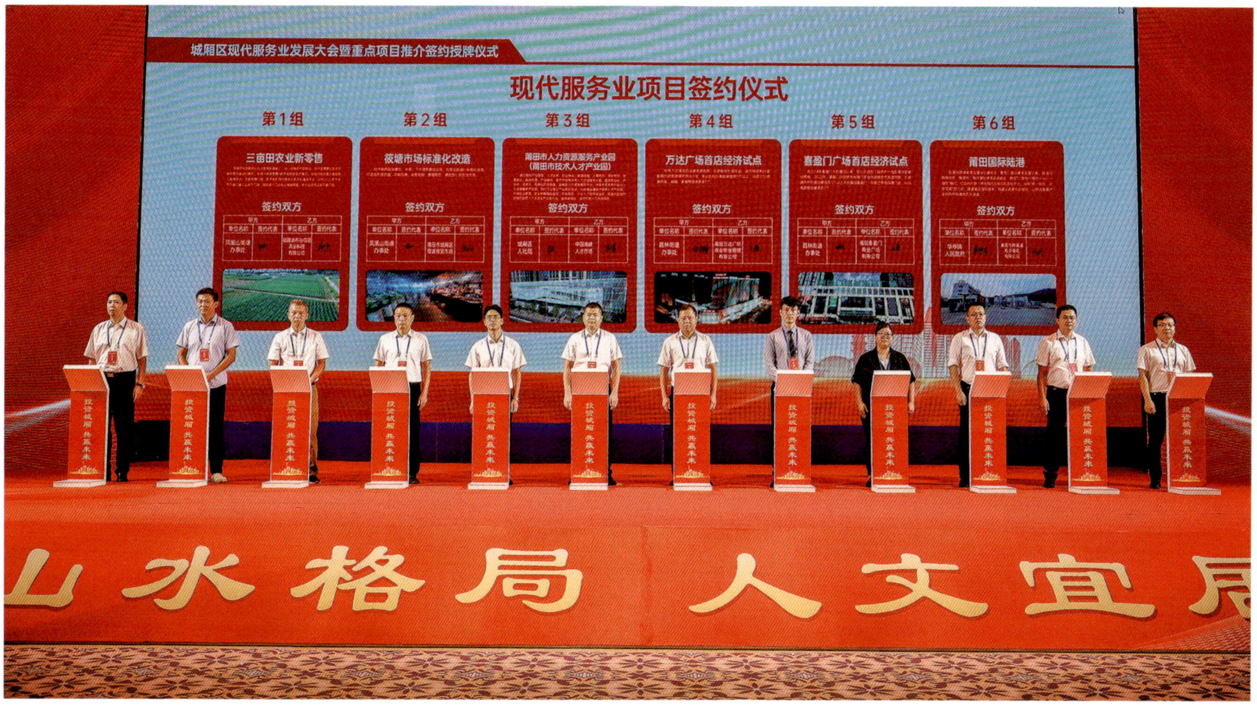

▲ 2022年8月25日，城厢区现代服务业项目签约仪式举行　（吴平州　摄）

▶ 2022年12月12日，莆田国际陆港福建港口在华林园区开通
（蔡新添　摄）

▶ 2022年12月12日，莆田国际陆港展馆开放。图为宁夏同心县农特产品展示展销馆
（商务局　供）

工业建设

▲ 2022年6月23日，国贸华威—莆田华源供应链项目签约仪式在太湖工业园区华源纺织城举行

（易振环　供）

▲ 2022年，福建省亚明食品有限公司生产车间一角　　（蔡新添　摄）

◀ 2022年，莆田市力奴鞋业有限公司电脑针车间一角
（蔡新添　摄）

▶ 2022年12月23日，位于城厢区太湖园区内的福建省莆田市新兴达饮料有限公司50万蛋鸡存栏项目厂房一角
（黄欢欢　摄）

好物直播 >>>

▲ 2022年8月25日，城厢区举行城厢好物直播间授牌仪式（商务局 供）

▲ 2022年7月1日，城厢区第二届直播电商节现场　　（商务局　供）

▲ 2022年12月16日，城厢区举办“云上莆田　品牌城厢”暨2022年城厢好物展销会第七场直播

（商务局　供）

▶ 2022年12月15日，城厢区举办第七场城厢好物直播。图为才子服饰股份有限公司直播间现场

（商务局 供）

◀ 2022年12月，城厢好物直播间线下门店

（商务局 供）

▶ 2022年，城厢好物直播间企业线下门店

（商务局 供）

▲ 2022年9月29日，人气主播在城厢区2022年中国农民丰收节活动中展示农产品（林家宏 摄）

▶ 2022年4月21日，城厢区第二届直播电商节线上品课会现场（林家宏 摄）

项目建设

▲ 2022年，在建中的城厢区霞林街道沟头安置房 （易振环　供）

▲ 2022年12月8日，城厢区霞林街道沟头片区举行封顶仪式　（陈丽君　供）

▲ 2022年5月，在建中的城厢区龙桥街道孔里安置房　（许金珊　摄）

▲ 2022年12月，在建中的城厢区下黄顶墩安置房

（易振环　供）

▲ 2022年，施工中的城厢区文献北一期安置房　　（蔡新添　摄）

▲ 2022年，在建中的位于城厢区华亭镇西许村的莆田市交警支队考试场新址　　（蔡新添　摄）

▲ 2022年5月1日，木兰大道通车　（蔡新添　摄）

▲ 2022年，在建中的灵华线云庄段大桥

▲ 2022年9月22日，龟山路X281道路通车 （许金珊　摄）

（蔡新添　摄）

全国文明城市创建 >>>

▲ 2022年4月30日，城厢区龙桥街道布置全域常态化创城工作　　（蔡新添　摄）

▲ 2022年，城厢区创建文明城市。图为电动车停放处　　（蔡新添　摄）

▲ 2022年，城厢区创建文明城市。图为市场一角　　（蔡新添　摄）

◀ 2022年4月，城厢区创建文明城市中的市场一角
（蔡新添　摄）

◀ 2022年4月，城厢区一市场外围面貌
（蔡新添　摄）

▶ 2022年4月，城厢区工作人员呼吁群众共同创建文明城市　（蔡新添　摄）

▶ 2022年，城厢区环卫工人清洁居民楼外墙

（蔡新添　摄）

▲ 2022年12月，城厢区一垃圾投放点　　（蔡新添　摄）

社会民生 >>>

▲ 2022年5月30日，区委书记王文才（前排左三）、区长王文辉（前排左四）到城厢区顶墩实验学校进行“六一”国际儿童节慰问活动　（许金珊　摄）

▲ 2022年5月18日，“河长制进校园”启动仪式在城厢区第二实验小学举行（许金珊　摄）

▲ 2022年5月27日，城厢区关工委联合泗华幼儿园开展“良好家风，润泽童心”家风家教系列活动（许金珊　摄）

▲ 2022年1月14日，城厢区教育局线上慰问宁夏回族自治区同心县12名困难党员教师（许金珊　摄）

▲ 2022年6月2日，莆田市城厢区“培土育苗”教育振兴助学活动启动仪式在逸夫实验小学举行
（许金珊　摄）

▲ 2022年8月16日，福建省县级教师进修学校标准化建设评估（城厢区）验收现场（许金珊　摄）

▲ 2022年9月4日，霞林街道奖教助学协会成立大会暨第一届第一次会员大会在霞林街道办事处召开
（易振环　供）

▲ 2022年1月19日，城厢区筱塘小学举办70周年校庆活动 （许金珊 摄）

▲ 2022年2月16日，城厢区兰溪实验幼儿园举办开园办学活动 （许金珊 摄）

▲ 2022年11月17日，城厢区文献小学校运会暨莆田第五中学附属学校首届运动会开幕式举行 （许金珊 摄）

▲ 2022年8月18日，市民在泗华溪畔晨舞　（许金珊　摄）

▲ 2022年10月11日，市民在莆田市行政服务中心广场跳佳木斯舞　（许金珊　摄）

◀ 2022年6月21日，城厢区凤凰山街道联合区公安分局反诈中心、禁毒大队、派出所、司法所、区执法局等在南园社区农贸市场凤凰百货超市门口，开展“平安三率”、防范打击养老金诈骗行动、常态化扫黑除恶斗争等宣传活动

（凤凰山街道办事处　供）

◀ 2022年11月21日，城厢区在福建复茂食品有限公司开展2022年城厢区产业工人技能提升公益培训

（易振环　供）

▶ 2022年12月10日，城厢区水利局在南湖广场开展福建省第九个水土保持宣传日活动　　（易振环　供）

目　　录

中共莆田市城厢区委员会

莆田市城厢区人民代表大会

莆田市城厢区人民政府

政协莆田市城厢区委员会

纪检 监察

民主党派 工商联

群众团体

法 治

军　事

外事　侨务　台湾事务

应急管理

经济管理

市场监督

财政　税务

金　融

城乡建设与管理

生态环境

农业　农村

工　业

商贸经济

交通　邮政　通信

教　育

科　技

文化　旅游

卫生　体育

社会民生

镇（街道）

人物　名录

附　录

索　引

专　记

木兰溪生态文明建设实践

2022年，城厢区坚持以习近平生态文明思想为指导，传承弘扬习近平总书记推动木兰溪流域治理的重大实践探索，深化“变害为利、造福人民”生动实践，聚焦项目建设、河湖系统化治理、河湖长制工作，纵深推进木兰溪全流域系统治理，持续打造生态文明建设的“木兰溪样本”。

一、聚焦项目建设

城厢区统筹推进木兰溪流域高质量发展，策划建设项目25个。其中，在建项目18个：木兰溪十里风光带建设（两岸环境整治、水生动植物排查及规划编制正在推进，景观提升工程市水务集团为业主，正在动工建设）；城乡供水一体化（进场动工）；东圳水利枢纽引水配套工程（涉及四个洞口，完成征迁工作，施工单位进场施工）；木兰溪防洪工程续建提升（业主为市木兰溪防洪工程建设管理处）；木兰溪流域河道整治及安全生态水系建设（涉及兴沙溪整治完工）；莆田市河湖六清六化六方工程（“六清”包括河上清污行动、河岸清乱行动、河面清洁行动、河中清障行动、河底清淤行动、河水清净行动；“六化”包括河长办建设标准化、河湖长履职常态化、河湖治理清单化、河湖监管数字化、幸福河建设示范化、治理能力现代化；“六方”是指开展法院、检察院、公安、职能部门、属地政府、河长办六方联防联动执法行动，坚持共商共建共治共享的理念，建立涉河湖信息共享、定期会商、监督推动、问题快处、矛盾共治、修复共建，打造“快速立案、快速审查、快速审判”涉河湖生态环境犯罪案件办理模式）（按清单内容常态化推进）；木兰溪流域森林生态修复（完成木兰溪流域造林更新241.93公顷、森林抚育300公顷、封山育林149.47公顷；完成木兰溪流域重点生态区位商品林赎买67.27公顷，完成年度任务）；城市易涝点整治工程（涉及6处易涝点整治全部完工）；木兰溪城乡污水管网一体化工程（新建改造城镇污水管网5千米）；绶溪片区生态治理及基础设施配套项目（业主为市绶溪建设开发有限公司，正在开工建设泗华郊野公园）；木兰陂世遗景区（省水利博物馆）工程（省水利博物馆进场建设）；木兰溪两岸乡村振兴试点村示范项目（城厢区8个省级试点村2022年乡村振兴试点示范项目33个，完工33个，完工率100%，完成投资额100%）；凤凰福道文旅项目（启动东圳水库至木兰陂绿道建设）；木兰大道三期建设工程（业主莆田中建木兰建设开发有限公司）；木兰溪下游水生态综合治理与修复项目（业主市生态水系建设投资有限公司,完成约3.5千米管道安装及管道回填）；智慧木兰溪（完成设计方案）、莆田市城区排涝（张镇、霞林）泵站工程（业主市木兰溪水利管理处）；城厢区樟林片区防洪排涝工程（完成招标工作，进场施工）。前期项目7个：木兰溪流域山水林田湖草生态保护修复项目、木兰溪流域国土绿化示范试点项目、海绵城市试点城市建设、钟潭片区综合开发项目、木兰溪现代农业产业园项目、双溪口至东圳水库引水工程、木兰溪流域生态保护和绿色发展示范区建设正在进行前期工作。

二、聚焦河湖系统化治理

一是强化水资源保护。2022年，城厢区完善供水计量管理，全区工业用水计量率达100%。落实“三同时”节水制度，全区新建、改建、扩建的公共建筑节水型用水器具普及率达到100%。提高供水管网查漏、堵漏水平，全区公共供水管网漏损率为11.94%。全面推广节水器具，全区政府机关、公共机构节水型单位建成率达到100%。提升水资源利用效率，全区农业高效节水灌溉面积近6000亩。加强宣传教育，区水利局联合区河长办、区教育局、区妇联、团区委等部门共同开展以“推进地下水超采综合治理，复苏河湖生态环境”为主题的“世界水日”“中国水周”普法进校园宣传活动。

二是突出水污染防治。农村生活污水治理方面：大力实施“区级主导、镇街主责、村居主体、群众参与、长效管理”五方共治及“包工不包料”的农村污水治理新模式，投入资金约4.33亿元，累计完成建设93个村（社区），完成污水管网2054.3千米。对完工的村（社区），实行区镇村户四级运维管理机制，分别负责主干管、支干管和末端支管的后续运行维护。累计新建改造三格化粪池19749户，农户至化粪池接管率100%，化粪池至村主干管接管率97.63%，村主干管至镇主干管接管率96.99%，镇主干管至市政管网接管率97.10%。22个村完成区、市、省级提升治理评估验收，超过去年市级下达15个村的任务；2022年下达的16个村任务，完成市、区抽检核查工作，待省生态环境厅验收。建立健全全区农村生活污水运维机制，制定出台考核方案和细则，根据考核结果拨付运维资金。城区污水治理方面：2022年度污水配套管网建设任务15千米，完成城区污水管网建设13千米。注重常管常效，委托区城投集团成立市政污水管网巡查组对城区市政污水设施进行常态化巡查维护。

三是持续水环境治理。深入开展“清四乱”（乱占，乱采，乱堆，乱建）、入河排水口、“散乱污”企业以及四大类排水单位（涉水工业企业、餐饮业、洗涤业、医院）等专项排查整治行动，促进河流面貌持续改善。2022年完成830个入河排水口“回头看”。巡查各类企业448家次，立案查处违法企业24家次，作出行政处罚决定16家，罚款金额71.513万元。

四是推进水生态修复。龙桥溪上游河道整治项

2022年10月20日，城厢区在木兰溪华亭镇园头村桥畔举行巡河护河志愿者服务活动启动仪式 （区水利局 供）

目纳入莆田市中心城区西分区单元数字运营中心项目，由市政府统一实施；兴沙溪3.8千米河道整治工程完成2.5千米河道治理；桂山溪7千米河道整治工程完成4.4千米河道治理。持续做好森林生态保护修复，全区完成造林绿化241.93公顷，占市对区下达造林绿化任务233.33公顷的104%，完成森林抚育468.53公顷，占市对区下达森林抚育任务400公顷的117%，完成封山育林149.47公顷，占市对区下达封山育林任务133.33公顷的112%。

三、聚焦河湖长制工作

一是坚持高位推动。城厢区设立由区委书记及区长担任总河长的“双河长”机制，搭建区、镇、村三级河长制工作架构，形成“12名区级河长统筹管理、79名镇级河（段）长牵头治理、89名村（居）河道专管员包干落实”的三级协调推进机制，明确18个成员单位工作职责及任务分工，确保河长制工作“有名”“有实”“有能”“有效”。2022年，区级正、副河长签发三份河长令，推动“河面清洁河岸清乱”、“提升三率一感”及纪念河长制推行五周年宣传活动等三项重点工作有效落实。10月20日，区委、人大、政府主要领导结合河长日活动，在木兰溪华亭镇园头桥畔参加巡河护河志愿者服务活动启动仪式，推动治水工作常态化、长效化。

二是加强联动共治。城厢区分别与荔城、秀屿、仙游等建立跨境流域河湖管理保护机制，落实联席会议、信息共享等制度，统筹协调解决跨区域、跨部门重大问题。利用云端互动，建立区河长制群，全过程在线曝光涉河问题，推动涉河问题整改落实，按时销号。同时，开展法院、检察院、公安、职能部门、属地政府、河长办“六方”联防联动专项执法行动，打造“快速立案、快速审查、快速审判”涉河湖生态环境犯罪案件办理模式。区河长办主动沟通协调区检察院建立联合会商机制，由区检察院在区河长办设立生态驿站，派驻人员办公，视情下发督办件或检察建议书，有效推动河湖生态环境保护和水环境治理工作。建立“水岸协同、城乡一体”保洁机制，确保水岸同巡、水岸共治。从2019年开始，将河道水葫芦清理保洁工作经费列入区年度财政预算，与第三方签订合同，由专业化队伍实施打捞，建立日常保洁机制。

三是突出督查督办。实施“一河一清单、一周一督查”机制，区河长办定期、不定期组织环保、住建、水利等区直相关单位对木兰溪及周边支流开展督查，着重找问题、补短板，并以督办单形式发送至各单位限期整改；建立“发现—移交—督导—整改—反馈—核实”的河长闭环工作机制。各级河（段）长巡河发现的问题，移交到相关部门整改，并跟踪督导整改过程，了解问题整改反馈情况，再次巡河时核实问题整改结果，确保问题得到有效解决。

四是健全工作机制。建立一系列工作制度，包括投诉举报受理制度、信息报送制度、信息共享制度、工作督办制度、河长会议制度、责任单位联席会议制度等，为河长制工作制度化常态化提供制度保障。同时，对全区各类污染源、违章建筑和河道垃圾等问题开展滚动排查，收集掌握河道基础信息，并按污染种类分类登记，建立河流档案，有针对性地落实“一河一档一策”。

五是强化监督管理。持续开展河湖“清四乱”、入河排水口、黑臭水体、“散乱污”企业、农业面源污染、水产养殖场尾水排放、水行政执法和涉水工业企业、餐饮业、洗涤业、医院四大类排水单位等专项排查整治行动。2022年发现问题109处，全部清理到位，清理河道（河岸）种植约508平方米，违章建筑265平方米、清理倾倒垃圾渣土杂物696立方米；开展河湖管理范围线划定，河道管理与保护范围以及河湖岸线保护与利用规划编制项目挂标，正在开展测绘工作。

（蔡夏夏）

大事记

1月

3日，城厢区坂头东片区改造项目坂头安置房正式启动回迁，574户征迁户喜添新居。

同日，莆田市2022年第二十一届少儿围棋升段赛暨2022年福建省第三期业余围棋4段赛，在城厢区图书馆开赛，吸引101位来自莆田市区以及福州、泉州、厦门等周边城市的少儿段位选手参赛。

7日，城厢区组织开展“党建+”社区邻里中心建设拉练观摩交流活动，采取“实地看、现场学、逐个比”的方式，先后到2021年新建的龙桥街道泗华片区、下磨社区、兴安社区、霞林街道九龙片区、凤凰山街道南门社区5个“党建+”社区邻里中心进行现场观摩交流。

8日，城厢区第十八届教育论坛在区第一实验小学大有厅举行，主题是“‘双减’背景下的课堂改革与学生发展”。莆田五中、霞林学校、区第二实验小学、中特小学先后作《践行“三学三研”理念 打造创新高效课堂》《思行一体 自真至臻——霞林学校“高效课堂”建设探索》《教不忘初 育勿离心——城厢区第二实验小学“双减”下促进学生发展的教改探索》《落实核心素养 推进高效课堂》专题发言。

10日，城厢区首届“人才活动月”活动落幕。

同日，城厢区顶墩下黄片区整村改造项目主体结构封顶。

同日，城厢区总工会到中建五局城厢区城市更新项目部，开展“莆工迎新年‘粥’到‘福’到暖人心”——关爱新就业形态劳动者温暖行动。

12日，城厢区首笔海域使用金由缴费人莆田市城厢区太湖工业园发展有限公司通过福建电子税务局纳税人端办理申报后成功入库。

同日，城厢区法院举行行政争议实质性化解机制签约仪式。

17日，城厢区霞林街道棠坡社区下社片区582套安置房197户安置户回迁。

18日，共青团城厢区委在顺丰速运、美团众包城厢站点开展“关爱新兴群体，冬日温暖常在”主题活动。活动中，共青团城厢区委为60余名辖区快递（外卖）从业青年送上新年红围巾、牛奶、旺旺大礼包等“团团暖心包”。寒假返乡大学生为他们戴上围巾，为穿行在寒风中的他们送上温暖和诚挚的春节祝福。

19日，城厢区召开全区党史学习教育总结大会，深入学习贯彻中共十九届六中全会和中央政治局专题民主生活会精神，以及全省、全市党史学习教育总结会议精神，按照中央和省、市部署要求，全面总结党史学习教育取得的成效和经验启示，巩固拓展党史学习教育成果，引导全区党员干部弘扬伟大建党精神，凝聚建设“山水格局、人文宜居”新城厢的强大动力。

同日，城厢区委书记王文才走访慰问台胞、老干部和困难群众，为他们送去党委政府的关怀和新春的美好祝福。

同日，城厢区华林经济开发区获“第四批省级循环经济示范园区”称号。

20日，莆田在建最大保障房项目——城厢区城市更新项目龙德井片区地块二1号栋封顶，这是该项目自开工建设后首栋实现封顶的楼盘。

同日，城厢区文化、科技、卫生“三下乡”服务活动在常太镇东青村举行。

同日，城厢区市场监督管理局在中电光谷科创城先导区组织召开知识产权质押融资“入园惠企”银企对接会活动。

21日，城厢区委常委班子及其成员召开党史学习教育专题民主生活会。会议以“大力弘扬伟大建党精神，坚持和发展党的百年奋斗历史经验，坚定历史自信，践行时代使命，厚植为民情怀，勇于担当作为，团结带领人民群众走好新的赶考之路”为主题，紧密联系思想和工作实际，深刻剖析原因，严肃开展批评和自我批评，明确努力方向和整改措施。

24日，城厢区委书记王文才、区长王文晖分别参加并指导龙桥街道、常太镇领导班子党史学习教育专题民主生活会。

25日，区委书记王文才主持召开区委编委会2022年第一次会议，研究审定并通过关于综合执法改革（含区应急管理综合执法机构设置和队伍组建、规范区自然资源综合执法机构编制、职责和机构设置）、法检纪检监察组改革、社会主义学校设立、区档案馆“三定”（定机构、定编制、定职能）事项机构及人事调动等问题。

26日，城厢区在华林经济开发区复茂食品公司，开展“佳节尚文明，志愿关爱行”主题活动暨留莆员工“送福添年味，志愿暖人心”活动，为辖区留莆过年员工送去温暖和“福”气。

28日，城厢区第25期中青年干部培训班举行结业典礼。区委常委、组织部部长刘大鹏出席结业典礼并讲话，37名学员参加结业典礼。

29日，中共城厢区纪委十届二次全会召开。

2月

6日，城厢区召开企业家新春座谈会暨建筑业发展招商推介会，邀请10位建筑工程领域的突出代表，共话家乡变化，共绘美好未来。

同日，城厢区在春晖木雕艺术馆召开文旅经济发展暨招商推介茶话会，邀请十几位返乡过节企业家代表共聚一堂，共谋发展。

7日，城厢区商务局推出同心县特产乐购专题活动，带动同心农业特色优势产业发展。

11日，城厢区举行民营经济暨产业发展招商推介会，深入学习贯彻习近平总书记关于民营经济发展的重要论述，贯彻落实省委省政府、市委市政府民营企业家座谈会精神，共商推动城厢民营经济高质量发展。

同日，城厢区举行民营企业家座谈会。座谈会上，林建平、许文辉、赵庆宗、蔡伟生、吴其明、陈启明、朱金柏、张建忠、庄涵、杨家宝、李剑伟、林杰等各位企业家代表先后发言，结合企业发展情况，围绕城厢产业发展、要素保障、产业生态、营商环境等方面提出意见建议。

同日，城厢区创建省级双拥模范城动员部署会召开，动员部署该区双拥模范城创建工作，对党管武装工作绩效考评进行具体部署。

12日，4辆派往四川、贵州等地的爱心大巴顺利驶回，100余名城厢区城市更新项目沟头片区项目建筑工人抵达工地现场。

16日，城厢区委书记王文才、区长王文晖带领区农业农村局、区住建局、区文旅局等区直部门负责人，到华亭镇实地调研脱贫攻坚成果巩固与乡村振兴工作。

18日，省委党校（行政学院）副校院长陈雪梅一行到城厢区调研指导县级党校分类建设工作，并实地考察下黄社区党建+邻里中心、木兰陂公园2个现场教学点。

同日，城厢区召开区委常委会暨区委议军会和基层党管武装工作述职报告会。

同日，城厢区纪委监委举办镇（街）纪（工）委履职交流会。活动旨在聚焦推动监督下沉，建立发现问题、责任认领、一体落实的基层监督治理体系，以镇（街）纪（工）委的作风转变监督和推动基层工作作风转实。

同日，城厢区农业农村局组织动物疫控中心技术人员，到辖区内家禽饲养场、家禽交易市场开展禽流感监测。

20日，城厢区召开食品产业发展暨招商工作部署会，落实市委、市政府“俯下身子抓产业，一心一意谋发展”要求，共同谋划推进城厢区食品产业发展。

同日，城厢区东海镇金桥路项目征迁工作启动，该项目即笏枫公路改扩建工程海头连接线（金桥路），起于笏枫公路海头商业城入口，途经海头商业城、东海安置区、卫生院、东沙边防所、东海鞋服政府储备地、垃圾转运站，止于联十一线（即滨海大道）东海段金桥入口，全长1.31千米，规划路幅宽度24米。项目涉及东沙、东海等村，规划征地面积4.6957公顷。

22日，城厢区“提高效率、提升效能、提增效益”行动部署会召开，贯彻落实省委、市委部署要求，进一步深化拓展“再学习、再调研、再落实”活动，对实施“提高效率、提升效能、提增效益”行动进行动员部署。

25日，城厢区举行向立功受奖现役军人家庭送达立功喜报仪式，为9名立功受奖的现役军人家属佩戴绶带，并颁发立功喜报和奖励金。

28日，城厢区召开重点产业发展暨招商工作推进会，听取产业发展暨招商工作开展情况及下一步工作思路汇报，对全区重点产业发展暨招商工作再梳理、再部署、再推进。

3月

2日，城厢公安分局在全市率先启动“出生一件事”一站式联办服务。

同日，城厢区法院针对一起未成年人故意伤害犯罪案件发出首份家庭教育令。

3日，城厢区召开区委人大工作会议，传达学习习近平总书记在中央人大工作会议上的重要讲话精神和省委、市委人大工作会议精神，研究部署当前和今后一个时期全区人大工作。

4日，城厢区青年工作联席会议第二次全体会议召开，区委常委、组织部部长刘大鹏出席会议并作强调讲话。

同日，城厢区“童心向党 一起向未来”争做新时代好少年活动暨“弘扬雷锋精神 深化文明实践”志愿服务活动进校园仪式在太平小学顺利举办。

同日，莆田市“理响莆阳”宣讲队在城厢区常太镇马院村开展“奋进新征程、建功新时代”巡回宣讲专场活动。

5日，城厢区向在港莆田乡亲捐赠急需抗击新冠疫情药品。

7日，城厢区委书记王文才、区长王文晖带领区自然资源局、区水利局等有关部门负责人，到华亭镇、霞林街道，实地调研“木兰溪十里风光带”城厢段建设。

8日，城厢区委理论学习中心组专题辅导报告会举行，邀请中共福建省委党校、福建行政学院经济学教研部副主任、教授陈新作题为《形成强大国内市场，构建经济内外双循环新发展格局》的辅导报告。

10日，城厢区霞林街道联合区城市管理行政执法局、霞林派出所，开展燃气专项排查整治行动，在兰亭街一“黑气点”当场查获液化气罐14个，扣押运输车辆1辆。

11日，城厢区召开2022年春季定兵会议。会议传达学习上级定兵相关规定，介绍兵员情况；组织逐人审定现役兵员，集体审定“准”新兵。

13日，城厢区第一次全区海洋灾害风险普查项目通过专家评审组验收。

16日，省委书记尹力到城厢区霞林街道九龙小区检查指导新冠疫情防控工作落实情况，希望大家及时总结经验，进一步发挥近邻党建优势，打造党建引领、党员带头、群众广泛参与的防控体系，让党旗在疫情防控一线高高飘扬。

19日，城厢区组织收听收看省、市疫情防控视频会商会议后，立即召开区疫情防控工作会议，研究部署贯彻落实工作措施，对全区疫情防控工作进行再部署、再推进、再强调。

同日，城厢区司法局组织22名“蒲公英”普法志愿者奔赴东海镇，开展新冠疫情最新防控信息、防控措施以及相关法律法规政策的宣传工作。

23日，城厢区红十字会收到蛤老大（福建）食品有限公司捐赠的800件价值约20万元的罐头，支援新冠疫情防控。

24日，城厢区委书记王文才、区长王文晖带领区卫健局、区医院、区疾控中心等有关部门负责人，赴一线实地督导检查疫情防控。

25日，央视《新闻联播》“奋进新征程 建功新时代·伟大变革”栏目播出《福建木兰溪的绿色之变》，时长超5分钟。

同日，福建省新时代党建品牌、优秀案例征集活动结果公布，城厢区沟头片区城市更新项目党建联盟案例入选“福建省新时代党建优秀案例”。

27日，城厢区自然资源局重点项目前期工作办公室正式挂牌成立。

28日，第五届全国中青年德艺双馨文艺工作者表彰大会在京召开，福建腾晖工艺有限公司艺术总监郑春辉荣获“全国中青年德艺双馨文艺工作者”称号。

29日，区委书记、区疫情防控指挥长王文才带领区卫健局、区交通局等区直有关部门负责人，赴一线实地调研督导重点场所重点环节疫情防控工作落实情况。

31日，莆田市青年画家、莆田五中美术高级教师林伟立申报的中国画“古韵今风——十音八乐谱闽韵系列”入选国家艺术基金（一般项目）2022年度青年艺术创作人才资助项目，为福建省2022年度该基金青年艺术创作人才资助项目中美术创作类唯一入选项目。

4月

1日，城厢区委副书记、区长王文晖实地督导疫情防控工作，看望一线工作人员。

6日，城厢区各校全面恢复线下教学。

7日，城厢区城市更新项目沟头片区的地块五1号栋封顶，这是该项目开工后首栋实现封顶的楼盘。

14日，城厢区举行退役军人、其他优抚对象优待证首发仪式，多名退役军人代表领取首批退役军人优待证，这也是莆田市首次为退役军人、其他优抚对象发放优待证。

15日，城厢区举办2022年第一期“校长论坛”暨“高效课堂”工作推进会。

16日，城厢区开展“创建文明城 城厢在行动”主题活动。全区各级机关干部、各镇（街道）、各学校同村（社区）居民群众一起参加，凝心聚力扮靓家园，携手助力文明城市创建，掀起全民创建新热潮。

21日，省委常委、副省长郭宁宁一行到莆田调研，到东海镇检查嘉裕华制鞋工业公司火灾后安全生产整改情况，现场听取火灾调查处理、隐患整改情况汇报，听取全市鞋服专项整治、消防建设情况汇报。

同日，城厢区召开创建省级全域生态旅游示范区工作会议，邀请专家解读创建“省级全域生态旅游示范区”验收细则，对全区创建工作进行再动员、再部署、再推进。

同日，城厢区在常太镇举办第二届直播电商节暨常太镇第二十四届枇杷文化节活动。

25 日，城厢区在莆田十八中举行大中小学德育一体化暨经典教育专题展示活动。此次活动推出 7 节大中小学德育一体化实践研究展示课程，分别以“读陆游诗品爱国情”“爱国精神进我心”“弘扬五四精神 争做时代先锋”“中国共产党为什么能——解密百年大党的青春奥秘”等为课题，涉及政治、语文、道德与法治等多个学科，深入推进思政课程与课程思政同向同行，引领“大思政课”育人实践。

26 日，城厢区委理论学习中心组专题辅导报告会举行，邀请莆田市信访局副局长林书爱，围绕“《信访工作条例》学习解读”作专题辅导报告。

同日，城厢区法院在太湖园区海头工业园区挂牌设立巡回审判点。

27 日，莆田市逢君发电子商务有限公司在莆田市跨境电商监管中心完成一批跨境货物的申报、查验，之后这批货物转关运往厦门高崎国际机场，搭乘厦航航班发往马来西亚吉隆坡。这历史性的一刻，标志着跨境电商零售出口（9610）从莆田海关转厦门海关的启动，是福州关区内的首票跨关区转关厦门。此后莆田海关跨境货物可借力厦门海关丰富的通道“飞”往全球，城厢跨境电商再添“新赛道”。

同日，共青团城厢区委、城厢区教育局、城厢区少工委联合举办城厢区少先队辅导员职业技能风采大赛。

28 日，城厢区枇杷农民田间学校活动日活动在常太镇举行，来自福建农林大学、省农科院的专家教授在田间地头，采用互动式教学方式传授省力高效的管理“秘笈”，比较分析各枇杷品种优缺点，推动现有品种改良，促进提质增效，助力枇杷产业振兴。

同日，莆田市首个残疾人公益培训基地授牌仪式在莆田文教广场大唐校区举行。

29 日，城厢区文献小学跻身省教育厅推广第三批落实“双减”工作典型。

5月

5 日，莆田市首个省农村青年致富“种子工程”示范基地，在城厢区常太镇渡里村的莆田市宏耕农业发展有限公司挂牌。

7 日，城厢区司法局联合区依法治区办、区教育局，在城厢区华林学校举行 2022 年“法治进校园”巡讲活动启动仪式暨“典亮美好·守护未来”首场宣讲活动。

10 日，福建省协晨建设工程有限公司收到城厢区惠企政策直达资金 15 万元，为该区惠企资金直达平台上线运行后兑现的首笔惠企资金。

11 日，城厢区与省教科所举行“省级教育科研实践基地”第三轮续签仪式。

12 日，城厢区“星光家苑”家庭教育指导服务站在莆田市城厢区南门学校挂牌成立。

13 日，莆田市科技局专家组验收诚味食品项目；衡力传感器承担的省科技计划项目“自动扭矩检定仪关键技术研发与推广”验收。

同日，城厢区法院、区妇联、区总工会及莆田市三威鞋业有限公司在莆田市三威鞋业有限公司挂牌成立“家庭教育指导站”。

15 日，城厢区在华亭镇湖里小学举行主题为“助力创城常态化，迎接第 32 次全国助残日”的未成年人健康成长进校园活动。

16 日，城厢区入选省级义务教育优质均衡先行创建县（市、区）。

17 日，城厢区推出公安便民业务 " 一码通 " 。

同日，城厢区首个界别“政协委员之家”——经济界委员联络组成立暨“推动后疫情时期企业高质量发展”协商会举行。

17—19 日，城厢区科技局协同省科技厅实地调研评审中电望辰、凯特数字、科龙环保、锐马电气、科里思特、昌德食品等 6 家企业省 STS 项目，调研海源实业省中央引导地方项目，调研蛤老大省科技计划区域发展项目。

18 日，城厢区医疗卫生系统医务人员技能竞赛在区医院举行，辖区内有 7 家医疗机构的 10 支队伍 30 余名医务人员参加比赛。

同日，“打造过溪智慧农场 助力乡村振兴发展”三级联创签约仪式在城厢区常太镇过溪村举行。

19 日，城厢区召开坂头西片区城市更新建设项目和万达南片区改造安置房项目工作推进暨工程总承包项目廉政集体谈话、廉政合同签署工作会议。

20 日，城厢区召开学习贯彻习近平总书记在庆祝中国共产主义青年团成立 100 周年大会上的重要讲话精神座谈会。

同日，城厢区召开全区“五大专项”行动工作推进会，会议听取“大招商招大商”“抓前期促开工”“安置房提速增效”“龙头企业培优扶强”“服务业提质扩容”专项行动相关情况汇报，部署下一步具体工作。

21 日，莆田市计生协会、城厢区计生协会联合在龙桥街道万辉社区举行“向日葵亲子小屋”启动仪式，邀请 130 组 0—3 岁婴幼儿家庭参加。

22 日，城厢区东海镇在东港码头开展海堤溃堤应急抢险演练。

24 日，为期 3 天的城厢区“党建引领、夯基惠民”提升社区基层治理能力暨社区党组织书记（主任）、小区党支部书记业务学习专题培训班结业。

25 日，城厢区“木兰溪畔志愿红”系列活动暨“525 心理健康宣传月”志愿服务在区新时代文明实践中心举行。

同日，城厢区举行“百企千店”社会化拥军企业签约授牌仪式，为首批 13 家拥军企业集中授牌签约。

29 日，城厢区召开“党建引领、夯基惠民”工程动员部署会暨区委政法工作会议，对全区实施“党建引领、夯基惠民”工程进行全面动员、部署。

30 日，城厢区检察院“莆阳未检”城厢分队到南门幼儿园开展“携手落实‘两法’共护祖国未来”检察开放日暨“六一”国际儿童节送法进校园宣传活动。

同日，城厢区总工会举办 2022 年度“莆田中建杯”工程测量员岗位技能竞赛，决出优秀竞赛团体 3 个和优秀竞赛个人 6 名。

31 日，城厢区召开巩固拓展脱贫攻坚成果同乡村振兴有效衔接暨粮食安全工作专题汇报会，听取巩固拓展脱贫攻坚成果同乡村振兴有效衔接有关工作进展情况及粮食安全责任制工作落实情况汇报。

同日，城厢区司法局组织辖区内的“法治带头人”“法律明白人”共同参与“美好生活·民法典相伴”——乡村“法律明白人”万人大培训线上直播。

6月

2 日，城厢区召开公检法司“四长”依法履职座谈会。

同日，城厢区“培土育苗”教育振兴捐赠活动启动仪式在逸夫实验小学举行。

14 日，城厢区第 8 期科级干部进修班开班式在区委党校举行。

15 日，莆田市市场监督管理局联合城厢区市场监督管理局，为溢通环保科技（莆田）有限公司省级商业秘密保护示范点现场授牌。这是城厢区首个省级商业秘密保护示范基地，也是莆田市唯一的省级商业秘密保护示范基地。

16 日，城厢区医院获省胃肠道肿瘤早诊早治及筛查联盟授牌“胃肠道肿瘤早诊早治及筛查联盟合作单位”，成为该联盟第一家授牌的合作单位。

16—25 日，2022 年宁夏同心县电商从业人员业务能力提升培训班在莆开训，30 位宁夏籍青年电商从业者收获满满。据介绍，培训班由同心县和城厢区人社局主办，湄洲湾职业技术学院承办。

19 日，城厢区民政局围绕以“救助，让弱有所扶更温馨”为主题，在南湖公园开展救助管理和托养机构“开放日”活动。

20 日，城厢区新型功能材料产业链招商推介暨华源工贸供应链一体化项目签约仪式，在太湖工业园区华源纺织城举行。

同日，中科华宇（福建）科技发展有限公司专利“一种含有非离子－阴离子亲水基的水性聚氨酯－脲分散体”，荣获福建省市场监管局发布2021年福建省专利奖。

24日，城厢区召开人民调解员协会成立大会暨第一届第一次大会。

28日，城厢区第二届直播电商节“十好城厢·直播嗨购”启动仪式于喜盈门家具建材广场举行。活动紧紧围绕市委、市政府“俯下身子抓产业，一心一意谋发展”部署精神开展。主办方围绕食品好品牌、鞋服好时尚、油画好工艺、汽车好价位、家居好精致、楼盘好品质、餐饮好味道、文娱好体验、投资好环境、就业好平台十个领域，逐一推介城厢十大优势产业，全方位展示“山水格局，人文宜居”新城厢。

同日，市“理响莆阳”宣讲队生态小分队深入城厢区教师进修学校附属兴安小学，开展“进校园、进课堂”巡回宣讲活动。

29日，平安福建建设表彰大会暨更高水平的平安福建建设工作会议在福州召开，城厢区2017—2021年度平安建设考评连续5年位居全市第一，获评“全省平安县区”和“全国法治县（市、区）创建活动先进单位”等。

同日，区委副书记、区长王文晖带队前往常太镇开展巩固拓展脱贫攻坚成果同乡村振兴有效衔接专题调研。

同日，城厢区市场监督管理局举行行政执法制式服装换装仪式。

同日，城厢区举行老年大学、老年活动中心搬迁揭牌仪式。

7月

1日，区委书记王文才带队前往闽中革命史纪念馆开展“七一”主题党日活动暨区委理论学习中心组集体学习。

2日，城厢区医院邀请省内知名医学专家开展“健康福建——福医校友行（莆田城厢站）”省级专家义诊活动。

5日，省教育厅发布《福建省普通高中特色示范项目评审结果公示》拟确定省级特色示范项目84个，其中，莆田第五中学的体艺高中（体育）项目榜上有名。

6日，城厢区召开“奋战六十天 全力攻坚国家食品安全示范城市创建”工作部署会。

同日，城厢区2022年高素质农民培训（省级资金）结业，395名“新农人”喜获结业证书。

8日，城厢区工信局举办“产业赋能 助力升级”企业论坛暨首期主题讲座，邀请知名学者、浙江大学教授鲁柏祥分享“宏观经济分析与传统产业发展”主题讲座，为全区规上工业企业的企业家及高层管理人员开展辅导培训

12日，共青团中央公布2022年度“小平科技创新实验室”示范学校名单，莆田第五中学成功入选“小平科技创新实验室”建设学校，成为莆田市唯一一所“申报示范”类“小平科技创新实验室”拟建设学校。

14日，城厢区重点产业发展暨招商工作推进会召开，对全区各条产业链工作开展情况进行阶段性复盘梳理，研究部署下一步工作重点。

15日，城厢区教育局组织南门学校、文献中学的校级领导、中层干部及骨干教师等，到宁夏同心县开展教育教学交流活动。

17日，城厢区“六园千亿”产业高质量发展动员会召开，部署推进“六园千亿”产业建设。

同日，历时20天的城厢区第二届直播电商节收官。此次直播电商节活动以“十好城厢 直播嗨购”为主题，邀请城厢区十大优势特色产业超60家企业/品牌参与直播活动，以主场直播叠加分会场走播、活动主题直播间和企业特邀直播间共同启动等多种形式，打造一场“千品促销、万人参与、百万元补贴”的直播狂欢节。

18日，城厢区应急管理局举行行政执法制式服装着装仪式。

19日，城厢区政协2022年度暑期读书班暨委员履职能力培训班在常太镇开班。

同日，城厢区东海镇推行乡镇船舶定位系统安装，实现科技管控，实时查看船舶位置信息，对进

入航道、越界的行为及时进行提醒纠正，为该镇渔业船舶管理安全有序“保驾护航”。

21 日，莆田市首家社区“行政服务中心”在龙桥街道下磨社区启用。

22 日，城厢区自然资源局在木兰溪流域延寿溪泗华段开展以“增殖放流、拥抱木兰”为主题的倒刺鲃苗种人工增殖放流活动。

24 日，城厢区医院举行“福建省中医生殖专科联盟许金榜专家工作室”揭牌仪式。

25 日，闽宁协作干部抓党建促乡村振兴培训班在城厢区开班。

同日，城厢区华亭镇后角小学接收力奴鞋业、劲德电源科技、金顺模具、加福兴鞋材、精超鞋材、宏伟织造厂等爱心企业，以及林念生、连志雄等爱心人士一同送到的暖心物资——16 部空调。

同日，城厢区“喜迎二十大 国风助成长”关爱留守儿童“国风少年”暑期培养营在华亭镇湖里小学开营，30 名留守儿童报名参加此次培养营。

26 日，城厢区委书记王文才主持召开“六园千亿”产业高质量发展工作领导小组第一次会议，对“六园千亿”产业高质量发展工作进行再动员、再部署、再推进。

同日，城厢区以现场会形式，在中电科创城先导区召开上半年经济工作会议暨重点项目推进会。

同日，城厢区召开耕地流出问题排查整改工作推进会，通报耕地流出问题排查整改工作进展情况。

同日，2021 年度项目式学习优秀项目展评获奖名单公布，筱塘小学《寻味莆仙》作品获 2021 年度全国项目式学习一等奖。

27 日，区委书记、人武部党委第一书记王文才带队前往驻区武警部队、市消防支援支队、解放军第九〇〇医院莆田医疗区及区人武部开展走访慰问。

同日，城厢区“喜迎党的二十大 强国复兴有我”主题宣讲比赛决赛在区第一实验小学举行。

同日，城厢区法院前往城厢区退役军人事务局正式揭牌成立崇军拥军巡回办案点。

28 日，泉州市德化县委书记黄文捷一行率队到城厢区就深化山海对口协作工作进行考察交流。区委书记王文才一同参加。

同日，城厢区召开 2022 年城厢区规模以上工业企业统计业务培训暨惠企平台推介活动会。

29 日，省双拥模范城（县）命名大会在福州举行，城厢区再次喜获“双拥模范城”称号。至此，城厢区连续五次荣膺省级双拥模范城（县）。

同日，市委书记付朝阳、军分区负责人到城厢区征兵体检站检查征兵体检工作。

同日，中共城厢区教育系统第二次代表大会召开。

30 日，2022 年度福建省“闽水杯”优质水利工程奖名单公布，“莆田市木兰溪防洪工程华林段”荣获金奖。

8月

8 日，城厢区科技局开展莆田供电公司承担的省 STS 项目“基于泛在物联网的供电设备远程状态预测系统”验收。

9 日，城厢区凤凰山街道河长办组织返乡大学生，到白洋村宫前坑溪开展“在校大学生暑期护河，推动幸福河湖建设”实践活动。

同日，城厢区法院在莆田国际油画城产业发展中心正式揭牌成立“莆田国际油画城司法服务站”。

12 日，城厢区灵川镇中心卫生院联合区医院组织医务人员，先后赴东海镇坪洋村和灵川镇张边村，开展“医师下基层”暨“整治边远地区‘看病难’问题”义诊活动。

13 日，城厢区第一实验幼儿园扩建工程基本完工，新建综合楼秋季新学期投入使用，新增 180 个幼儿学位。

16 日，区委书记王文才主持召开区委编委会 2022 年第二次会议，会上学习《机构编制违规违纪违法行为处理和问责规则（试行）》，研究并通过关于行政复议体制改革涉及机构职责调整、加强区委国安办机构编制工作、事业单位编制调整、九华学校增加高中学段办学、随军家属安置及人事调动等问题。

18 日，城厢区社会主义学校揭牌成立。

同日，市人社局、城厢区人民政府与中国海峡人才市场共同签订《莆田市人力资源服务产业园（莆田市技术人才产业园）项目合作框架协议》。

19 日，城厢区举行进口冷链食品疫情防控应急演练。

同日，城厢区医院举行职工趣味运动会暨庆祝第五个中国医师节拔河比赛。

22 日，城厢区召开“崇尚集约建房”示范区创建工作推进会暨农村建筑工匠现场观摩培训会。

同日，莆田市适龄女性人乳头状瘤病毒（HPV）疫苗免费接种项目首针开打启动仪式在城厢区医院举行，意味着莆田市在全省率先全面启动适龄女性 HPV 疫苗首针剂免费接种工作。

同日，城厢区东海镇蔡厝村举行首届大学生“金秋奖学 爱教圆梦”奖学金颁奖典礼。

24 日，城厢区工信局在莆田中电科创城承办福建省“惠企政策进百园入万企”之城厢区“专精特新”企业培育暨产融对接活动，活动现场近 50 家企业代表参加，城厢区 6 家“专精特新”企业与银行机构现场签约，成功对接的“专精特新”企业贷款总金额达到 21700 万元。

同日，城厢区常太镇县道 X201 城游线 4 公里处的下东圳 2 座危桥改造项目开工建设。

25 日，城厢区举行现代服务业发展大会暨重点项目推介签约授牌仪式，莆田农商银行、华林智汇电商城、亚明科技、文献便民、跨境通、莆田市电商协会、莆田市进出口商会等近 200 家企业、行业协会应邀参会。

同日，区委书记王文才、区长王文晖带领区发改局、财政局、自然资源局等区直有关部门及部分镇（街道、园区）负责人，到华亭、东海等项目建设现场调研督导，并召开“六园千亿”产业高质量发展现场推进会暨工作领导小组第二次会议，听取有关工作汇报，研究部署下一步工作。

同日，福建日报社发布《关于表彰 2021 年度十佳融媒体中心、十佳通讯员等的决定》，城厢区融媒体中心连续三年被评为“优秀融媒体中心”。

同日，城厢区关工委举行金秋助学金发放仪式，为 11 名品学兼优的贫困大学新生每人发放助学金 3000 元。

26 日，宁夏回族自治区吴忠市委副书记、同心县委书记王汉武率队到城厢区考察交流。

同日，城厢区凤凰山街道南门社区举行 2022 年社区大学生奖学金发放仪式，为该社区 14 名准大学生发放励志奖学金 3.3 万元。这是该社区连续 9 年发放奖学金。

27 日，城厢区总工会联合市第一医院开展“您的健康我关注”活动，组织入会的“八大群体”暨新业态劳动者女职工代表进行免费健康体检，有女货车司机、女快递员、女网约车司机、女家政服务员等行业的 25 名一线女职工参加。

29 日，国道 228 城厢东进至笏枫公路段公路工程顺利通过省交通厅工程可行性研究报告行业审查意见。

31 日，X282 灵华线云庄大桥最后一块桥面 T 梁吊装完成，标志着该桥主体工程完工，实现左右两幅贯通，进入桥面系施工阶段。

9月

2 日，城厢区首个小型消防救援站——霞林小型消防救援站举行揭牌入驻仪式。

4 日，城厢区霞林街道奖教助学协会成立大会暨第一届第一次会员大会召开。

5 日，城厢区退役军人事务局为 2022 年秋季退役士兵提供“一站式”报到服务，此次报到坚持“一次申请、一窗受理、联动办理、限时办结”的原则，让退役士兵“最多跑一次”。

同日，城厢区凤凰山街道南门社区连续第 21 年为社区居民免费健康体检。

同日，城厢区东海镇东海村举行首届奖教助学暨庆祝第 38 个教师节表彰会，为东海小学 23 名优秀学生、18 名优秀教职工发放奖教助学金 5.61 万元，并向该校教职工发放教师节慰问金 1.8 万元。

6日，城厢区村（社区）党组织书记培训班开班。各镇（街道）党委（党工委）书记、组织委员，各村（社区）党组织书记及省、市区第六批驻村任职第一书记等参加培训班。

7日，第二十二届中国国际投资贸易洽谈会莆田市分团项目签约仪式在厦门天元酒店举行，城厢区对接引进、洽谈外资项目11个，投资总额16.29亿美元，利用外资3.68亿美元。其中6个项目上台签约，投资总额15.98亿美元，利用外资3.36亿美元。

同日，莆田市双拥办、城厢区双拥办协同拥军企业，深入开展“福盈中秋——双拥寄团圆·暖后院”慰问活动，用真情营造崇尚军人、关爱军属的温暖氛围。

同日，城厢区“情暖中秋·共话师恩”文艺会演在华亭镇西沙村举行，传承优秀传统文化，推动新时代文明实践。

8日，城厢区政协第二批建材、商贸、律师等行业“政协委员之家”相继揭牌成立。

同日，城厢区退役军人事务局举行欢迎仪式，欢迎2022年退役士兵光荣返乡。

同日，城厢区东海镇蔡厝村举行首届爱教基金会暨东蔡小学“奖教奖学”颁奖典礼。

9日，城厢区举行“迎接党的二十大、培根铸魂育新人”庆祝第38个教师节暨推进教育高质量发展大会，区委书记王文才作强调讲话，区长王文晖解读《城厢区“十四五”期间推进教育高质量发展行动方案》。

同日，城厢区召开秋季定兵工作会议，肯定秋季征兵宣传、初审、体检等阶段性工作任务，并部署下一步持续做好定兵公示、新兵档案整理、新兵集中管理和交接运输等工作。

13日，城厢区召开“党建引领、夯基惠民”专题推进会，听取工作推进情况汇报，研究部署下一阶段重点工作。

同日，城厢区召开“六园千亿”产业高质量发展专题攻坚会，逐个项目再调度、再梳理，拉清单、定时限、明责任，确保“六园千亿”产业高质量发展项目提速推进。

14日，省工信厅公示“2022年福建省工业互联网APP优秀解决方案入围名单”，城厢区锐马（福建）电气制造有限公司“锐马智能制造物联网称重仪表”APP成功进入名单，是继2020年嘉裕华获评第二批省级工业互联网应用标杆企业之后，在工业互联网领域又一重大突破。

15日，城厢德化山海协作干部与人才交流活动举行。

17日，城厢区新时代文明实践中心、区新时代文明实践志愿服务总队、区教育局、区教师进修学校，联合组织2022年新任党员教师代表，到城厢区新时代文明实践中心开展“强国有我 匠心相传”新任教师系列志愿服务活动。

18日，全市首笔免担保国开基础设施基金在城厢区成功投放，助推该区樟林软件园基础设施建设项目3.75亿元和太湖工业园区轻工业制造产业园项目2.22亿元落地生根。

20日，省水利厅发布《关于福建省第一批河湖文化遗产推选结果的公示》，认定福建省第一批河湖文化遗产81处，城厢区东圳水库榜上有名。

同日，城厢区龟山路（X281龟山至濑榜路）顺利通过竣工验收，正式投入使用。

22日，城厢区第一期党外代表人士和统战干部培训班在仙游西苑乡凤山村举行开班仪式。

24日，莆田市蔡襄学术研究会首届“奖学”大会在城厢区东海镇蔡襄文化园广场举行。

23日，省司法厅二级巡视员、省社区矫正管理局局长黄世庚一行到城厢区开展社区矫正安保维稳工作督查。

同日，城厢区召开巩固拓展脱贫攻坚成果同乡村振兴有效衔接暨粮食安全工作现场推进会，深入学习贯彻习近平总书记关于“三农”工作重要论述和对实施乡村振兴战略、保障粮食安全的重要指示精神，听取相关工作汇报，分析梳理短板、不足，并对乡村振兴、粮食安全等各项重点工作再攻坚、再加压、再推进。

27日，莆田中建建设发展有限公司、市建筑业协会、城厢区城乡建设投资集团有限公司、福建钟潭文化旅游投资有限公司，联合在莆田科技职业技术学校开展“奖教助学激励成才 正面引领‘建证’发展”活动。

28 日，城厢区在逸夫实验小学举办 2022 年中小学生优秀童谣传唱专场活动。

29 日，城厢区农业农村局在常太镇岭下村举办“庆丰收 迎盛会”城厢区 2022 年中国农民丰收节活动。

同日，城厢区木兰大道一期“亮相”通车，沿着木兰溪连接城乡，成为带动区域发展的“黄金大道”。

30 日，市工业和信息化局公布 46 家 2022 年“白名单”工业企业重点支持企业名单，城厢区杰讯光电（福建）有限公司、溢通环保科技（莆田）有限公司等 7 家企业榜上有名。

同日，城厢区 2022 年烈士纪念日公祭仪式在城厢区烈士纪念园举行。

同日，城厢区住建局实施的城厢区崇尚集约建房样板项目、城厢区木兰滨溪片区无障碍设施建设示范区整治提升工程受到省财政厅、省住房和城乡建设厅城市建设品质提升省级样板工程正向激励奖励。

同日，城厢区凤凰山街道南门社区在社区新时代文明实践站举办“喜迎党的二十大，欢度重阳节”庆祝活动，这也是该社区第 32 年为辖区老人祝寿庆重阳。

同日，城厢区新阶联在滴滴出行科技有限公司莆田分公司举行“福来福见 · 福见如愿”新就业形态劳动者关爱行动，向 103 位新就业形态劳动者赠送“微心愿物品”。

10月

4–6 日，2022 年莆田市少年儿童游泳锦标赛在凤凰山街道南门室内恒温游泳池举行，城厢区代表队派出 80 名运动员参加全部组别的比赛，最终代表队以 616 分获得男子团体总分第一，以 535 分获得女子团体总分第二。

8 日，省农业农村厅发布关于第二批省级乡村治理示范村镇名单的公示，城厢区灵川镇下尾村、东海镇西黄村、华亭镇五云村、华亭镇园头村、灵川镇书峰村、东海镇大埔村、常太镇溪南村榜上有名。

9 日，城厢生态环境局配合区检察院、区公安分局等单位，并与广化寺、南湖公园物业相关人员充分协商研究后，选址布点，安装噪声自动监测设备。

同日，市优化营商环境工作推进领导小组办公室公布莆田市优化营商环境典型做法，城厢区惠企直达平台让企业乘上“直达车”快速“云兑现”入选。

10 日，城厢区龙桥所、霞林所、凤凰山所、华亭所、灵川所、东海所和常太所等 7 个镇（街道）自然资源所正式揭牌成立。

11 日，城厢区市场监督管理局围绕第 53 届世界标准日相关主题，在万达广场开展宣传活动。

同日，城厢区农业农村局到华亭镇五云村免费供给优质肥料，讲授龙眼树水肥一体化、花果期管理等关键措施，赋能“四季蜜”特色产业发展活力。

12 日，莆田凤凰福道文旅项目全面开工建设，其中市政府至老叶树段的渠顶绿道完成标准化建设。

同日，城厢区凤凰山街道南门社区第二居民小组 60 岁以上老人们到区医院接种室，接受四价灭活流感疫苗和 23 价肺炎疫苗接种。

13 日，城厢区关工委联合区委老干部局、区委文明办、区老年大学，在顶墩实验学校开展“点亮微心愿，喜迎党的二十大”捐赠活动，为 26 名小学生送去学习用品、自行车等心愿礼物，传递关怀和温暖。

14 日，福建省委党校、福建行政学院与城厢区共建现场教学点签约授牌仪式在常太镇马院村闽中游击区革命纪念馆举行。

20 日，城厢区在木兰溪华亭镇园头村桥畔举行巡河护河志愿者服务活动启动仪式。

21 日，城厢区经发集团办证便民服务点揭牌，正式启用。

25日，城厢区联合莆田市总工会在凤翔市政公司开展“城市有你 美丽十分”省第二十七届环卫工人节庆祝活动。

28日，木兰溪十里风光带一期工程项目“八二一”大桥北两侧堤外滩地开工建设。

11月

3日，生态环境部公示第六批“绿水青山就是金山银山”实践创新基地拟命名名单，木兰溪流域榜上有名。

同日，城厢区举行行政执法赋权事项承接确认书签约仪式。

同日，莆田市电商小镇产业发展中心在西藏如给党群活动中心举行爱心接力发放仪式。

4日，城厢区万达南片区改造安置房项目地块二桩基工程的施工许可证顺利办结，项目业主开始先行动工桩基工程建设。这意味着城厢区在全市率先推行“桩基先行”审批改革，工程审批再提效。

同日，城厢区开展党组织书记“练兵比武”之党务知识应知应会测试活动，组织40名村（社区）党组织书记参加，包括重点村党支部书记、驻村第一书记和城市村（社区）党组织书记等。

7日，城厢区确定32位第三届领衔名师。

10日，城厢区组织工作人员到东进村，手捧立功喜报、携带慰问金，为现役军人詹某家属送去“三等功”喜报。

同日，城厢区组织开展的饮用水水源地突发环境事件成品油泄漏应急处置专项演练。

12—14日，莆田市总工会、城厢区总工会、城厢区人力资源和社会保障局，联合在凤凰家政职业培训学校举办“八闽女职工扬帆行动”第十期职业技能公益培训班。

13日，城厢区召开破解“临门一脚”重点项目专题攻坚部署会，对全区重点片区攻坚项目逐个进行分析研究推进。

14日，“大国工匠”、中国工艺美术大师、省劳模郑春辉走进莆田城厢区城市更新项目工地，向一线建筑工人宣讲中共二十大精神。莆田市总工会党组书记、副主席龚承恕，以及40多名建筑工人代表等现场收听宣讲会。

同日，城厢生态环境局组织召开《城厢区“十四五”重点流域水生态环境保护规划》技术评审会，邀请3位专家进行审查。

16日，莆田市人民检察院和城厢区人民检察院在新塘社区南湖公园联合举办“奋进新征程 法润千万家”检察普法惠民活动。

同日，城厢区政协在龙桥街道圳湖社区召开“莆事好商量、汇聚正能量”协商会。

18日，城厢区自然资源局举办赋予镇人民政府街道办事处行政执法事项业务培训会。各镇街分管领导、综合执法队长、业务经办人员以及区自然资源局监察大队等参加。

21日，城厢区木兰溪流域专项治理有关问题整改工作推进会召开，传达学习市推动木兰溪流域专项治理有关问题整改工作部署会精神，贯彻落实市委市政府、市纪委监委有关要求，结合该区实际，研究部署推进木兰溪流域专项治理有关问题整改工作。

同日，城厢区总工会在福建复茂食品有限公司举办党的二十大精神宣讲暨2022年城厢区产业工人技能提升公益培训。

22日，城厢区委书记王文才主持召开“六园千亿”产业高质量发展工作领导小组第三次会议暨招商工作进度汇报会，听取有关工作汇报，对下一步重点工作再明确、再推进。

同日，城厢区农业农村局联合华亭镇政府、区交警大队，前往华亭镇后塘等主要路段，摸底排查拖拉机号牌车辆，严厉打击涉嫌假牌、套牌等违法行为，维护拖拉机牌证管理秩序，有效防范化解道路交通安全风险隐患。

同日，城厢区市场监督管理局龙桥市场监管所，为师喆的餐饮店办理该区首张个体工商户直接变更经营者的营业执照。

22—25日，由水利部河湖中心主办、水利部人才资源开发中心承办的线上“基层河湖保护监管能力培训班”开班。城厢区河长办业务骨干张宏龙代表莆田市参会并围绕“木兰溪综合治理的实践和经验”主题进行典型经验交流发言。

23日，市自然资源局发布关于公示《莆田市城厢区筱塘片区控制性详细规划修改必要性论证报告》方案的公告。

同日，城厢区召开区委、区政府工作汇报会暨“临门一脚”项目攻坚工作部署会，对冲刺全年目标任务、重点项目攻坚和下一年工作谋划再强调、再部署、再推进。

同日，城厢区人民检察院联合华林经济开发区管委会开展“合规建设助推企业发展”检企座谈会。

同日，城厢区卫健局组织召开2022年度卫健系统第四季度安全生产消防工作暨全区医疗机构安全生产集中警示约谈会，并举办消防宣传月和卫健系统新入职人员消防知识培训会。

24日，第十六届中国（莆田）海峡工艺品博览会莆田国际油画城分会场活动开幕。

同日，莆田市公安局、城厢区教育局、城厢区检察院、城厢区法院、城厢区司法局等单位联合在莆田第十八中学举行2022年“‘未’你而来 护‘未’同行”巡讲暨“三官一律”进校园活动。

25日，2022年福建省首批“星级文明集市”名单出炉，棠坡中渼农贸市场入榜四星文明集市。

25—28日，莆田春晖木雕艺术馆和莆田国际油画城分设第十六届艺博会和第二届香文化产业大会分会场，莆田春晖木雕艺术馆分会场展出《千里江山图》、《清明上河图》以及上百件国家级、省部级获奖作品，油画城分会场在艺术AB区各店铺开展油画展销活动，油画直播基地将进行线上油画直播，公共展厅展出莆田民俗系列油画作品近50幅。

26日，城厢区新时代文明实践中心、城厢区新时代志愿服务总队、莆田市公安局交警支队直属二大队五中队、东海镇新时代文明实践所等，联合在蔡襄文化园广场举行以“文明守法 平安回家”为主题宣传活动。

28日，城厢区关工委组织报告团走进莆田文献中学宣讲中共二十大精神。莆田市关工委常务副主任陈元出席，莆田文献中学七年级200余名学生代表收听宣讲报告。

29日，城厢区召开2021年、2022年国家例行督察反馈问题整改推进会，督导2021年、2022年耕地保护例行督察反馈问题及耕地卫片图斑整改情况。

同日，莆田市赖翩京名师工作室一行6人，再次送教到城厢区常太莒溪小学，为边远山区的学生们带去3节与众不同的课堂。

11月底，城厢区完成54座分类屋（亭）建设任务，并投入使用。

12月

1日，学习贯彻中共二十大精神市委宣讲团报告会城厢区专场举行，市委宣讲团成员、市审计局党组书记、局长余丽红作宣讲报告。

2日，城厢区召开巩固拓展脱贫攻坚成果和乡村振兴项目库入库审定暨乡村振兴、粮食安全专题会议。

3日，城厢区召开残疾人联合会第七次代表大会，总结过去五年残疾人事业取得的成绩，部署今后五年的工作思路和目标任务，选举产生新一届区残联领导班子。

4日，城厢区司法局举办2022年城厢区“12·4”国家宪法日暨“纪念现行宪法公布施行四十周年”活动启动仪式。

5日，城厢区组织开展“城厢志愿有你有我，携手文明共筑未来”国际志愿者日活动。

7—16日，城厢区委宣讲团赴镇（街道）、开发区和区直系统宣讲中共二十大精神。

8日，城厢区城市更新项目沟头片区地块七2号栋屋面层最后一方混凝土完成浇筑，标志着该片区实现主体全面封顶，项目建设取得阶段性成果。

9日，城厢区召开民营企业家座谈会，面对面了解企业诉求，倾听意见建议，提振企业发展信心。

同日，城厢生态环境局委托莆田学院编制《西湖溪“一河一策一图”环境应急响应方案》，并组织区直相关部门召开评审会暨桌面应急演练会议，推广“南阳实践”成功经验。

同日，城厢区召开文明校园创建培训会，全区 73 所学校（幼儿园）和校园周边整治成员单位 100 多人参加会议。

10 日，城厢区工商业联合会（总商会）第四次代表大会暨区产业高质量发展招商推介大会召开，选举产生区工商联（总商会）新一届领导班子和常执委人选，发布优化营商环境，推动民营经济高质量发展十条措施。

12 日，莆田国际陆港揭牌暨首票出口通关仪式在莆田市跨境电商监管中心举行。省商务厅厅长黄河明，莆田市委副书记、市长林旭阳，福州海关副关长、党委委员、一级巡视员林跃飞，福建港口集团党委副书记、总经理陈乐章，莆田市副市长林韶雯，莆田市政府秘书长杨兴斌，莆田市商务局局长林丽英，莆田海关关长李朝兴，人行莆田市中心支行行长谢仲庆，城厢区委副书记、区长王文晖等出席活动。

13 日，省农业农村厅、省乡村振兴局通报表扬 2022 年村庄清洁行动整治效果突出的福州市长乐区等 12 个县（市、区）和平潭综合实验区君山片区，城厢区榜上有名。

同日，城厢区召开区委工作务虚会，深入学习贯彻中共二十大精神和省委、市委决策部署，全面分析全区经济社会发展形势，研究谋划下一年发展思路以及重点工作，集思广益、统一思想，推动各项工作持续在全市“当表率作示范”。

同日，城厢区教育局举行同心县中小学校长、骨干教师跟岗实践欢送座谈会。

15 日，水利部印发《关于公布〈红色基因水利风景区名录〉的通知》，全国有 50 家水利风景区入选，东圳水库水利风景区位列其中。

同日，城厢区召开区政府与区总工会联席会议。

15—20 日，城厢区开展“全闽乐购·富美城厢”万达广场十周年庆专场促消费券活动，针对莆田城厢万达商圈发放 30 万张独家专享消费券。

16 日，“云上莆田 · 品牌城厢”暨 2022 年“城厢好物”展销活动，在莆田市博物馆负一层莆阳夜市开展现场直播，展销 18 家品牌企业“城厢好物”。

19 日，城厢区“两新”领域党组织书记、党务工作者、党建指导员学习贯彻中共二十大精神专题培训班在华林园区开班，有全区“两新”领域党组织书记、党务工作者、党员以及党务干部代表约 40 多人参加。

同日，城厢区居家养老和养老护理员培训在凤凰山街道筱塘社区举行。

20 日，中共城厢区第十届委员会第三次全体会议召开。全会听取和讨论王文才受区委常委会委托作的工作报告，审议通过《中共莆田市城厢区委关于深入学习宣传贯彻党的二十大精神，加快建设“山水格局、人文宜居”新城厢的决定》。

同日，城厢区农业农村局在金海湾举办同心县、德化县农产品展销会暨城厢区晚熟龙眼推介活动。

22 日，城厢区社会工作服务指导中心举行揭牌仪式。

23 日，国道 228 线城厢东进至笏枫公路段工程（K6+350—K8+630）开工。

24 日，中国人民政治协商会议第九届城厢区委员会第二次会议开幕。

同日，央视财经频道《中国经济大讲堂》栏目介绍城厢区华亭镇五云村《土专家让“一季甜”巧变“四季蜜”》，时长 2 分 24 秒。

25 日，城厢区第十届人民代表大会第二次会议在东方国际大酒店召开。

29 日，城厢区总工会在莆田商大商汽车服务有限公司，开展“福来福见 · 福见如愿”新就业形态劳动者关爱行动，为辖区 7 家企业 234 名新就业形态劳动者送上暖心的电饭煲、微波炉、电磁炉等“微心愿”和元旦的节日祝福。

区情概貌

自然环境

【地理位置】 城厢区地处福建省“黄金海岸”中部，位于北纬 25°15′34″—25°35′14″、东经 118°49′13″—119°02′48″，西与仙游县、泉港区相邻，北接涵江区，东连荔城区，南邻秀屿区。北距省会福州市 108 千米，南距厦门经济特区 190 千米，与台湾隔海相望，距台中港仅 72 海里，是莆田市承北接南，推进与“南北两州”（福州和泉州）、“南北两角”（珠三角和长三角）、“东西两岸”（台湾地区和大陆）对接工作的重要阵地。全区东西宽约 20 千米，南北长 36 千米，辖区面积 505 平方千米，其中市区面积 13.5 平方千米，域内山、海、田兼备。

【地质地貌】 城厢区地处福建沿海中部低山丘陵区，由低山、丘陵和平原组成。境内山脉纵横，丘陵起伏，河谷错综其间，地形较复杂，山脉属闽中戴云山脉向东延伸的支脉。境内地势西北高东南低，区内为树枝状水系，主要河流为木兰溪。木兰溪从西向东贯穿中部，延寿溪从西北向南流经东部、北部，全市最大的东圳水库坐落境内。最南端的灵川、东海 2 个镇临界于“世界少有、中国不多”的优良港湾湄洲湾，滩涂和浅海面积较大，适宜发展滩涂和浅海养殖，是城厢区主要的海产品养殖基地。沿海岸有成片围海农田、水产养殖区及盐场，胜利围垦的耕地面积 1006.67 公顷，为境内最大的围垦耕地。境内地层分布广，出露地面约 430 平方千米，占全区面积的 88.8%。有上侏罗长林组（J3c）、南园组（J3n）和第四系（Q）。南园组占绝对优势，呈大面积分布，第四系仅分布在木兰溪两岸、沿海地区山间盆地；上侏罗长林组仅见于常太镇至候山一带，面积 4 平方千米。南园组分为第一段（J3n1）、第二段（J3n2）、第三段（J3n3）、第四段（J3n4）4 个岩性段。以第二、第三段为主，第四段次之，第一段仅在东海镇上炉一带分布，面积 3.5 平方千米。第四系根据成因类型分为更新洪冲积层（Q3pal）、全新统洪冲积层（Q4pal）和海积层（Q4m）。

（陈　琪）

【气候】 2022 年，城厢区年平均气温为 21.6℃，较常年平均气温偏高 0.5℃，属正常。极端最高气温出现在 7 月和 8 月的高温过程中，以 7 月 21 日和 8 月 16 日的 37.8℃为全年最高；年极端最低气温出现在 2 月的冷空气过程中，以 2 月 21 日的 3.9℃为全年最低。年降水量 1463.2 毫米，较常年偏少 88.4 毫米（–5.7%），属正常。

年日照时数1804.9小时，较常年偏少51.3小时，属正常。全年高温及干旱过程多，夏季旱情较重，汛期雨涝强度中等，台风影响较轻，综合气候年景中等。年内经历夏秋连旱，1次冬季寒潮过程、5次持续性高温、8场暴雨、7次强对流。气温除秋季正常外，其余季节偏高或显著偏高。早春季、夏季降水偏少，秋冬季降水偏多。全年高温日数多，其中7月、8月的高温日数为历史同期最多。

（陈俊伟）

自然资源

【土地资源】 城厢区域内土地类型较齐全，自然资源丰富，根据第三次全国土地调查，辖区面积50506.94公顷，其中，农用地面积39200.08公顷，占辖区面积的77.61%；建设用地面积7970.08公顷，占辖区面积的15.78%；其他土地面积3336.78公顷，占辖区面积的6.61%。耕地面积2661.93公顷，占辖区面积的5.27%。园地面积11935.16公顷，占辖区面积的23.63%。林地面积21780.48公顷，占辖区面积的43.12%。其他农用地面积2822.51公顷，占辖区面积的5.59%。湿地总面积2407.36公顷，占辖区面积的4.77%。

（陈　琪）

【生物资源】 城厢区海水养殖品种主要有牡蛎、花蛤、缢蛏、梭子蟹、青蟹、泥蚶、欧洲鳗、真鲷、大黄鱼、鮸鱼、鲈鱼、石斑鱼、海参、麒麟藻、龙须菜、硬壳蛤等。2022年渔业总产量60089吨，总产值3.84亿元。花蛤苗是城厢区特色优势养殖品种，苗种除供本地养殖外，还远销全国各地。淡水鱼类共有81种，隶属21科，以鲤科种类最多，有43种，经济价值较大的有草鱼、鲢鱼、鳙鱼、鲤鱼、鲫鱼、鲮鱼、鲴鱼、倒刺鲃、鲇鱼、黄颡鱼、鲈鱼、月鳢、鲻鱼、鲚鱼、鳗鲡、罗非鱼等。

【矿产资源】 城厢区发现矿产20种，其中金属矿产有铁、铬、铜、铅、铅锌、多金属、镍、金等8种；非金属矿产有滑石、蛇纹石、高岭土、叶蜡石、水晶、黄铁矿、饰面石材、建筑石料、建筑用砂、砖瓦黏土等10种，能源矿产有泥煤、地热水等2种。其中，铁矿点3处，分别分布于常太镇的新厝山、印斗山和莒溪；铬矿化点1处，在常太长基；铜矿化点1处，在常太长基；铅矿化点1处，在灵川何寨；铅锌矿点1处，在常太长基；多金属矿点1处，在常太白硎；金矿点1处，在东海坪洋。

总体上看，全区矿产矿种少，且以非金属矿建筑用石料和石材为主。建筑用石料资源非常丰富，饰面用石材储量也较为丰富，主要品种有“华亭青”（石英闪长岩）等。金属矿产少，仅镍矿有一定的储量规模，能源矿产仅有地下热水，储量较丰富，开发利用前景良好。探明资源储量居全省第一位的常太长基镍矿、滑石、化肥用蛇纹石中型矿床，因位于东圳水库边，属禁采区，而无法开发利用。

【森林资源】 按照最新三调数据，2022年全区森林覆盖率达33.82%，森林蓄积量127.2968万立方米，林地保有量2.18万公顷。辖区内森林公园两个，分别为福建九龙谷国家森林公园（以下简称九龙谷森林公园）和莆田天马山省级森林公园（以下简称天马山森林公园）。其中九龙谷森林公园位于莆田市城厢区常太镇溪南村，距离莆田市区32千米，总面积1054.66公顷，在城厢区内有917.2公顷，森林覆盖率95%以上，素有莆田“后花园”之称，与风景名胜区九鲤湖接壤，俗称“下九鲤”，于2006年评为国家级森林公园；天马山森林公园于2006年经福建省林业厅批准成立，位于莆田城厢区龙桥社区，紧邻莆田城区，南面与莆田市政府相接，背面是东圳水库，西面是凤凰山风景区，面积217.76公顷。

【海洋资源】 城厢区海域面积约3300公顷，大陆海岸线全长24.033千米，其中人工岸线23.996千米（渔业岸线15.044千米，工业岸线1.360千米，造地工程岸线7.592千米），河口岸线0.037千米。海洋资源开发以渔业为主要产业，其次还有港口，用于渔船停泊与避风以及渔业运输。区内缺乏深水岸线资源，但有浅水岸线多处，地处内湾，避风条件好，东海镇东海村南岸建有一座东港陆岛交通码头，灵川镇下尾村海岸修建一座渔港。临海乡镇有灵川和东海 2 个镇，共有 12 个渔业村，全区渔业人口 11712 人。全区开发利用海洋养殖面积约 0.17 万公顷。

（陈　琪）

【旅游资源】 城厢区内有莆田新旧“二十四”景中的“木兰春涨”“石室藏烟”“梅寺晨钟”“寿溪钓艇”“三紫凌云”“钟潭噌响”“龙谷奔泉”“圳湖映碧”“龟洋积雾”等盛景名闻遐迩；省级风景名胜区凤凰山风景如画；木兰溪畔春光无限；延寿溪畔绿树成荫；国家级森林公园（九龙谷森林公园）和省级森林公园（天马山森林公园）各 1 个，全国农业旅游示范点 1 个（九龙谷景区），省级风景名胜区 1 个（凤凰山公园）。此外，还有国际油画城、春晖艺术馆、庄严苑、百年复茂饼家等工业观光资源；绶溪公园、木兰陂公园、钟潭公园、南湖公园等城市游憩资源；广化寺、梅峰寺、龟山寺、东汾五帝庙、石梯寺等宗教文化资源；东圳水库、常太马院村、岭下村、凤办林桥村、灵川径里村、华亭五云村、园头村、埔柳村、东海坪洋村等乡村山水田园景观资源和东海、灵川的滩涂、码头等滨海旅游资源。城厢区盛产莆田四大名果——荔枝、龙眼、枇杷、橄榄；拥有“中国枇杷第一乡”称号的常太镇盛产优质“解放钟”枇杷。景区有国家 AAAA 级旅游景区九龙谷景区、绶溪公园，国家 AAA 级旅游景区御庄园温泉度假村、岭下美丽乡村、红色马院人家。

（廖娴娴、林志远、林金海、林逢春）

建置区划

【建置沿革】 1984 年，析莆田县的城厢镇和城郊公社设立城厢区，为县级建置，直属莆田市；5 月 25 日，成立中共城厢区委员会，组建城厢区人民政府，6 月 1 日，正式对外办公。10 月，城郊公社改为城郊乡，城厢镇改为荔城街道办事处。2002 年 2 月 1 日，莆田市区划调整；5 月，常太镇、华亭镇、灵川镇、东海镇划归城厢区。至 2022 年 12 月，城厢区下辖龙桥、凤凰山、霞林 3 个街道办事处和常太、华亭、灵川、东海 4 个镇。

【行政区划】 置区之前，城厢是莆田县境域的组成部分，其行政区划隶属沿革随莆田县。

南朝陈光大二年（568），析南安郡东北部地置莆田县，县治在延陵里，隶属丰州（州治在今福州）南安郡；不久县废，地还属南安郡。隋开皇九年（589），改丰州为泉州（州治在今福州），析南安县地再置莆田县属之；大业三年（607）撤销莆田县建置，其地归建安郡（郡治在今福州）南安县。唐武德五年（622），析南安县置丰州（州治在今泉州），复置莆田县属丰州。圣历二年(699)，置武荣州，析莆田西部地置清源县（后改名仙游县），莆田、清源两县同属之。景云二年（711），武荣州改名泉州，莆田县属之。天宝元年（742），升泉州为清源郡，莆田县属之。后汉乾祐二年（949），升泉州为清源军，莆田县属之。乾德三年（965），改清源军为平海军，莆田县属之。太平兴国四年（979），析莆田、仙游、福清、永福（今永泰）山区接合部之地置兴化县，县治设在今仙游游洋，同时建太平军领之；不久，改太平军为兴化军。太平兴国五年（980），莆田县改隶兴化军。太平兴国八年（983），兴化军治所从游洋迁莆田县公廨里，并筑军城，隶属不变。景炎二年(1277)，升兴化军为兴安州，莆田县属之。同年十月，元军占领莆田，改兴安州为兴化路，莆田县属之。至正二十年（1360），置兴化路分省，莆田县属之。明洪武元年（1368），改兴化路为兴化府，莆田县属之。正统十三年（1448），撤销兴化县，以武化、长乐二乡的 6 个里并为广业里，划归莆田县。清沿明制，废兴化、平海二卫。直至清宣统三年(1911),莆田县均隶属兴化府。

民国 2 年（1913），撤销府建置，福建设省、道、县三级地方政权。全省划分为东路、西路、南路、北路四道，莆田县属南路道。民国 3 年（1914），南路道改称厦门道，莆田县属厦门道。民国 15 年（1926），道废，莆田县直属福建省政府管辖。民国 22 年（1933）11 月，国民革命军第十九路军在福建成立中华共和国人民革命政府，莆田县隶属兴泉省。次年1月，“闽变”失败，国民党南京政府恢复统治，莆田县隶属第四行政督察区。

1949年8月21日莆田县解放。1949年10月1日中华人民共和国成立，福建省划分为8个专区及福州、厦门两市。莆田县成立人民政府，隶属福建省第五行政督察专员公署（驻泉州）。1950年4月起，第五行政督察专员公署先后更名为“晋江行政督察专员公署”和“晋江地区专员公署”（简称“晋江专署”），莆田县隶属不变。1955年12月，莆田县人民政府改称莆田县人民委员会，仍隶属晋江专署。1967年7月，成立莆田县军事管制委员会（简称“军管会”），隶属于晋江专区军事管制委员会。1968年9月,撤销“军管会”，成立莆田县革命委员会，隶属晋江专区革命委员会。1970年2月17日，经国务院批准，莆田县由晋江专区划属闽侯专区；专区革委会机关由闽侯螺洲迁至莆田县城厢镇。1971年4月13日，改闽侯专区为莆田专区。同年5月，改莆田专区为莆田地区，莆田县隶属莆田地区。1979年1月，莆田地区革命委员会改称莆田地区行政公署。1980年12月，莆田县革命委员会改称莆田县人民政府，隶属不变。1983年5月，撤销莆田地区，成立莆田市筹备组；9月9日，经国务院批准，建立莆田市，为省辖地级市，下辖莆田、仙游两个县和涵江、城厢两个区。5月25日，中国共产党莆田市城厢区委员会成立。6月1日，莆田市城厢区人民政府正式挂牌办公。

（区委史志室）

人文地理

【人口】 2022年度，城厢区常住人口为54.5万人，出生率为6.95‰，死亡率为6.84‰，人口自然增长率为0.11‰。

（黄裕模）

【民族宗教】 城厢区属于少数民族散居地区，居住分散，民族成分构成多样，没有民族行政村。截至2022年10月24日，辖区有少数民族3509人，占全区总人口的0.78%，主要集中分布在常太镇和霞林街道。同时，城厢区也是一个宗教大区，全区有佛教、道教、天主教、基督教四大宗教，纳入登记管理的宗教活动场所有109座，其中佛教寺庵84座、道教宫观9座、基督教堂16座。成立区佛教协会、道教协会等区级爱国宗教团体2个，信教群众在全区7个镇街均有分布。

（黄卫军）

【名胜古迹】 城厢区拥有全国重点文物保护单位宋代大型水利工程木兰陂，可与都江堰相媲美；全国重点文物保护单位广化寺释迦文佛塔结构雄伟，造型精美。千年古刹广化寺被列为福建“四大禅林”之一，也是福建十佳风景名胜区之一。古建筑、古遗址、古墓葬、摩崖石刻、出土文物、馆藏图书等遗存丰赡、保存完好。全区还拥有省级文物保护单位5个（石室岩砖塔、延寿桥、林昭恩墓、李富墓、东汾五帝庙）。另有55处市、区级文物保护单位。

（廖娴娴、林志远、林金海、林逢春）

城厢区非物质文化遗产保护名录

【概况】 截至2022年底，城厢区非物质文化遗产代表性项目有国家级1项、省级4项、市级38项、区级122项。其中新增非遗项目保护单位2个。非遗代表性传承人有省级4人、市级33人、区级72人。其中省级非遗传承人（中国工艺美术大师）郑春辉大型木雕作品《清明上河图》是全市唯一在非遗传统技艺类获得吉尼斯世界纪录者。传承人传承基地（传习所）建设方面，城厢区有9处传承基地（市文旅局授牌）：留青竹刻传承基地、闽台送王船传习所、复茂饼家制作技艺传承基地、莆田木雕（郑春辉）传承基地、莆田南少林武术传承基地、老蒲鲜传承基地、华艺雕刻传习所、庄严苑传承基地、金沙宫上元祈福传承基地。全区具有一定规模的非遗展示馆2个：省级非遗传承人郑春辉私人展示馆——莆田春晖木雕艺术馆、传统佛像制作技艺项目传承人王剑涯——佛艺博物馆。

2022年城厢区国家级、省级和市级非遗代表性项目一览表

表1

序号	项目名称	类别	申报单位	级别
1	竹刻（莆田留青竹刻）	传统美术	莆田市云起香材有限公司	国家
2	闽台送王船习俗	民俗	东汾五帝祖庙	省级
3	留青竹刻	传统美术	莆田市云起香材有限公司	省级
4	复茂饼家制作技艺	传统技艺	福建复茂食品有限公司	省级
5	南少林武术（莆田）	传统体育	莆田南少林武术协会	省级
6	小五哥传说	民间文学	城厢区文化馆	市级
7	龙眼的传说		城厢区文化馆	市级
8	龟山茶的传说		城厢区文化馆	市级
9	黄濂起义歌		城厢区文化馆	市级
10	南门棕轿舞	传统舞蹈	凤凰山街道南门社区居委会	市级
11	皂隶舞（东汾五帝庙）		东汾五帝庙管委会	市级
12	莆仙戏“净、末”	传统戏剧	莆田市艺术研究所	市级
13	木偶戏		城厢区文化馆	市级
			莆田神众木偶剧团	市级
14	俚歌（常太山歌-俚歌）	曲艺	城厢区文化馆	市级
15	刘氏竹雕	传统美术	莆田市云起香材有限公司	市级
16	郑氏沉香雕技艺		城厢区文化馆	市级
17	郑氏山水木雕圆浮雕技艺		城厢区腾晖工艺厂	市级
18	莆田神佛泥塑（唐式佛像彩绘、贴金）		庄严苑工艺品有限公司	市级
19	复茂百年大礼饼	传统技艺	福建复茂食品有限公司	市级
20	莆田柯氏藤编传统技艺		柯国华藤编工艺所	市级
21	方氏家酿枇杷酒工艺		城厢区天妃红酒业有限公司	市级
22	莆田传统美食烹饪技艺		城厢区老蒲鲜海鲜楼	市级
23	龟山茶制作技艺		三紫有机茶叶有限公司	市级
			莆田龟山月中香禅茶研究所	市级
24	东沙村油纸灯笼制作技艺		东海镇东沙村委会	市级
25	桂圆干传统烘焙技艺		莆田市大同医药有限公司	市级
26	莆田海产品传统加工技艺（东海海产干品制作技艺）		莆田市世源农业科技有限公司	市级
27	莆田小吃制作技艺（焖豆腐制作技艺）		城厢区娘妈餐饮店	市级
28	莆田蛤露制作技艺		蛤老大（福建）食品有限公司	市级
29	郑氏传统跌打伤科	传统医药	南湖郑氏传统拳医研究室	市级
30	余氏传统消痈配方		莆田国医堂民间秘方研究所	市级
31	南少林三十六宝传统拳术	传统体育、游艺与杂技	莆田南少林武术协会	市级
32	戴氏南少林鸣鹤二十八宿		莆田南少林武术协会	市级
33	南少林桂麟拳		莆田南少林武术协会	市级
34	南少林韦陀拳		莆田南少林武术协会	市级
35	南少林韦陀扁担法		莆田南少林武术协会	市级
36	南少林五雷拳		莆田南少林武术协会	市级
37	南少林白鹤拳		莆田市非物质文化遗产学会	市级
38	南少林佛祖棍法		莆田南少林武术协会	市级
39	南少林青龙大刀		莆田南少林武术协会	市级
40	南少林猴拳		莆田南少林武术协会	市级
41	南少林老鹰披翅拳		莆田南少林武术协会	市级
42	东汾端午节化龙船	民俗	灵川镇东汾五帝祖庙董事会	市级
43	东海镇金沙宫上元祈福习俗		东海东沙金沙宫	市级

2022年城厢区省级和市级非遗代表性传承人一览表

表2

序号	传承人	性别	出生年月	非遗项目名称	项目类别	级别
1	林玉坤	男	1933年7月	闽台送王船习俗	民俗	省级
2	郭继光	男	1962年1月	复茂饼家制作技艺	传统技艺	省级
3	郑春辉	男	1968年1月	莆田传统木雕技艺	传统美术	省级
4	洪光荣	男	1952年1月	南少林武术（莆田）	传统体育	省级
5	郑剑飞	男	1963年5月	莆仙戏	传统戏剧	市级
6	许淑阳	女	1969年5月	木偶戏	传统戏剧	市级
7	刘志高	男	1976年9月	刘氏竹雕	传统美术	市级
8	刘建新	男	1973年5月	留青竹刻		市级
9	郑云鹏	男	1974年12月	郑氏沉香雕		市级
10	王剑涯	男	1964年5月	莆田神佛泥塑（唐式佛像彩绘、贴金）		市级
11	裘海松	男	1980年8月	莆田留青竹刻		市级
12	郑春辉	男	1968年1月	郑氏山水木雕圆浮雕技艺	传统技艺	市级
13	郭继光	男	1962年1月	复茂百年大礼饼		市级
14	柯国华	男	1956年11月	莆田柯氏藤编技艺		市级
15	陈伟军	男	1978年8月	莆田传统美食烹饪技艺		市级
16	郑亦新	男	1977年11月	龟山茶制作技艺		市级
17	黄艳梅	女	1984年12月			市级
18	黄建森	男	1970年2月	黄氏果膏系列配方	传统技艺	市级
19	林秋云	男	1959年7月	莆田蛤露制作技艺		市级
20	蔡志洪	男	1967年8月	莆田海产品传统加工技艺（东海海产干品制作技艺）		市级
21	俞国雄	男	1982年8月	莆田小吃制作技艺（焖豆腐制作技艺）		市级
22	洪光荣	男	1952年1月	南少林“三十六宝”传统拳术	传统体育、游艺与杂技	市级
23	吴锦春	男	1955年4月	莆田南少林武术（白鹤拳）		市级
24	吴　鹤	男	1982年11月	莆田南少林武术（佛祖棍法）		市级
25	郑瑞凿	男	1956年2月	莆田南少林武术（老鹰披翅拳术）		市级
26	蔡永希	男	1952年6月	莆田南少林武术（桂麟拳）		市级
27	陈玉樵	男	1952年9月	莆田南少林武术（韦陀拳）		市级
28	林国森	男	1984年12月	莆田南少林武术（青龙大刀）		市级
29	唐家辉	男	1997年12月	莆田南少林武术（护院单刀）		市级
30	陈绍俊	男	1976年4月	莆田南少林武术（五雷拳）		市级
31	林玉坤	男	1933年7月	东汾端午节化龙船	民俗	市级
32	林庆森	男	1973年4月	闽台送王船习俗		市级
33	蔡美林	男	1935年2月	东海镇金沙宫上元祈福习俗		市级
34	蔡玉应	男	1945年8月			市级
35	蔡海儿	男	1955年1月			市级

（林志远）

精神文明建设

【概况】 2022年，城厢区精神文明建设工作以社会主义核心价值观为引领，坚持以“党建引领、夯基惠民”工程为总抓手，切实加强公民思想道德建设，深入开展群众性精神文明创建活动，纵深推进全国文明城市复查整改行动，常态化推进全国文明城市、省级文明城区创建，精神文明和未成年人思想道德建设各项工作扎实推进，为建设“山水格局、人文宜居”新城厢提供坚强的思想保障、强大的精神力量和丰润的道德滋养。

【精神文明创建】2022 年，城厢区调整完善创城工作领导小组，制定出台《城厢区常态化创城行动总体方案》和《城厢区创城复查整改暨常态化管理行动方案》，设立 9 个工作专班，按照“打造一个平台、开展五项行动、健全四个机制、提升一个保障”的工作思路，紧盯老旧小区、农贸市场等“顽疾”“痼疾”整治，推动常态化创城行动取得实效。以“党建引领、夯基惠民”工程为总抓手，每周安排两次干部下沉挂钩社区进行常态化文明创建类问题采集与整改督促，单位领导实行一周一跟踪，一月一推进，确保力量下沉工作常态化。制定《关于组织在职党员干部职工和志愿者到社区报到开展服务 助力全国文明城市“保牌战”的工作方案》，发动 60 余家各级文明单位，持续发力开展志愿服务活动，扎实推进创城复查整改和第七届全国文明城市、省级文明城区创建工作，推动常态化创城工作落细落实。按照创城公益广告全面提升行动方案，推进爱国卫生运动、“讲文明树新风”、“文明健康 有你有我”、疫情防控、社会主义核心价值观等文明公益广告提质升级，推动精神文明宣传阵地提档升级。下拨 600 万元经费，组织开展创建全国文明城市复查整改以及届中全国文明城市、省级文明城区常态化创建工作，持续跟踪省级以上各类文明先进网上材料申报，初评材料上报率达 100%，推动各类精神文明先进按时序创建。

【文明实践建设和志愿服务活动】2022 年，城厢区牢牢抓住新时代文明实践工作这一区委“一把手”工程，成立以区委书记为组长的领导小组，投入 348 万元对区级中心阵地提质升级，配备 6 名专职文明实践联络员，按照“有机构、有阵地、有课程、有保障、有队伍”的标准，建好、管好、用好新时代文明实践中心，坚持“打通、激活、做实”的工作思路，全域化铺开、标准化建设、常态化推进。

2022 年，城厢区建成文明实践中心 1 个、文明实践所 7 个、文明实践站 117 个，每年投入运营经费 36 万元和中心平台管理系统费用 15 万元，招募志愿者 2550 名，开展常态化关爱特殊群体志愿活动 2530 场次，受惠群众达 19 万余人次。建成 32 个文明实践点，开展 563 场文明实践活动，推进习近平新时代中国特色社会主义思想传播和新时代文明实践活动，培育践行主流价值、丰富活跃文化生活。

2022 年，城厢区推进文明实践志愿服务基金试点工作，设立 6 个文明实践基金，筹集资金约 349.7 万元，用于文明实践活动开展，推动文明实践长流水、不断线。结合群众生产生活实际，设计推出“石厝健康”“融志愿”志愿服务普惠性特色项目，累计服务群众 1 万多人次、送出药品价值 10 万余元。加大“三堂”（庙堂、祠堂、教堂）变“文明殿堂”实践工作推进力度，整合 1 个“祠堂”、5 个“庙堂”等特色“文明殿堂”，在“文明殿堂”中开展实践活动 137 场，在“党建 +”邻里中心开展实践活动 266 场，深度挖掘培育文明实践工作品牌。

【道德实践教育活动】2022 年，城厢区持续开展典型人物评选推荐活动。向市委文明办推荐 3 名候选人参加“福建好人”推荐评议活动，入选第一季度敬业奉献类别“福建好人”1 人。组织欧文利、赖金荣、蔡冠清等多名“中国好人”“福建好人”“道德模范”参加市、区级举办的道德模范进基层宣讲活动、座谈会及交流会，制作“中国好人”“福建好人”海报在公众号、自媒体等平台刊播，不断推动好人文化走深走实走心。开展“我们的节日”活动，围绕迎接宣传贯彻中共二十大这条主线，以“强国复兴有我”为主题，制定《关于组织开展 2022 年传统节日文化活动的通知》，把传统节日作为移风易俗的重要时间节点，集中开展宣传主题教育 10 场。开展群众性宣传教育活动，深入推进新时代公民道德建设、市民素质提升、移风易俗以及文明旅游等行动，加快精神文明软实力转化、转型、转变。评选文明家庭、“好媳妇好婆婆”等典型，践行“红事”停办、“白事”从简，把反对铺张浪费、大操大办、封建迷信等作为村规民约的重要内容，推动落实农村党员干部操办婚丧事宜报备制度。年内，发送文明祭祀倡议书 1000 余份，举办移风易俗文艺宣传3场。全区内各行政村和农村社区评选“十星级文明户”覆盖率达100%。落实“1+X”工作机制，加强监督检查，注重线索收集，定期和不定期对各街道、各单位工作落实情况进行明察暗访，把督查结果纳入绩效考评，并与文明单位考评挂钩，以严格的责任追究促进工作落实。

【诚信建设工作】 2022年，城厢区印发《城厢区开展诚信缺失突出问题专项治理行动工作实施方案》，将诚信意识形态领域工作纳入各级文明单位考评的重要内容，问题清单移送情况作为精神文明各类考核评选重要依据。充分运用新时代文明实践所（站）、融媒体中心、公益性文化单位、社区文明服务中心等阵地，深入诚信经营理念宣传，开展分众化、具象化诚信文化宣传教育和实践活动。开展诚信示范街区、诚信经营示范店、诚信行业、诚信单位等主题实践活动，成功申报东园西路商业街创建省级“诚信经营示街”。与公安部门联合开展规范公职人员文明交通行为活动，将重点交通违法行为录入诚信交通监管系统，与文明单位的评选挂钩。

【未成年人思想道德建设】 2022年，城厢区制定《城厢区2022年未成年人思想道德建设实施方案》，定期召开成员单位联席会议研讨，有序推进工作纵深发展。结合喜迎中共二十大宣传教育，持续深化“扣好人生第一粒扣子”主题教育实践活动，广泛开展“童心向党”“传承红色基因”中华优秀传统文化传承等主题实践活动，全面提升未成年人思想道德素养。举办5场全区性集中展示活动，成功推选1名市级“新时代好少年”。深化文明校园创建，举办文明校园巡礼，《湄洲日报》、“城厢观察”栏目、“学习强国”学习平台等刊播巡礼报道。拓展“复兴少年宫”建设，首批建设14所，挂牌120所。建好用好校外未成年人心理健康辅导站、乡村学校少年宫、青少年科学工作室等阵地，开展全区性乡村学校少年宫展示展演活动1场，并现场全网直播，点击率达5万余人次，开展心理健康进村居、进家庭、进学校活动6场。

（李立群）

2022年6月21日，区委文明办等单位在常太学校举办“喜迎二十大 强国复兴有我”2022年城厢区乡村学校少年宫文艺展演活动

（谢黎明　摄）

2022年11月14日，城厢区东海中心小学乡村少年宫开展“学习宣传党的二十大精神诵读比赛”活动

（谢黎明　摄）

中共莆田市城厢区委员会

综　述

【概况】2022 年，中共莆田市城厢区委员会（以下简称“中共城厢区委”）坚决贯彻落实疫情要防住、经济要稳住、发展要安全重要要求，高效统筹疫情防控和经济社会发展，统筹发展和安全，认真开展“提高效率、提升效能、提增效益”行动，坚持“俯下身子抓产业、一心一意谋发展”，推动全区经济、政治、文化、社会、生态文明和党的建设等各项事业取得新的成效。地区生产总值 587.08 亿元，同比增长 5.6%，增幅高于全市 1.1 个百分点；固定资产投资同比增长 11.9%，规模以上工业增加值同比增长 7.5%，社会消费品零售总额同比增长 4.2%，财政总收入同比增长 1.8%，全体居民人均可支配收入同比增长 6.4%，2 个指标增幅位居全市第一、4 个指标增幅位居全市第二、3 个指标增幅位居全市第三。同时，党政领导生态环保目标责任书考核、河长制考评、市对区教育“两项督导”评估等工作均居全市第一，平安建设工作考评实现“六连冠”，获评全省“平安建设示范县（市、区）”、省级义务教育优质均衡先行创建区、省级双拥模范城“五连冠”等。

【学习宣传贯彻中共二十大精神】2022 年，中共城厢区委坚持把学习宣传贯彻中共二十大精神作为首要政治任务，对照“五个牢牢把握”重要要求，在全面学习、全面把握、全面落实上下功夫，召开区委常委会（扩大）会议、理论学习中心组学习会等，及时传达学习贯彻；印发通知，召开区委十届三次全会，制定《关于深入学习宣传贯彻党的二十大精神加快建设山水格局、人文宜居新城厢的决定》，对学习宣传贯彻工作进行全面部署。区委常委带头深入基层开展宣讲，组建区委宣讲团，先后举办宣讲 90 余场次，推动党的二十大精神进机关、进企业、进社区、进校园、进军营、进“两新”组织，引领全区上下迅速掀起学习宣传贯彻热潮。

【深化作风建设】2022 年，中共城厢区委大力弘扬“马上就办、真抓实干”等优良作风，严格执行中央八项规定及其实施细则精神，深挖细查“四风”隐形变异新动向新表现，全年查处违反中央八项规定精神问题 25 起 40 人；查处形式主义、官僚主义案件 23 起，推动干部作风持续优化。持续深入整治“文山会海”和漠视群众利益、加重基层负担等问题，全年会议数量同比减少5.88%，发文数量同比减少2.08%。

【严守政治纪律和政治规矩】2022年，中共城厢区委领导班子认真贯彻执行民主集中制，严格执行区委工作规则和常委会会议事规则，健全完善“三重一大”集体决策等制度，切实维护班子团结。推进政治监督具体化、精准化、常态化，聚焦“关键少数”开展分级分类监督，累计开展政治监督谈话106人次，把责任链条逐级延伸、层层压实。全力做好整改“后半篇文章”，扎实推进涉粮领域专项巡察、生态环保督察以及省委、市委全面从严治党主体责任检查等反馈问题整改，省对市涉粮专项巡视涉及全区17个问题，全部整改；第二轮中央生态环境保护督察反馈问题9个，完成整改8个，长期坚持1个；2022年度省委、市委主体责任检查组反馈问题55个，整改到位49个，有序推进6个。

（许明明）

重要会议及活动

【民营经济暨产业发展招商推介大会】2022年2月11日上午，中共城厢区委在香格里拉大酒店召开城厢区民营经济暨产业发展招商推介大会，市委常委、统战部部长郭宋玉到场并讲话。随后，区委书记王文才召开城厢区民营企业家座谈会，各位企业家代表先后发言，结合企业发展情况，围绕城厢产业发展、要素保障、产业生态、营商环境等方面提出意见建议。

【区委全委会】2022年2月18日上午，中共城厢区委在区机关三层大会议室召开区委委员全体会议，审议通过《中共莆田市城厢区第十届委员会关于区政府工作部门负责人推荐人选表决办法（草案）》。

【第二届直播电商节】2022年6月28日，城厢区第二届直播电商节“十好城厢·直播嗨购”启动仪式于喜盈门家具建材广场举行。活动紧紧围绕市委、市政府“俯下身子抓产业，一心一意谋发展”部署精神开展。主办方围绕食品好品牌、鞋服好时尚、油画好工艺、汽车好价位、家居好精致、楼盘好品质、餐饮好味道、文娱好体验、投资好环境、就业好平台10个领域，逐一推介城厢十大优势产业，全方位展示“山水格局，人文宜居”新城厢。

【工作务虚会】2022年12月13日下午，中共城厢区委在六楼二号会议室召开区委工作务虚会。会上，各镇（街道）党委（工委）书记、区直部门围绕《全力推进2023年八项重点工作实现新突破（征求意见稿）》作讨论发言，区委书记王文才作强调讲话。

（许明明）

重点工作

【贯彻落实上级重大决策部署】2022年，中共城厢区委坚持不懈抓好新时代党的创新理论武装，严格执行“第一议题”制度，及时跟进学习习近平总书记重要讲话重要指示精神，不断提高政治判断力、政治领悟力、政治执行力，坚定拥护“两个确立”、坚决做到“两个维护”，全年开展理论学习中心组学习会、专题研讨等38次。深入践行习近平总书记治理木兰溪的重要理念，持续推进木兰溪全流域综合治理，加快木兰溪“十里风光带”建设，河长制考评位居全市第一、连续五年排名全市前列，木兰溪水环境考评累计17个月名列全市第一，助推木兰溪流域入选全国“绿水青山就是金山银山”实践创新基地。深入学习贯彻省第十一次党代会、省委十一届三次全会精神及市第八次党代会、市委八届四次全会精神，扎实推进“两稳一保一防”工作，创新“俯下身子、一抓到底”督查落实、重点项目前期工作推进、重点项目管理、“临门一脚”重点项目攻坚、重点工作“点题督导”等机制，全方位推进高质量发展，持续在全市新一轮发展中当表率作示范。

【经济项目建设】2022年，中共城厢区委全面落实稳经济稳增长一揽子政策措施，出台企业增产增效、用工稳岗等12条奖补措施，在全市建立首家惠企资金直达平台，落实增信融资、纾困贷款、减税降费等超14亿元，积极克服疫情、经济下行等不确定因素影响，发展态势稳中有进、持续向好，工业用电量等先行指标全年保持全市领先，各项主要经济指标位居全市前列。着力扩大有效投资，新增入库项目139个、总投资超300亿元。强力推进“临门一脚”重点项目攻坚，坂头西片区等57个项目动工建设，三利谱偏光片等31个项目竣工，46个省市重点项目完成投资超序时17个百分点。突出“一把手”招商、以商招商、重点区域招商等，举办民营经济高质量发展招商推介大会等招商活动10多场次，新增对接产业类招商项目39个，计划投资超507亿元，15个项目实现投产，超百亿元的富力智造园和东海鞋服科技产业园、中电科创城等一批超30亿元项目签约落地。大力发展楼宇经济、平台经济，落地全市首家金融服务中心和人力资源产业园，新增落地平台类项目13个，25家总部平台累计交易额46亿元、税收超亿元。

【构建现代化产业体系】 2022年，中共城厢区委坚持把经济发展着力点放在实体经济上，高规格谋划实施“六园千亿”产业绿色高质量发展战略，聚焦10条重点产业链，深化“一产业链一专班”，围绕壮大龙头企业、培育“专精特新”企业、帮扶减停产企业，建立“一企一档”，落实发展、服务“两个清单”，推动10条产业链全部实现正增长，工业投资、制造业投资、技改投资增速持续保持全市第一。传统产业加快转型，深入开展“龙头企业培优扶强”专项行动，新增省市工业龙头企业等20家。重点引导力奴等17家鞋服企业实施技改项目，全年新增产值超5亿元。新认定国家高新技术企业、省级“专精特新”中小企业等64家，亚明获建中国预制菜产业示范基地和预制菜研发中心。新兴产业持续发力，中电科创城先导区入驻企业31家，三利谱偏光片项目竣工投产，杰讯光电、翔远科技等重点项目提速推进，24家战略性新兴产业产值比增14.1%，居全市前列。四大经济稳步提升，数字经济与实体经济加快融合，25家总部平台累计交易额35.15亿元、税收超亿元，初步形成数字经济产业生态。推进花蛤等水产品精深加工，白苗年产量突破3万多吨，占全国花蛤苗种总产量的60%以上，实现年产值约3亿元。华源工贸二期等7个绿色工厂项目加快推进，华林园区获评省第四批循环经济示范园区。全年实现国内旅游收入24.96亿元，总量位居全市第一。现代服务业提质升级，大力实施“服务业提质扩容”工程，举办直播节、“全闽乐购·富美城厢”等，消费品零售额增长超10亿元。引进品牌首店、旗舰店超10家，新增限上企业207家，居全市第一；565家限上电商企业销售额增长32.5%，拉动全区限上批零业增长21.7个百分点。利用全市首个跨境电商监管中心升格为莆田国际陆港契机，打造跨境电商产业聚集区，全年实现外贸出口89.4亿元，同比增长24.6%，出口体量和增速均创10年来历史新高。

【科教人才创新战略】 2022年，中共城厢区委坚持把创新摆在发展全局的核心位置，积极落实科教兴国战略、人才强国战略、创新驱动发展战略，全区研发经费支出占地区生产总值比重的1.96%，研发投入强度位居全市第一。率先启动打造“双创”教育示范区，获评“市教育系统初中教育先进区”，市对区“两项督导”评估连续三年蝉联全市第一，是全市唯一被列为省级“义务教育优质均衡先行创建区”的地区。将党管人才原则贯穿人才工作全过程、各方面，深入实施人才优先发展战略，落地莆田市人力资源服务产业园，建成全市首家省级工业园区职业技能提升中心，新增省高层次C类人才5人，通过“壶兰计划”认定人才261人，累计解决人才子女就学学位36个，申报市级人才驿站5家。

【城乡融合发展】 2022年，中共城厢区委持续提升城市能级，加快实施城市功能与品质提升三年行动，深入推进新区建设、旧城更新和老旧小区改造“三管齐下”，聚焦“一溪两岸、连片发展”，统筹推进60个城市建设品质提升项目，提升改造西门小区等11个老旧小区，新建市政道路9千米，凤凰福道、泗华郊野公园、木兰溪“十里风光带”等动工建设，建成投用人行天桥4座、公共停车泊位510个，新增绿地面积55公顷，绿道6千米，建成区绿化覆盖率达46.5%，人均公园绿地面积15.98平方米，城市颜值不断提升。全面推进乡村振兴，全力推进“1+8+6”（打造1个特色镇、8个省级试点村、6个市级试点村）乡村振兴试点建设，创建“五个美丽”[美丽乡村庭院、美丽乡村微景观、美丽乡村小公园（小广场）、美丽田园、美丽乡村休闲旅游点]示范点304个，新增“三品一标”（无公害农产品、绿色食品、有机农产品和农产品地理标志）农产品认证4个，常太镇获评国家级农业产业强镇，推动全区入选省级农民合作社质量提升整区推进试点区。持续巩固拓展脱贫攻坚成果，严格落实“四个不摘”（摘帽不摘责任、摘帽不摘政策、摘帽不摘帮扶和摘帽不摘监管）要求，健全防止返贫监测机制，兑现政策资金4285万元。深入推进山海协作、闽宁协作等工作。严格落实粮食安全党政同责，执行最严格耕地保护政策，全面推行“田长制”，新建高标准农田103.67公顷，完成耕地非粮化排查整改47.67公顷和撂荒地整治163.33公顷。

【守牢安全底线】 2022年，中共城厢区委贯彻落实总体国家安全观，全力防风险、保安全、护稳定，扎实开展“除险保安守底线”工作，完成中共二十大安保维稳工作。着力防范化解经济、金融等重点领域风险，企业信贷不良率降至0.5%，位居全市第一。深入推进平安城厢建设，常态化开展扫黑除恶斗争，扎实推进毒品问题整治、治理电信网络诈骗犯罪，统筹做好粮食安全、信访、安全生产、食品安全、防汛防台等各领域安全工作，各类违法犯罪、刑事、治安、侵财等案件持续下降，全区社会大局呈现和谐稳定的良好局面，平安建设工作考评实现“六连冠”，全市唯一获评全省首批平安建设示范县（市、区）。

【增进民生福祉】 2022年，中共城厢区委始终坚持以人民为中心的发展思想，把财政支出的70%用于改善民生，精准谋划、滚动实施12件为民办实事，加快推进35个民生工程项目，让发展成果更多更好地惠及人民群众。全力提升社会保障水平，城镇新增就业人员5481人，期末全区城镇登记失业率2.41%，城乡居民养老保险参保率超99.2%，连续三年位居全市第一；加快推进健康城厢建设，区医院病房大楼、区疾控中心标准化实验室建成投用，灵川镇中心卫生院综合大楼基本完工，改造提升农村长者之家、幸福院等19个，基本公共卫生服务评估位居全市前列。持续优化生态环境，积极稳妥推进碳达峰碳中和工作，深入打好蓝天、碧水、净土保卫战，空气质量优良天数比例达95.18%，小流域省考断面、东圳饮用水水源地水质达标率均为100%，全市党政领导生态环保目标责任书考核优秀、全市第一。

（许明明）

深化改革

【重点领域改革】 2022年，中共城厢区委深化重点领域改革，谋划经济、党建、军民融合等8个大类23项改革重点任务，完成“小切口、大成效”改革事项15项，以改革赋能产业发展、城乡建设、基层治理等。全市率先发布优化营商环境、推进民营企业高质量发展“十条措施”，扎实推进“一业一证”省级改革试点，深化流程再造，压缩办事时限16个工作日，经验做法被列为全省优化营商环境工作典型进行推广。持续扩大对外开放，上线跨境电商出口大数据平台，将原跨境监管中心升级为内外贸一体化融合发展的莆田国际陆港，首票货物出口通关，为企业提供“一站式”外贸通关服务，通关包裹数、出口额同比均增长20倍以上。进一步丰富外贸新业态，组织5家市场采购贸易企业参与重点市场采购试点建设，助力外贸企业开拓新兴市场，全区市场采购实现出口10.3亿元，同比增长17%，增幅创历史新高。推动两岸融合发展，全力做好“通惠情”文章，深化对台农业融合发展，推动3家台资台商获得台湾特色商品店专项补助，为4家台企、3名台胞颁发金融信用证书。创新推进诉前化解和台胞权益保障法官工作室相结合工作模式，积极开展线上经济文化交流2场次，举办“城厢区两岸木雕精品交流展”，促进两岸同胞心灵契合。

【基层治理改革】 2022年，中共城厢区委深入实施“党建引领、夯基惠民”工程，坚持先行先试、全面铺开，切实把信访、安全生产、社会治安等工作落到最小治理单元、最后责任主体，推动问题解决、取得实效。工程实施以来，全区信访件总量下降24.9%，重复率同比下降19.3个百分点，“治重化积”案件化解率达98%，成功化解一批10年以上信访积案。进京越级访批次和人次分别下降65.8%、55.3%。全区各类生产安全事故起数和死亡人数分别下降55.6%、50%。

（许明明）

综合党务工作

【概况】 2022年，中共莆田市城厢区委办公室（以下简称“区委办”）紧紧围绕区委中心工作，主动适应新形势、新任务、新挑战，坚持超前谋划、主动跟进、担当尽责，不断提升“三服务”（服务发展、服务决策、服务落实）水平，坚决当好区委坚强前哨和巩固后院，保障区委各项工作的平稳高效运行。

【以文辅政】 2022年，区委办强化精品意识和效率意识，紧贴领导思路和工作实际，重点围绕中心大局、群众关注的热点难点做文章、谋思路，着眼求实、求深、求新、求精，在谋篇布局、立风立意等方面狠下功夫，严格落实重要文稿会商制度，认真起草各种文稿，力求每篇文稿有新意、出精品。全年高质量、高标准起草区委经济工作会议、区委十届三次全会等区委文件以及领导讲话、汇报交流等各类文字材料420多篇。

【办文办会】 2022年，区委办在公文处理上，坚持质量优先、强化审核把关、提高办理效率、确保保密安全，持续提升公文质量和处理水平。在会议和活动保障上，做到“高站位”与“先谋划”相结合，“重统筹”与“抓重点”、“守规则”与“求创新”相结合。深入开展“文山会海”整治活动，严格贯彻落实上级及区委的有关文件要求，严控会议数量规模、严把发文关口，全年会议、文件精简任务均达到省市要求。

【督查工作】 2022年，区委办紧紧围绕区委中心工作和阶段性重点工作，积极主动开展督查工作，灵活创新督查方式，不断完善督查机制，进一步加大对各类交办事项的跟踪督办力度，帮助、推动全区“临门一脚”“六园千亿”等重点工作攻坚克难，有效发挥督查工作在服务大局、推动落实中的利剑作用。年内办理上级督查件85件，均按办理时限和办理要求办结，办结率100%；区级督查件18件，均能够及时反馈并及时报告区委主要领导。

【信息工作】 2022年，区委办加强选题谋划，突出政治导向、创新导向、问题导向，紧密贴合领导关注焦点、特色工作亮点、改革推进难点、群众关心热点，精准报送传达。以《城厢信息》为载体，不断拓宽信息工作面。进一步畅通信息报送渠道，健全信息网络和信息考核制度，加大信息报送力度，深入挖掘特色、亮点工作。全年编辑《城厢信息》24期，增刊21期，舆情专报件23期，部委动态21期，累计上报省、市信息1570多条，被省委办公厅采用31条，被市委办采用127条，其中正刊33条，莆田信息85条。

【服务保障】 2022年，区委办注重机关财务管理，严格执行预决算制度，加强公务用车使用管理，做到规范、安全、节约、高效。严格执行领导干部带班和24小时值班制度，认真做好重大节日、重要节点值班工作，切实履行好上情下达、下情上报、协调左右的职能，确保区委工作正常运转。坚持厉行节约、反对铺张浪费，进一步严肃财经纪律，严格控制“三公”经费支出，不断加强办公室财务管理。

【机要通信】 2022 年，区委办以服务保障中共二十大和学习贯彻中共二十大精神为主线，加强对涉密人员的教育和管理，在中共二十大等重大活动期间，高质高效地完成通信保障任务。严格按照上级部门的统一部署以及区委领导的指示要求，及时与相关部门沟通协调，保证上级各项决策政令安全、快速、高效传达。

（许明明）

组织工作

【概况】 2022 年，中共莆田市城厢区委组织部（以下简称“区委组织部”）贯彻落实新时代党的建设总要求和新时代党的组织路线，认真落实各级组织部长会议精神，落实省委“提高效率、提升效能、提增效益”行动部署要求，紧紧围绕区委各项决策部署，主动担当、狠抓落实，干部队伍建设、基层党建、人才工作等各项任务取得新的进展和成效。

【理论武装】 2022 年，区委组织部及时部署党员干部中共二十大精神专题轮训工作，把中共二十大精神纳入党校必学内容，开展全区党员干部中共二十大精神网络培训工作，引导基层党组织和广大党员干部学原文悟原理。深入实施好班长好班子建设工程，分期分批开展系统轮训，完善干部政治素质学习，持续推进新时代基层干部主题培训行动计划。结合不同岗位特点和工作实际，量体裁衣设置培训班次和培训内容，扎实开展疫情防控、乡村振兴、“党建引领、夯基惠民”、碳达峰碳中和等教育培训。

【干部工作】 2022 年，区委组织部认真落实新时期好干部标准，营造干部在一线选拔、能力在一线提升、作用在一线发挥、成绩在一线检验的良好干事氛围。突出安定稳定一线、项目攻坚一线、招商引资一线、疫情防控一线“四个一线”鲜明导向，先后提拔一线实绩突出、群众公认度高的干部 35 名，晋升职级 69 名。深化年轻干部全链条梯次培养工程，开展新录用公务员“三年培优”行动，选派优秀年轻干部充实至镇街一线关键岗位，促进干部在“实战”中学本领提能力。完善干部评价体系，坚持严管厚爱结合，落实“三个区分开来”，细化关心关爱基层一线干部，年内开展谈心谈话 200 余人次。对参与疫情防控一线重点工作的干部年度考核实行单列考核，优秀比例提高至 30%。镇街公务员年度考核奖高于机关人员 20% 发放。

【组织工作】 2022 年，区委组织部大力实施“党建引领、夯基惠民”工程，持续强化基层党组织政治功能和组织功能，推动全区党的基层组织建设全面进步、全面过硬。深化推进党建引领基层治理，坚持大抓基层导向，织密建强末端组织体系，完善建立“社区党委—网格（小区）党支部—单元（楼栋）党小组”组织架构，重点以霞林街道为试点，

2022年8月26日，区委组织部调研常太镇党建引领乡村振兴工作开展情况

（区委组织部　供）

打造九龙小区、和成天下小区作为全市基层治理示范样板。深入推动“机关＋社区”结对共建活动,引导全区在职党员到社区(小区)报到，深入了解社情民意并化解群众急难愁盼问题。在深化乡村振兴试点建设基础上，巩固提升中心村党委“强村带弱村”帮扶机制，如华亭镇五云村党支部领办“五院岭”花果农民合作社，常太镇溪南村党支部牵头打造5G智慧枇杷果园，凤凰山街道坑坪中心村党委联合周边开发“天龟线”环山旅游线路等，通过“精准联建”带动村集体经济增长。同时，严格落实关于加强“一肩挑”后村级班子管理监督有关措施，深化党支部规范化标准化建设，组织开展村级组织换届“回头看”、基层党组织书记“练兵比武”等，倒排整顿软弱涣散党组织4个，把基层党组织建设成为有效实现党的领导的坚强战斗堡垒。统筹推进各领域基层党建工作，创新开展“两新”(新经济组织和新社会组织)组织党建工作，重点培育打造力奴鞋业“三牛党建”、亚明食品“食颂党建”、复茂食品“产业党建”等亮点载体，推动实现抓党建、兴产业、促发展的良性互动。组织开展新业态行业“亮身份、亮承诺、比作为”活动，突出抓好劳动关系协会、油画艺术产业协会、区商务楼宇等党支部示范点创建。提升党员队伍建设水平。组织各级党组织和党员干部广泛开展“严家教正家风”“我在乡间有亩田”“时间银行”志愿服务等活动，不断增强党员队伍凝聚力。开展流动党员组织关系集中摸排，对全区1700余名流动党员实行台账式动态管理。严把发展党员入口关，加大重点群体、薄弱领域发展党员力度，稳妥有序开展农村发展党员违规违纪问题排查整顿。

2022年5月17日、23—24日，城厢区举办首期“党建引领、夯基惠民”提升社区基层治理能力暨社区党组织书记（主任）、小区党支部书记业务学习专题培训班 （区委组织部 供）

【人才工作】 2022年，区委组织部深入实施人才优先发展战略，以高质量发展需求为导向，将党管人才原则贯穿人才工作全过程、各方面。加强政策招引，积极开展人才项目申报工作，新增省高层次C类人才5人，申报省“雏鹰计划”青年拔尖人才1人，柔性引进省卫生健康客座专家1名，通过“壶兰计划”认定人才261人。加强高层次创新型科技人才队伍建设，获评省级示范院士专家工作站1家，中电望辰入选工业和信息化部第一批财政支持中小企业数字化转型试点平台。加强平台培育，发挥中心城区辐射带动作用，推动莆田市人力资源服务产业园(莆田市技术人才产业园)项目落户城厢九龙片区。推动人才链与产业链精准对接，在华林园区建成全市首家省级工业园区职业技能提升中心并投入使用，不断提升园区人才培育水平及承载功能。推进区级金融服务中心建设,出台金融类人才落户奖励、租金补助、经营贡献奖励、金融创新激励、引进支持等一揽子优惠政策，有10余家金融机构意向入驻中心。加强人才服务，充分发挥人才发展体制机制改革、“壶兰计划”等政策叠加效应，转变“陈列式”服务为“上门式”服务，在引进人才的落户、医疗、配偶就业、子女就学等方面开辟“绿色通道”，持续完善七中山、中电科创城等人才公寓配套措施。全年累计解决人才子女就学学位36个，申报市级人才驿站5家，人才服务覆盖面不断拓展。

（刘　媛）

【老干部工作】2022年，区委组织部坚持以习近平总书记关于老干部工作的重要论述为根本遵循，坚持思想上关心、生活上照顾、精神上关怀，用心用情做好老干部工作；在中秋节、重阳节和春节等重要节日期间，走访看望离退休老干部和离休干部遗属120余人次，发放慰问金和慰问品16万余元；为5位离休干部无工作遗属发放生活补助和医疗补助10.5万元；为4位困难离休干部申请帮扶基金1.59万元，积极帮助老干部解决问题，充分保障老干部各项待遇，切实提升老干部的获得感、幸福感和归属感。扎实开展离退休干部党建工作，有序推进离退休干部党支部标准化规范化建设，凤凰山街道筱塘社区离退休党支部获评第三批省级离退休干部“示范党支部”；常太镇马院村闽中游击区革命纪念馆获评省级“离退休干部党员传承红色基因学习教育基地”。

（洪晓芊）

宣传工作

【概况】2022年，中共莆田市城厢区委宣传部（以下简称“区委宣传部”）围绕“迎接宣传贯彻党的二十大”“提高效率、提升效能、提增效益”等主题主线，履行好新时代“举旗帜、聚民心、育新人、兴文化、展形象”的使命任务，踔厉奋发、赓续前行，推动宣传思想文化工作不断守正创新，为建设“山水格局、人文宜居”新城厢提供坚强思想保证和强大精神动力。

【理论武装】2022年，区委宣传部印发《2022年区委理论学习中心组学习计划》，进一步推进党委（党组）理论学习中心组学习制度化、规范化；学好用好《闽山闽水物华新——习近平福建足迹》《习近平谈治国理政》《中国共产党宣传工作简史》等学习读本，引导领导干部读原著、学原文、悟原理。协助召开区委中心组学习中共二十大精神，习近平总书记重要讲话重要指示批示精神，中央、省委、市委相关工作会议精神等37场次，召开再次深入学习习近平总书记到闽考察重要讲话精神等专题研讨8场次，《形成强大国内市场，构建经济内外双循环新发展格局》《信访工作条例》等专题辅导报告3场次。

【理论宣讲】2022年，区委宣传部履行全区理论学习教育牵头责任，强化理论宣讲，着重突出创新，组建“区委宣讲团”和“理响莆阳·厢音”宣讲团，指导镇街及有条件的单位成立宣讲队，形成上下联动、各具特色的宣讲风格，以及“两团多队”全动员、“五进十讲”全覆盖的宣讲模式。依托新时代文明实践中心、所（站）、文化站等阵地，组织好对基层党员和群众的宣讲活动；组织宣讲队伍采用三句半、微宣讲等群众喜闻乐见的形式，通过新媒体开展“云宣讲”，把中共二十大精神转化为群众听得懂、听得进、喜欢听的方式，在全区营造浓厚氛围。年内宣讲124场，

2022年3月3日，城厢区“这就是莆田”系列宣传志愿服务暨学雷锋月“融志愿·一起向未来”主题活动在南湖公园举行　（蔡新添　摄）

受众 2.1 万余人，7 条宣讲短视频在“学习强国”学习平台上刊播，创新推动党的科学理论“飞入寻常百姓家”。

【新闻宣传】 2022 年，区委宣传部依托“今日城厢”微信公众号、“今日城厢”视频号、“今日城厢”新闻客户端、城厢新闻网、区融媒体抖音号等各类宣传载体，围绕学习宣传贯彻中共二十大精神，以及省、市、区党代会精神，“提高效率、提升效能、提增效益”、“俯下身子抓产业、一心一意谋发展”、“当表率作示范”等主题，结合“党建引领、夯基惠民”、“文明创建”、重点产业发展和招商、“这就是莆田”等各项主题，在微信公众号推送发布新闻 4065 条，阅读总量 427 万人次，粉丝数 11 万多人；新闻客户端发布新闻 3658 条，累计下载量 19 万人次；城厢新闻网发稿 1183 条；发布抖音作品 449 个；微信视频号作品 635 个，刊播创城主题视频新闻 10 多条。加强与中央、省、市主流媒体的沟通联系，主动提供新闻素材，协调各级媒体来城厢采访报道，进一步加大宣传报道力度，提高城厢新闻传播力、引导力、影响力、公信力。年内对接上级推进专班培训 7 期、50 人次。在《人民日报》、新华网、《福建日报》、《湄洲日报》等平台上刊发体现城厢高质量发展的好稿要稿 4105 篇。

【意识形态工作】 2022 年，城厢区召开全区意识形态工作综合分析会，印发《关于 2021 年度意识形态工作责任制专项督查通报》，向市委报送《关于 2021 年意识形态工作责任制落实情况的报告》，进一步完善体制机制。结合区委十届第一轮、第二轮、第三轮巡察，对 22 家单位开展意识形态专项巡察，督促单位党组织全面贯彻落实意识形态工作责任制。

【网信工作】 2022 年，区委宣传部摸排全区新媒体网红账号，开展“清朗 2022 年春节网络环境整治”等专项行动，清理整治网上历史虚无主义，推进清明节期间涉网络祭扫纪念规范管理、网信系统专业人才培养、网络炫富乱象整治、婚恋网站平台管理等各项工作，有力占据网络意识形态主流阵地。加强舆情管理，落实网络意识形态工作责任制和网络安全工作责任制，进一步完善突发舆情舆论和处置工作机制，加大舆情分析、研判力度，完善应急响应机制。

【精神文明建设】 2022 年，区委宣传部持续开展“我推荐我评议”身边好人等活动，加强最美家庭、身边好人、“好媳妇好婆婆”等先进典型选树，推荐各类别好人候选人 3 名，入选“福建好人”2 名；广泛开展“扣好人生第一粒扣子”、“童心向党”、“传承红色基因”、中华优秀传统文化传承等主题实践活动，开展全区性集中展示活动 5 场，乡村学校少年宫展示展演活动 1 场，心理健康进村居、进家庭、进学校活动 6 场，1 人当选莆田市新时代好少年，完成首批 14 所“复兴少年宫”建设；进一步壮大志愿者队伍，登记在册的志愿者人数近 4 万人，建设 2 个妈祖义工志愿服务驿站，全面铺开 122 个社区设立学雷锋志愿服务站。着力打造“呵护母亲河”志愿服务品牌，推动“防诈骗反传销”“石厝健康志愿服务日”“爱在城厢”“美在城厢”等志愿服务品牌再升级再提升，开展“你我共携手 呵护母亲河”“木兰溪畔志愿红”系列活动、义诊，“我们的节日”“我为群众办实事”等志愿服务活动百余场；聚焦创城复查整改和第七届全国文明城市、省级文明城区创建等重点工作，常态化推进文明创建，开展“永远跟党走”网上展示、文艺展演活动，指导全国文明先进、省级各类文明单位动态管理和动态材料系统申报工作，推进文明创建各项工作高效长效。深入推进移风易俗，结合“强国复兴有我”等群众性主题宣传、节庆节点，集中开展宣传主题教育 10 场；加强移风易俗工作落实情况明察暗访和督查结果运用，持续践行行为规范，倡导科学文明健康的生活方式，推进文明乡风、文明旅游、诚信建设等工作。扎实推进全区新时代文明实践中心、（所、站）建设，完成 1 个文明实践中心、7 个文明实践所、117 个文明实践站、32个文明实践点的建设，招募志愿者2550名，开展各类志愿服务活动3000余场，受惠群众20万人次左右；设立文明实践志愿服务基金试点6个，筹集文明实践基金资金约349.7万元；推出“石厝健康”“融志愿”志愿服务普惠性特色项目，累计服务群众1万多人次、送出药品价值10万余元。

【文化活动】2022年，区委宣传部深化文化惠民活动，组织开展2022年文化科技卫生“三下乡”、新春中国画、书画作品展、“品领袖文采，抒伟人情怀”喜迎二十大书法作品展览、“传承端午文化 强国复兴有我”移风易俗文艺会演等群众性文艺活动，持续推进“强国复兴有我”群众性主题宣传、“这就是莆田”系列宣传、元宵特色文化、龟山寺等体现城厢人文资源推文，着力推进“城厢文脉”汇稿排版，着手进行编印成册，打造城厢文艺精品。围绕学习宣传贯彻中共二十大精神、迎国庆等重大主题，举办美术、书法、摄影等展览10多场。组织全区文艺工作者开展“艺”起抗疫活动近十场次，创作正能量抗疫文艺作品200多件次。推荐春晖木雕艺术馆基地成功申报省新时代特色文艺示范基地，区“大国工匠”、中国工艺美术大师郑春辉当选省文联副主席，青年画家林伟立创造的中国画“古韵今风——十音八乐谱闽韵系列”入选国家艺术基金2022年度青年艺术创造人才资助项目，摄影家协会组织会员获得省第28届摄影展奖项3幅。推动“一亩芸生态旅游园”“悠然溪梦”“蔡襄文化园基地”等文旅产业项目高质量发展，助力乡村振兴。

（肖婷婷）

2022年，城厢区“品领袖文采，抒伟人情怀”喜迎党的二十大书法作品主题展现场 （蔡新添 摄）

统战工作

【概况】2022年，中共莆田市城厢区委统战部（以下简称“区委统战部”）以开展“喜迎二十大、同心谱新篇”活动为载体，以贯彻落实新修订的《中国共产党统一战线工作条例》为抓手，立足城厢统战工作实际，在全区统战领域深入开展“办实事、解难题、聚合力”主题活动，重点做好“四民”（民主党派、民族宗教、民营经济、民间统战团体）重点工作，促进统战工作提质增效。

【统战工作会议】2022年3月3日，城厢区召开统战、民族宗教工作会议，区委常委、统战部部长欧国民总结通报2021年全区统战、民族宗教工作情况，部署2022年工作任务，区委书记王文才作强调讲话。

【构建大统战工作格局】2022年，区委统战部以贯彻落实《中国共产党统一战线工作条例》为主线，积极发挥区委统一战线工作领导小组作用，及时调整充实区委领导与党外代表人士联谊交友名单。制定下发《关于做好统一战线防范化解风险隐患工作迎接党的二十大胜利召开的具体措施》。区委召开统战工作会议，全面贯彻落实中央和省委、市委统战工作会议精神，分析全区统一战线工作形势，部署安排工作。

是年，区委常委会会议专题研究统战领域工作 9 场次，区委理论学习中心组专题学习统战领域会议精神 7 场次。区委统战部认真履行区委统一战线工作领导小组办公室职责，进一步完善落实相关机制，构建形成党委统一领导、统战部门牵头协调、有关方面各负其责的大统战格局。积极做好 16 名区九届政协委员增补人选推荐提名工作，协助做好省、市人大及政协涉及民营企业家综合评价工作 9 人次。

【城厢区社会主义学校揭牌成立】 2022 年 8 月 18 日，城厢区举行社会主义学校揭牌成立仪式，全区党外代表人士教育培训工作迈入新阶段，进一步加强和完善中国共产党领导的多党合作和政治协商制度。

【举办第一期党外代表人士和统战干部培训班】 2022 年，城厢区积极发挥区社会主义学校主阵地作用，加强统战教育培训，9 月 22—24 日，举办第一期党外代表人士和统战干部培训班，不断提高做好新时代统战工作的能力和水平。

【召开城厢区工商联（总商会）第四次代表大会】 2022 年 12 月 10 日，城厢区召开工商联（总商会）第四次代表大会，并就城厢区产业高质量发展进行招商推介，研究出台《区委区政府关于优化营商环境推进民营经济高质量发展十条措施》，打造更大的发展平台、更优的营商环境、更好的政商关系，推动营商环境优化，为企业发展保驾护航，为企业平稳健康发展提供坚强保障。

【举办城厢区宗教事务管理工作专题培训班】 2022 年 9 月 22 日，城厢区结合第一期党外代表人士和统战干部培训班安排，举办城厢区加强宗教事务管理工作专题培训班，邀请市民宗局四级调研员陈宗桂授课，区委常委、统战部部长欧国民，区委统一战线有关成员单位，各镇（街道）统战委员，区重点寺院负责人参加培训。

【举办两岸书画精品展】 2022 年 10 月，城厢区成功举办“共画同心圆 · 齐庆二十大”两岸书画精品展，促进两岸艺术互动和文化交流，活动信息被新福建网站、“学习强国”学习平台等主流媒体刊用。

【举办结对共建健康义诊活动】 2022 年 11 月 29 日，区委统战部联合市委统战部、市侨联、区侨联、凤凰山街道、莆田眼科医院等部门在南湖公园举办“侨法宣传月暨‘机关 + 社区’结对共建健康义诊活动”，进一步扩大侨法宣传覆盖面，加深侨界群众对涉侨法律政策的了解、增强维权意识。推荐 10 名华侨界代表出席市、区人民代表大会。

（黄卫军）

机构编制

【概况】 2022 年，城厢区整合行政执法职责，规范综合执法机构设置，将莆田市城厢区国土资源监察大队更名为“莆田市自然资源综合执法支队城厢区大队”，将区安全生产执法大队、区森林防灭火指挥中心、区防汛抗旱指挥中心 3 个参公事业单位整合，组建“莆田市应急管理综合执法支队城厢区大队”。加快推进全区行政复议体制改革，从区司法局法制股剥离出行政复议应诉和规范性文件备案的工作职责，设置 2 个内设机构（行政复议股、行政应诉与规范性文件备案审查股）；增设中共莆田市城厢区委全面依法治区委员会办公室秘书股，挂靠在区司法局法制股；核定区司法局行政复议股与行政应诉与规范性文件备案审查股 2 个内设机构政法专项行政编制 2 名，依法治区委员会办公室秘书股核定政法专项行政编制 1 名，通过政府购买法律服务等方式配备行政复议辅助人员 2 名。全区参公事业单位（非执法类）行政管理岗位编制按照 2021 年度公务员统计年末数 + 2022 年度拟招考数 − 混编混岗中保留身份人数为基数 × 110% 申报控制总数，全区 32 家非执法类参公事业单位行政管理岗位编制总数为 159 名，经区委编委同意，重新核定各有关单位行政管理岗位编制数，后续需要调整

2022年5月17日，区委编办走进后黄社区莆阳家规家训馆开展“严家教正家风 传美德促文明”主题党日活动（许 燕 摄）

编制，在控制总数内调剂。后勤工作人员岗位不再核定编制。群团机关保持原有编制不变（其中行政编制7名，机关其他编制35名）。积极推动赋权清单编制工作，率先在全市梳理出赋予镇（街道）第一批行政执法事项106项，由区政府批准实施，不断推进镇（街道）综合执法改革向纵深发展。

【党政机构改革工作】 2022年，城厢区党政工作部门机构改革后，设置党政机构34个，党委机构10个，其中纪检机关1个，工作机关9个，政府工作部门23个，区政府派出机构1个。

【重点领域机构编制保障工作】 2022年，城厢区强化重点工作编制保障，增加区志愿服务中心、劳动争议仲裁院、退役军人服务中心等机构事业编制；进一步推进事业单位政府购买服务改革工作，核减收回区养老院事业编制，提升编制资源使用效益；适应新时代国家安全的需要，加强区委国安办机构编制工作，明确国安办主要职能、领导职数和编制配备；巩固和发展新时代爱国统一战线，加强社会主义学校工作，设立区社会主义学校，在党校加挂牌子，明确主要职责、内设机构和领导职数，增加党校、中华职业教育社事业编制。增设区九华学校高中阶段办学；为补足公办中小学教职工编制缺口，实行编内＋编外“人员总量控制”管理机制，同时请求上级通过“区域统筹”办法，调剂周转编制专项用于公办中小学教职工核编。年内招录参加全省统一招考的教师200人，高层次研究生优秀教师7人，公费师范男教师27人，招募银发教师44人，区外教师调入27人，招聘编外教师354人。加强机构编制管理，坚持总量控制，机构设置不突破限额，行政编制不突破总量，事业编制不突破2012年年底基数，公开招聘选调生5人，行政编4人，参公事业单位3人，事业单位69人。

【事业单位登记管理工作】 中共莆田市城厢区委机构编制委员会办公室（以下简称“区委编办”）强化事业单位公益属性，规范机构名称，优化服务职责，清理整合职责相近、职能弱化、编制2名以下的事业单位，调整不规范的事业单位名称26个，撤并整合事业单位3个。完善事业单位登记监管，积极推行线上线下一体化服务，将年度报告公示流程优化为网上审报、网上审核、网上公示3个步骤，实现设立变更、注销登记等业务“最多跑一趟”，确保登记赋码工作方式更活、效果更好。年内完成事业单位法人年度报告公示284家、事业单位设立登记3家、变更登记99家、注销登记11家、证书废止15家，市区“双随机”联合抽查11家事业单位，办结率实现100%。

（唐铭衍）

党校教育

【概况】 2022年，中共莆田市城厢区委党校（以下简称“区委党校”）贯彻落实《中国共产党党校（行政学院）工作条例》，坚持党校姓党，坚持围绕大局，聚焦主责主业，发挥理论宣传主阵地、干部培训主渠道、党性锻炼大熔炉作用，为全区干部教育培训作出贡献。

【干部教育培训】 2022年区委党校紧紧围绕学习宣传贯彻习近平新时代中国特色社会主义思想、中共十九届历次全会精神和中共二十大精神的总体要求，统筹做好疫情防控和干部教育培训工作。全年举办各类培训班10期，培训学员3562人。其中城厢区“党建引领、夯基惠民”提升社区基层治理能力暨社区党组织书记（主任）、小区党支部书记业务学习专题培训班1期46人，第8期科级干部进修班1期43人，城厢区“两新”领域党组织书记暨党龄逢十党员、党务工作者专题培训班1期40人，闽宁协作干部抓党建促乡村振兴培训班1期50人，城厢区村（社区）党组织书记[村(居)委会主任]培训班1期293人，城厢区第一期党外代表人士和统战干部培训班1期51人，“两新”领域党组织书记、党务工作者、党建指导员学习贯彻中共二十大精神专题培训班1期40人。举办城厢区区管干部学习贯彻党的十九届六中全会精神专题研讨班、《习近平谈治国理政》第四卷导读专栏、习近平法治思想学习专题班等网络专题培训班3期，在线学员2999人。

【理论宣讲活动】 2022年，区委党校把理论宣讲工作作为一项重要“主业”来抓，重点围绕习近平新时代中国特色社会主义思想，中共十九届历次全会精神，中共二十大精神，党章党史以及中央、省市区重大决策部署和重要会议精神等内容，组织党校教师深入镇街、区直系统党委、村（社区）、“两新”组织等单位开展宣讲12场次，受训党员干部和群众达1000余人次。中共二十大召开以后，区委党校中共二十大精神区委宣讲团成员，奔赴华亭镇、东海镇、华林工业园区等地开展中共二十大精神专题报告会3场。

（吴淑香）

2022年8月18日，城厢区社会主义学校在区委党校揭牌成立

（柯朝辉　摄）

党史和地方志工作

【概况】 2022年，中共莆田市城厢区委党史和地方志研究室（以下简称“区委史志室”）学习贯彻习近平总书记关于党的历史和党史地方志工作重要讲话精神，围绕中心、服务大局，以史鉴今，不断做好新形势下的党史地方志工作。

【党史资料收集整理】 2022年，区委史志室围绕中心工作，树立“即时存史”的理念，夯实党史研究的资料基础，收集整理并印刷《中国共产党莆田市城厢区第十次代表大会资料汇编》；组织人员编撰整理《美丽城厢》；配合上级史志部门，做好《海上福建》（暂名）市县篇、《红色旅游》等相关资料的收集整理，补充收集《中共莆田市城厢区组织史资料》；审校其他单位送来的史实材料。

【党史宣传教育】 2022年，区委史志室结合常态化党史学习教育，深入挖掘党史资源内涵，管好用好党史教育基地维护补助经费，经过充分调研，因地制宜下拨经费，资金倾斜常太镇山门村党支部旧址，用于补助支部旧址布展史料和展陈方案的征编费用，扩大宣传平台，发挥党史资源资政育人作用。

【综合年鉴编纂】 2022年，区委史志室起草下发《关于做好城

2022年10月11日，区委史志室深入常太镇山门村党支部旧址了解党史教育基地维护情况　　（郑星星　摄）

厢年鉴2022编纂工作的通知》，指导各单位撰稿人加强联系，督促各单位按照年鉴篇目、内容的要求及时完稿。完善修改《城厢年鉴（2022）》目录等，增设“百年党史砺初心　踔厉奋发新征程”“庆祝中国共产党成立100周年系列活动”专题记述及建党百年等卷首专题图片，提高年鉴内容的时代气息及存史价值。编纂时认真编审，反复修改，确保年鉴资料真实可靠，力求质量上乘。完成《城厢年鉴（2022）》的初稿征集、编纂、校稿、出版印刷发行等工作。完成《福建年鉴（2022）》《莆田年鉴（2022）》城厢篇的编写任务。

信访工作

【概况】2022年，莆田市城厢区信访局（以下简称“区信访局”）聚焦落实第九次全国信访工作会议精神、《信访工作条例》，以“提高效率、提升效能、提增效益”“党建引领　夯基惠民”专项行动为抓手，强化源头治理，夯实基层基础，从严从实从细做好信访积案化解工作，扎实推动信访突出矛盾化解。

【信访渠道畅通】2022年，区信访局强化首办责任制，按照“日接收、5日落地、15日办结”原则，推动初信初访快速办结，确保矛盾化解在早、化解在小，实现“重要信访限时办、普通信访及时办、简单信访马上办”的“最多投一次”目标。全年受理“最多投一次”901件，一次性办结812件，办结率90.1%，及时受理率和按期答复率均为100%。开通涉疫信访专项渠道，安排专人值班，当天受理，24小时办结，2022年受理涉疫信访件263件，及时解决群众急难愁盼问题。同时，加大推动群众满意度评价工作力度，积极引导群众进行网上满意度评价，群众对有权机关满意度大幅度提高。

【信访机制体制创新】2022年，区信访局不断探索完善信访制度机制，结合“党建引领　夯基惠民”工程，进一步推动重心下移、力量下沉，努力将矛盾纠纷化解在基层、化解在萌芽状态。全面落实矛盾纠纷，多元化解常态化机制。通过“访调对接”等多方

2022年2月15日，区领导在区信访局接待来访群众　（连益斌　摄）

平台，实现矛盾纠纷“家门口”调解。以近邻党建为引领，全面推进社区“近邻评理室”建设，促进信访事项评理化解。年内区、镇（街）、村（居）三级开展信访评理132件，化解98件，大力宣传民间调解室，如东海蔡开典民间调解室、灵川阿豹名人调解室和第三方侯毅信访评理室，全力打造城厢信访品牌。建立健全“四门四访”常态化机制。深化区党政主要领导每月15日带头接待来访群众，确保能在第一时间快捷高效处理信访问题。全区开展“开门接访”407批477人次、“进门约访”266批328人次、“登门走访”332批405人次、“上门回访”145批216人次。其中，区主要领导接待群众来访31批，化解28件；并成功协调化解东海镇坪洋村幸福家园建设等历史遗留问题。完善乡级联席会议制度，持续推进乡级信访工作联席会议实体化运行提质，由信访联席办牵头组织实施，每月至少召开一次，对辖区内的普遍性、苗头性、倾向性的信访突出问题进行分析研判，适时会商会办、化解初信初访、攻坚信访积案，从源头上预防和减少信访问题发生。

【信访积案攻坚化解】 2022年，区信访局围绕“三到位一处理”（群众的合理诉求解决到位、诉求无理的教育到位、生活困难的帮扶到位，行为违法的依法处理）工作要求，以开展“信访突出问题攻坚化解年”行动为契机，在全区范围内集中开展信访积案和历史遗留问题攻坚行动，全力做到“问题清仓，积案见底”。上级交办该区第一批“治重化积”案件196件，办结化解196件，办结化解率100%；第二批39件，化解38件，办结化解率97.4%。市领导包案该区信访积案17件，全部化解到位。

【依法打击违法信访行为】 2022年，区信访局对违法上访依法处置，按照“依法处理信访活动中违法犯罪行为”的有关要求，注重违法行为的证据收集，强化公检法部门的提早介入，属地镇（街道）和化解责任单位主动配合，坚决依法严肃查处，营造风清气正的信访秩序。

【宣传贯彻《信访工作条例》】 2022年，区信访局深入学习宣传贯彻《信访工作条例》（以下简称《条例》），通过召开职工会议、中心组理论学习研讨会、专题学习培训等方式，邀请专家深入解读《条例》内容，以学促思，以思促行，全面提升信访工作的规范化法治化制度化水平。积极开展《条例》宣传月活动，通过线上公众号报道及线下发传单、张贴导引图等方式相结合开展宣传，累计发表5篇相关文章，发放宣传册、宣传单两万多份，加强引导群众自觉维护好社会公共秩序、信访秩序，并通过合理合法的渠道保障和维护好自身的合法权益。通过各级媒体及其他信息渠道大力宣传信访工作亮点，树立信访干部的良好形象，不断增强信访工作的透明度和公信力。年内发表28篇信访工作相关报道，其中在省级媒体上发表9篇，特别是11月3日在《福建省信访工作联席会议简报》上发表文章《莆田市城厢区党建示范引领 化解信访疑难杂症》，通过信访宣传不断提高信访工作的影响力。同时，着力推动制作《条例》莆仙戏宣传片，通过本地特

2022年4月27日，全区信访系统《信访工作条例》专题培训会召开
（陈蜜云　摄）

色的莆仙戏，生动诠释《条例》的相关内容，11月19日在市信访局微信公众号发布，11月25日被省信访局微信公众号转发。

（陈蜜云）

机关党建

【概况】 2022年，中共莆田市城厢区委区直机关工作委员会（以下简称“区直机关党工委”）以迎接中共二十大和学习宣传贯彻中共二十大精神为主线，以模范机关创建为抓手，推动机关党建上新台阶。党工委下辖9个机关系统党委、4个直属党委（总支），共有200个党支部、3698名党员。

【开展“大学习”活动】 2022年，区直机关党工委把政治建设融入集中学习、民主生活会、组织生活会、党日活动等各项工作中，坚持在“大学习”方面走前头、做表率。注重加强机关党员干部的思想建设政治教育，结合“三会一课”和主题党日活动，组织机关党员干部开展学习，利用好“学习强国”学习平台、“党员e家”等平台，用好用活木兰陂文化公园、东圳精神纪念馆、闽中革命烈士陵园等现场教学资源，不断提高机关党员干部的理论水平和政治素质。

【开展宣讲活动】 2022年，区直机关党工委以系统党委（直属党委）为单位，12月陆续召开10场学习中共二十大精神宣讲报告会。结合庆祝中华人民共和国成立73周年，组织机关党员参加区“喜迎党的二十大，强国复兴有我”理论宣讲比赛，推荐18名党员干部参加比赛，分获一、二、三等奖。

【开展巡听旁听工作】 2022年，区直机关党工委对区直单位党委（党组）理论学习中心组开展巡听旁听，年内分别列席区检察院、区退役军人事务局等党组理论学习中心组，督促指导提高理论学习中心组学习质量。

【规范基层党组织工作】 2022年，区直机关党工委印发《关于规范基层党组织建设的通知》（莆城委工〔2022〕35号），督促各基层党组织严格按照《中国共产党支部工作条例（试行）》要求，做好充实完善班子、按期换届等工作，规范基层党组织建设，年内区直机关31个基层党组织如期完成换届工作。

【开展全面从严治党主体责任落实情况检查】 2022年11月，区直机关党工委对区委编办、区委党校、区妇联、区水利局、区退役军人局等5家区直单位党组（党委）开展2022年全面从严治党主体责任落实情况检查，督促被检查单位抓好整改落实。

【开展“机关＋社区”结对共建】 2022年，区直机关党工委深入实施“党建引领、夯基惠民”工程，开展“机关＋社区”党组织结对共建活动。区直27个机关、企事业单位结对34个社区党组织，97名共建单位班子成员挂钩联系小区党支部，组织走访调研47次、签订23份共建协议、联办29次共建活动、召开23次联席会议、形成25份共建服务清单、解决实际问题49个。

【组织开展“我在乡间有亩田”活动】 2022年，区直机关党工委以“区直系统党委＋镇（街道）＋村党支部”的模式开展认领活动，各系统党委书记对认领活动进行具体部署，系统党委专职副书记担起联络员责任，积极对接认筹，协调所属各党支部依据实际做到“三个一”：认领一亩田、签订一份共建协议、制订一份合作方案。机关9个系统党委53个党支部、1775名党员参与认领活动，认筹认种抛荒耕地5.204公顷，认领款18.064万元。

【开展家教家风建设活动】 2022年，区直机关党工委组织机关各党支部开展“严家教正家风、传美德促文明”主题党日活动，发动机关党员干部积极参与“写一封家书”，进一步加强党员干部家教家风建设，推动形成爱国爱家、相亲相爱、向上向善、共建共享的社会主义家庭文明新风尚。年内，区直机关开展160场次主题党日活动，3200多名党员干部参加，报送140多篇家书。

（黄丽颖）

莆田市城厢区人民代表大会

综　述

【概况】 2022年，莆田市城厢区人大常委会（以下简称“区人大常委会”）紧跟核心、紧扣中心、紧贴民心，认真履行宪法和法律赋予的各项职责，为全方位推进高质量发展，建设“山水格局、人文宜居”新城厢作出新的贡献。年内，区人大常委会召开常委会会议6次，听取和审议“一府一委两院”工作报告22项，作出决议、决定4项，发出审议意见书12件，开展执法检查、视察调查、专题调研20项，有力助推经济社会发展，完成区十届人大一次会议通过的各项任务。

【人事任免】 2022年，区人大常委会坚持党管干部原则与人大依法任免有机统一，依法任免国家工作人员51人次，其中区人民政府工作人员22人次，区监委工作人员1人次，区人民法院工作人员19人次，区人民检察院工作人员9人次。接受4名代表因工作变动等原因辞去代表职务，2名代表因调离本行政区域，代表资格自行终止，根据工作需要依法补选12名区人大代表，确保党委推荐的人选通过法定程序顺利履职。

重要会议

【城厢区第十届人民代表大会第二次会议】 2022年12月25日上午至26日下午在城厢区东方

2022年12月24—26日，莆田市城厢区第十届人民代表大会第二次会议召开
（陈建国　摄）

国际大酒店召开。大会应出席代表212名，出席会议代表155名，出席区政协九届二次会议的全体委员和区政府组成人员、市直属有关部门、区直有关部门和单位负责人列席大会。会议听取和审议城厢区人民政府区长王文晖作的《政府工作报告》，书面听取区发展和改革局关于区2022年国民经济和社会发展计划执行情况及2023年国民经济和社会发展计划草案的报告、区财政局局长林春生关于区2022年预算执行情况及2023年预算草案的报告，听取区十届人大常委会主任肖志雄作的《城厢区人民代表大会常务委员会工作报告》、区人民法院院长曾奋乐作的《城厢区人民法院工作报告》、区人民检察院检察长林少雄作的《城厢区人民检察院工作报告》，并作出相应的决议。大会选举陈天疆为区十届人大常委会委员；选举刘天锦、杨家宝、沈威、林澄、郑友齐等5人为市八届人大代表。

【城厢区人大常委会会议】 城厢区十届人大常委会第一次会议　2022年2月22日举行，会期半天。会议审议通过区十届人大常委会代表资格审查委员会成员名单；审议通过区十届人大常委会组成人员分工联系基层区人大代表制度；审议通过区人大常委会工作机构与“一府一委两院”对口联系制度；审议通过人事任免及代表事项，决定任命熊艺为城厢区人民政府副区长，决定接受刘清伟辞去区十届人大代表职务的请求及接受林祖宪辞去区十届人大代表、常委会委员职务的请求。

城厢区十届人大常委会第二次会议　2022年4月21日举行，会期半天。会议听取和审议区政府关于该区进一步减轻义务教育阶段学生作业负担和校外培训负担工作情况的报告；听取和审议区人大常委会执法检查组关于该区贯彻实施《中华人民共和国动物防疫法》情况的检查报告；审议通过《莆田市城厢区人民代表大会常务委员会主任会议议事规则》；审议通过人事任免及代表事项，决定接受朱建阳辞去区十届人大代表职务的请求。

城厢区十届人大常委会第三次会议　2022年6月29日举行，会期半天。会议听取和审议区政府关于该区预防青少年违法犯罪工作情况的报告，听取和审议区政府关于该区2021年度环境状况和环境保护目标完成情况的报告，听取和审议区政府关于该区现代服务业转型升级情况的报告，书面听取区人大常委会监察和司法工作委员会关于2021年度规范性文件备案审查情况的报告，审议通过人事任免事项。

城厢区十届人大常委会第四次会议　2022年8月24日召开，会期半天。会议听取和审议区人大常委会执法检查组关于该区贯彻实施《宗教事务条例》《福建省宗教事务条例》情况的检查报告；听取和审议区政府关于该区乡村振兴工作情况的报告；听取和审议区政府关于2021年区本级财政决算的报告、2021年区本级预算执行和其他财政收支的审计工作报告；听取和审议区政府关于该区2022年上半年预算执行情况的报告；听取和审议区政府关于该区2022年上半年计划执行情况及重点项目建设情况的报告；审议通过人事任免及代表事项，决定接受王国太辞去区十届人大代表职务的请求。

城厢区十届人大常委会第五次会议　2022年10月31日召开，会期半天。会议学习中共二十大精神及各级党委、人大常委会党组（扩大）会议精神，听取和审议区监察委员会关于该区扫黑除恶专项斗争监督调查处置专项工作情况的报告，听取和审议区法院关于该区审判监督工作情况的报告，听取和审议区政府关于2022年区本级预算调整的议案，审议通过关于补选城厢区第十届人民代表大会代表选举日的决定，审议通过关于召开城厢区十届人大二次会议的决定，审议通过莆田市城厢区人民代表大会常务委员会组成人员守则，审议通过《关于邀请华侨列席城厢区第十届人民代表大会的方案》，书面听取区政府关于区十届人大一次会议代表建议办理情况的报告，审议通过人事任免事项。

城厢区十届人大常委会第六次会议　2022年12月15日召开，会期半天。会议听取和审议区政府关于该区国有自然资源资产管理情况的报告；审议通过城厢区第十届人民代表大会常务委员会代表资格审查委员会关于城厢区第十届人民代表大会代表资格的审查报告及公告；初审区人大常委会工作报告；审议通过区十届人大二次会议有关事项；书面听取区政府关于全区2022年为民办实事项目落实情况的报告；审议通过代表事项，决定接受蔡伟生辞去市八届人大代表职务请求的决定，作出许可深圳湾海关缉私分局对翁建成采取刑事强制措施并暂停其执行十届人大代表职务的决定。

监督调研

【打击治理电信网络新型违法犯罪工作情况专题调研】 2022年3月18日，区人大常委会组织对城厢区打击治理电信网络新型违法犯罪工作情况进行专题调研，针对调研中发现的电信网络犯罪管控难度较大、境外电信网络犯罪猖獗、宣传防范能力不足等问题，建议区政府要提高思想认识，加强组织领导，加大宣传和打击力度，强化部门协助，做好劝返人员安置，进一步增强人民群众防范网络诈骗的“免疫力”。

【《中华人民共和国动物防疫法》执法检查】 2022年4月12日，区人大常委会组织对城厢区贯彻实施《中华人民共和国动物防疫法》情况进行执法检查。针对动物疫病防控重视程度不够、监管力量相对薄弱、监管水平有待提高、基础设施投入不足等问题，建议区政府要加大法律法规宣传力度，加强队伍建设，加大财政投入和执法力度，进一步加强动物防疫体系和防疫能力建设，促进畜禽养殖业高质量发展，满足人民群众对放心食品、公共卫生安全和优美生态环境的需求。

【进一步减轻义务教育阶段学生作业负担和校外培训负担情况视察调查】 2022年4月14日，区人大常委会组织对全区进一步减轻义务教育阶段学生作业负担和校外培训负担工作情况进行视察调查，针对工作机制尚未健全、课后服务不到位、学生升学压力大、作业减负难落实、校外培训机构治理缓慢等问题，建议区政府要提升教学质量，规范校外培训机构管理，深化教育考核评价机制，大力宣传科学教育理念。

【工业龙头企业培优扶强及规上企业减停产帮扶情况专题调研】 2022年4月27日，区人大常委会组织对全区工业龙头企业培优扶强及规上企业减停产帮扶情况进行专题调研，针对调研中发现的问题，提出意见建议。

【预防青少年违法犯罪工作情况视察调查】 2022年5月17日，区人大常委会组织对城厢区预防青少年违法犯罪工作情况进行视察调查，针对家庭教育创新性不足、学校教育观念存在偏差、预防工作的精准性有待增强、社会环境整治不够等问题，建议区政府要强化家庭教育，提升学校法治教育质量，健全重点人群教育帮扶体系，大力营造良好社会环境。

【现代服务业转型升级情况视察调查】 2022年5月31日，区人大常委会组织对城厢区现代服务业转型升级情况进行视察调查。针对该区产业发展水平不高，科学技术含量较低，创新能力不足，要素保障能力不强等问题，建议区政府要优化产业结构布局，制订发展规划，完善服务业细分领域政策，着力优化营商环境，激发市场主体活力。

【环境状况和环境保护目标完成情况视察调查】 2022年6月7日，区人大常委会组织对区政府关于2021年度环境状况和环境保护目标完成情况进行视察调查。针对污水治理压力较大、面源污染风险加大、垃圾处理存在短板、部门协同配合不够等问题，建议区政府及相关职能部门要牢固树立绿色发展理念，切实加强生态环境保护工作，围绕建设生态优美、宜居宜业的目标，打造生态清新的绿色家园。

【城市品质提档升级情况专题调研】 2022年6月29日，区人大常委会组织对全区城市品质提档升级情况进行专题调研，针对调研中发现的问题，提出意见建议。

【铸牢中华民族共同体意识、推动新时代民族工作高质量发展情况专题调研】 2022年7月1日，区人大常委会组织对城厢区铸牢中华民族共同体意识推动新时代民族工作高质量发展情况进行专题调研，针对调研中发现的问题，提出意见建议。

【基层公共卫生服务体系建设情况专题调研】 2022年7月5日，区人大常委会组织对城厢区基层公共卫生服务体系建设情况进行专题调研，针对调研中发现的问题，提出意见建议。

【《中华人民共和国宗教事务条例》《福建省宗教事务条例》执法检查】 2022年7月14日，组织对全区贯彻实施《宗教事务条例》《福建省宗教事务条例》情况进行执法检查。检查中，针对宣传力度还需加大、宗教界自身建设有待加强、宗教监管合力仍然薄弱等问题，建议区政府要加大条例的学习宣传力度，进一步提高依法管理宗教事务的水平，发挥宗教界的积极作用，并加强宗教团体自身建设。

【乡村振兴工作情况视察调查】 2022年7月19日，区人大常委会组织对该区乡村振兴工作情况进行视察调查，针对该区乡村振兴工作中产业带动性不突出、缺乏产业发展引领规划、现有村庄规划不具指导性、农村人居环境仍需提升、乡村公共服务配套设施欠债多、农业主导产业动能不足、部分乡村振兴项目建设滞后、干部队伍建设有待加强等问题，建议区政府要加大宣传力度，做好乡村振兴发展规划；优化产业结构，加快项目建设，突出环境治理，打造美丽宜居乡村，提升组织建设，强化人才队伍支撑，全面推进乡村振兴。

【2022年上半年计划、预算执行情况及重点项目建设情况视察调查】 2022年7月22日，组织对全区2022年上半年计划、预算执行情况及重点项目建设情况进行视察调查。针对调查中发现的问题，建议区政府要围绕预算收入目标，加大依法监管力度，注重项目带动，品牌带动，加大财源培植力度，严格支出预算管理，继续优化支出结构，督促区政府深化财源培植，加强预算管理，进一步加强经济运行调度，强化责任意识，认真研究应对措施，全力推动落实，确保全年预算目标顺利实现。

【安置房建设、回迁、产权登记及剩余安置房处置情况审议意见落实情况跟踪调研】 2022年8月17日，组织对全区安置房建设、回迁、产权登记及剩余安置房处置情况审议意见落实情况进行跟踪调研，加快安置房建设进度。

【法院审判监督工作情况视察调查】 2022年9月1日，区人大常委会组织对法院审判监督工作情况进行视察调查。针对审判监督认识还不够到位、机制还不够规范、案件质量监管还不够严格等问题，提出要进一步提高政治站位，筑牢公平正义防线；明确流程监管，促进依法规范司法；强化案件管理，全面提升审判质效；密切协作配合，构建联动工作格局，加强队伍建设，提升审判监督水平。

【常态化扫黑除恶斗争监督调查处置工作情况视察调查】 2022年9月9日，区人大常委会组织对全区常态化扫黑除恶斗争监督调查处置工作情况进行视察调查。针对相关单位防范机制需进一步健全、监察能力需进一步提升等问题，建议区监委要保持政治定力，巩固斗争成果；强化协作配合，汇聚整体合力；深化标本兼治，提升治理效能；发扬斗争精神，锻造过硬队伍。

【粮食安全工作情况专题调研】 2022年9月16日，区人大常委会组织对全区粮食安全工作情况进行专题调研，针对粮食加工基地建设滞后，部分农田水利失修和土地污染，粮食安全行政保障薄弱，农民种粮积极性和生产效益不佳等问题，建议区政府要增强粮食安全责任意识，严守保地稳粮耕地红线，多措并举调动种粮积极性，配强力量强化监管，保障粮食安全。

【教育教学质量情况专题调研】 2022年9月27—30日，组织对全区教育教学质量情况进行专题调研，针对调研中发现高中阶段优质生源流失问题不容忽视，多种因素影响教师教学积极性，教育设施仍未满足高质量教育需求，新政策下教育创新发展动力不足，农村学校教育质量普遍弱势，建议区政府要加快完善高中学校建设，提升教师福利待遇，创新教学模式，改善农村教育教学，加大教育宣传引导力度，努力提高该区教育教学质量。

【养老机构运营情况专题调研】2022 年 10 月 21 日，组织对全区养老机构运营情况进行专题调研，针对调研中发现的问题，提出意见建议。

【国有自然资源资产管理情况视察调查】2022 年 11 月 11 日，组织对全区国有自然资源资产管理情况进行视察调查。针对自然资源资金管理不够完善、执法力量薄弱、审计监督较为困难、基础管理有待加强等问题。建议区政府及相关部门要提高国有自然资源资产管理基础工作，优化国有自然资源资产保护与利用，构建高质量发展国土空间支撑体系，强化国有自然资源资产监督管理。

代表工作

【丰富代表工作内涵】2022 年，区人大常委会依托每月 8 日“代表日”活动，组织省、市、区、镇四级人大代表开展主题代表日活动。分别以监督河湖长制落实、基层公共卫生、基层治理、落实田长制等为主题组织开展代表日活动 16 场次，收集归类并转交区政府办理意见建议 11 条，办复 11 件。落实好常委会组成人员联系代表制度，持续深化常委会组成人员走访联系代表、走进代表活动室联系人民群众等活动，充分听取代表和群众的意见建议。常委会成员深入一线开展走访调研百余次，充分听取民意、广泛汇聚民智，在此基础上提出对策建议 100 余条，为解决群众所急、企业所盼、基层所需贡献智慧和力量。

【代表履职保障】2022 年，区人大常委会注重发挥代表履职服务网络平台作用，加强代表履职管理，增强代表履职意识。继续落实邀请代表列席常委会会议、参加执法检查、视察调查和专题调研等形式，拓宽代表履职渠道。服务保障好各级人大代表在该区执法检查、视察调查、专题调研等工作，做好市八届人大一次会议城厢代表团的服务保障工作，为该区的各级人大代表履职创造条件。定期为代表寄送《中国人大》《人民政坛》等学习材料，组织多场代表履职培训，系统学习《中华人民共和国地方各级人民代表大会和地方各级人民政府组织法》、《中华人民共和国全国人民代表大会和地方各级人民代表大会代表法》、《中华人民共和国各级人民代表大会常务委员会监督法》及财经等业务知识，着力提升代表的政治素养和业务水平。

【代表建议办理】2022 年，区十届人大一次会议期间，代表提出建议 59 条，经梳理，全部转交区政府及有关部门办理。涉及公路建设方面 6 件、规划建设方面 12 件、社会管理方面 6 件、财经方面 6 件、交通管理方面 6 件、教育卫生方面 12 件、农业水利方面 6 件、环境保护方面 2 件、其他方面 3 件。在区政府及各承办单位的共同努力下，办结或基本办结 36 件，未办理 5 件，未能办理向代表解释说明 18 件，办结率 91.5%。从总体上看，代表对建议办理情况比较满意。

（谢晓涵）

莆田市城厢区人民政府

综　述

【概况】 2022年，城厢区政府高效统筹疫情防控和经济社会发展，统筹发展和安全，扎实推进“两稳一保一防”（稳增长、稳市场、保就业、防风险）各项工作，大力实施五大专项行动（大招商招大商、抓前期促开工、安置房提速增效、龙头企业培优扶强、服务业提质扩容专项行动），推动经济社会平稳健康发展。全区地区生产总值完成587.08亿元，同比增长5.6%；财政总收入34.89亿元，同比增长1.8%，其中地方级收入25.41亿元，同比增长5.1%；固定资产投资同比增长11.9%；规模以上工业产值509.7亿元，同比增长10%；社会消费品零售总额653.89亿元，同比增长4.2%；农林牧渔业总产值20.76亿元，同比比降3.3%；外贸出口总额89.44亿元，同比增长24.6%；实际利用外资2628万美元，同比增长1312.9%；全体居民人均可支配收入46991元，同比增长6.4%。城厢区入选全国“数字乡村百强县”名单，荣获全省“平安中国建设示范县区”、省级义务教育优质均衡先行创建区、省级双拥模范城“五连冠”等称号。

【城乡建设】 2022年，城厢区扎实开展城市功能与品质提升三年行动，统筹推进60个城市建设品质提升项目，提升改造口岸小区、一中集资房等11个老旧小区，2个样板项目荣获省城乡建设品质提升正向激励。厚植中心城区生态底色，新建口袋公园5个，新增绿地面积55公顷、绿道6千米，建成区绿化覆盖率达46.5%，人均公园绿地面积15.98平方米。持续提升城市综合承载能力，建成投用人行天桥4座、公共停车泊位510个，治理国道324华林段等6个城市易涝点；新建市政道路9千米，万达南、延寿路2条“断头路”加快打通，国道228线笏枫公路晋级改造段开工建设，灵华线、木兰大道三期全线贯通，木兰大道一期、龟山路正式通车。巩固拓展文明城市创建成果，深入开展城市精细化管理三年行动，实施“空中飞线”、经营性停车场等专项整治，开展物业小区“点题整治”，探索市政设施公众责任险、公共停车位特许经营等市政治理新模式，数字城管案件有效处置率达99.98%以上。稳步推进垃圾分类，建设59座生活垃圾分类屋亭，生活垃圾回用率进一步提高，餐饮单位餐厨垃圾收运覆盖率达100%。乡村振兴深入推进。大力发展特色农业，常太枇杷、华亭龙眼、灵川蛋鸡等农产品示范基地项目加快建设，新增全国名特优新农产品1个、“三品一标”认证农产品9个，新认定省级以上示范合作社和家庭农场4家、优质农产品生产基地4个，被列为省级农民专业合作社质量提升整区推进试点区，常太镇、灵川镇分获国家级、市级农业产业强镇，华亭镇获评省乡村振兴重点特色镇。扎实推进乡村建设，编制完成74个村庄规划，实施51个乡村振兴试点示范项目和15个农村建设品质提升项目，建成“五个美丽”示范点304个，被评为省村庄清洁行动成效突出区。健全防止返贫监测机制，巩固拓展脱贫攻坚成果，山海协作、闽宁协作等工作深入推进。

【生态环境】2022年，城厢区坚决落实省环保督察问题整改，扎实推进木兰溪流域专项治理。深入推行“河湖长制”，深化“六清六化六方”（河上清污、河岸清乱、河面清洁、河中清障、河底清淤、河水清净“六清”行动，河长办建设标准化、河湖长履职常态化、河湖治理清单化、河湖监管数字化、幸福河建设示范化、治理能力现代化“六化”建设，法院、检察院、公安、职能部门、属地政府、河长办“六方”力量）攻坚行动，完成兴沙溪等6条河道31.7千米清淤整治，建成2条市级、8条区级幸福河，小流域省考断面、东圳饮用水水源地水质达标率均为100%，木兰溪水环境考评稳居全市前茅，东圳水库入选省第一批河湖文化遗产。持续推进农村生活污水提升治理五年行动，完成16个村生活污水提升治理，“投、建、管、运”区域一体化机制渐进形成。扎实推进国土绿化，完成造林绿化240公顷，森林抚育、封山育林618公顷，华亭镇获评省森林城镇。

【民生事业】2022年，城厢区财政支出的70%以上用于改善民生，办好12件年度惠民实事，完成26项民生三个“十大工程”项目，解决一批群众急难愁盼问题。坚持就业优先，开展小微企业创业担保贷款，落实各级援企稳岗扶持政策补贴近1800万元，新增城镇就业人员5800人。健全社保体系，发放各类补助超4000万元，帮扶困难群众超10万人次。普惠“一老一小”，改造提升农村幸福院15家，新增市级以上普惠托育园5个。优化教育资源布局，兴安小学、科技学校扩建等11个项目动工建设，九华学校二期、西厝中学综合楼等6个项目相继建成，新增学位6090个。全力打造高效课堂，全面落实“双减”政策，实现课后服务“5+2”（学校每周5天都要开展课后服务，每天至少开展2小时）全覆盖，区教师进修学校获评省示范性县级教师进修学校，教育督导连续三年蝉联全市第一。完善公共卫生服务体系，区医院病房大楼、区疾控中心标准化实验室建成投用，区医院患者满意度排名全省第四，基本公共卫生服务考核位居全市前列。持续丰富文体服务，新建智慧体育公园、农家书屋等公共文体设施36处，体育健儿在省运会上荣获17枚金牌，位居全市第一。强化食品安全监管，全面开展网络餐饮、校园及周边等食品安全专项整治，严防严控食品安全风险。村级全国示范型退役军人服务站实现全覆盖。残联、工商联完成换届。与此同时，老龄、妇女儿童、青少年、工会、红十字、慈善事业、志愿服务、关心下一代等工作取得新进展，审计、统计、气象、台港澳、外事侨务、民族宗教、档案方志、国防动员、人防海防工作迈出新步伐。

【社会治理】2022年，城厢区深入实施“党建引领、夯基惠民”工程，积极融入“全市一张图、全域数字化”管理，赋权镇街106项行政执法事项，示范推进霞林街道、龙桥街道2个市级试点和10个区级试点村（社区）建设，试点工作走在全市前列，新建10个“综治+”社区治理中心，网格事件办结率达97.7%，常太镇获评省级乡村治理示范乡镇，基层社会治理能力水平有力提升。深入开展“除险保安守底线”专项行动，健全矛盾纠纷联调机制，成立人民调解员协会，开展信访积案专项治理，“治重化积”案件办结化解率全市第一。严查严打涉黑涉恶问题，严厉打击涉毒、电信网络诈骗和拐卖妇女儿童等违法犯罪行为，建立圳湖等3处无人机空管站，平安建设考评连续五年位居全市第一，群众安全感不断增强。精准防控金融风险，依法稳妥处置房地产领域风险，企业信贷不良率降至0.5%以下。守牢粮食安全底线，全面推行“田长制”，新建1555亩高标准农田，完成715亩耕地“非粮化”整改和2500亩撂荒地整治。落实安全生产“十个三”（领导“三个必须”抓发动、宣传“三个常态”造氛围、实名“三个责任”传压力、落实“三个要求”见实效、突出“三个环节”严防控、保障“三个要素”治难题、健全“三个制度”强作风、坚持“三个强化”善应急、运用“三个抓手”促落实、兑现“三个挂钩”重奖惩）措施，生产安全事故起数和死亡人数连续四年双下降。高质量完成第一次全国自然灾害综合风险普查工作，防灾减灾能力进一步增强。

（林俊德）

重要会议

【区政府全体会议】 2022年12月26日，城厢区人民政府区长王文晖主持区政府第一次全体会议，会议总结2022年全区工作情况，并对2023年政府工作进行全面部署。区领导黄美光、郭健明、林福全、许玉树、蒋万顺、肖娴、何辉、王刚、张伟国、陈丽萍，各镇（街）、区直部门负责人等参加会议。

【区政府常务会议】 2022年，城厢区人民政府区长王文晖先后主持23次区政府常务会议，研究全区相关工作。

2022年城厢区人民政府常务会议纪要汇总表

表3

会议名称	会议内容	会议时间
第2次常务会议	研究《关于进一步强化农村建房审批和建设安全管理的通知（送审稿）》	2022年1月11日
第3次常务会议	研究《关于推行惠企资金线上直达兑现的实施方案（送审稿）》、城厢区2022年一季度“开门红”工作方案、开展2022年一季度“全闽乐购·富美城厢”促消费活动有关事宜	2022年1月19日
第4次常务会议	研究《莆田市城厢区关于推动现代服务业持续健康发展的若干措施》事宜	2022年1月28日
第5次常务会议	关于规范区直公务员津补贴有关事宜的情况说明	2022年2月18日
第6次常务会议	研究《城厢区“十四五”特色现代农业发展专项规划（送审稿）》《关于做好2022年全面推进乡村振兴重点工作的实施意见（送审稿）》《关于实现巩固拓展脱贫攻坚成果同乡村振兴有效衔接的实施方案（送审稿）》《2022年乡村振兴试点示范资金（省级、市级、区级）分配方案（送审稿）》，研究城厢区扶贫农场项目租赁有关问题，研究莆田市长安实业有限公司和莆田市城厢区嘉庆鞋模厂企业资产评估有关问题	2022年2月23日
第7次常务会议	研究《城厢区2022年重点跟踪项目表（送审稿）》《城厢区关于进一步完善重点项目推进管理工作机制的方案（送审稿）》《城厢区重点项目前期工作推进机制（送审稿）》《城厢区关于切实做好2022年造林绿化工作的通知（送审稿）》	2022年3月2日
第8次常务会议	研究城厢区2022年“五大专项”行动方案，研究确认莆田市佳华运输有限公司企业资产评估结果相关事宜、《莆田市城乡供水一体化-莆田市第二水厂迁建工程搬迁使用补偿安置方案（送审稿）》、《莆田市城乡供水一体化-莆田市第二水厂迁建工程征收补偿方案实施细则（送审稿）》、《莆田市第二水厂迁建项目涉及常太镇松峰村旧村（地质灾害点）拆除补偿方案（送审稿）》	2022年3月26日
第9次常务会议	研究《城厢区关于调整部分知识产权奖励项目及标准的通知（送审稿）》、《关于进一步促进建筑业发展的若干措施（送审稿）》有关事宜、《城厢区撂荒地专项整治工作实施方案（送审稿）》及《2022年莆田市城厢区农村建设品质提升实施方案（送审稿）》有关事宜，研究文献北片区相关征迁户房地产估价结果确认有关事宜	2022年4月13日
第10次常务会议	研究《莆田市城厢区人民政府工作规则（送审稿）》《城厢区国有集团企业经营业绩考核办法（试行）（送审稿）》《城厢区妇女发展纲要（2021—2030年）（送审稿）》和《城厢区儿童发展纲要（2021—2030年）（送审稿）》，研究霞林街道下黄村新区153—166号5幢民房征迁工作有关问题、文献北片区内田尾新村旧城改造项目地块估价结果确认有关事宜	2022年4月27日

续表3

会议名称	会议内容	会议时间
第11次常务会议	研究《莆田市城厢区“十四五”生态环境保护专项规划（送审稿）》、霞林街道屿上社区住房困难户异地安置钟潭一期安置房和九龙小区有关事宜、《城厢区政府与中国联通莆田分公司“数字经济”战略合作框架协议（送审稿）》	2022年5月17日
第12次常务会议	研究《福建省莆田市城厢区 宁夏回族自治区吴忠市同心县2022年度深化结对帮扶协议书》、《城厢区2022年山海协作工作方案（送审稿）》、关于建设城厢区金融服务中心引导金融服务实体经济的若干措施	2022年5月31日
第13次常务会议	研究《城厢区实施“党建引领、夯基惠民”工程提升基层社会治理现代化水平的试点方案（送审稿）》、《莆田市城厢区“十四五”文化体育和旅游发展专项规划（送审稿）》、《莆田市城厢区钟潭片区改造项目（二期）征迁补偿安置方案（送审稿）》、原莆田市综合六场樟林公交站地块资产评估结果确认有关事宜	2022年6月21日
第14次常务会议	研究《城厢区贯彻落实安全生产工作“十五条硬措施”重点任务分解清单（送审稿）》，听取关于城厢区创建国家食品安全示范城市工作进展的情况汇报、研究粮食安全工作有关事宜，研究确定莆田市炜业再生资源有限公司企业资产评估结果有关事宜	2022年7月6日
第15次常务会议	传达学习第九次全国信访工作会议精神及研究城厢区贯彻意见、研究扫黑除恶有关工作、研究《莆田市城厢区“十四五”残疾人保障和发展规划（送审稿）》、《城厢区赋予镇人民政府、街道办事处部分行政执法事项》有关事宜、城厢区耕地进出平衡、上海局例行督察整改、批而未供及闲置土地处置工作、《城厢区事业单位管理岗位职员等级晋升制度工作实施方案（送审稿）》	2022年7月20日
第16次常务会议	研究《城厢区贯彻落实〈法治政府建设实施纲要（2021—2025年）〉的实施方案（送审稿）》、《城厢区“十四五”消防救援事业发展专项规划（送审稿）》、《城厢区实施乡村振兴战略十大行动2022年重点任务（送审稿）》、《关于完善土地出让使用范围优先支持乡村振兴的实施方案（送审稿）》、市非遗馆及大型木雕《百里兰溪图》《京杭大运河》文旅融合项目有关事宜、《莆田市人力资源服务产业园（莆田市技术人才产业园）项目合作框架协议（送审稿）》	2022年8月10日
第17次常务会议	听取全区禁毒工作汇报，研究《城厢区防汛防台风抗旱应急预案（送审稿）》《城厢区补充耕地指标管理暂行办法（送审稿）》	2022年8月23日
第18次常务会议	传达学习贯彻省委关于加强对“一把手”和领导班子监督的实施意见的通知精神、2021年国家自然资源例行督察问题整改及违法用地整治有关会议精神，研究《城厢区“十四五”期间推进教育高质量发展行动方案（送审稿）》、《城厢区2022年闽宁协作重点工作任务分工方案（送审稿）》、区城投集团发行企业债券有关事宜、通报莆田市春晖木雕艺术馆二期扩建项目有关事宜	2022年9月6日
第19次常务会议	研究《城厢区创建义务教育发展优质均衡区实施方案（送审稿）》《城厢区木兰溪流域生态保护与绿色发展三年行动及2022年建设计划（送审稿）》《城厢区农村饮水安全应急预案（送审稿）》《城厢区河道专管员改革方案（送审稿）》《城厢区凤凰福道文旅项目征迁补偿安置方案（送审稿）》	2022年9月20日
第20次常务会议	研究部署迎接党的二十大安保维稳有关工作、《城厢区2022年突出生态环境需重点攻坚任务整改方案（送审稿）》	2022年9月28日
第21次常务会议	研究确认福厦客运专线下尾安置区重新设计电力线路方案的施工工程造价有关事宜、《2022年度区本级预算调整方案（草案）》	2022年10月19日
第22次常务会议	听取林长制工作暨森林督查案件查处整改及松材线虫病防控除治情况汇报、市对区2021年度教育督导及2022年度“两项督导”评估（考核）反馈问题整改情况汇报、统计工作有关情况汇报，研究确认福建省莆田市工业贸易有限公司位于莆田市城厢区凤办筱塘学园路环岛的商住房地产征收估价结果有关事宜、《2022年度城厢区符合政府安排工作退役士兵和退出消防员安置方案（送审稿）》，研究《2021年度绩效考评情况的通报和2022年度城厢区经济社会运行和高质量发展绩效管理工作方案（送审稿）》	2022年11月8日
第23次常务会议	听取2021年、2022年耕地保护例行督察反馈问题整改情况及城厢区2022年上半年第一批次耕地卫片图斑工作进展情况汇报，研究《莆田市城厢区耕地保护“田长制”实施方案（送审稿）》、《莆田市城厢区产业发展专项规划（2022—2026）（送审稿）》、《莆田市城厢区农村生活污水提升治理行动计划（2021—2025年）（送审稿）》及《莆田市城厢区2022年度农村生活污水提升治理实施方案（送审稿）》、《莆田市城厢区智慧停车设施项目特许经营权实施方案（送审稿）》、《莆田市人力资源服务产业园（莆田市技术人才产业园）项目建设与运营合作协议（送审稿）》、《城厢区关于扶持莆田市人力资源服务产业园（莆田市技术人才产业园）发展的若干措施（送审稿）》	2022年11月25日

续表3

会议名称	会议内容	会议时间
第24次常务会议	研究城厢区2022年《政府工作报告（送审稿）》、《城厢区2023年为民办实事项目（送审稿）》、《城厢区“十四五”应急管理专项规划（送审稿）》、《城厢区2022年国民经济和社会发展计划执行情况及2023年国民经济和社会发展计划草案的报告（送审稿）》及城厢区2023年项目投资计划表（送审稿）、《城厢区营商环境创新改革行动方案（送审稿）》，听取城厢区巩固拓展脱贫攻坚成果同乡村振兴有效衔接工作及土地出让收入使用范围优先支持乡村振兴工作情况汇报、城厢区粮食安全责任制工作汇报、城厢区2022年度食品安全工作汇报，研究《城厢区华亭镇顶宅安置区异地安置方案（送审稿）》、《城厢区做好六稳落实六保促进工业企业增产增效二十一条措施补充意见（送审稿）》、莆田三利谱光电科技有限公司申请以优惠价购买储备排污权指标有关事宜、确认城厢区龙桥供水有限公司部分资产市场价值资产评估结果有关事宜、城厢区城投集团成立权属子公司有关事宜、《城厢区2023年初财政收支预算工作和2022年预算执行情况及2023年预算草案的报告（送审稿）》	2022年12月14日

（林俊德）

综合政务

【概况】 2022年，莆田市城厢区人民政府办公室（以下简称“区府办”）严谨细致办文办会办事，严格把关，高效运转，充分发挥政府办中枢机关作用，切实履行好政府办公室综合服务、参谋助手、统筹协调、督促检查和后勤保障等职能。先后获得“全市政务信息工作先进单位”“区政协提案办理工作先进单位”等称号，在全省2022年度网站和政务新媒体建设绩效考评中继续保持全省前列、全市第1名好成绩。

【文秘工作】 2022年，区府办从简务实办会，认真做好会前通知、会中服务、会后情况收集上报等工作，加强议题议程的协调把关和各个环节的服务，切实做好区政府全体成员会议、常务会议、区长办公会议、党组会议等重要会议的承办工作；加强收发文统筹工作，严格审核把关，规范格式、控制篇幅，全面落实电子公文交换，确保公文流转及时、准确、安全。年内制发文件769份，收到并处理省、市、区文件8500份左右。

【综合文字工作】 2022年，区府办坚持把参谋辅政贯穿办公室工作全过程，高质量起草文稿，高标准办理文件，较好发挥以文辅政作用。全年完成各类区政府重要会议领导讲话、省市发言材料、专题材料汇报等综合材料500余篇，其中政府工作报告、经济工作会议讲话等文稿，把握当前实际，发挥推进工作、加快发展的积极作用。

【电子政务服务】 2022年，区府办升级完善政府网站系统，整合网上审批平台、“12345”政务服务平台等，按照信息公开、办事服务、政民互动及政策解读四大功能对网站的内容进行重新组织，整理充实互动知识库，梳理、归纳、统计和汇编各类常见问题、热点问题、电子文件资料等，为公众提供智能化服务。对群众比较关心的民生问题进行民意征集和网站调查，对26件政府决策向公众征集意见和建议，开展领导在线访谈12期。同时，加强政务新媒体的建设和管理，在全省2022年度网站和政务新媒体建设绩效考评中继续保持全省前列、全市第一名的好成绩。

【督查工作】 2022年，区府办严格按照年度督查检查考核年度计划，突出问题导向，紧扣区委、区政府重大决策部署、领导交办的具体任务，聚焦政策执行、营商环境、群众办事等领导关注、群众关心的重点领域，对线索明确或群众反映强烈的效能问题开展督查，运用模拟办事、远程视频监督等方式，加大跟踪督办和责任追究力度。加强机关效能建设，开展“提高效率、提升效能、提增效益”行动，持续整治形式主义、官僚主义，年内效能问责42人次，政府运行更加高效。

【信息采编】2022年，区府办不断拓宽信息渠道，深化信息内容，改进服务方式，着力提高信息质量和信息服务水平。年内上报的131条信息被上级采用，其中，4条获领导批示，19条信息被国办采用，40条被省办采用。政务信息采用得分位居全市第一，被评为“全市政务信息工作先进单位”，市府办向区长发来感谢信。

【后勤保障】2022年，区府办强化办公用房管理，制定《莆田市城厢区办公用房常态化专项整治工作方案》，成立专项工作小组，结合“1+X”专项督查，开展全区范围办公用房自查自纠、专项督查行动，全年进行专项督查14次，检查单位42个。提倡节能减排，通过在机关办公楼公共部位张贴宣传标语，广泛宣传节能减排、绿色机关等理念。在机关大院使用节能灯具照明，卫生间采用感应洁具，减少使用一次性器具，引导各单位节约使用办公耗材等各种方法切实提高机关用能效率。对后勤维修按照上级相关政策，实行非危不修的管理方法。对确需修缮的，从简从快维修，既保障办公需求又厉行节约。

【机关效能建设】2022年，区府办抓好12件惠民实事的专项督查，实行每月一督查一通报制度，各项民生实事均有序完成。认真办理人大代表建议59件、政协提案62件，全部按期办结，满意率均达100%，荣获2022年区政协提案办理工作先进单位称号。督促“12345”承办单位严格按照规范流程办理诉求件，对不及时查阅件和即将逾期办理件进行提醒预警，督促联动单位及时查阅受理、按时办结群众诉求件。年内办理“12345”诉求件4.7万件，满意率99.3%。

【海防工作】2022年，区府办加强联勤联动，完善涉海部门会商联动机制，增强海上治安管控合力，坚持从严部署、分工负责，有效提高辖区的海岸线防控能力。

【为民办实事】2022年，区委、区政府继续将为民办实事作为全年工作的重点之一，兴办12件惠民实事，即中小学和幼儿园学位扩容工程、健康城厢建设、妇女之家儿童之家和社区家长学校建设、公厕免费开放管理、城区生活垃圾分类、农村公路安保工程、口袋公园建设、安防保障雪亮工程、道路交通文明畅通提升、食品安全放心工程、职业技能提升、全民健身场地设施建设等；含19个子项目，即灵川中心幼儿园建设、第一实验幼儿园建设、莆田第三中学综合楼建设、新冠病毒核酸检测实验室能力建设、重点人群核酸检测工作（教职员工、学生）、妇女之家儿童之家和社区家长学校建设、公厕免费开放管理、城区生活垃圾分类、农村公路安保工程、口袋公园建设、视频探头维护服务、光纤专线联网服务、交通护学岗协警增设、红绿灯新建项目、交通安全教育基地提升及事故多发路段治理、治理“餐桌污染”、建设“食品放心工程”、“互联网+明厨亮灶”建设、职业技能提升、全民健身场地设施建设等。在区委、区政府的正确领导下，各责任单位精心实施，有力推进，项目总体完成较好。截至2022年12月21日，19个子项目全部完成或基本完成。

（林俊德）

行政服务

【概况】2022年，莆田市城厢区行政服务中心（以下简称“区行政服务中心”）紧扣“快、优、实”的要求，高效率、快节奏落实决策部署，积极推进“全市一张图、全域数字化”，快速化解难点、堵点，确保线上服务“不打烊”、线下服务“不打折”，打造能办事、快办事、办成事的“便利莆田”，积极服务和深度融入新发展格局，为奋力谱写“莆田篇章”城厢答卷作出贡献。年内进驻中心各窗口收件142428件，即办137585件，即办率96.6%，行政许可事项“减时限”比例87.88%（指标60%）、“全程网办”比例81.48%（指标70%）、行政许可事项“即办件”比例64.59%（指标60%）、电子证照应用率达100%，行政许可事项“一

2022年11月14日，区行政服务中心组织参观“学习宣传贯彻党的二十大精神——木兰溪生态文明油画写生作品展” （陈燕燕 摄）

趟不用跑”占比达 86.15%（指标 90%）。

【行政审批】 2022 年，区行政服务中心持续推进 3.0 智能化审批工作，进驻审批部门 6 个，审批事项 67 项，实现办件 490 件。持续深挖“一件事”套餐，在全市率先启动“出生一件事”一站式联办服务，线上线下双向推进，实现个人出生审批服务“一趟不用跑”。线下审批实现办理时限缩短、跑趟次数减少、申请材料减少，线上审批同步将审批准确率提高到 100%，受众面由原先城厢区范围内可办扩大到全市范围内可办，办理时间、场所不受限制，实现最大自由化。截至年底，全区“出生一件事”线上线下共办件 547 件。持续推进工程建设项目审批制度改革，全区工程建设项目审批办件 620 件，涉及 549 个项目，实施告知承诺制的项目 36 个，多规合一 38 个，多测合一 16 个，多评合一 11 个，组织帮帮团 23 个，联合验收 24 个，联合踏勘 61 个，媒体报道 5 个，网上申报率 100%，并联率 99.69%。持续推进“党建 +”邻里中心建设，完善“事有所办”，深入推进“党建引领、夯基惠民”工程，年内社区邻里中心办理 13445 件，占比为全市第一。实施集成服务和跨区域通办，聚焦企业、公民全生命周期便利化改革，推出 47 个企业和公民“一件事”套餐，在省网上办事大厅“一件事”专栏上线，并设立“一件事”专窗，年内办理“一件事”套餐 8329 件。全区除区直部门与市中心共用跨省通办窗口外，另在华林工业园区设置 1 个“跨省通办”专窗，常态化实施 68 项政务服务“跨省通办”、13 项“省内通办”、福州都市圈 109 项“异地代收代办”和 302 项高频市内“全域通办”事项，年内办理“跨省通办”9038 件，“省内通办”5207 件。

【创新服务】 2022 年，城厢区作为全省“一业一证”改革试点单位，选定包括超市、药店、书店、便利店、游泳馆、医疗美容机构在内的 18 个行业作为首批开展“一业一证”改革的试点范围，涉及 5 个行业牵头部门 25 项行政审批事项。年内“一业一证”办件 15 件，“一业一证”改革工作被省营商办列入 2022 年第二批全省优化营商环境工作典型经验做法进行推广。

【强化督查】 2022 年，区行政服务中心由专人专班专门负责进驻窗口、分中心及镇（街道）便民服务中心机关效能建设，通过对进驻窗口不定时现场检查，依托省视频监督系统（二期）的实时视频监督以及电话抽检核查窗口人员外勤真实情况等措施，对立行立改问题，给予提醒纠正，对屡查屡犯的典型问题联合区效能办予以通报并纳入年度绩效考评，全年通报纠正相关问题 21 个，涉及单位 9 家，发出督办函 5 份，约谈窗口负责人 3 名，窗口经办人员 4 名。注重进驻窗口、分中心及镇（街道）便民服务中心、邻里中心、工改的即办率、全程网办率、网上申报率等各项办件指标。通过不定期对各单位的五级十五同［五级：省、市、县（区）、镇（街道）、村（社区）；十五同：事项名称、事项编码、事项实施规则、设立依据、事项类型、办件类型、受理条件、材料、办理时限、办理流程、收费情况、审查要点、事项办理深度、表单格式、颗粒度。五级十五同指十五个要素在五个行使层级里一致］绑定情况、审批效率执行情况、绩效各项指标等进行实时督查，抽查高频事项卷宗，探索好的经验做法等方式，形成每月督查通报。全年抽查高频事项卷宗96份，发出月督查通报8份，发现好的经验做法14个，通报问题61个，有效整改55个（其中6个无法整改的问题是群众评价为满意或者基本满意的）。开展专项督查，对下沉事项承接情况、标准化建设情况等开展镇（街道）专项督查；在创城期间对照文明城市政务大厅创建标准，对镇（街道）开展创城文明督查12次，发出镇街专项通报3份。强化问效机制，按照各责任单位各项工作的落实情况，建立“红黄牌”预警机制，对未按时按质完成任务的，督查中发现存在问题等情况予以红、黄牌预警。年内发出黄牌警告3张。截至年底接收“12345”市转投诉件1件，按照程序反馈到位。设置窗口办事“好差评”评价及线上评价，及时跟踪政务服务“好差评”情况，对“差评”予以回访登记并及时整改。

【规范交易】 2022年，区行政服务中心完善电子交易平台，优化升级交易业务系统，严格按照“线上交易为原则，线下交易为例外”的工作要求，推行全流程电子化招投标，实行网上投标、网上签到、不见面开标等；支持投标企业以非现金形式缴纳投标保证金，最大限度为各方交易市场主体提供高效便捷的电子保函服务；完善保证金线上退款系统，节约各项交易成本，提高交易效率；完善手机掌上签功能，嵌入CA电子签章功能，实现手机端投标文件解密，使投标人参与投标更加方便快捷。按照省发改委统一部署和《福建省工程建设项目招投标远程异地评标暂行办法》要求，持续配合推进工程建设项目远程异地评标工作，为跨地区远程评标工作规范化、常态化开展提供保障。7月28日，区行政服务中心同龙岩公共资源交易中心成功开展“专家电子签章＋跨地市远程异地评标”项目。此次远程异地评标以莆田作为主会场、龙岩作为分会场，选取“城厢区石室路周边老旧小区改造项目”作为试点，节约异地专家评标的交通时间、交通费等，实现招标投标全流程电子化。全年受理工程交易82笔，成交额约97.71亿元，节约资金约8.64亿元，节约率8.12%；政府采购62笔，成交金额约4.79亿元，节约金额约0.09亿元，节约率1.85%；国有产权交易41笔，成交金额约0.5331亿元，增加金额约0.0275亿元。

（林赛平）

事业单位人事管理

【推进事业单位岗位管理工作】 2022年，莆田市城厢区人力资源和社会保障局（以下简称“区人社局”）完成21家单位岗位设置审核工作。对在一轮岗位聘用期限内的事业单位，采取对空缺岗位竞聘递补的方式，调整审批部分人员岗位及等级千余人次；做好机关事业单位工勤人员等级岗位升级考核，年内现场审核通过34人，11人取得工勤技能等级证书；落实区以下事业单位建立管理岗位职员等级晋升制度，按照干部管理权限及规定程序，对6名符合条件人员由管理十级岗位晋升到九级职员等级；做好专业技术职务任职资格评审工作，年内完成初级专业技术职务任职资格确认256人，办理初级职称证书319本，开具委托评审函347人次。

【落实基层倾斜政策】 2022年，区人社局对在农村工作满25年且仍在农村工作的专业技术人员，已取得高级职称资格的，可不受岗位职数限制直接聘任专业技术岗位七级。截至年底，全区有10名农村工作人员不占职数聘任专技七级；对在招商项目一线工作满一年以上的，且在乡镇（街道）基层工作累计满25周年以上且仍在乡镇（街道）基层工作的专业技术人员，已取得中、高级职称且未聘任的，可不受单位核定岗位数职数限制，聘任专技十级、专技七级岗位。截至年底有2名镇（街道）人员不占职数聘任专技十级岗位；在基层医疗卫生、农村中小学幼儿园等基层单位实行

“定向评价，定向使用”的基层专业技术职称评审管理制度，定向评价取得的专业技术资格定向聘任。年内委托9名农村教师参加2021年度小学幼儿教师高级职称评审，33名农村教师参加2021年度中小学幼儿教师中级职称评审。

【落实事业单位公开招聘制度】 2022年城厢区发布事业单位公开招聘岗位78个（其中专门岗位7个，应届毕业生岗位14个），拟招聘96人（其中卫生系统42人，教育系统10人）。经笔试、复审、体检、政审，办理入编67人。发布卫生系统研究生公开招聘岗位5个，拟招聘5人，经过报名资格审核、面试、体检、政审，办理入编1人。发布考核招聘高中教师岗位1个，拟招聘1人，经过报名资格审核、面试、体检、政审，办理入编1人。

【规范人事档案管理】 2022年，区人社局科学有序保管干部档案，严格执行转递制度，通过机要渠道转递人事档案241份。做好档案利用的登记、审批与服务工作，提供档案查询利用81人次。审核各类拟聘、调动人员档案89卷，督促、指导相关人员补充缺失材料，使其完整规范。做好机构改革转隶人员档案的移交工作，按照干部管理权限变更情况，对划转到区委组织部管理的160名公务员、参照公务员，26名事业单位科级干部人事档案进行认真核对整理，确保档案内容真实，材料齐全完整，顺利完成移交。

【规范事业单位津补贴发放】 2022年，区人社局持续开展“1+X”（纪委是“1”，发挥监督作用，履行协调抓总的职能；相关职能部门是“X”，发挥部门职能监督作用，履行主体责任）专项督查，通过常态化督查，进一步规范事业单位津补贴发放。年内检查单位6家，发现问题线索3条，移送问题线索3条。

（徐媛清）

招商引资

【概况】 2022年，莆田市城厢区招商局（以下简称“区招商局”）围绕“俯下身子抓产业、一心一意谋发展”决策部署，围绕10条产业链，实行“一产业链一专班”，以“链式”路径擘画产业发展图谱，推进经济高质量发展行稳致远。2022年全区累计对接项目53个，其中成功引进（投产、开工、前期、签约项目）44个，洽谈（意向项目）9个，计划总投资501.51亿元。其中，产业类项目35个，计划总投资498.51亿元。按所处阶段看，竣工投产项目7个，计划总投资2.4亿元；前期项目4个，计划总投资93.5亿元；签约项目10个，计划总投资146.55亿元；洽谈阶段9个，计划总投资215.1亿元。按投资额看，新对接亿元以上产业类项目22个，计划投资494.96亿元，其中计划投资10亿元以上项目11个，超百亿元重大项目2个。总部平台类项目18个，其中14个项目已投产，4个项目完成签约及公司注册。

【对接洽谈】 2022年1月9日，中电系统项目代表来莆洽谈，汇报产业园项目计划。2月6日，

2022年2月6日，城厢区举行企业家新春座谈会暨建筑业发展招商推介会
（吴平州　摄）

2022年12月10日，城厢区举行产业高质量发展招商推介大会
（陈盛钟　摄）

召开城厢区企业家新春座谈会，营造亲商氛围，提振企业投资信心。2月17日，福建岁金实业有限公司来莆考察洽谈产业园开发建设合作方案。6月19日，与新疆天山香生物科技有限公司一行对接洽谈项目开发事宜，推动福建与昌吉州玛纳斯县两地经济、社会、文化、产业等多领域交往交流交融。6月11—17日，赴四川成都市考察学习、赴宁夏同心县考察调研，了解当地企业运行情况、带动就业情况等，进一步推进闽（福建）宁（宁夏）协作结对帮扶，深化交流合作。6月23日，中国海峡人力资源服务产业园项目来城厢考察、洽谈省级人力资源产业园建设合作模式。8月1日，赴京对接中电科有关项目，推动打造集产业区、生活区和综合服务设施配套于一体的国际化、智慧化城厢产业新城。9月15日，翔远科技（香港）有限公司一行来访座谈，推动翔远高精密集成电路板产业园项目开发建设。12月底，参加第七届世界妈祖文化论坛暨第二十四届中国·湄洲妈祖文化旅游节，在“妈祖搭心桥——项目推介签约活动”上完成2个产业类项目签约。

【聚焦产业链招商】 2022年，城厢区围绕主导产业、特色产业、新经济招商，聚焦十条重点产业链，通过招商引资、项目带动实现产业集群集聚，推动经济社会发展提速增效。鞋服、工艺美术、食品、电子信息四大产业结合“六园”项目引导优质企业入园。新型功能材料、数字经济、海洋经济、绿色经济四大产业以全市乃至全省站位高度，布局大型产业项目配套，强健产业链、优化价值链、提升创新链。文旅经济以“生态＋文化＋非遗＋体验”等相叠加的产业融合发展为主线，加大以木兰溪、延寿溪、东圳水库、径里水库等资源项目策划包装力度，增强文旅产业活力。现代服务业立足中心城区区位优势和楼宇资源，突出发展现代服务业“6+4”（科技信息服务、商务会展服务、人力资源服务、川派餐饮服务、医疗康养服务、家庭社区服务六大成长型服务业，商业贸易、现代物流、金融服务、文体旅游四大支柱型服务业）业态，聚焦新业态、新模式、新消费。

（陈　冰）

政协莆田市城厢区委员会

综　述

【概况】2022年，政协莆田市城厢区委员会（以下简称“区政协”），全面落实区第十次党代会部署，把握大势服务大局，发挥专门协商机构作用，认真履行政协职能，在建言资政和凝聚共识上双向发力，展现新时代人民政协的新形象新作为，为推动城厢社会经济发展作出了积极贡献。全年召开全委会议1次，常委会6次。

【政治建设】2022年，区政协坚持以政治建设为统领，通过党组理论学习中心组（扩大）学习会议、主席会议、常委会会议集中学习及名家辅导讲座、研讨交流会、委员培训等形式，自觉坚持用习近平新时代中国特色社会主义思想领航定向，深入学习贯彻中共二十大和中共十九届六中全会精神，学习贯彻习近平总书记关于加强和改进人民政协工作的重要思想及中央政协工作会议精神，跟进学习习近平总书记最新讲话和指示批示精神，引导广大政协委员和社会各界人士不断增进对中国共产党领导和中国特色社会主义的政治认同、思想认同、理论认同、情感认同。邀请区党政领导出席政协全体会议，邀请区委、区政府领导出席政协常委会会议、专题协商会议和其他重要履职活动，做到与党委政府同心同向同行。

【落实全面从严治党主体责任】2022年，区政协坚持党对人民政协工作的全面领导，认真贯彻落实《关于加强新时代人民政协党的建设工作的若干意见》，进一步健全政协党的组织体系、领导体制和工作机制，通过主题党日、政治监督谈话、走访委员等形式，推进党的组织对党员委员有效覆盖、党的工作对政协委员有效覆盖，不断提升政协党建工作质量和实效。切实履行全面从严治党主体责任，认真抓好意识形态工作，筑牢思想防线，发挥把方向、管大局、保落实的重要作用。

【加强委员管理】2022年，区政协聚焦提高协商本领这一重点，按照“懂政协、会协商、善议政，守纪律、讲规矩、重品行”的要求，抓好委员教育培训，通过开展委员履职能力提升行动、举办暑期读书班、培训班等形式，不断提升履职能力和水平。健全委员管理服务的制度机制，建立健全《走访联系委员制度》等，落实党组成员联系党员委员、党员委

2022年7月19—22日，城厢区政协2022年度暑期读书班暨委员履职能力培训班在常太镇举办 （梁亦娴 摄）

员联系党外委员“两个全覆盖”制度，出台《委员履职百分制考核办法》，做到委员管理遵循有章、考核有据、管理有效。

重要会议

【概况】 2022年，区政协召开九届二次会议，听取并同意陈四海所作的工作报告和郑尚庆所作的提案工作报告；先后九届常委会第一次至第六次会议，听取区政府通报全区2022年上半年全区经济运行和社会发展情况等，审议通过区政协《全体会议工作规则（草案）》《常务委员会工作规则（草案）》《区政协委员履职百分制考核办法（草案）》等。

【九届二次会议】 中国人民政治协商会议第九届莆田市城厢区委员会第二次会议，于2022年12月24—26日在城厢召开。会议听取并同意陈四海所作的工作报告和郑尚庆所作的提案工作报告。列席区十届人大二次会议，听取并讨论政府工作、计划、预算等报告。会议对上述报告表示赞同。会议补选吴胜飞、陈志勇、周阳等3人为中国人民政治协商会议第九届莆田市城厢区委员会常务委员。会议听取提案委员会关于区政协九届二次会议提案审查情况的报告，审议通过中国人民政治协商会议第九届莆田市城厢区委员会第二次会议决议。

【九届常委会第一次会议】 2022年3月22日，区政协召开九届常委会第一次会议。区政协主席陈四海，副主席林素香、郑尚庆、黄斌华、何剑锋及25名常委出席会议。会议审议通过区政协九届一次常委会会议议程；传达学习全国政协十三届五次会议、省政协十二届五次会议精神；通报区政协领导班子成员工作分工；通报区政协2022年度协商计划；通报区政协2022年度工作要点、主要工作任务分解；同意庄语嘉、王珍梅、蔡松耀、林媛、林霞、林志兴等6人为区政协九届港澳籍委员；同意九届区政协各专门委员会组成人员名单；审议通过区政协《全体会议工作规则（草案）》《常务委员会工作规则（草案）》《区政协委员履职百分制考核办法（草案）》。

【九届常委会第二次会议】 2022年7月25日，区政协召开九届常委会第二次会议。区政协主席陈四海，副主席林素香、郑尚庆、黄斌华、何剑锋及27名常委出席，区政府副区长何辉、熊艺列席会议。会议审议通过区政协九届二次常委会会议议程；听取区政府通报全区2022年上半年全区经济运行和社会发展情况；开展“完善全区网格化管理，提高城市精细化治理水平”和“加快产业培育，打造乡村振兴‘主引擎’”专题协商；审议通过《区政协提案工作细则》。

【九届常委会第三次会议】 2022年10月27日，区政协召开第九届常委会第三次会议。区政协主席陈四海，副主席林素香、郑尚庆、黄斌华、何剑锋及26名常委出席，区政府常务副区长郭健明，副区长许玉树、蒋万顺列席会议。会议审议通过区政协九届三次常委会会议议程；传达学习中共二十大精神；传达学习《中国共产党政治协商工作条例》；听取区政府通报2022年城厢区重点项目实施和为民办实事项目落实情况；开展“加强金融支持实体经济发展”和“加快推进我区食品产业提质升级”专题协商。

【九届常委会第四次会议】 2022年12月14日，区政协召开第九届常委会第四次会议。区政协主席陈四海，副主席林素香、郑尚庆、黄斌华、何剑锋及27名常委出席，区政府副区长熊艺、区委组织部常务副部长陈天疆列席会议。会议审议通过区政协九届四次常委会会议议程；传达学习省委十一届三次全会精神、省政协关于学习宣传贯彻中国共产党第二十次全国代表大会精神的决议精神；听取区政府关于区政协九届一次会议以来提案办理情况通报；民主评议提案办理单位；审议通过石特展等16人增补为九届区政协委员，同意陈天疆、许小明、陈明阳因工作变动退出九届区政协委员；审议通过区政协九届二次会议有关事项、区政协常委会工作报告、提案工作情况报告等；审议通过关于授权主席会议审议区政协九届四次常委会会议未尽事宜的决定（草案）。

【九届常委会第五次会议】 2022年12月24日，区政协召开第九届常委会第五次会议。区政协主席陈四海，副主席林素香、郑尚庆、黄斌华、何剑锋及26名常委出席，区委组织部常务副部长陈天疆列席会议。会议审议通过区政协九届五次常委会会议议程；审议通过吴胜飞、陈志勇、周阳等3人作为九届区政协常务委员候选人；协商提交全体委员酝酿的区政协九届二次会议选举办法（草案）；提名产生大会选举总监票人、监票人建议名单（草案）；协商提交全体委员酝酿的区政协九届二次会议决议（草案）。

【九届常委会第六次会议】 2022年12月25日，区政协召开第九届常委会第六次会议。区政协主席陈四海，副主席林素香、郑尚庆、黄斌华、何剑锋及25名常委出席。会议审议通过了区政协九届六次常委会会议议程；听取了各组讨论、酝酿、协商有关事项情况的汇报；审议决定提交大会表决通过的区政协九届二次会议选举办法（草案）；协商确定提交大会选举的补选政协第九届莆田市城厢区委员会常务委员正式候选人名单；协商决定提交大会表决通过的总监票人、监票人建议名单（草案）；听取提案委员会关于九届二次会议提案审查情况报告；审议决定提交大会表决通过的区政协九届二次会议决议（草案）。

民主协商与监督

【政治协商】 2022年，区政协充分发挥政协专门协商机构作用，完善协商工作机制，拓宽协商民主渠道，提高协商建言水平。九届二次会议期间，通过大会发言、分组讨论和提案等形式，围绕全区经济社会发展重大事项和群众关注的热点难点问题开展协商，提交大会发言材料14篇。充分利用常委会会议、主席会议等形式，围绕中心工作和重点任务开展专题协商，为党委政府科学民主决策提供有益参考。

【专题协商】 2022年，区政协落实年度协商计划，对“完善全区网格化管理，提高城市精细化治理水平”等4个课题进行专题协商，形成专题调研报告4份、会议发言20篇，提交意见建议42条。紧扣推进乡村振兴重点和关键，就“加快产业培育，打造乡村振兴‘主引擎’”课题开展专题协商、资政建言，提出促进农业产业化建设、建立农民可持续增收长效机制、打造休闲与文旅融合示范镇等10余条建议，为党委、政府决策提供参考。围绕实施“党建引领、夯基为民”工程，创新基层协商平台、抓手，引导政协委员积极融入基层社会治理，推动“协商在一线”工作落实。抓住社会治理难点焦点问题，重点就加强青少年网络安全教育和犯罪预防等开展系列议政活动，助力平安城厢建设。

【全过程监督】 2022年，区政协坚持问题导向，强化民主监督

2022年5月17日，九届城厢区“政协委员之家”在莆田市三威鞋业有限公司成立　　（梁亦娴　摄）

实效，做到把协商民主贯穿监督全过程，确保“监”到点子上、“督”到关键处。围绕涉及人民群众切身利益的就业、医疗、教育、住房、养老、交通等问题，综合运用调研视察、协商监督、提案督办、反映社情民意等形式开展履职活动，关于推进义务教育资源均衡发展、完善社区养老服务体系、帮扶困难群体就业创业等一批意见建议，被政府部门采纳落实。

【“政协委员之家”创建】 2022年，区政协贯彻落实中办《关于加强和改进新时代市县政协工作的意见》精神，出台区政协《落实〈关于加强和改进新时代市县政协工作的意见〉的工作意见》，创建8个行业、界别“政协委员之家”，推动政协协商向基层延伸。

参政议政

【助推经济高质量发展】 2022年，区政协通过召开专题协调会、深入企业调研座谈等方式，协调解决食品企业在生产发展过程中存在的困难问题，推动食品产业转型升级、稳健发展。组织开展“加快推进全区食品产业提质升级”专题协商，重点就增强产业创新能力、加强食品产业招商、加快科技成果转化、吸引创新人才集聚等问题，持续开展资政建言。一年来，全区食品产业实现产值82亿元，同比增长7%；新增投资项目5个，其中投资11亿元的亚明预制菜肴产业园项目签约，莆田市一航农产品冷链物流有限公司龙眼干、牛肉等产品集散中心建成；新增技改项目6个，其中福建威利思食品有限公司拟新增投资6000万元。

【助力全国文明城市创建】 2022年，区政协响应党委、政府号召，发动全区政协委员和机关干部职工全面深入参与全国文明城市创建工作。通过倡议书，号召全区广大政协委员当好文明城市创建的实践者、宣传者、推动者。通过开展文明劝导、入户宣传、卫生清扫等志愿服务活动，营造人人关心创建、支持创建、参与创建的浓厚氛围。通过参与文化环境、交通环境、窗口行业等督导检查和开展“助力创城攻坚”专项视察活动，及时发现创城过程中交通环境整改、公共文化设施建设、缆线“乱象”整治、窗口行业迎检等存在的热点难点、关键问题，提出意见建议36条，得到区委、区政府和相关部门的重视，推进相关问题解决。

【反映社情民意】 2022年，区政协重视反映社情民意信息工作，坚持把反映社情民意工作融入参政议政、调查研究、协商视察等政协履职的各个方面，注重引导委员在协商视察、参政议政过程中把基层不易解决的问题、国家政策需要更加完善的部分作为社情民意关切点，并将其转化为社情民意信息，为党委政府实施科学民主决策提供重要参考。年内报送社情民意信息40余条。同时与有关部门就社情民意信息的办理情况进行沟通落实，切实发挥政协社情民意信息的“直通车”作用，及时把群众的呼声传递给有关部门。

【参与项目攻坚】 2022年，区政协班子领导主动参与重点项目攻坚，分别挂钩文献北片区改造等，在征地、拆迁、协调项目进展等方面积极作为，为推进项目建设鼓实劲、出实力、干实事。

视察调研

【团结联谊】 2022年，区政协贯彻落实《中国共产党统一战线工作条例》，坚持和完善主席会议成员联系走访民主党派、工商联制度，组织各党派团体开展联合调研、联合视察等活动，为党派团体在政协履职创造良好条件。密切与“两新”组织代表人士等的联系，不断扩大团结面。

【专项视察】 2022年，组织基层社会治理、文明城市创建、交通秩序整治、行业作风优化等专项视察8次，提出意见建议31条，得到有关部门的肯定。开展民族事务工作专项视察，协助做好民族工作，促进民族和睦；就宗教场所规范化管理、文化遗产保护等问题开展协商议政，促进宗教和顺。开展侨务工作情况专项视察，引导港澳委员积极参与城厢经济社会发展。围绕加强金融支持实体经济发展，聚焦加强政府扶持、优化金融产业投向、打造高水平区金融服务中心等重点问题，组织政协委员深入调研视察，广泛开展研究论证，为区委、区政府科学决策提供参考。

【参与省市视察调研】 2022年，区政协积极参与省市政协开展的各类调研考察、协商座谈活动，就“多措并举确保我省粮食安全”“推进市域社会治理体系现代化”“城市国土空间规划”等主题开展协商议政，积极建言献策。做好23批次省内外政协在城厢调研考察服务，促进交流协作、相互借鉴、成果共享。

提案办理

【提案工作】 2022年，广大政协委员、各参加单位认真贯彻落实中央和省市区委关于政协工作的部署要求，聚焦区委、区政府中心工作和人民群众普遍关注的热点问题，广泛凝聚共识，积极建言献策，共提交提案86件，经审查，立案62件，其中12件被列为重点提案。

【办理成效】 2022年，区政协建立区领导领办督办重点提案、提案办理纳入年终目标管理考评、开展提案办理协商、加强提案办理日常督查及“回头看”等多项举措，促进提案办理工作的扎实推进。截至2022年11月上旬，所有提案办复，委员满意率和基本满意率达98.4%。其中《关于推进我区跨境电商发展》《关于加强社区卫生服务中心建设》《完善我区网格化管理，提高城市精细化治理水平》等一批事关经济社会发展和民生改善的提案得到较好落实。

（陈文彬）

纪检　监察

综　述

【概况】 2022年，中国共产党莆田市城厢区纪委监委（以下简称“区纪委监委”）坚决扛起全面从严治党主体责任，旗帜鲜明、立场坚定、统揽全局、领导有力，带动各级党组织层层压实责任，推动全面从严治党向纵深发展。全区纪检监察机关坚决贯彻市纪委监委和区委的部署要求，围绕中心大局、忠实履职尽责。全区共运用“四种形态”批评教育和帮助处理340人次，其中运用第一种形态处理201人次，切实把好保护爱护党员干部第一关口。全区纪检监察机关受理检控类初信初访89件，办结85件，属实（含部分属实）34件，转立案11件，成案率17%。立案审查调查126件126人，其中科级案件4人，移送司法机关1件1人。

【政治建设】 2022年，区纪委常委会坚持集体学习制度，深入学习宣传贯彻中共二十大精神，先后5次以“模块式”理论学习中心组研讨、“随堂式”座谈交流等形式，深入学习中共二十大报告。自觉聚焦工作大局强化政治监督，通过“以项目看单位”与“以单位看项目”结合，先后组建3个项目督导小组、2个点题督导专班，紧紧围绕优化营商环境、文明城市创建、“六园千亿”、“两违”执法等重点任务开展监督，对进度滞后的有关部门、镇街负责人、项目业主、施工单位进行“点对点”约谈21人次。结合撂荒地、农村乱占耕地建房整治等重点任务，开展粮食购销领域腐败问题专项整治，立案10件10人，督促部门自查问题26个，推动完善仓储管理等制度21项。认真履行协助职责，协助区委摸清实情、找准问题，针对区属国企存在的苗头性、倾向性问题，集体廉政约谈49人，推动“两个责任”一体履行。协助区委做好市对区主体责任检查、政治监督检查反馈问题整改落实工作，加强对全区各部门单位“一把手”履职情况的“全覆盖”监督，共对22名落实主体责任不力的领导干部进行问责，精准推动被监督对象正确认识大局、积极融入大局、有效服务大局。

【作风建设】 2022年，区纪委监委锲而不舍落实中央八项规定精神，紧盯关键节点打好“组合拳”，组织党风廉政监督员队伍深入区直单位、镇（街道）和酒店、商超、旅行社等开展暗访检查，调取加油卡、税控平台发票、公车平台车辆等信息强化分析研判，查处违反中央八项规定精神问题25

起40人，给予党纪政务处分31人，通报曝光典型问题3起。深化运用“1+X”监督机制，建立健全问题线索研判会商机制，根据职能作用和管理权限开展明察暗访、监督检查、随机抽查，深挖细查“吃公函”“窗口腐败”“酒杯中的奢靡之风”等隐形变异新动向新表现。驰而不息纠治形式主义、官僚主义，将贯彻落实党中央决策部署和省委、市委及区委工作要求不力、不担当、不作为、乱作为、假作为等工作作风突出问题作为纠治重点，查处形式主义、官僚主义案件23起37人，给予党纪政务处分30人。

【队伍建设】 2022年，区纪委监委带头加强党的政治建设，严格落实党建工作责任制、意识形态工作责任制，注重发挥党建引领作用，建立“线上+线下”讲学机制，搭建“在线读书圈”平台，组织开展“行走的课堂”学习宣传活动，走进镇街村居、项目工地、企业一线，深刻领会习近平新时代中国特色社会主义思想的实践伟力。严格执行民主集中制，自觉主动接受区委的领导和各方面监督，完成区监委向区人大常委会报告专项工作。着力打造机关干部交流、锻炼、提高的平台，举办“强基础、精业务、提素能”主题培训班，创建“清风书廊”，通过开展“书香承福·清风致远”读书分享会等活动，采取“读书小组”“动力微课堂”等多种形式，提升政治素养和综合素质。强化内部管理，全方位开展委机关各部室、派驻纪检监察组、镇（街道）纪委监察组三个序列纪检监察工作的考评工作，建立纪委主要领导、分协管领导、部室负责人逐级家访的常态化家访谈心机制，强化纪检监察队伍“八小时外”监督管理。区纪委监委先后获《中国纪检监察》学刊用刊工作“组织奖”、莆田市抗击新冠疫情及时奖励集体嘉奖；获“福建省纪检监察系统先进个人”称号1人。

重要会议

【区纪委十届一次全会】 2022年1月29日上午，中共城厢区纪委十届二次全会召开。会议传达学习十九届中央纪委六次全会、省纪委十一届二次全会、市纪委八届二次全会精神，审议通过区纪委常委会工作报告和区纪委十届二次全会决议。区委书记王文才出席会议并讲话，区领导王文晖、肖志雄、陈四海、朱建阳、黄美光、苏德权、欧国民、郭健明、林江波等出席。市纪委第二纪检监察室主任郑赛花到会指导。区委常委、区纪委书记、区监委主任许琦阳作工作报告。

【履职交流会】 2022年2月18日下午，城厢区纪委监委举办镇（街道）纪（工）委履职交流会，聚焦推动监督下沉，建立发现问题、责任认领、一体落实的基层监督治理体系，以镇（街道）纪（工）委的作风转变来监督和推动基层工作作风转实，7名镇（街道）纪（工）委书记依次上台交流发言。

【区纪委常委会（扩大）会议】 2022年8月25日，城厢区委常委、区纪委书记、区监委主任许琦阳主持召开区纪委常委会（扩大）会议，传达学习习近平总书记在新疆考察时的重要讲话精神，研究具体贯彻措施。

纪律检查

【监督执纪】 2022年，区纪委监委健全协同高效的监督体系，推行“督访查”一体化片区协作机制，整合纪检监察室、派驻纪检监察组、镇街纪委监察组、村级监督部门等监督力量，贯通衔接“四项监督”，优化“室组”联动监督、“室组地”联合办案机制，变“单兵作战”为“协同作战”，推动监督力量下沉，确保及时快速响应。深化“四访”（领导带头接访、全员轮流接访、领导带信下访、干部入户走访）活动，深入推进“多年、多层、多头”重复举报治理，组织开展“双化解双促进”专项行动，推动化解一批信访积案。紧盯群众急难愁盼问题，通过“三挂三提三沉”（项目挂牌、班子挂帅、专班挂钩，工作队伍提级培训、问题线索提级查办、重大事项提级监管，巡察下沉、接访下沉、力量下沉）工作法，最大限度实现基层监督信息互通、问题互商、力量互补，推动监督与治理同频共振，查处群众身边腐败和作风问题36件48人，给予党纪政务处分39人，相关做法获中央纪委国家监委杂志《党风廉政建设》推介。积极探索“智慧监督”模式，创新惠企政策兑现信息化监督平台，会同资金监管职能部门对资金的流量、流向、流速进行动态信息化监督，实现惠企政策兑现“公开透明、简便高效、严格规范”。打造智慧监督“掌上通”平台，对全区122个村居的收支情况、455项“事有所办”清单进行集中发布，督促村居全面梳理“小微权力”运行流程、社区村级决策、“三资”管理等18项权责清单，激活基层监督“神经末梢”。

【反腐倡廉】 2022年，区纪委监委始终保持惩治腐败高压态势，反腐败斗争一刻不停向纵深推进，全区立案126件，其中科级3件，处分121人，移送司法机关1人。查办了市纪委监委指定管辖的福清监狱原党委书记、监狱长林某某案件，涉案金额达94.3万元。着眼监督体系和治理体系有机对接，做深做实以案促改、以案促建、以案促治，针对查处的华林经济开发区陈某某案件、区法院陈某案件等重要典型案件向相关案发单位发出监察建议6份，督促建立工作机制23项。发挥廉洁文化基础性作用，充分利用东圳事迹教育基地以及蔡襄家风家训馆、园头村勤廉广场等廉洁教育场所，面向广大干部群众开展学习教育，其中，东圳事迹教育基地入选全省首批廉洁文化示范基地名单。以“纪法小课”做好廉洁教育这篇“大文章”，组织策划系列纪法教育专题动漫视频作品，在中央纪委国家监委网站专题刊发5期，并在莆田广播电视台、区机关大厅循环展播，引导广大党员干部和公职人员“学法规、明纪律、知敬畏、守底线”。发挥新兴媒体平台作用，深化运用“城厢清风”区纪委监委官方微信公众号、视频号，专设“孝廉文化齐弘扬”“孝廉故事”等栏目，打造党员干部学习的“移动课堂”，通过微视频、漫画、长图等方式，讲好城厢清风故事。是年，城厢区党风廉政宣传考评位居全市前列。

政治巡察

【常规巡察】 2022年，城厢区突出政治巡察定位，启动十届区委三轮巡察工作，对3个镇及所辖村（社区）、3个国有企业及16个区直单位党组织的常规巡察，发现问题493个。聚焦巩固拓展脱贫攻坚成果同乡村振兴成果有效衔接，开展对村（社区）巡察工作，灵活运用个别谈话、下沉调研等方式，推进全面从严治党向基层延伸。

【巡察整改】 2022年，城厢区把巡察整改与日常监督、深化改革等相结合，创新建立巡察整改调研机制，制定《关于建立巡察整改调研机制的实施意见》，将巡察“回头看”变为灵活机动的整改调研监督，对上级决策部署要求的、群众热切关注的6个单位开展整改情况调研，强化督查督办、指导约谈，推动新纳入低保90人、特困供养35人、实施临时救助323人，确保监督、整改、治理一体推进。相关经验做法获《中国纪检监察报》、福建省纪委监委网站等媒体推介，并选入中央纪委国家监委网站“中央八项规定实施十周年：永远吹冲锋号”特别策划内容。

（赖一夫）

民主党派　工商联

中国国民党革命委员会莆田市城厢区支部委员会

【概况】 2022年，中国国民党革命委员会莆田市城厢区支部委员会（以下简称“民革城厢支部”）按照“四新”（多党合作要有新气象，思想共识要有新提高，履职尽责要有新作为，参政党要有新面貌）、“三好”（好参谋、好帮手、好同事）的时代要求，提高“五种能力”（政治把握能力、参政议政能力、组织领导能力、合作共事能力、解决自身问题能力），提升建言资政的质量和水平，积极主动为群众办实事，切实把学习成效转化为工作成果，努力建设成为政治坚定、组织坚实、履职有力、作风优良、制度健全的新时代中国特色社会主义参政党。

【参政议政】 2022年，民革城厢支部紧紧围绕中共城厢区委、区政府的发展目标，支部调动委员立足本职，发挥岗位优势，深入基层调研、撰写提案、反映社情民意，建言献策。按照区委统战部的安排，围绕全区十个重点产业发展，就文旅经济深入组织开展调查研究，按照“山水格局人文宜居”新城厢的总目标，立足“一溪两岸、连片发展”格局，撰写关于城厢区发展文旅产业，赋能乡村振兴的调研报告，提出合理的建议，助力全区文旅经济发展。年内，多篇提案提交区政协，多篇社情民意提交民革市委会。

【理论学习】 2022年，民革城厢支部主动适应新形势新任务新要求，始终把理论学习及思想建设当作首要任务来抓，坚持用新时代新思想武装头脑、指导实践、推动工作。开展“喜迎二十大、同心跟党走”主题宣传教育，组织党员持续深入学习习近平新时代中国特色社会主义思想、习近平关于统一战线的一系列重要论述及《中国共产党统一战线工作条例》，不断提高政治判断力、政治领悟力、政治执行力。采取集中学习和个人自学相结合，开展线上线下多种形式的学习活动，力求在学思践悟中深刻领会精神实质，内化于心，外化于行。

【社会服务】 2022年，民革城厢支部紧紧围绕“立足本职，双岗建功”工作思路，结合委员本职工作，在贯彻落实一季度“开门红”、文明城市创建、扶贫、平安宣传等方面整合优势资源、形成界别特色的社会服务工作。春耕备耕期间，联合区供销社开展送肥下乡志愿者服务活动，全力保障春耕生产，助力一季度开门红。6月初，结合文明创建工作，联合区供销社、华亭镇干部到西湖村、后山村开展进村入户平安宣传志愿者活动，进一步增强群众治安安全防范意识，积极营造“社会治安 人人有责”的良好氛围，进一步引导村民共建平安城厢，切实维护全区的安定稳定良好局面。

【组织建设】 2022年，民革城厢支部通过组织集中学习、辅导交流、参加培训等多种方式，教育和引导党员坚持正确政治方向，坚持“参政为民”政治理念，树立中国特色社会主义共同理想，坚持把社会主义核心价值观贯穿到组织建设和制度建设的各环节。10月组织支部党员开展“实践东圳精神，赓续延寿血脉”学习体验活动，参观以“精神家园、人文景观、生态休闲”多层级精神教育为主题的东圳精神教育基地以及泗华溪水环境治理。同月，组织“追寻杨门三烈传承红色基因”主题教育，瞻仰杨门三烈士闽中革命精神。筹备建设“党员之家”，通过平台建设发布政策理论、时事新闻和会员活动信息，进行学习交流，增进沟通互动，活跃交流联系。组织年轻党员、骨干党员积极参加社中央网络培训班，提升“五种能力”，提高政治水平和社务工作能力。

（林基立）

中国民主同盟会莆田市城厢区支部委员会

【概况】 2022年，中国民主同盟会莆田市城厢区总支部委员会（以下简称“民盟城厢总支部”）围绕“打造人文宜居新城厢，建设美丽莆田先行区”，充分融入区委重点工作，发挥优势，倾情履职，为推动城厢经济社会发展作出积极贡献。

【思想建设】 2022年，民盟城厢总支部开展“矢志不渝跟党走、携手奋进新时代”政治交接主题教育学习。不定期组织盟员集中学习、组织盟员开展振兴乡村调研，赴盟员企业开展结对共建学习交流活动。组织盟员参与市盟线上“矢志不渝跟党走 携手奋进新时代”廉政书画展，选送3幅精品，展现浓厚的廉政文化氛围。组织盟员参加市盟纪念中共中央发布“五一口号”74周年座谈会，增强政治担当，进一步凝聚政治共识，强化履职能力，提高社会服务水平，扎实推进新时期自身建设，为助推全区的经济发展，促进社会和谐作出新的贡献。

【组织建设】 2022年，民盟城厢总支部以“人才强盟”为战略，以“活力塑盟”为导向，把好入盟关，新发展盟员4人，扎实推进基层组织制度建设。结合“三八”国际妇女节、“五四”青年节、教师节、老年节等重大活动组织开展各具特色、丰富多彩的盟务活动，筑牢盟员的组织情感，增强组织凝聚力。以“盟员之家”为载体，构建深层次学习型盟务组织。建成落户城厢区“盟员之家”3个，通过组织开展参观学习、交流座谈、结对共建等，助力乡村振兴、“蓝海经济”有序发展。选派盟员骨干分

2022年7月24日，莆田民盟首期社情民意信息沙龙活动在“护理文化”盟员之家召开 （民盟城厢总支部 供）

别参加省、市级的学习班以及党外干部的培训班，组织盟员赴仙游风山开展振兴乡村调研，与天津民盟的共建交流。

【社情民意】2022 年，民盟城厢总支部始终以“立盟为公，参政为民”为己任，发挥自身特色优势，认真履行参政党职能，全面提升履职实效，在协商民主建言咨政上展现新作为，在凝聚共识汇聚力量上有新提高。参加各类协商会、通报会、征求意见会 21 场，反映社情民意信息 139 条，积极为全区经济建设出谋划策，真实反映社情民意。

【民主监督】2022 年，民盟城厢总支部参与民主监督，通过政协、人大平台参与区重大项目的视察活动，提出有针对性的监督意见。林劲腾作为民盟市委会监督委员会委员，参与换届考核、选举等各类活动的监督工作。吴懿娴作为区法院廉政监督员、王华眉作为区法院人民陪审员，广泛参与执法检查、监督评查等活动，积极履职尽责。

【服务社会】2022 年，民盟城厢总支部按照“发挥优势、突出重点、量力而行、讲求实效、持之以恒”的指导方针，利用人才优势，整合资源，更好地为经济建设服务，为科技、教育、文化等事业发展服务。盟员们立足行业，纷纷驰援疫情防控阻击战，联合战疫、共克时艰，主动融入社区疫情防控和物资协调，涌现出华诚企业、万豪食品等企业及蔡国鹰、陈爱华等一批优秀企业家伸援手、献爱心、捐财物，以实际行动为打赢疫情防控莆田战役做出应有贡献。

（方碧娴）

中国民主建国会莆田市城厢区支部委员会

【概况】2022 年，中国民主建国会莆田市城厢区支部委员会（以下简称“民建城厢支部”）坚持正确政治方向，夯实多党合作共同思想政治基础，把学习成效转化为工作成果，把支部建设成为政治坚定、组织坚实、履职有力、作风优良、制度健全的新时代中国特色社会主义参政党。

【思想建设】2022 年，民建城厢支部把学习宣传贯彻中共二十大精神作为首要政治任务，按照“四新”“三好”的时代要求，提高五种能力。5 月召开“矢志不渝跟党走、携手奋进新时代”政治交接主题教育动员部署会，营造浓厚的政治交接教育氛围；8 月召开全体委员（扩大）会议。学习《中国共产党统一战线工作条例》、《中国共产党政治协商工作条例》、《习近平谈治国理政》第四卷、《闽山闽水物华新——习近平福建足迹（上下卷）》等内容，并围绕重点调研课题开展座谈；11 月召开学习中共二十大精神会议暨“办实事 解难题 聚合力”主题实践活动，邀请区委常委、统战部部长欧国民在会员企业宣讲中共二十大精神，并结合“办实事 解难题 聚合力”主题实践活动在支部会员间开展座谈交流，收集社情民意 8 条；全年在微信群发送相关学习材料 96 份，学习成效显著。

【组织建设】2022 年，民建城厢支部开展丰富多彩政治交接系

2022年5月，民建城厢区支部召开“矢志不渝跟党走，携手奋进新时代”政治交接主题教育动员部署会　（民建城厢支部　供）

列活动。5月中旬，围绕迎接宣传贯彻中共二十大工作主线，结合莆田市“党建引领·夯基惠民”行动试点工作，在城厢区九龙小区开展“喜迎二十大·法制进社区”基层网格（单元）长调解宣讲活动；5月底，组织会员在莆田市异地商会红色家园举办“喜迎二十大·奋进新征程”乒乓球友谊赛；组织会员中的人大代表、政协委员参与民主监督3次，通过政协、人大平台，参与区重大项目的视察活动4次，提出有针对性的监督意见；春节来临之际，走访慰问退休会员2名，并发放慰问品，走访会员企业4家，了解企业经营状况和创新发展理念，并围绕优化营商环境、促进民企发展、解决民生问题等进行座谈交流；10月，组织会员参加民建市委会举办的社情民意信息工作培训班。做好新会员发展和骨干会员培养工作，发展入会积极分子3名，截至年底会员总数达到60名。

【参政议政】 2022年，民建城厢支部全面加强履职尽责，在参政议政方面坚持把聚焦省委、市委、区委重大决策部署建言献策作为履职主线，围绕城厢十大重点产业领域，结合民建特点和优势，以打造中国好鞋，助力“莆田鞋”迈出新一轮高质量发展新步伐作为2022年支部考察调研课题，积极组织会员前往市工信局、市鞋业协会、市国投下属名品公司等部门开展调研活动；7月，组织骨干会员积极参与市委会考察调研，完成《以职业教育赋能乡村振兴助推高质量发展》《智能制造推动鞋服行业高质量发展》《创优赋能助推莆田民营经济高质量发展》3篇调研文章的起草撰写。充分利用政协、人大舞台，积极建言献策，会员先后撰写21篇社情民意，其中《依托党建+邻里中心，加快社区长者食堂建设》《推广3岁以下公办托幼和教育类服务的建议》《严厉整治占道摆摊，保护莆田国际油画城的建议》《关于优化青少年享受学生票权益的建议》4篇社情民意被市政协采纳。

【制度建设】 2022年，民建城厢支部以务实作风为标准，扎实推进制度建设，班子成员以贯彻落实基层组织多维度量化考评制度为要求，明确责任分工，推动工作落实。以制度建设为突破口，进一步规范会务工作。制定详细的学习制度，一季度支部组织一次学习交流，半年组织一次全体会员集体学习；进一步规范会员会费收取和使用制度。同时，支部更加注重社会服务工作，密切协调好企业界会员的横向联系，协调好企业界会员与民建市委会、省委会的纵向联络；注重会员活动的多样性，丰富会员社情民意活动内容，组织会员参加会员之家活动2次，坚持定期走访探望会员企业与不定期慰问相结合。加强后备干部队伍建设，注重培养政治素质高、业务能力强的年轻干部，为其成长和锻炼积极搭建平台。

【社会服务】 2022年，在仙游疫情发生后，会员企业福建省莆田市正通医疗器械贸易有限公司向莆田擢英中学捐赠隔离衣100套、防护服20套、酒精喷雾100毫升100瓶、免洗洗手液100瓶、洗手液200瓶；会员企业福建人和消防科技有限公司向莆田公安系统一线干警捐赠防护服100套、牛奶100箱、方便面50箱；会员干部积极参与华林园区抗疫行动；会员毛荣和被评为2022年度福建省红十字会“99公益日”优秀个人。

（陈　洄）

中国民主促进会莆田市城厢区支部委员会

【概况】 中国民主促进会莆田市城厢区支部委员会（以下简称“民进城厢支部”）成立于2015年12月，有会员15位，是以从事教育文化出版传媒以及相关的科学技术领域工作的高中级知识分子为主、具有政治联盟性质的政党，是接受中国共产党领导、同中国共产党通力合作的中国特色社会主义参政党，是爱国统一战线的组成部分。2022年，民进城厢支部恪守中国民主促进会“继承传统、以党为师、立会为公、参政为民”的政治理念，坚持中国共产党领导的多党合作和政治协商制度，围绕把握新发展阶段、构建新发展格局，谱写新

2022年11月6日，城厢民进支部学习中共二十大精神

（翁少阳　摄）

时代多党合作事业的新篇章。

【学习活动】2022年，民进城厢支部深入学习贯彻习近平新时代中国特色社会主义思想和中共二十大及十九届历次全会精神，认真学习习近平总书记在党外人士座谈会上的重要讲话精神，深入学习《中国共产党统一战线工作条例》，学习福建省委、莆田市委、城厢区委重要会议精神，民进中央、民进省委重要会议精神及民进会章会史与光荣传统，深刻领会统一战线、多党合作、协商民主的新理论、新实践、新发展。8月12日，组织开展“矢志不渝跟党走，携手奋进新时代”政治交接主题教育，参观东圳水库原鲁山纪念馆，学习领悟“团结协作、艰苦奋斗、无私奉献”的东圳精神。8月27日，联合民进市委会举办暑期读书班。10月9日，协助民进莆田市委会在莆田市群众艺术馆举办“喜迎中共二十大 携手奋进新时代”莆田民进会员书画作品展。10月16日上午，倡导民进会员采取多种形式收听收看中共二十大开幕会实况。11月6日，在南门学校八楼会议室召开专题会议，传达学习贯彻中共二十大精神。

【参政议政】2022年，民进城厢支部通过参加市人大、区政协会议，专题调研和视察，按照“找准切入点，扩大参与面，提升优质率”的要求，围绕区委、区政府的中心工作，组织会员开展广泛的调查研究、撰写调研报告、报送社情民意。完成调研报告1篇，提交区政协提案2篇，市人大建议1条获大会采用。

【服务社会】2022年，民进城厢支部面对新冠疫情严峻形势，把抓好疫情防控工作作为头等大事，动员民进会员发扬界别优势积极投身战“疫”行动。部署南门学校疫情防控工作，提升学校应对疫情的应急指挥能力和组织协调能力，筑牢疫情防控墙，守护校园保健康。支部副主任作为区疫情防控指挥部冷链专班负责人，严把“外防输入”物防关口，严格落实进口冷链食品疫情防控各项措施；同时，动员发动5家食品生产企业向医护工作者捐赠“爱心”糕点。支部有3位会员在城厢区医院工作，坚守在医疗岗位一线，在发热门诊等岗位上为城厢区疫情防控工作做出积极贡献。

（陈　旭）

中国农工党莆田市城厢区支部委员会

【概况】2022年，中国农工党莆田市城厢区支部委员会（以下简称“农工党城厢支部”）不断加强自身建设，切实履行参政党各项职能，政治思想、自身建设、参政议政、服务社会职能等全面得到加强和提高。是年，支部被农工党莆田市委会授予“2022年度先进集体”称号，党员潘仁东、胡德雄、宋益清被农工党莆田市委会授予“2022年度参政议政先进个人”称号，党员陈玉婷、林晨瑾被农工党莆田市委会授予“2022年度优秀党员”称号。

【参政议政】2022年，农工党城厢支部完成调研报告1篇，向市委会提交社情民意14篇，向市政协八届二次会议提交团体提案1件，人大代表在区人大十届二次会议上提交反映社情民意的提案建议1件，政协委员在区政协九届二次会议上提交反映社情民意的提案建议8件。

【民主监督】2022年，农工党城厢支部通过参加区人大、政协会议，专题调研和视察，以及通报会、协商会等活动，发挥支部党员的区人大代表、政协委员、区人民法院监督员、安全生产协会评审员、教育系统“三风”督查员作用，多渠道、多形式参与党外民主监督活动，履行各自的职责，提出的意见建议，得到采纳。

【服务社会】2022年农工党城厢支部始终做好服务社会工作，6月25日上午，协同城厢志愿之家等单位在霞林街道正鼎日出小区开展以“喜迎二十大 强国复兴有我”为主题的城厢区·融志愿进新时代文明实践点活动，开展爱心义诊、防疫知识宣传、尊老助残“一元理发”爱心义剪、小区内业主专享家政服务、防诈骗反传销法治教育、安全法规及“五进”（进社区、进学校、进企业、进农村、进家庭）宣传等系列活动，吸引300多名群众参与。农工党城厢支部医务人员为现场200多名群众量血压、测血糖，检查眼底、口腔等，对检查结果耐心细致地为群众分析，根据测量结果、病情和提出的健康咨询问题给予解答，就饮食、生活等各方面提出建议，并详细讲解如何预防季节性疾病等健康知识。协同市、区民政局于6月19日上午在南湖公园联合开展以“救助 让弱有所扶更温馨”为主题的“6·19”开放日活动，以现场政策宣传、展示救助成效、反诈骗宣传、开展义诊服务和急救示教等方式吸引200多名群众参与。支部医务人员为现场100多名群众量血压、测血糖等。12月8日上午，支部联合城厢区政协、城厢区医院等单位，赴城厢区灵川镇太湖村开展送医送药活动，为240多位村民进行免费检查及诊疗，向16户贫困户赠送健康“小礼包”和疫情防控物资，发放价值约5000元的常见病常用药品及疫情防控物资。

（潘仁东）

2022年6月25日，农工党城厢支部开展“喜迎二十大 强国复兴有我”义诊活动　（潘仁东　摄）

2022年6月19日，农工党城厢支部开展以“救助，让弱有所扶更温馨”为主题的“6·19”开放日主题义诊活动　（潘仁东　摄）

中国致公党莆田市城厢区支部委员会

【概况】 2022年，中国致公党莆田市城厢区支部委员会（以下简称“致公党城厢支部”）积极参加区政协和区委统战部召开的协商会、情况通报会、征求意见会等，围绕城厢区委、区政府中心工作，向区领导和相关部门积极建言献策。年内提交社情民意6篇、课题3篇，支部党员或领衔或附议向市、区两会提交议案、提案、建议7件，其中2件被评为区政协优秀提案。

【理论学习】 2022年，致公党城厢支部通过党员季度学习、微信群线上学习等多种形式，分别传达学习习近平总书记同党外人士共迎新春时的重要讲话和习近平总书记在十九届中央纪委六次全会上的重要讲话精神，以及省市两会和致公党省委全会精神，习近平总书记在中央政协工作会议暨庆祝中国人民政治协商会议成立70周年大会上的重要讲话精神及省委市委政协工作会议精神和2022年全国两会精神等。

2022年5月26日，致公党城厢支部召开“矢志不渝跟党走、携手奋进新时代”政治交接主题教育工作部署动员会及书香支部学习会，号召全区致公党员以深入开展主题教育为契机，以贯彻落实主题教育精神为导向，深刻领会、统一认识、准确把握，立足自身、家庭、党派、工作、社会，巩固党史学习教育和“不忘合作初心，继续携手前进”主题教育成果，薪火传承，展现特色，抓出成效实效。

2022年，致公党城厢支部组织党员参加各类培训提升活动，安排党员参加市社会主义学校第一期党外人士学习班、致公党市委会举办的2022年暑期读书班及区社会主义学校第一期党外代表人士和统战干部培训班等，进一步提升党员的履职能力，凝聚政治共识。

【服务社会】 2022年，致公党城厢区支部组织党员专家，深入辖区四个镇，开展一系列绿色经济助力乡村振兴课题调研活动，为城厢区各类农产品生产主体、农产品行业协会举办多场次农产品“三品一标”（无公害农产品、绿色食品、有机食品，农产品地理标志）认定认证、福建著名农业品牌创建、优质农产品生产技术等讲座，受众近200人；3月，支部联合市委会妇女委员会举办“科学家庭教育”的专题讲座辅导并现场交流，讲座针对全国施行“双减”政策下面临的新形势，科学家庭教育的必要性、如何树立正确的家庭教育观念等进行解读；5月26日，支部举办以“学党史书香聚同心”为主题的书香支部读书会活动，激发基层支部活力，不断丰富支部内涵；5月起，支部定期开展“创城有我，致公在行动”活动，在城厢区霞林街道定期开展有关创城卫生整治系列活动，为创城贡献致公力量；9月16日，组织党员走进常太镇渡里村，开展“我在常太有亩田”认领认种主题活动，坚决守住耕地保护“红线”，筑牢粮食安全“底线”，以实际行动守护粮食安全、助力乡村振兴。

（谢晓涵）

九三学社莆田市城厢区支社委员会

【概况】 2022年，九三学社莆田市城厢区支社委员会（以下简称“九三学社城厢支社”）开展“矢志不渝跟党走、携手奋进新时代”政治交接主题教育，结合社员各自工作实际，立足本职岗位，加强自身建设，不断提高政治判断力、政治领悟力、政治执行力；发挥支社自身优势，保持同中国共产党同心同德、团结奋斗的政治本色，努力建设政治坚定、组织坚实、履职有力、作风优良、制度健全的新时代中国特色社会主义参政党基层组织。

【学习活动情况】 2022年，九三学社城厢支社采取线上和线下相结合的方式，开展“矢志不渝跟党走、携手奋进新时代”政治交接主题教育。线上，支社班子成员带头安装“学习强国”学习平台、“社员之家”APP，坚持每天登录学习，带动全体社员共同学；建立支社社员学习微信群，不定期推送中央、省、市、区各级党委、政府政策、会议精神等文章、信息，引导社员认真学习；发动社员参加社中央“五史”（中共党史、新中国史、改革开放史、社会主义发展史、多党合作史）知识竞赛，6 名社员获得全国一等奖。线下，定期组织社员集中学习及理论研讨，加强社员思想教育，不断提高政治判断力、政治领悟力、政治执行力，始终保持同中国共产党同心同德、团结奋斗的政治本色，坚定信心永远跟党走。

【参政议政情况】2022 年，九三学社城厢支社围绕党委政府中心工作深入调查研究，撰写调研文章、政协提案、社情民意信息，积极建言献策、参政议政。6 月按照《关于支持区各民主党派、工商联、无党派人士、新阶联参与民主监督和重点考察调研的方案》文件精神，组织骨干社员围绕突出发展“数字经济”主题，通过查阅资料、实地走访等方式，开展“借力数字城市建设，探索常态化疫情下文旅发展新路”方面民主监督和调研，并形成调研文章。完成九三学社莆田市委下达关于“加强人财物投入，提高基层治理能力”的调研任务。全年报送 10 篇社情民意信息，《关于新课标改革下科学课程亟待重视的建议》得到市政协采用；《后疫情时代保护好中小企业》被中共莆田市委信息科采用作为内参。《基于碳达峰碳中和形势下扶持我区优质高效农业企业发展的几点建议》和《关于加大对碳达峰碳中和相关企业扶持的几点建议》2 个提案得到区政协九届一次会议立案，并得到相关部门办理答复。调研文章《关于“支持中小企业科技创新加快创新成果转化应用”的调研报告》被湄洲论坛杂志采用。

【社会服务情况】2022 年，九三学社城厢支社紧紧围绕“结合本职，整合资源、打造特色、打响品牌”这一工作思路，主动与兄弟支社、兄弟单位联合开展助力疫情防控、乡村振兴、环保宣传等一系列社会服务工作，不断提高合作共事能力。3 月 25 日，九三学社城厢支社联合九三学社仙游支社为鲤城街道龙泉社区和榜头镇派出所送去价值 2 万元左右的爱心物资；5 月 4 日支社联合区新阶联、科龙环保公司、莆阳检测公司一道往高速莆田西站为驻点干部职工送去价值 1 万元的慰问品；6 月 1 日，支社联合湄洲湾职业技术学院、莆田市科龙环保技术有限公司、福建省莆阳检测有限公司，在湄洲湾职业技术学院立言大礼堂举办“喜迎党的二十大暨六五环境日环保知识竞赛”活动，旨在营造人人学习环保知识，携手共建清洁美丽家园的良好氛围，引导公众更加关心、支持、参与生态环境保护，进一步提高全民生态文明意识，以一起参与建设美好生态环境的实际行动迎接中共二十大胜利召开，九三学社城厢支社参赛队伍获一等奖；7 月 2 日，联合九三学社市直一支社、二支社在灵川镇开展“喜迎二十大 奋进新征程”主题教育暨乡村振兴工作学习调研活动；10 月 14 日下午，联合莆阳检测公司走进莆田市第二实验小学，开展土壤保护知识研学小课堂，为五年级的小学生带来一节精彩的环保知识课。

（吴清松）

莆田市城厢区工商业联合会

【概况】2022 年，莆田市城厢区工商业联合会（以下简称“区工商联”）坚持“信任、团结、服务、引导、教育”的方针，紧紧围绕全区中心工作，充分发挥工商联桥梁、纽带和助手作用，全力推进“两个健康”（促进非公有制经济健康发展和非公有制经济人士健康成长）工作，为全区社会经济发展作出应有的贡献。

【政治引领】2022 年，区工商联召开区工商联常委会会议专题学习中共二十大精神，组织民营经济人士谈感想、话担当，在全区工商联系统和民营经济领域掀起学习宣传贯彻中共二十大精神热潮。

【调查研究】2022 年，区工商联坚持问题导向、实践导向和目标导向，深入民营企业，听企声，解企忧，纾企困。围绕区工商联换届事宜，深入郭氏鞋业、新元鞋业、博誉轻工等非公有制企业调研，广泛听取民营经济人士意见、建议。全国工商联第二联系调研组到该区开展调研，调研组深入复茂食品、力奴鞋业、亚明食品等企业，围绕工商联工作、商会建设、企业经营现状等方面召开座谈会，为全区民营企业加快转型升级提出意见建议。

【经贸考察】2022年，区工商联赴宁夏开展产业对接调研，参加"百家闽商塞上行"经贸洽谈推介会，深入闽宁镇、银川市、同心县调研当地产业园区、企业、博物馆等10多处，了解当地资源优势，寻找两地经贸合作商机。

【组织建设】2022年，区工商联召开三届五次常委会征求工商联换届工作意见建议和区工商联换届工作部署会。发动区直行业主管部门、镇（街道）推荐代表名单，摸排政治素质高、行业代表性强、社会信誉好的企业家吸纳到代表推荐人选队伍，为换届打牢基础。严格按照换届工作流程，倒排工期，对推荐产生的代表，层层审核、严格标准、严控比例，做好提名、考察工作，做到凡进必评。12月10日，召开莆田市城厢区工商业联合会（总商会）第四次代表大会，大会选举产生城厢区工商联新一届领导班子和常执委人选，产生执委122人、常委40人，莆田市新元鞋业有限公司董事长林建平当选为区工商联主席、总商会会长，吴胜飞当选为分管日常工作的专职副主席，吴迈当选为专职副主席。

【万企兴万村】2022年，区工商联聚焦重点领域，组织商会、企业赴乡村考察对接。依照合作共建发展思路，推动商会、企业因地制宜、大胆创新，以产业为纽带，助力村集体经济蓬勃发展。天桂食品在郊溪村因地制宜盘活土地资源，大力发展桂圆特色种植，累计投资200万元，完成第一期28公顷高标准示范性桂圆基地建设。绿丰园艺、遇花缘园艺等企业通过土地流转建成农业基地，发展花卉产业，吸收埔柳村民参与企业生产。

【优化营商环境】2022年，区工商联参与制定《城厢区关于优化营商环境推进民营经济高质量发展十条措施》，进一步优化营商环境，激发民营企业活力和创造力，推动民营经济加快转型升级、高质量发展。向全区民营企业家发出《奋进新征程、群策群力为城厢区产业高质量发展贡献力量——致全区民营企业家的倡议书》，号召广大民营企业家坚守主业，做精实业，坚持走高质量发展之路。开通工商联会员企业诉求热线"0594-2690641"，受理会员企业诉求。

【民企座谈会】2022年12月9日，区工商联组织召开城厢区民营企业家座谈会。区委书记王文才主持召开民营企业家座谈会，面对面了解企业诉求，倾听意见建议，提振企业发展信心。区领导王文晖、欧国民一同参加。企业家代表围绕企业发展现状、项目投资情况以及2023年发展计划等内容提问题提需求、提建议。

（沈美丽）

城厢年鉴

群众团体

莆田市城厢区总工会

【概况】 2022年，莆田市城厢区总工会（以下简称“区总工会”）以更“韧”的坚持、以更“实”的举措、以更“多”的形式，在政治引领上走深走实，在融入发展上作出贡献，在维权服务上提质增效，在榜样示范上加强选树，不断推动工运事业和工会工作续写新篇章。

【思想政治引领】 2022年，区总工会坚持以学习贯彻中共十九届六中全会和二十大精神为重点，全面贯彻习近平新时代中国特色社会主义思想，贯彻落实习近平总书记关于工人阶级和工会工作的重要论述，实实在在进园区进企业，深入生产一线宣传宣讲习近平新时代中国特色社会主义思想。开展“中国梦·劳动美——喜迎二十大 建功新时代”、劳动创造幸福等主题宣传教育活动6场，开展“悦读新思想 建功新时代”“玫瑰书香”等职工读书活动8场，引导广大职工群众听党话、跟党走。加快工会传统媒体和新媒体整合发展，开启线上线下联动宣传模式，线下开展劳模工匠“微宣讲”、女职工素质拓展活动、“我们的节日”职工文化活动等12场次，劳模先进风采主题宣传系列报道13期，线上开展网络知识竞答、公益观影等活动3场，参加职工达1万多人次。

【聚合力谋发展】 2022年，区总工会扎实推进产业工人队伍建设改革走深走实，培育市级产业工人队伍建设改革试点企业1家（力奴鞋业），全省千家民营企业参与产改企业10家，持续做实“求学圆梦行动”“名师带高徒”“工匠学堂”等特色项目，全力打造一支适应高质量发展的高素质劳动大军。组织开展区级各类劳动竞赛3场，广泛组织发动各基层工会积极报名参加2022年全省百万职工“五小”（小革新、小发明、小改造、小设计、小建议）创新大赛，全区报送21个创新项目，其中荣获二等奖项目1个，荣获三等奖项目2个，激发广大职工建功立业的主动性和积极性；实施小额缴费工会组织工会经费全额返乡支持政策，全年累计返还小微企业工会经费59.54万元，帮助企业纾难解困，促进小微企业健康发展；举办区级疗休养示范班2期，支持基层工会开展疗休养活动28期，1641名职工参加，建立1个省级职工疗休养基地（御庄园），吸引市内外职工开展职工疗休养活动52期2050人次，拉

2022年3月1日，城厢区总工会在力奴鞋业有限公司开展女职工维权宣传服务行动（城厢区总工会 供）

动消费270.3万元，为促进城厢区经济社会高质量发展贡献工会力量。积极选树劳模工匠和工匠人才，2022年推荐省五一劳动奖状单位1个、省五一劳动奖章个人2人、省工人（五一）先锋号集体2个、省级“职工最美家庭”1家，树典型、立标杆，引导和激励全区职工以先进模范为榜样。

【维权服务】 2022年，区总工会深耕工会传统服务品牌，突出办好一批实事好事，用实际行动当好职工身边的“娘家人”。年内走访重点项目、重点企业20多个，筹集新冠疫情防控专项资金14.7万元，慰问疫情一线人员322人次；筹集“两节”送温暖资金53.8万元，慰问各行各业一线职工代表951人次，慰问困难企业5家；筹集常态化送温暖资金14.9万元，慰问生活相对困难职工24人；筹集金秋助学资金9万元，慰问家庭相对困难职工子女20人；筹集互助金32万元，开展职工医疗互助活动，受益157人次；为环卫工人、新就业形态女职工、劳模等150多人提供免费体检；开设关爱职工子女暑托班4个，服务职工子女132人；筹集防暑降温资金约20万元，广泛开展“夏送清凉”活动。通过法律咨询活动、法律宣传、法律讲座、网络竞答等方式，持续开展“尊法守法·携手筑梦”服务农民工公益法律服务行动等法律宣传和法律服务5场。

【工会组织建设】 2022年，区总工会着力推进工会组建和会员发展，不断健全镇街（园区）—村（社区）—企业小三级工会组织体系建设，推进重点行业头部企业建立和完善工会组织，推动工会组织的覆盖、二次覆盖范围更广、深度更深、服务更周到。年内全区新增工会组织43家，会员数1809人。聚焦新就业形态劳动者、农民工等重点群体，推广“建专班、拉清单、摸底数、排工期、抓督查”五步工作法，围绕新就业形态劳动者组织形式、入会方式、服务手段、服务保障等工作不断探索实践，通过积极筹建工会联合会，开展入会集中行动，线上线下多渠道申请入会，深入企业面对面指导建会，开展集中入会和温暖行动、赠送人身意外险等行动和服务，最广泛吸引新就业形态劳动者主动入会。截至年底，辖区内新就

2022年5月31日，区总工会在东海镇开展“喜迎二十大 粽情端午节——我们的节日·端午”系列活动（城厢区总工会 供）

2022年4月22日，区总工会在龙桥街道下磨社区开展“悦读新思想 建功新时代”职工主题读书活动（城厢区总工会 供）

业形态企业全部建会入会，并将4721名新就业形态劳动者会员纳入基层工会组织和掌上工会会员数据库实名动态管理。

【服务阵地建设】 2022年，区总工会坚持以职工实际需求为出发点，充分利用工会自有资源和社会资源，加强职工之家、职工书屋、户外劳动者休息室、妈妈小屋等服务阵地建设。年内新建共享职工之家1家（下磨社区共享职工之家），截至年底，全区有共享职工之家8家，其中主体型2家，创新型6家，投入资金75.6252万元，服务职工群众达10000余人次；推荐申报省级模范职工之家2家、省级模范职工小家2家、市级模范职工之家3家、市级模范职工小家3家。自建5个劳动者休息室（爱心驿站），其中全国级最美工会户外劳动者服务站点1个，省级2个，市级1个。新建立爱心妈妈小屋4家，莆田市城厢区医院被评为全省“我最喜爱的妈妈小屋”。新建职工书屋3家，补助职工书屋4家，捐赠书籍达12万元。

（吴佩仙）

2022年1月20日，区总工会在常太镇东青村开展2022年城厢区文化、科技、卫生“三下乡”活动（城厢区总工会 供）

共青团莆田市城厢区委员会

【概况】 2022年，共青团莆田市城厢区委员会（以下简称“团区委”）紧紧围绕全区各项中心工作，探索适合青年特点的工作模式，在服务大局中不断提升共青团工作的引领力、组织力、服务力，为建设“山水格局、人文宜居”新城厢贡献青春力量。

【思想建设】 2022年，团区委紧抓中国共产主义青年团成立100周年的重要契机，开设“青听团史——团史百年 青年共学”新专栏，组织策划22期《青年青年》原文领读，将信仰力量扎根于青少年心中。将“党的二十大精神”“建团100周年大会精神”“新时代的伟大成就”“党的青运史”作为主题团日活动重要内容，通过组织团员带头学、青年朋友深入学，引导全区各基层团组织结合主题团日活动，采用“线上+线下”的模式，利用青年大学习、青年宣讲团等平台，组织发动“青年大学习”系列网上主题团课学习28期，学习达6.8万人次。组织专、兼职团干部成立城厢“厢”音青年微宣讲小分队，深入企业、学校、基层一线开展形式多样的“习语连心微宣讲”，扎实开展“青春心向党 建功新时代”“红领巾心向党”“争做新时代好队员”等主题教育实践活动60余场，在广大青年和少先队员中反响热烈。

【组织建设】 2022年，团区委坚持组织覆盖与工作覆盖相结合，以精准对接青年需求和主动融入全区中心工作为抓手，为广大青年提供创业指导、经验交流的平台，实现团的组织、工作、阵地与党委、政府重点任务的有机融合。积极适应青年生产生活和聚集分布新变化新特点，先后成立快递、安福电商、华林工业园区团工委，在新兴行业中构建纵横交织、充满活力的团的基层组织体系。广泛在新兴行业团工委、协会组织等领域吸纳优秀新业态新就业青年加入团组织，开展“关爱新兴群体，冬日温暖常在”“夏日送‘青’凉关爱沁人心”等主题活动，积极宣传城厢快递小哥赴上海支援抗疫先进事迹，弘扬青年正能量。积极融入全区“党建引领 夯基惠民”工程，发挥动员青年优势，不断完善组织化、社会化动员机制，组织125名35周岁以下青年担任网格长、单元长，参与网格、小区、楼栋的精细治理，坚持党建带团建，在网格党支部的指导下，社区团员青年在疫情防控、创业帮扶、矛盾纠纷化解等方面积极行动，将社区服务实践作为团员青年受教育、长才干、作贡献的重要路径，实现社区和单位对团员教育管理的双重覆盖，形成党有号召、团有行动的生动局面。举办2022年城厢区高素质农民培训班，分别在常太、华亭、灵川、东海设立分会场，开设果蔬种植技术、青年农民专题、农村电商创新创业等4个班次，招募培训乡村青年学员200余人，为推进乡村产业融合发展、推动乡村振兴和农业农村全面发展贡献青春力量。

【队伍建设】 2022年，团区委以党建带团建为中心，从团的思想建设、组织建设、干部建设、队伍建设以及作风建设着手，全面推进团的建设，在全省智慧团建平台，该区团委和各团支部全部完成星级达标。按照“坚持标准、控制规模、提高质量、发挥作用”的思路，核查发展团员1033名。年底开展年度评议会，根据年度评议结果、智慧团建平台星级团员评定结果、社区志愿服务时长等细化推优入党具体措施，全区28岁以下青年经过团组织推优入党的比例较上年提升50%。引导社会优秀青年人才积极向党、团组织靠拢，储备基层青年工作和社会治理青年人才，多渠道发现培养一批青年工作骨干和青年社团负责人。年内，依托扬帆计划平台创建岗位300多个，招募双一流大学生65人，吸引青年人才助力城厢建设。在“城厢共青团”公众号开创8期“城厢青年推介官”新栏目，邀请全区青年企业家作创业经验交流、典型事迹分享，进一步凝聚青年企业家力量，营造青年积极主动助力家乡建设的良好社会氛围。

【主题活动】 2022年，团区委通过打造“社区＋学校＋团工委”的校外少先队组织体系,形成“社区搭平台、学校出资源、队员齐参与”的社会化工作模式，为少先队实践教育活动提供支持，打造“家门口的少先队”。组织开展“把爱带回家”“喜迎新年 温暖童心”关爱留守儿童、“绿享生活 童植希望”“喜迎二十大 红领巾心向党”暨庆六一迎端午、“喜迎二十大 同心护未来”慰问服刑人员未成年人子女、“红心永向党 争做新时代好少年”等主题教育10余场。进一步加强闽宁青少年合作，组织200名少先队员参与“‘同’心‘厢’牵 纸短情长”主题活动。着力构建关心关爱青少年群体服务体系，切实做到群体底数全摸清、服务管理全跟进、部门衔接全联动、保障措施全落实，通过法治讲座、主题班队会、法治小课堂、发放法治宣传资料等形式组织“无邪童年 无邪校园”“宪法相伴 护航成长”“与法‘童’行 守护成长”等系列主题活动，进一步深化不良行为青少年教育管理工作，为青少年健康成长营造和谐稳定的环境。

【服务社会】 2022年，团区委增强共青团对各类青年组织的联系、服务和引导。莆田第五中学科技社团作为全市唯一入选团中央“2022年度小平科技创新实验室”项目，点亮青少年的科技梦想。深化“团干部+社工+志愿者”模式，引导青年志愿者在“志愿汇”应用小程序上注册志愿者，进一步完善更新青年志愿者库。截至年底，全区注册志愿者达37000余人。开展“轻松备考12355与你同行”青春护航系列活动，走进莆田三中、华林学校等8所学校为1000余名即将中考的学子提供心理讲座、游戏互动、情景教学等心理疏导服务。组建“河小禹”青年志愿服务联盟，开展行走木兰溪田野调查，深入木兰溪流经村域开展访查，通过实地调研的方式梳理木兰溪两岸的变化，整理成调研报告，在木兰溪沿岸开展“青春绘蓝图，共卫木兰溪”垃圾清理护河行动，为推动木兰溪的综合治理贡献青春智慧和力量。

（韩超凡）

2022年11月20日，由莆田市妇联、城厢区妇联主办，霞林街道办事处、九龙小区党支部协办，莆田市阳光家庭服务中心承办的“迈步新征程 巾帼建新功”学习宣传党的二十大精神主题活动在霞林社区九龙小区暖心亭举行（城厢区妇联 供）

莆田市城厢区妇女联合会

【概况】2022年，莆田市城厢区妇女联合会（以下简称“区妇联”）紧紧围绕迎接宣传贯彻中共二十大这条主线，认真扎实做好引领服务联系工作，团结动员全区广大妇女跟党奋进新征程、巾帼建功新时代，为建设“山水格局 人文宜居”新城厢做出贡献。

【思想建设】2022年，区妇联举办“巾帼心向党 喜迎二十大”诗歌朗诵会；走进村（社区）宣讲党史、闽中革命史。在华亭镇园头村、东海镇西黄妈祖文化广场、霞林街道九龙小区采取“理论+文艺+宣讲”的形式，通过歌舞表演、莆仙三句半、绘画、知识问答、片段诵读等方式，宣讲中共二十大精神。开展妇联执委履职培训及素质拓展活动，提升各级妇联执委的理论水平、业务能力，提高执委们的团结协作能力和应变能力，增强凝聚力。举办“共谋发展·齐向未来”座谈会，组织女科技特派员、女村（社区）主干等围绕“科技创新、乡村振兴、城乡妇女建功”等主题谈感受、说想法、话期许、提建议，为推动城厢绿色高质量发展添智赋能。

【巾帼助力行动】2022年，区妇联举办碳汇+科技助农巾帼行结对签约仪式，为有技术指导需求的巾帼示范基地、村（社区）与女科技特派员之间搭建平台，进行签约结对，推动女科技特派员和服务基地、村（社区）进行精准对接，开展结对帮扶，建立长效机制。成立“特色产业开发女科特派服务小分队”和“巾帼生态示范基地建设女科特派服务小分队”，鼓励女科技特派员充分发挥专业优势，实现科技成果转化，更好地服务基层、服务群众，助力乡村振兴。助力创城“保牌战”，组织全区128支巾帼志愿服务队全力攻坚创城“保牌站”，对田间沟渠、路面绿化垃圾和路边小广告等进行清扫清除，用实际行动彰显巾帼力量。“三八”国际妇女节前夕，区妇联联系女企业家协会，走访12家女企业家企业，倾听女企业家对各自企业生产经营状况、节后复工复产安排以及未来发展规划的介绍，深入了解企业的实际需求及面临的困难和问题。在华亭镇、东海镇开展8期农村妇女保育员、育婴员、家政员、电商、菌菇养殖等职业技能培训，参训人员500余人。联合区人社局举办美妆设计职业技能竞赛和美容师职业技能竞赛，以职业技能竞赛为平台，引导美妆设计人士，立足岗位，提升技能，培育精益求精的工匠精神。推送4个岗位参加省市妇联“亮品牌 竞风采”巾帼文明岗展示活动。开展“美丽庭院”创建，联合区农业农村局深入推进美丽庭院创建工作，推荐省级美丽庭院81户，市级美丽庭院200户。

【主题活动】 2022年，区妇联开展“我们的节日”主题活动，举办“三八”国际妇女节庆祝活动，组织开展制作团扇、插花、蛋糕，参观红色教育基地，开展趣味运动会等，丰富女干部职工精神文化生活；开展喜迎“二十大”强国复兴有我——“我们的节日·端午”系列主题活动16场，通过“巾帼进万家 爱心敲敲门”“浓情端午 爱在邻里”等形式感受中华传统文化魅力；区领导带领区教育局、区妇联等有关部门负责同志，到城厢区第一实验幼儿园玖玺园区和顶墩实验学校开展“六一”国际儿童节慰问活动，在太平社区儿童之家开展“少年儿童心向党——‘童’度‘六一’快乐相伴”亲子趣味游园活动；区妇联开展“巾帼送关怀 情暖聚中秋”主题活动，走访慰问16户留守残疾妇女家庭和6户困境儿童家庭；开展“尊崇军人·情系军属”慰问活动，为驻莆田某部队军属大院赠送1套“儿童之家”游乐设备；结合春节、元宵节，开展“把爱带回家”系列活动80余场，携手爱心企业为51户困难群众家庭送去慰问金9.18万元，花生油、棉被、面巾等慰问品价值1.02万元；分别在常太镇莒溪“党建+”邻里中心、华亭镇南湖村、霞皋村举办3期夏令营活动，受益留守儿童百余人，7月在常太镇莒溪“党建+”邻里中心儿童之家举办的“牵手相伴 向光而生”留守儿童夏令营活动在《福建新闻联播》中报道。开展关爱女性健康系列活动，在全区各机关事业单位、社会各界爱心人士中发起2022年“母亲健康1+1”公益募捐活动，截至9月20日收到186017.42元捐款，受助“两癌”困难妇女23人，每人救助金5000元；在华亭镇、灵川镇、东海镇举办3场关爱女性健康公益讲座，讲解“两癌”的具体表现、原因、早期自查方法、预防以及后期治疗等方面的知识，进一步提高妇女姐妹们的自我保健意识。编制颁布新一轮妇女儿童发展纲要，新“妇纲”设置8个领域，提出81项主要目标和97项策略措施；新“儿纲”设置7个领域，提出74项主要目标和94项策略措施。

【阵地建设】 2022年，区妇联完成122个村（社区）妇联组织换届，选举产生新一届妇联执委1362人，同比上一届新增46人。启动镇（街道）妇联组织换届工作，印发《关于做好镇（街道）妇联换届选举工作的通知》文件，明确目标任务、组织架构、时间节点要求，截至年底，常太镇、灵川镇、东海镇、霞林街道、凤凰山街道完成妇联换届选举工作。依托城厢区“党建引领、夯基惠民”工程，健全“村（社区）党支部—网格党小组—网格单元长”三级组织网格，探索在有女单元长的网格组织中建立网格“妇女微家”，网格女单元长为微家长，协调解决群众关心的热点、难点问题。

（苏剑玲）

莆田市城厢区科学技术协会

【概况】 2022年，莆田市城厢区科学技术协会（以下简称“区科协”）强化责任，真抓实干，开拓创新，奋发有为，团结动员广大科技工作者，普及科学知识、弘扬科协精神、开展科普活动，深化科协改革，有力推进科协事业高质量发展。

【科普主题活动】 2022年，区科协积极履行科学素质行动计划纲要实施工作职责，落实好相关工作任务。牵头举办“全国科技工作者日”“科技周”“全国科普日”系列活动，协助举办科普进校园及“消防安全知识讲座”、“防震减灾宣传暨地震应急疏散演练”系列活动，开展全民科普网络竞赛，利用网络线上线下互动、举办现场活动等多种形式，动员全区干部群众积极参与。在2022年全国科普日活动期间，携手各有关单位分别在龙桥街道雅颂居小区、城厢区新时代文明实践中心大楼前联合开展“喜迎二十大 科普向未来”2022年“全国科普日”系列主题科普宣传和志愿服务活动。活动通过悬挂横幅、播放音频、现场讲解，发放宣传资料、宣传物品等方式，普及科学防疫、防震减灾、反邪教、防诈骗、消防安全等法律法规和科学知识。

【志愿服务活动】 2022年，区科协突出服务四类重点人群，着力打造主题科普活动品牌。对标新时期科普工作创新发展要求，成立“科学普及”志愿服务队，以新时代文明实践活动为主线，以科普、志愿者活动为载体，以宣传、带动为切入点，全力推进“千会帮千村”行动，广泛开展科技志愿者服务活动，营造浓厚科普宣传氛围。积极参加科技活动周、全国科普日、校园科技节、防灾减灾日、食品安全宣传周等科普系列宣传活动，开展各类志愿服务活动20余场，受众超10000人次。

【科普阵地建设】 2022年，区科协开展“基层科普行动计划”项目，认真做好科普项目的申报、实施和管理，以项目促进基层科普设施改善，增强科普宣传氛围。推进科普资源向农村延伸，新建设华亭镇南湖村、后塘村农村科普宣传栏，提供科普挂图，用于更新科普宣传栏内容，确保农村科普宣传栏内容得到及时更新，发挥其有效的作用。新创建的顶墩青少年科学工作室、中特小学科普长廊等阵地结合自身实际，认真制订工作计划，面向公众，开展形式多样、富有特色的科普活动，更好服务于全民科学素质提升。发掘利用社会科普资源，推荐福建中灵农业发展有限公司、福建中淼农业发展有限公司、莆田万辉口腔医院申报2022年莆田市科普教育基地，以实现科普资源共建共享，向广大公众进行有效的科普教育。

2022年9月23日，区科协在雅颂居小区开展“喜迎二十大 强国复兴有我”2022年全国科普日志愿服务活动 （林雪娟 摄）

【青少年科技教育】 2022年，区科协加强青少年科技教育，增强创新意识和实践能力。组织各校参加各类科技竞赛，优秀科技项目在第37届福建省青少年科技创新大赛中获得省级一等奖1项、二等奖2项，获得市级一等奖3项；青少年科技实践活动获得省级二等奖1项；科技辅导员科技教育创新成果竞赛项目获得省级三等奖1项；科幻画项目获得省级三等奖1项，获得市级一等奖4项、二等奖4项、三等奖14项。在第19届福建省青少年机器人竞赛中，城厢第一实验小学、沟头小学、逸夫实验小学作品荣获省级二等奖；在“新大陆杯”2022年福建省青少年创意编程与智能设计比赛中，筱塘小学、名邦

2022年10月2日，区科协举行“童心向党 我和祖国共成长”2022年国庆科普体验科学普及志愿服务活动 （林雪娟 摄）

小学作品荣获省级二等奖。

【创新驱动服务】 2022年，区科协发挥企业科协在促进科技进步、提升全民科学素质、弘扬创新文化等方面的重要作用，助推创新驱动发展。弘扬创新精神，积极推动中科华宇“院士工作站”工作，是年获省级示范院士专家工作站称号。深入城厢区（华林园区）院士工作站、亚明食品有限公司、中科华宇有限公司调研走访，对企业进行调查摸底、联系走访，引导企业积极发挥平台作用与公司优势，助力城厢区创新驱动发展。

（林雪娟）

莆田市城厢区归国华侨联合会

【概况】 2022年，莆田市城厢区归国华侨联合会（以下简称“区侨联”）团结调动广大归侨侨眷和海外侨胞的积极性，扎实抓好基层组织建设、疫情防控、扶贫慰问、侨法宣传、海外联谊等各项工作，为建设经济繁荣、社会和谐的城厢区作出积极努力。

【侨联组织建设】 2022年，区侨联树立“党建引领，夯基惠民”“党建带侨建，侨建为党建”的新理念，指导基层侨联组织按照本村特色，因地制宜，积极探索具有侨联特色的助力乡村振兴新模式，打造“侨亮乡村”新品牌、新亮点，努力创建“五好侨联”示范点，进一步提高“侨胞之家”的覆盖面。是年新成立1家基层侨联组织，华亭镇2个“侨胞之家”被评为市级“五好”示范点，华亭镇园头村“侨胞之家”被评为省级“五好”示范点。

【海外联谊】 2022年，区侨联围绕新时期“国内、海外”“老侨、新侨”并重的工作主线，利用春节等传统节日，通过微信、美篇平台，向广大归侨侨眷、海外侨胞拜年，表达新春祝福。开展“情暖侨心”新春走访慰问活动，走访慰问部分侨商企业、在莆田侨胞、归侨侨眷25人。

【扶贫慰问】 2022年，区侨联在全区范围内对贫困侨户开展挂钩村居的精准扶贫工作，对华亭镇后枫村3户脱贫户进行走访慰问，详细了解所需所忧，及时为其排忧解难，并送去慰问品，让他们感受到党和政府的温暖。

【侨企对接】 2022年，区侨联对接侨商企业福建省隆丰鞋业有限公司，在宁夏回族自治区同心县开展“全国助残日”主题活动暨闽宁对口扶贫协作活动，向宁夏回族自治区同心县特殊教育学校学生捐赠270双爱心旅游鞋。协同区商务局做好侨商企业科里思特（福建）生物科技有限公司与区政府生态农业项目在“9·8”洽谈会上签约工作，并做好项目后续跟踪服务工作。

【侨法知识宣传】 2022年，区侨联以学习宣传贯彻中共二十大精神为契机，通过群发短信、举办侨法知识专题讲座、制作侨法宣传短视频、宣传标语等方式广泛宣传。联合莆田市侨办、市侨联、区侨办、莆田眼科医院，在南湖公园开展侨法宣传月暨“机关+社区”结对共建健康义诊活动，

2022年11月29日，区侨联开展2022年侨法宣传月暨“机关+社区”结对共建健康义诊活动　　（区侨联　供）

发放《涉侨法律法规政策汇编》、侨法宣传小册、侨法宣传袋等宣传物品1200份。在全区营造“知侨法、学侨法、懂侨法、护侨法”的良好氛围。

【更新侨情数据库】 2022年，区侨联通过开展多项侨情摸排调研工作，完善更新城厢区侨情基础数据库。报送1名福建省新侨人才联谊会会员人选，4名福建省侨界人才信息给市侨联。对辖区未成立基层侨联组织的镇（街道）的海外侨胞、归侨侨眷、留学生、留守儿童人数进行全面摸排，为进一步推进基层侨联组织覆盖提供数据支撑。

（黄佩君）

莆田市城厢区文学艺术界联合会

【概况】 2022年，莆田市城厢区文学艺术界联合会（以下简称“区文联”）坚持“二为”方向和“双百”方针，团结带领广大文艺工作者围绕工作大局，开展文艺创作，扩大文化交流，践行文艺惠民，推动各项工作再上新台阶。

【思想政治引领】 2022年，区文联坚持把政治建设放在首位，把学习贯彻习近平新时代中国特色社会主义思想作为重要政治任务和重大政治责任抓在手上、扛在肩上，大力推动文艺界学懂弄通做实。通过线上线下相结合的方式，组织文联干部参加省、市、区学习贯彻中共二十大精神和习近平总书记关于宣传思想工作、群团工作、文艺工作的重要论述，深入学习贯彻习近平总书记在文艺工作座谈会上的重要讲话精神和在中国文联十大、十一大，中国作协九大、十大开幕式上的重要讲话精神，引导广大文艺工作者自觉用先进理论武装头脑、推动工作、指导文艺实践，为做好新时代文艺工作统一思想、凝聚力量。

【主题文艺活动】 2022年，区文联围绕迎接宣传中国共产党建党纪念日、国庆、中共二十大等重要会议、重要活动，举办、联办和参加10多场美术、书法、摄影等展览。先后与民政局、红十字会、油画城等部门开展联动工作，组织举办木兰溪主题油画作品展、莆田市居家社区养老服务成果城厢专场会演、“红歌颂党恩·大爱在传递”和“晔晨杯”城厢歌手公益歌曲颂唱大赛等活动，繁荣城厢文艺事业。美术家、书法家协会先后组织“喜迎二十大”美术写生、“品领袖文采，抒伟人情怀”喜迎二十大书法作品展等活动，会员多幅作品入选省、市、区“喜迎二十大、奋进新征程”“喜迎二十大、民族脊梁”“涵养好家风、清风润莆田”“喜迎二十大”书画作品展等展览活动，积极弘扬新思想新精神。摄影家协会在绶溪公园组织举办“喜迎二十大”、“我为党的生日留影”——福建摄影千人齐拍福建一日赛·莆田木兰陂摄影采风活动，参加“我们的新时代”第二十八届省摄影展、“喜迎二十大 奋进新征程”——“这就是莆田”摄影展等展览，多幅作品获得组委会肯定并获奖，唱响时代主旋律。

【文艺人才培养】 2022年，区文联团结引领文艺工作者开展文艺精品创作，产生一些较好体现时代精神的艺术家，催生一批富有地方特色的优秀文艺作品。福建省文联第八次代表大会选举产生省文联第八届委员会领导班子，该区“大国工匠”、中国工艺美术大师郑春辉当选副主席，着手准备其创作的下一个大型木雕作品《京杭大运河》的前期工作。青年画家林伟立创造的中国画“古韵今风——十音八乐谱闽韵系列”入选国家艺术基金2022年度青年艺术创作人才资助项目，为福建省本年度该基金青年艺术创作人才资助项目中美术创作类唯一入选项目。摄影家协会会员参加“我们的新时代”第二十八届福建省摄影展，5幅作品入选，荣获银奖1幅、铜奖1幅、优秀奖1幅；参加“这就是莆田”摄影展，入选58幅作品，荣获一等奖3幅、二等奖6幅、三等奖7幅。作家协会会员作品“诗摄联袂、艺起抗疫”被福建文艺网转载，文艺创作氛围进一步提升。

【文艺阵地建设】 2022年，区文联注重发挥示范带动、辐射引领的文联阵地作用，向省文联推荐一批“新时代特色文艺示范基地”，春晖木雕艺术馆基地入选，获得福建省新时代特色文艺示范基地项目补助资金20万元，推动丰富、开展文艺创作、文艺惠民、人才培养、志愿服务等活动。强化文联“一盘棋、一家人、一张网”工作理念，完成美术家协会的换届工作，组织协会举办会员交流会，主动参与部门以及社会团体举办的各种活动，帮助协会会员沟通创作心得、相互切磋技艺、彼此取长补短，协会会员之间的凝聚力和影响力不断增强。

【文艺为民惠民】 2022年，区文联以满足人民群众精神文化需求为宗旨，以文艺家协会为依托，认真开展“深入生活，扎根人民”主题实践活动。在抗击新冠疫情中，发挥文艺力量积极作为，广泛动员和组织全区文艺工作者“艺”起抗“疫”，创作正能量抗疫文艺作品200多件次，线上举办“艺”起抗疫活动近十场次，彰显出全区文艺工作者的文化自信、政治自觉和使命担当，部分作品被省文联采用并向全省推送。9月，引领协会在创建全国文明城市期间狠抓宣传教育和专题文艺创作，深入开展文艺志愿服务活动，广泛宣传社会主义核心价值观。年底，结合文化、科技、卫生“三下乡”活动，开展送书下乡、文化名家写春联等活动，极大丰富人民群众的精神文化生活。

（郭雪寒）

中国国际贸易促进委员会莆田市城厢区支会

【概况】 2022年，中国国际贸易促进委员会莆田市城厢区支会（以下简称“区贸促会”）深入基层、深入企业，不断创新工作方法，提高工作能力，提升服务水平。

【搭建贸促合作平台】 2022年2月21—22日，区贸促会组织相关企业参加迪拜世博会中国馆福建活动日相关活动，7月25—30日，组织相关企业参加“2022年中国国际消费品博览会”，推荐该区有代表性的企业参加由莆田市贸促会举办的“莆田优品展”，协调浙江杭州产连通科技有限公司高层与区金融办、招商局等相关部门洽谈“莆商域外通”项目。

【涉外商事法律服务】 2022年，区贸促会通过各种渠道及时发布经贸活动和摩擦预警信息150余条，为企业经贸决策和处置经贸摩擦提供帮助；完善与企业的常态化联系，经常和市贸促会一起走访调研电商小镇以及裕安置业、郭氏集团、亚明食品等多家企业，了解实情，全力做好服务工作。

（郑继涌）

莆田市城厢区残疾人联合会

【概况】 2022年，莆田市城厢区残疾人联合会（以下简称“区残联”）强化责任，真抓实干，开拓创新，常态化开展志愿服务活动，强化政策落实，加强就业帮扶和康复服务，扎实推进全区残疾人事业健康发展。

【政策落实】 2022年，区残联及时推进居家托养项目落实，通过申请、审核、抽查、公示等，确定95名省级居家托养人员，每人获得2000元补贴。配合区民政发放“两项补贴”（困难残疾人生活补贴和重度残疾人护理补贴）1275.42万元。落实一户多残残疾人家庭生活困难补助制度，发放一户多残残疾人家庭生活困难补贴387.14万元。每月及时向医保部门、社保部门提供残疾人增减数据信息，确保全区12180名持证残疾人纳入医疗救助，4561名就业年龄段残疾人纳入社会养老保险，投入19.07万元为所有持证残疾人购买意外伤害保险，确保残疾人享受优惠政策。春节、助残日期间慰问252名困难残疾人家庭，发放慰问金21万元，发放鸿星尔克棉大衣695件。发挥区慈善事业传统优势，积极协调配合慈善工作，152名困难重度残疾人获得47万元救助。

【政策规划】 2022年，区残联编制出台《莆田市城厢区“十四五”残疾人保障和发展规划》（以下简称《规划》），《规划》提出13项主要指标和30条主要任务63个重点项目，推动更多惠残政策和助残项目融入规划，通过政府主导、部门联动、社会参与，重点解决残疾人最直接、最现实、最关心的困难和问题，推进多层次的残疾人社会保障制度基本形成。6月，全市首家出台《城厢区残疾人居家托养服务补助项目实施方案》，资助居家托养的困难残疾人150人，每人补贴2000元。与财政局、文旅局联合出台全区首个残疾人体育奖励办法，发放奖金1.2万元。

【就业帮扶】 2022年，区残联加强与区扶贫办协调对接，将脱贫户残疾人纳入防止返贫致贫监测和帮扶对象，推进巩固脱贫成果同乡村振兴有效衔接。组织残疾人参加莆田市“就业帮扶真情相助”2022年就业援助月招聘会和残疾人网络招聘会。对5名2022年应届高校残疾人毕业生就业需求摸底调查，建立台账档案。发放扶持农村困难残疾人就业创业补助14.5万元；发放超比例安排残疾人就业奖励12.12万元，辅助性就业补助7.8万元，举办残疾人职业技能培训班3期，培训残疾人68人次。扶持发展加工业残疾人辅助性就业机构1家，指导培育残疾人集中就业机构和包装业残疾人辅助性就业机构各1家，激励更多的企业为残疾人提供就业岗位。5月，“创新扶持举措 推进辅助性就业”工作做法被选定为全省残疾人新就业形态就业现场会工作经验交流材料。

【康复服务】 2022年，区残联实现残疾儿童康复救助网上申请、异地申请信息比对等，让信息多跑路、残疾人少跑腿，提高基本康复覆盖面和服务率，发放老年残疾人精准康复服务资金15.06万元、残疾儿童康复项目资金414.28万元和辅助器具补贴资金31.04万元。开展“同在蓝天下 共筑中国梦”2022年福建省关爱残疾儿童行动，为93名残疾儿童、少年赠送爱心礼包。与市文明办、市教师进修学院联合举办“关爱特殊儿童爱心礼包发放仪式”，与市残联在华亭镇举行“助行行动”轮椅捐赠发放仪式，为14名残疾人赠送爱心物品。

【组织建设】 2022年，区残联以换届为契机落实改革任务，夯实基层残疾人组织，出台区残联换届工作方案，并召集各镇（街）理事长、残疾人联络员进行全区换届工作会议并做好换届工作培训。9月全面完成7个镇（街）换届工作，12月前完成城厢区各级残联换届工作，增配挂（兼）职副理事长，进一步健全完善残疾人工作组织体系。

【公共服务】 2022年，区残联通过购买服务的方式，以爱心驿站为平台，由公立专业康复医生团队为6名云峰村残疾人提供上门精准康复服务，服务期3个月，每周1次。在华亭镇南湖村创建第2个省级试点爱心助残驿站，让残疾人在家门口得到集中照料、康复、就业和娱乐等综合服务。12月，全省残疾人精准康复服务现场会在莆田召开，华亭镇云峰村爱心助残驿站作为现场观摩点，社区康复服务做法获得省残联肯定。创新维权方式，与律师事务所助残共建，由专业律师为残疾人免费提供法律咨询服务，服务6人次。积极与法院联动，参与法庭调解工作，4月成功解决一起离婚案件涉及自闭症儿子的抚养纠纷。年内接待残疾人来访6人次、办理“12345”转办件27件，办结率、满意率达100%。实施一户一策，开展残疾人家庭无障碍自主改造和整镇推进改造，完成改造51户，发放补助20.7万元。发动社会力量扶残助残，与人寿保险莆田分公司、飞得更高爱心协会等合作，完善助残板块互补。创建满天星暖心助残志愿服务队，联合区委文明办、区医院、区妇联等开展尊老助残一元理发、上门评残、免费体检、慰问救助困难残疾人等志愿服务活动12次，帮扶服务残疾人300多人次，被推荐参加全市“四个最美”志愿服务项目评选。开展文化进家庭“五个一”活动，带领残疾人20多人前往江口镇东大村，通过参观一个纪念馆，共读一本党史书，观看一场电影，共做一次美食，游览一个果园，让革命传统教育与文化进家庭活动融合开展，引导残疾人感党恩，进一步树立对生活的信心。向全区残疾人发送疫情防控知识短信2.2万条，在《人民日报》、《福建日报》、《湄洲日报》、东南网、省市残联微信公众号、“今日城厢”等媒体发布残疾人工作信息96篇，积极营造扶残助残的良好氛围。

（陈进捷）

莆田市城厢区红十字会

【概况】 2022年，莆田市城厢区红十字会（以下简称“区红十字会”）切实贯彻习近平总书记提出的“以人民为中心”思想，紧紧围绕红十字会职责使命，大力弘扬“人道、博爱、奉献”的精神，发挥红十字会的优势，积极开展应急救护培训“六进”（进社区、进企业、进机关、进学校、进农村、进家庭）活动、红十字博爱系列活动等，充分发挥政府人道工作领域的助手作用，持续提升红十字会工作的影响力和实效性、促进社会文明进步，为构建和谐城厢作出贡献。

【舆论宣传】 2022年，区红十字会积极做好“5·8”博爱周、世界急救日、志愿者活动日等重大纪念活动的宣传活动，围绕主题和红十字会性质、宗旨，积极开展红十字知识宣传、救护培训、义诊、咨询、社会志愿服务等形式多样的宣传活动，组织各级各类宣传活动17场次，发放《应急救护手册》、《常见意外伤害应急救护突发急症》、《自救故事》、红十字“掌上”学堂折页、无偿献血以及造血干细胞等宣传材料30000余份，使广大群众对红十字会精神有进一步理解，扩大红十字会的影响。

【应急救护“六进”活动】 2022年，区红十字会在全区广泛开展应急救护“六进”活动。先后在各邻里中心、企业、学校、辖区各个单位、社会治理网格化中心等地开展急救培训活动，活动采取理论知识讲解、示范操作、现场模拟演示等多种形式。培训内容包括救护新概念、心肺复苏、创伤救护四项技术（止血、包扎、骨折固定及搬运护送）、气道异物梗阻急救法、常见急症现场处理、突发事件和意外情况现

2022年5月25日，城厢区红十字会举办“健康莆田·‘救’有我在”应急救护知识讲座　（区红十字会　供）

场应对，进一步保障群众生命安全和身体健康，参与的总人数约达 13000 人。

【无偿献血】 2022 年，区红十字会把无偿献血与评选文明单位相结合，加大宣传力度，提升干部群众对无偿献血的认识与热情。组织献血车深入各乡镇、街道、部分学校、机关单位上门服务，发动全区干部群众无偿献血，各镇（街道）无偿献血人数达 200 多人。

【造血干细胞捐献】 2022 年，区红十字会开展造血干细胞血样采集工作，组织志愿者深入各村居、小区通过发放宣传资料、上课等手段，对造血干细胞捐献的相关知识进行广泛宣传。

【救助工作】 2022 年，区红十字会利用春节等节假日开展“博爱进万家”活动，为社区的低保户、残疾人、特困家庭送去食用油、大米等慰问物品，对患有重大疾病等得红十字会请求救助的家庭，及时了解情况，为其申请大病救助，年内申请 8 人次大病救助，其中白血病 6 人，为特困家庭救助款项 5000 多元。

【为民办实事】 2022 年，区红十字会坚持“人民至上、生命至上”的理念，将 AED（自动体外除颤器）配置、红十字救护员持证工作列为 2022 年度“为民办实事”项目，全区新增 8 台 AED 于 9 月底全部投放到位，与区文明办、组织部联合发文，发动机关党员干部、基层社区干部、网格员、单元长、志愿者积极参加红十字救护员培训，截至年底，1679 人报名参加培训，取证 1276 人。

【公益募捐】 2022 年，区红十字会开展“99 公益日”公益募捐活动，联合区文明办、区教育局印发《关于在全区各级党政机关、企事业单位党员干部开展“莆田大爱一日捐”活动的通知》，动员党政机关干部、企事业单位党员干部等积极自愿参与捐款，募捐 95762.94 元，用于帮助困难群众解决面临的突出问题和实际困难。

（郭国荣）

2022年10月22日，城厢区红十字会举行应急救护培训进社区系列活动
（区红十字会 供）

莆田市城厢区计划生育协会

【概况】 2022 年，莆田市城厢区计划生育协会（以下简称“区计生协会”）以“优质服务”“生育关怀”“幸福工程”等活动为主线，开展各项主题活动，寓教于乐，不断提升群众意识，转变婚育观念。

【优生优育指导】 2022 年，区计生协会依托城厢区医院凤凰山分院优生优育指导中心，为 383 人次 0—3 岁婴幼儿提供专业规范、安全健康的活动、照护、教育等服务，促进儿童早期发展和健康成长，为婴幼儿家长提供科学育儿、照护知识、技能咨询和培训。开展亲子活动 6 期、育儿课堂 8 次；为 160 多个计生家庭提供优生优育咨询服务、孕产期保健知识和相关技能指导；为新婚夫妇和孕产妇提供优生优育咨询服务、孕产期保健知识和相关技能指导 19 次；开展多种形式宣传教育活动 5 次；开展儿童早期发展工作集中活动 4 次；深入村（居）指导儿童早期发展工作 6 次，切实提高家庭科学养育的意识和能力，有力促进婴幼儿照护服务规范健康发展。

【计生家庭意外伤害保险】 2022年，区计生协会开展计生家庭意外伤害保险工作，做到早部署、早落实，以点带面，不断推进。全区参保计生户13000户，每户投保经费100元，保费达130万元，由区、镇两级财政各承担50%，全面完成市下达的保险任务。为全区计生独女户母亲办理“女性安康重大疾病保险”，参保对象1250人次，每人保险费200元，投入资金25万元。

【幸福工程项目】 2022年，区计生协会把实施“幸福工程”项目作为帮助计生母亲走上健康、富裕、幸福之路的有效载体，全年发放幸福工程帮扶款64万元，帮扶15户计生家庭发展生产，切实帮助困难母亲增产增收。

【访贫助困活动】 2022年，区计生协会开展生育关怀紧急救助，救助帮扶对象1人，发放救助金0.3万元。元旦、春节期间对全区43户计生困难家庭进行慰问，送去慰问金4.9万元；开展“浓情五月天、感恩母亲节”慰问活动，慰问47名困难母亲，发放慰问金4.7万元。

【关爱计生失独家庭】 2022年，区计生协会关心关爱计生失独家庭，巩固“失独家庭心理慰藉援助中心”成果，建立健全计生特殊家庭档案，建立失独家庭随访

2022年5月，区计生协会开展“浓情五月天　感恩母亲节”宣传活动（区计生协会　供）

制度。组织失独家庭成员开展“情暖中秋、欢乐与共”中秋慰问活动，慰问失独家庭44户68人，每户发放慰问金2000元，共发放慰问金8.8万元。组织对失独家庭采取“一对一”的帮扶措施，定期上门开展谈心活动，鼓励树立生活信心。积极为行动不便失独老人入户健康检查，不定期开展特殊家庭健康义诊活动，取得较好成效。

【开展法律援助】 2022年，区计生协会深化法律援助成果，积极开展“三说两访”（以案说法、以案说德、以案说责、热情接访、主动下访）活动。依托邻乐遇社工机构，以公益法律课堂、法律讲座、现场咨询等方式开展活动，制作法律书籍等宣传材料2850份，举办法律援助讲座1场，深入村居开展宣传活动2场，提高计生群众法律维权意识。同时，开展免费法律咨询活动，对群众遇到的问题进行专业解答。

【开展金秋助学】 2022年，区计生协会组织人员进村入户核实镇（街道）上报省、市、区助学对象，择取上报2名2022年考上大学一本院校的农村困难计生户作为省级计生协会助学对象，每位资助5000元，连续资助4年；6名2022年考上大学一本院校的农村困难计生户作为市计生协会助学对象，每位一次性资助5000元；对全区20名考取一本院校的困难计生家庭子女开展秋季助学，资助标准为大学生每人2000元，共发放助学金4万元。

【儿童早期发展】 2022年，城厢区继续在主城区3个街道全面推广儿童早期发展教育。依托鸽子蛋托育连锁园下黄早教中心和万辉早教中心2个点，按照“建有标准、管有制度、用有效果”建设，坚持公益性、科学性、便

民性原则，定期向婴幼儿和家长开放，每季度开展1次家长课堂，每月开展4次亲子活动；巩固提升全区儿童早期发展教育师资队伍能力，开展照护知识技能咨询和培训，组织亲子活动和公益课堂，提升家庭科学育儿观念和能力，加强对“向日葵亲子小屋”的指导及早教师资队伍建设，采取“培训＋认证”的方式，组织乡村幼儿园兼职幼师、代课老师、计生协小组长参加育婴员、早教指导员培训，培训两期，46人参加培训并通过认证。全年举办公益课堂、育儿讲座、亲子活动42场，受益家庭860人，为0—3岁婴幼儿家庭赠送《育儿宝典》800本、儿童早教包160份。

2022年10月，区计生协会开展“感悟成长　拥抱青春——城厢区青春健康‘成长之道’”进东沙中学宣传活动　　（区计生协会　供）

【青春健康项目】2022年，区计生协会开展青春健康工作，拓展网络平台和渠道，探索线上与线下结合的新形式，利用各中学课堂进行授课，不断加强青少年青春健康教育。在莆田十二中学和十八中学分别设立“青春健康”宣传教育示范点。建立十二中学、十八中学两个青春健康阵地，分别在这两个阵地上墙青春健康宣传材料，开辟青春健康俱乐部活动室，设立心理健康辅导室、心语家园和援助咨询等功能区，为青春健康教育提供交流互动阵地。8月初，举办一期青春健康项目师资培训班，培训青春健康师资30人。同时，结合“强国复兴有我”暨“我们的节日·七夕”主题活动，与区妇联等部门联合开展一场青春健康进社区宣传活动。

【开展家庭健康促进行动】2022年，区计生协会以家庭健康促进为抓手，积极稳步推进家庭健康知识进机关、进学校、进企业、进社区、进农村“五进”活动，开展2场家庭健康主题活动，举办4场家庭健康讲座，受益群众近700人。在省协会组织的全省健康家庭评选活动中，推选的5个家庭全部上榜。积极推广健康知识进万家小程序，传播健康理念，普及健康知识。加强家庭健康促进队伍建设，区协会有3名家庭健康管理员，7个镇（街道）有9名家庭健康管理员，加强村居家庭健康指导员队伍建设。深入开展家庭健康促进行动，组织动员基层会员群众掌握健康知识，不断扩大工作覆盖面，提高家庭健康素养，养成健康生活方式，积极助力营造政府、社会、个人共建共享的社会环境。

（吴元开）

法　治

政法委与综治

【概况】2022年，莆田市城厢区委政法委员会（以下简称“区委政法委”）以中共二十大安保维稳工作为主线，扎实开展“除险保安守底线”工作，大力实施“党建引领、夯基惠民”工程，扎实推进市域社会治理现代化工作，全区社会大局保持安定稳定。城厢区被评为首批全省平安建设示范县区，党政领导平安建设责任书落实情况考核连续六年位居全市第一。

【“党建引领、夯基惠民”工程】2022年，区委政法委示范推进全市第一批试点——霞林街道、龙桥街道，全市首个城区街道试点——霞林街道，带动全区全面铺开工作，建立健全部门力量下沉制度，重点围绕“谁来下沉”“如何下沉”“下沉做什么”，探索力量下沉“三步法”，实行每天“驻点巡”、每周“挂钩助”、每月“结对帮”、定期“联合推”模式，建立起村（社区）“微闭环”、镇（街道）“小闭环”和区“中闭环”解决问题，推动真下沉、真办事、办好事。深入推进“一支队伍管执法”改革，在落实477项赋权目录清单基础上，进一步完善“镇街吹哨 部门报到”工作制度，探索建立以镇（街道）为主体的“固定+松散+机动”的“1+N”工作模式，推动综合行政执法力量有效聚合。城厢区在全市“党建引领、夯基惠民”工程现场推进会暨“全市一

2022年9月29日，城厢区组织召开“党建引领　夯基惠民”业务培训会
（施方芳　摄）

张图、全域数字化”调度推进会上作经验交流。

【多元调解纠纷机制】 2022年，区委政法委坚持和发展新时代“枫桥经验”，创新“矛盾纠纷联调”机制，成立城厢区人民调解员协会，以一个指挥平台、一张调解网络、一支调解队伍、一套长效机制“四个一”为抓手，实行政府购买服务方式，配备镇（街道）3名人民调解员和试点村（社区）2名人民调解员，出台《城厢区人民调解以案定补实施办法（试行）》，调整提高人民调解以案定补标准，切实提升排查发现能力、调处化解能力、预警防控能力。全年排查各类矛盾纠纷1041件，化解1021件，化解率98.07%；第一时间化解水务集团员工意外死亡、海底捞顾客意外死亡等急难险重案件10余起，有效遏制个人极端事件、重大群体事件发生。《莆田市城厢区激活多元解纷新动能》经验做法在中央政法委《长安》刊发推广。

【“合侦快破”机制】 2022年，区委政法委深化警用无人机建设应用，打造集科研、实训、实战于一体的圳湖空管站，助力基层治理、生态环保、农村农业、经济发展、案件侦办、服务群众等工作。升级打造合侦快破4.0机制，变单一视频作战为多战术融合，实现快侦快破快追赃目标。创建未成年人犯罪、传统盗抢骗、群体分析三种“智慧预警”模型，及时感知各类违法嫌疑人员动态轨迹，实现“止于未发”的立体治安防范效果，全区刑事、治安、侵财等案件持续下降。全市公安机关“1+3”（指挥情报中心+合成作战中心、基层基础运营中心、反诈中心）多中心融合治理模式推广应用现场会在城厢区召开。

【校园周边联防体系】 2022年，区委政法委全面总结推广城厢区第二实验小学“全民护学岗”校园周边安全管理工作经验，研究制定《城厢区平安校园治安联防体系建设实施方案》，全市首家推行“群防群治”全民护学“一键报警联动机制”，建立政法干警兼任学校法治副校长的挂钩联系制度，不断提升治安联防立体化、群防群治具体化、联防联动智能化。全区154所学校均实现保安配备率、校园封闭率、一键报警安装率、校园门口防冲撞设施配备率、视频联网率100%达标。

（林盈青）

2022年12月8日，区委政法委在南湖公园开展禁毒、反邪教、国安等工作宣传活动 （李娟娟 摄）

法治政府建设

【概况】 2022年，城厢区以中央和省委、市委法治政府建设督察为契机，围绕法治政府建设的内容和标准，开展自查自纠，顺利通过市法治政府建设督察。针对市法治政府建设督察反馈的问题，召开区委全面依法治区委员会第七次会议专项研究法治政府督察整改工作方案，立项分解，形成问题清单八个方面十个问题，明确整改措施、牵头领导、责任部门、完成时限等，以整改促规范，压实法治政府建设责任。

【行政复议体制改革】 2022年，城厢区调整充实区委全面依法治区委员会成员名单，召开第六次会议专题研究制定《城厢区行政复议体制改革实施方案》，成立城厢区行政复议咨询委员会，出台配套工作机制2个，新增行政复议办公场所2间，为行政复议“集中受理、集中审理、集中决定、集中送达”提供方便，受理行政复议申请74件。

【行政执法规范管理】 2022年，城厢区提高执法人员持证上岗覆盖率，对全区73名行政执法人员进行换证、补证，组织全区128名人员参加执法资格考试，开展业务培训2次。严格落实行政执法案卷评查制度，组织案件评查工作1次，重点抽查行政处罚案卷25卷，通过案卷评查及整改反馈，推动提升行政执法办案水平。

【推进法治建设】 2022年，城厢区召开区委依法治区委员会第八次会议，研究《莆田市城厢区贯彻落实〈法治社会建设实施纲要（2021—2025）〉实施方案》。深入推进领导干部法治教育，组织2场25人次参加领导干部任前法律知识考试，夯实依法行政基础。强化规范性文件管理，审查各类政府文件57件，备案7件，开展行政规范性文件专项清理4次，向市政府、区人大常委会备案规范性文件8件，提升行政规范性文件制定质量。全面加强行政应诉工作，实行各单位行政败诉率定期排名通报制度，推动行政机关负责人实现行政应诉出庭应出尽出。

（达文琰　林白帆）

公 安

【概况】 2022年，莆田市公安局城厢分局（以下简称“城厢公安分局”）深度融入“党建引领、夯基惠民”工程，全力做好防风险、保平安、护稳定、促发展工作，完成中共二十大等重大活动安保工作，为全区经济社会高质量发展营造安全稳定的政治社会环境。年内，城厢区获评全省平安建设示范县区（全市唯一）。

【严打整治】 2022年，城厢公安分局坚持“打和防两个轮子一起转”，统筹推进人防、物防、技防建设，实现“打得更快速，防得更精准”目标，取得违法犯罪类警情、刑事案件数、诈骗案件数、盗窃案件数“四个全面下降”的良好效果；命案、八类案件、两抢案件“三个全部告破”；盗窃破案率94.4%，同比上升13.6%，排名全市第一。常态化开展扫黑除恶斗争，破获涉恶案件31起，抓获嫌疑人69人，打掉恶势力犯罪团伙（集团）7个。

【反诈攻坚】 2022年，城厢公安分局采用“大水漫灌＋精准滴灌”的模式搭建全民反诈新防线，不断策划反诈蔬菜、反诈护学岗、反诈顺风车、反诈公交车等新模式，创新流动宣传点，充分运用大数据技术预警反制，由被动打防向主动预防转变，电诈警情持续下降，群众财产损失同比下降44.2%，破获电诈案件同比上升4.7%，抓获诈骗嫌疑人同比上升12.75%，抓获一个窝点设在缅甸的“杀猪盘”电信网络诈骗犯罪集团。

【专项行动】 2022年，城厢公安分局持续开展“昆仑”行动，依法严厉打击食药环和知识产权领域突出违法犯罪，抓获售假嫌疑人51人；破获食药资领域刑事案件14起，抓获违法犯罪嫌疑人19名，其中破获省督案件2起，获省公安厅贺电表扬。深化毒品问题专项整治，加强人财物保障，实行重点地区、重点单位预警通告，建立林则徐禁毒教育基地、3个社康工作站、4个禁毒品牌社区、25个禁毒宣教室，雅颂居禁毒品牌社区作为全市禁毒宣传月启动仪式的参观点之一，推行创新易制毒化学品“云管控”模式，加大禁毒严打力度，实现全链条打击，辖区毒情大幅下降。

【基层基础建设】 2022年，城厢公安分局鼓励和支持基层所队、基层民警立足实际守正创新，深化警网融合运作，推行月塘、下黄、龙桥、九龙、南园等社区警务新模式，形成一批具有城厢特色的社区“枫景线”，华亭派出所获评省级“枫桥式派出所”。结合“全警挂钩联系村居”深耕细作“人地物事组织”，把治安工作主动融入全市“党建引领、

2022年，城厢公安分局推进“党建引领、强基惠民”工程，服务辖区群众　　（陈　宏　摄）

夯基惠民”工程之中，成为网格长、单元长的日常工作，发展一批热衷治安工作的粉丝，助力公安工作开展。

【矛盾纠纷排查】 2022 年，城厢公安分局牢固树立“纠纷可调、矛盾可解、命案可防”的理念，完善矛盾纠纷源头排查化解机制，充分发挥挂钩民警人缘地缘优势，明确以邻里纠纷、土地纠纷、经济纠纷、家庭矛盾等矛盾纠纷为重点，持续深化矛盾纠纷大排查大化解专项行动，积极引进法律援助等司法救济，实现法律效果和社会效果相统一。全区 7 个镇街全部建立以公安为主导，镇街、村居、派出所、司法所主要领导、分管包片干部入群的矛盾纠纷排查调处微信群，线上实时督导流转，线下及时调处化解，实现矛盾纠纷应排尽排、发现得了、化解得早，防止矛盾纠纷升级转化。全年排查各类矛盾纠纷 392 起，化解 390 起，化解率达 99.49%，辖区无发生“民转刑”“刑转命”案件，现行命案、重大刑事案件等发生率持续处在低位。狠抓信访积案和初信初访案件，上级交办的信访件全部化解。

【道路交通综合整治】 2022 年，城厢公安分局深化交通安全综合整治，以交通事故预防“减量控大”为牵引，查处各类交通违法行为 23.8 万余起，其中查处酒醉驾 1022 起；交通四项指数与近三年平均数同比分别下降 11.22%、4.35%、16.89%、30.92%。完成 31 处省、市、区三级“为民办实事”项目建设，排查整改在建道路 6 条，农村公路平交路口减速带建设 201 处，“三必上”（警告标志、减速带、路侧护栏必上）、“五必上”（警告标识、道路标线、减速带、警示桩、交通信号灯必上）建设 12 处。施划 37728 个停车位、完善 7106 米护栏、新增 5401 支挡车器，录入诚信交通 6.4 万余单。组织民辅警走进涉酒场所面对面向群众开展酒后禁驾提示 128 场，教育群众 2 万余人次。解决违法停车执法不规范问题，施划夜间临时停车泊位 7 处，可容纳 119 辆车辆夜间临时停放，施划学校周边临时停车泊位 17 处，设置如厕专用临时泊位 9 个，设置严管路段 11 条，并相应设置交通提示标识；整治城区公共

2022年，城厢公安分局严厉打击酒驾醉驾等违法犯罪行为　　（陈　宏　摄）

空间违规设立经营性停车场，全区备案27处经营性停车场，开展联合执法8次，推动20家停车场问题整改到位。

【公共安全维护】 2022年，城厢公安分局开展“护校安园”行动，发动群访群治力量789人次，排查学校154所，排查校园周边重点部位195处，开展各类校园法治宣传活动256场次，确保校园持续安定稳定。强化行业场所治安监管，常态性开展治安大检查及涉黄赌问题整治，组织开展行业场所专项清查行动57次，检查行业场所2453家次，查纠行业场所治安隐患156处，发函通报职能部门问题隐患6次。强化危爆物品安全监管，以“防流失、防被盗、防爆炸”为目标，以“查违规、查隐患、查制度落实”为重点，针对危险物品涉及行业多、范围广等特点，组织开展拉网式排查，全面掌握全区涉危从业单位及人员基本情况，逐一建档备案，检查涉危险物品单位198家次，发现整改安全隐患67处，查处36起未按规定落实危爆物品管理制度的行为。强化公共领域涉险隐患排查工作，以景区和非景区景点等为重点区域，落实风险隐患排查整治，强化巡逻防控，加强常态宣传教育等措施，有效预防安全事故。全区排查沿海海岸线、涉险公共区域等189处，发现并处置安全隐患456个，隐患发函抄送政府职能部门6份，全部责令整改到位。

【优化营商环境】 2022年，城厢公安分局深化公安“放管服”改革，“出生一件事”一站式联办，实现全流程网办，通过线上申请、选择、提交，实现足不出户即可办理新生儿户籍登记、医社保登记、缴费等业务，做法被《八闽快讯》推广。率先与江西警方联合出台户政事项跨省办等举措，解决异地办事面临的“多地跑”“折返跑”等难点问题，获省效能办全省推广。创新“数字+”服务窗口促进户政服务，依托部门间的数据共享平台可线上核查、调用出生医学证明、结婚证、房产证、火化证等，被福建省推进政府智能转变和“放管服”改革协调小组发文推广。优化营商环境，严打经济犯罪，推行企业“白名单”制度，实行分局机关党支部挂钩帮扶企业机制，助力经济社会发展。

【智慧警务建设】 2022年，城厢公安分局深化科技强警建设，在全市率先启动多维融合中心运作模式，推动公安工作提质增效。“合侦快破”机制升级优化，创新“五类”技战法，深度融入无人机技术，变单一视频作战为多战术融合，实现“快侦快破快追赃”目标。深化警用无人机应用，建成集科研、实训、实战于一体的圳湖空管站，全省第一台无人机自动机场设备落地城厢，全市第一台固定翼无人机也在城厢先行使用，助力基层社会治理。

【执法改革】 2022年，城厢公安分局树牢执法为民理念，聚焦法治公安建设，全面推行“轻案速裁”机制，速裁程序适用率同比上升约56%，案均办理时长由66天缩短至42小时。积极落实“少拘慎押”理念，全区公安机关非羁押性强制措施适用率同比上升39%。对行政案件办理实行办案民警自查、所队领导跟踪、专兼职法制员指导、派驻法制员倒查等多层次交叉督促办理，确保逐起过关。改造升级新执法办案中心，制定《执法办案

2022年，城厢公安分局深化“两队一室”勤务机制改革（陈　宏　摄）

管理中心办案区使用管理规定》6类40条款进行规范，并从车辆、就餐、休息等方面保障办案工作生活，打造“好用、管用、民警爱用”的执法办案基地。紧盯警情规范处置，固化局领导、派出所所长、综合指挥室指挥长“三级”抓警情和“警务中心、治安、法治”三部门核警情机制，全面提升执法满意率。

（黄淑芬）

检　察

【概况】2022年，莆田市城厢区人民检察院（以下简称“区检察院”）以最高检“质量建设年”活动为抓手，以强作风、重落实、提效能为导向，聚焦为大局服务、为人民司法，各项检察工作取得新发展，为建设“山水格局、人文宜居”新城厢提供有力法治保障。

【维护安全稳定】2022年，区检察院常态化开展扫黑除恶斗争，起诉涉黑恶案件7件19人。严惩侵害群众利益犯罪，起诉故意伤害等侵犯公民人身权犯罪57人，起诉“盗抢骗”等多发性侵财犯罪118人，起诉“黄赌毒”等危害社会管理秩序犯罪251人，起诉利用电信网络实施的诈骗、赌博等新型犯罪174人。扎实推进打击整治养老诈骗专项行动，办理涉老年人诈骗案件3件5人，追赃挽损80.6万元，个案办理经验获最高检新媒体视频号刊播。

【优化营商环境】2022年，区检察院主动融入市委“俯下身子抓产业，一心一意谋发展”和区委的各项决策部署，增强检察机关主动服务保障重点产业壮大发展的履职自觉，紧扣辖区鞋服、食品、工艺美术、电子信息等重点产业，研究制定“提高效率、提升效能、提增效益”专项行动实施方案，对照“一产业链一专班”成立10个检察服务专班，充实16项工作举措，为服务保障经济高质量发展贡献检察力量。

【助力安全生产】2022年，区检察院落实最高检“八号检察建议”，紧盯安全生产监管环节，维护人民群众生命财产安全。聚焦燃气安全领域，对辖区瓶装液化石油气安全管理开展专项监督，针对供应站存放过期气瓶等问题，发出诉前检察建议8份，促成职能部门排查隐患70处、制发责令改正行政文书12份、取缔黑气窝点3处。聚焦市政设施安全领域，围绕“窨井盖”“钉子阵”道路交通安全隐患、公共用电安全隐患、无障碍环境配套设施等公益损害问题，制发诉前检察建议16份。

【护航孩子成长】2022年，区检察院把保护和关爱未成年人作为检察工作的重点，积极教育挽救涉罪未成年人，依法不捕44人、同比上升388.89%，决定不起诉19人、同比上升137.5%。强化帮教护航，在南门学校设立“星光家苑”家庭教育指导服务站，为35名附条件不起诉未成年人开展亲子互动活动，制发督促监护令51份，打造省级家庭教育创新实践基地。选派12名干警兼任法治副校长，常态化开展“法治进校园”活动23场次，

2022年5月12日，区检察院联合区妇联、南门学校共建“星光家苑”家庭教育指导服务站　（徐　靖　摄）

以司法保护助推家庭、学校、社会、网络、政府、司法“六位一体”未成年人保护大格局。

【生态司法修复】 2022年，区检察院围绕“蓝天、碧水、净土”综合治理目标，组建办案专班，严厉打击非法占用农用地、滥伐林木等破坏生态环境资源刑事犯罪14件19人，受理生态环境受损线索8条，启动刑事附带民事公益诉讼程序，督促10名当事人缴纳生态环境损害赔偿金10.05万元。深入践行“法律监督+司法实践+综合治理”模式，探索运用“补植复绿”“增殖放流”等生态修复方式，补植复绿1.37公顷，放流增殖鱼苗7.1万尾，制发检察建议2份，拆除非法占用林地建设养殖场0.15公顷。

【刑事检察】 2022年，区检察院健全完善侦查监督与协作配合办公室机制，强化刑事诉讼监督，依法监督刑事立案9件、撤案27件，追捕追诉漏犯32人、漏罪14起。加强刑行衔接机制建设，建议行政机关移送涉嫌犯罪案件2件，获生效判决。针对刑事诉讼活动中存在的不规范等问题，发出纠正违法通知书10份、检察建议6份，以程序公正保障实体正义。注重加强刑罚执行监督，常态化监督超期羁押、指定监居不当等强制措施执行失范行为，动态监督社区矫正对象483人次，纠正脱漏管39人次，发出纠正违法通知书53份，采纳

2022年5月23日，区检察院前往灵川镇东进村检察官乡村驿站就一起非法捕捞水产品案件召开公开听证会　　（徐　靖　摄）

率100%，有效维护法律权威。

【民事行政检察】 2022年，区检察院发挥民行检察监督在维护群众合法权益、化解矛盾中定分止争作用，对生效民事裁判提出再审检察建议4件。开展“断卡”关联违法行为行政处罚及强制隔离戒毒行政行为专项监督工作，发出检察建议5份。注重推动多元解纷，对不符合监督条件的6件申诉案件，综合运用公开听证做好息诉服判工作，成功促成当事人和解2件，有效化解一起长达11年的信访积案。开展行政争议实质性化解15件，运用监督纠正、引导和解等方式促进争议化解，实现案结事了。办理的违法占地非诉执行跟进监督、督促保障村民公益事业用地2件行政监督案件获评全省检察机关优秀案件。

【公益诉讼检察】 2022年，区检察院当好公共利益代表，紧扣“4+9”（“4”指生态环境和资源保护、食品药品安全、国有财产保护、国有土地使用权出让4个诉讼法明确列举的领域；“9”指英雄烈士保护、未成年人保护、军人地位和权益保障、安全生产、个人信息保护、反垄断、反电信网络诈骗、农产品质量安全和妇女权益保障9个单行法规定的领域）法定领域，办理公益诉讼案件61件，同比上升41.86%。聚焦生态环境和资源保护、食品药品安全领域，加强跨部门协作，联合开展环境污染、非法占地建设等问题整治活动，制发诉前检察建议12份。扎实开展“国土国财”领域专项监督，聚焦耕地占用税漏征问题，发出磋商函4份，追缴税款130.42万元、滞纳金58.02万元，有效防止国有财产流失。深化“个案启动、类案推动、行业联动”的办案模式，办理的督促整治道路钉子阵安全隐患行政公益案，获

评全省检察机关公益诉讼优秀案例和优秀办案团队。

（梁常青）

法 院

【概况】 2022年，莆田市城厢区人民法院（以下简称“区法院”）认真贯彻落实习近平法治思想，紧紧围绕“努力让人民群众在每一个司法案件中感受到公平正义”目标，深入实施“提高效率、提升效能、提增效益”行动，着力在对标对表中提升站位、在激励鞭策中汲取动力、在殷切期望中奋发前行，为建设“山水格局 人文宜居”新城厢提供有力司法服务保障。是年，区法院受理各类案件15197件，办结案件13876件，分别同比上升2.01%、3.05%，结案率达91.31%，同比上升0.87%，多项办案质效核心指标居全市基层法院前列。

【刑事审判】 2022年，区法院贯彻总体国家安全观，依法惩治各类刑事犯罪，审结刑事案件774件1215人。严厉打击故意伤害、强奸、抢劫、抢夺等严重暴力犯罪案件57件，辖区暴力犯罪案件总体呈下降态势。坚定不移惩贪治腐，审理贪污、贿赂等职务犯罪7件8人，促进反腐败斗争深入开展。落实宽严相济刑事政策，对符合条件的249名被告人依法判处缓刑等非监禁刑，完善人权司法保障。专项打击整治养老诈骗犯罪，审结案件3件3人，涉案人数达309人，追赃挽损48.61万元，省法院、网易新闻全程直播区法院案款发放工作，该工作经验做法得到区委书记王文才批示肯定。严厉打击治理新型网络犯罪，营造健康清朗网络空间，胡某某等37人跨境诈骗案入选全省打击治理电信网络诈骗新型违法犯罪十大典型案例。高标准常态化推进扫黑除恶斗争，受理涉黑恶案件8件28人，审结涉黑恶案件7件19人，审结率达87.5%，涉黑恶财产执行到位1.2亿元，让城乡更安宁、群众更安乐。

【民生保障】 2022年，区法院以法为纲固根本，全面贯彻实施民法典，依法审结各类民商事案件6639件，其中审结“医食住行”“一老一小”等涉民生案件4511件，妥善审理全市首例指定遗产管理人案件，满足群众多元司法需求；循法而行广覆盖，围绕“八五”普法规划要点，推行法治副校长机制，广泛开展巡回办案、法治宣讲等司法“六进”活动80余场次；联合区融媒体中心打造“法官说法”法治栏目，根据真实案例改编的《信用卡套现》微视频登上“学习强国”学习平台，以“小案件”释放“大道理”。司法温情暖人心，强化司法救助，为困难群众缓、减、免交诉讼费2.6万元，发放司法救助金74.8万元，彰显司法人文关怀；落实结对帮扶，坚持每季度走访慰问困难群众，积极落实帮扶措施，持续巩固拓展脱贫攻坚成果。

【行政审判】 2022年，区法院依法保护行政相对人合法权益，支持促进法治政府建设，审结行政诉讼案件310件，审查行政非诉案件59件，分别同比上升8.7%、3.5%。推行“五位一体”以庭代

2022年3月1日，区法院妇委会前往华林经济开发区开展“女职工维权宣传服务行动”暨“送法进企业”活动，并召开“送法进企业普法零距离”座谈会

（陈 超 摄）

训新机制，举办专题讲座、旁听庭审、联席会议等活动36场次，行政机关负责人出庭应诉率同比上升42.8%。在全市率先创建行政争议实质性化解机制，建立行政争议化解中心，召开纠纷化解会33场次，调撤案件79件，调撤率达28.5%，相关经验信息被省法院《每日快讯》、市委《湄洲快讯》采用。深化行政与司法良性互动，设立府院专项联络人制度，推动46起涉拆迁补偿款群体性行政争议案件顺利和解，服务保障重点征迁项目建设。

【执行工作】 2022年，区法院坚持高效公正规范文明执行，执结各类案件6184件，执行到位9.12亿元，分别同比上升-4.66%、5.92%，执行质效考核位居全市第一。优化执行方法，巩固深化"一体两翼六团队"分段集约流程管理机制，推进简案无财快执、有财案件变现处置，结案平均用时缩短13.51天；强化网络查控和司法拍卖，拍卖成交232件4.85亿元，为当事人节省佣金1558.04万元。深化执行联动，依托党委政府等构建综合治理执行难工作大格局，依法开展腾退交付不动产等专项行动，保障政府重大项目有序推进；出台规范法院执行和公安协助执行工作意见，移送拒执罪线索32人，形成强大威慑。强化执行攻坚，扎实巩固"两调研三行动"战果，开展涉民生专项执行行动4场次，集中发放农民工工资231.17万元；推行"一案一账号"管理模式，清理发放执行案款68801.25万元，实现案款管理公开透明、全程留痕。

【营商环境】 2022年，区法院聚焦优化营商环境考评指标，依法审结各类涉企纠纷4603件，买卖合同案件平均审理期限41.86天，同比缩短5.54天，及时保护中小企业投资者合法权益。加快推进破产审判机制建设，成立全市首家网络债权人会议室，编写《破产审判内部指引》《破产管理人实务参考》，破产成本同比减少69.7%，推动9家"僵尸企业"有序退出市场。加强知识产权司法保护，健全知识产权纠纷多元化解机制，5月获批城厢区和秀屿区一审知识产权民事、行政案件管辖权，调解知识产权纠纷238件（含诉前调解），调撤率达79.47%，有力保护创新、激励创造。完善金融"线上化、一体化、专业化"审判工作机制，构建"投诉—调解—裁决"的一站式纠纷解决格局，高效审结涉金融合同案件1603件，标的额约6.89亿元，维护金融市场健康发展。

【信访工作】 2022年，区法院牢固树立"万无一失、一失万无"的理念，扎实做好中共二十大期间信访工作。全面排查矛盾纠纷，聚焦重点领域、重点案件和重点人员，实行信访信息"周调度、月通报"制度，定期分析研判涉诉风险隐患，排查信访案件46件，确保底数清、情况明。加大案件化解力度，深入开展矛盾纠纷大化解、涉诉信访积案大攻坚等专项行动，严格落实院领导常态接访、包案化解制度，积极配合党委、政府接待来访群众187人次，受理涉诉信访案件237件。扎牢机关安保防线，对内垂直管理，高质量完成"六专四室"规范化建设，常态化开展实战化演练；对外横向联动，联合城厢公安分局建立机关安全联防联动机制，构建"全员·能动·快速"的大安保格局。

【品牌建设】 2022年，区法院促进家庭文明建设，成立家事少年审判团队，审结各类家事案件464件，福建电视台《法治福建》栏目专题推广该院反家暴审判工作，"残联代为申请人身保护令"审判成果做法被最高院最新颁布的《关于办理人身安全保护令案件适用法律若干问题的规定》吸纳。守护少年法治晴空，健全家庭教育指导工作机制，与辖区企业共建"少年成长"帮教基地，开设"法官姐姐开讲啦""守护少年的你"等专题宣讲，共同营造保护关爱未成年人的良好环境。优化涉台服务机制，完善台胞权益保障法官工作室功能，推动常太台胞台企权益保障联络点常态化运行，相关做法在全省涉台司法工作会上作经验交流。

【司法改革】 2022年，区法院完善人员配置，晋升法官等级7名，遴选、递补员额法官3名，完成10名省聘书记员招录，

86% 以上司法人员配置在办案一线；落实一线考察干部机制，选任中层干部 7 人次，激励干警担当作为。明晰权责清单，推行院庭长办案常态化机制，强化履职监管职责，院庭长主审结案 3650 件，示范带头作用充分发挥；推动专业法官会议、审判委员会实质化运行，集中司法智慧，统一裁判尺度，一审裁判服判息诉率同比上升 7.49%。深化繁简分流，完善“48 小时全流程速裁”机制，逐步拓宽罪名适用，一站式办理轻微刑事案件 203 件 207 人；推进“分调裁审”机制改革，成立金融等速裁团队，配备程序分流员，速裁快审 3289 件，占民事审结案件 49.88%。

【智慧法院】 2022 年，区法院强化审执监管，深化“清风”系统、统一案件监管平台运用，完善“四类案件”（涉及群体性纠纷，可能影响社会稳定的；疑难、复杂且在社会上有重大影响的；与本院或者上级法院的类案判决可能发生冲突的；有关单位或者个人反映法官有违法审判行为的案件）识别监管，落实审限“三色”（绿、红、黑）管理机制，细化审判流程节点数据监控，实现对法官权力监督智能化、风险预警自动化。强化科技驱动，推广“智慧名片”、文书纠错、“法信”推送、在线审务督察等应用，为群众诉讼、法官办案、动态监管提供智慧支持，一审改发率同比下降 0.58%；推进库藏档案数字化扫描挂接和深度应用，完成

2022年8月9日，区法院在莆田国际油画城产业发展中心正式揭牌成立“莆田国际油画城司法服务站”（陈　超　摄）

档案数字化 16101 件 39159 册，方便当事人查阅卷宗档案。强化数助治理，发挥司法数助强大引擎作用，综合分析审判态势，针对犯罪集团利用互联网通信软件实施新型犯罪等问题，向公安机关发出司法建议 1 份；针对学生发出司法建议 2 份。涉邻里纠纷、金融风险、妇女儿童权益保护等 9 篇信息建议被市委、市政府、省法院采纳。

【市域治理】 2022 年，区法院提升服务品质，增设智能终端、AED 等便民设备，整合窗口、在线小程序、“12368”热线等司法资源，线上立案、开庭、调解 11464 件，保障常态化疫情防控下司法服务“不缺位”；创新道路交通“诉前鉴定 + 诉前调解”鉴调同步模式，成功诉前调撤 10 件，占诉前鉴定总数的 50%，切实减轻当事人诉累。融入基层治理，扎实推进“党建引领 夯基惠民”工程，进一步推动法官下沉社区，持续拓展邻里解纷中心功能，重点打造“红色物业”党建联建点、司法服务站等治理平台，着力构建全域覆盖多元解纷网络，委托调解 2062 件，调解成功率达 72.35%，该工作入选省法院诉源治理工作 15 项创新举措。坚持强基导向，科学谋划、统筹推进法院“两庭”建设工作，改造升级科技法庭功能，完成灵川法庭修缮改造、华亭法庭办公场所筹建工作；成立东海、太湖巡回审判点，延伸司法服务“触角”，为实施乡村振兴战略提供法治保障。

【队伍建设】 2022 年，区法院 1 个部门、14 人次获市级及以上表彰，先后涌现出“全国青少年普法教育优秀辅导员”等先进典型，2 名青年党员干警在市、区级理论宣讲比赛中获佳绩，展现新时代法院队伍良好风采。突出实战实用导向，以“能力建设提升年”为抓手，深化人才储备库平台建

设，组织业务能力考试，精品文书、精品庭审评选等岗位练兵活动，7 篇次论文、案例分析获得省级表彰，持续培养高层次司法人才。坚持正风肃纪，认真履行全面从严治党主体责任和监督责任，严格落实防止干预司法“三个规定”、禁业清单等铁规禁令，主动填报 2240 人次，25 人次登记“三个规定”相关情况 25 条，干警“逢问必录”意识明显增强。强化警示教育，健全警示教育常态化机制，召开警示教育大会、旁听职务犯罪庭审、参观廉政教育基地等 9 场次，做好“一案一整改”后半篇文章，引导干警知敬畏、存戒惧、守底线。着眼常态长效，开展司法作风突出问题集中整治专项活动，常态化推进审务督察、专项检查和一案双查，发出督察通报 12 期，整改问题 68 个，确保抓早抓小，营造风清气正的政治生态。

【接受监督】 2022 年，区法院主动接受人大及其常委会监督，接受区人大常委会对法院审判监督工作视察调查及审议意见落实，配合区人大常委会做好预防青少年违法犯罪、打击治理电信网络新型违法犯罪以及常态化扫黑除恶斗争监督处置工作等视察调查和专题调研。坚持代表委员定向联络制度，集中走访 120 余人次，邀请参与视察调研、旁听庭审等活动 13 场次，高效办理代表建议和委员提案 3 件。自觉接受检察监督，邀请检察长列席审判委员会会议，认真办理检察建议，积极推动法治共同体建设。广泛接受社会监督，召开首个家庭教育周、金融诉非联动新闻发布会，直播庭审 954 场、公布案件流程信息 15197 条，让案件审判执行成为全民共享的法治公开课。贯彻落实人民陪审员法，增补人民陪审员 27 名，组织培训 70 人次，参审案件 1722 件，陪审率达 97.19%，司法审判更加契合民意。

（李逸萍）

司法行政

【概况】 2022 年，莆田市城厢区司法局（以下简称“区司法局”）立足“一个统筹、四大职能”（统筹全面依法治市，履行行政立法、行政执法、刑事执行和公共法律服务等职能），围绕中心，突出重点，开拓创新，注重规范，提升服务，不断开创司法行政工作新局面，为建设“山水格局、人文宜居”新城厢提供坚强的法治保障。

【公共法律服务建设】 2022 年，区司法局健全服务网络体系，以“不忘初心 牢记嘱托 打造新时代福建‘148’品牌”三年行动为契机，结合全省司法所规范化建设工作会议要求，搭建以实体、网络、热线平台为横轴，区、镇（街道）、村（社区）三级平台为纵轴的公共法律服务架构，将律师、人民调解、法律援助等专业力量纳入网格，便利群众办理公共法律服务事项。发挥区政府法律顾问团的作用，在服务全区五大专项行动、重点产业项目建设及征迁项目方面，提供有力的法律保障。紧密围绕刑事案件律师辩护全覆盖，建立刑事诉讼法律援助辩护律师专业队伍，提高刑事诉讼法律援助案件的辩护质量。2022 年受理法律援助案件 462 件，其中刑事案件 412 件，民事案件 50 件，“12348”法律咨询服务热线接听咨询 85 件，全面深化法律援助便民服务工作。通过随机抽取方式补充人民陪审员 27 人，让人民群众参与案件审理，拓宽群众参与和监督司法活动的渠道。

【普法依法治理】 2022 年，区司法局深入推进“八五”普法，采用“线上＋线下”模式，依托“法律七进”，组织“12·4”宪法宣传周、“典亮美好·守护未来”宣传月、“美好生活·民法典相伴”系列法治宣传等系列活动 65 场次，同时借助“学习强国”学习平台、东南网、《湄洲日报》等相关媒体作报道，让法治宣传贴近群众、贴近生活、贴近实际，营造浓厚社会法治氛围。紧密贴合乡村振兴，推进民主法治示范村（社区）创建，巩固“一村（社区）一法律顾问”全覆盖成果，夯实 14 个法治村（社区）法治创建，完善民主法治示范村“九个一”（一个坚强核心、一个劝慰组织、一套村规民约、一套简明读本、一本明白账本、一套矛盾调解机制、一套宣传节目、一个宣传阵地、一批示范典型）建设，实现村村有法治文化阵地、有法治书屋、有村规民约、有法治宣传栏、有法治建设机制、有村民学法用法工作制度等，华亭镇五云村获评全国民主法治示范村。实施一户一“法律明白人”培育工程，完成登记造册“法律明白人”6.9万余名，法治带头人1143名，村（社区）覆盖率100%。开展10个“法律明白人”机制模范村创建活动，形成法治辐射效应。

2022年11月24日，区司法局在灵川中学开展法治进校园巡讲活动

（彭　洁　摄）

【调解工作】 2022年，区司法局健全调解组织，6月成立城厢区人民调解员协会，全面规范行业管理。开展评选活动，评选7个人民调委会驻派出所调解室为区金牌调解工作室，24人为区四星调解员。调整充实人民调解组织135个，推动人社局、教育局等成立行政调解组织，推动人民调解队伍在预防化解矛盾纠纷中发挥更大的作用。打造品牌调解室，指导凤凰山街道在筱塘社区大众茶馆设立茶馆调解室，设立灵川镇东进村阿豹民间调解室，就近提供民间调解专长。开展矛盾纠纷大化解专项攻坚行动，累计排查、调处各类矛盾纠纷案件1087件，调处成功1087件，矛盾纠纷调解率100%，调解成功率100%。没有发生因为调解不当引发民转刑、群访群闹事件。完善联调机制，坚持发展城厢特色“枫桥经验”，依托城厢区大调解办，通过互联网+大调解、网格+大调解、行业+大调解，拓宽调解服务渠道。积极对接行专业调解案件，参与访调对接8件，公调对接232件，对接市多元化解平台110分流案件660件，对接城厢区诉讼与非诉讼联动中心50件。推动力量下沉，成立7个以党组成员为组长“党建引领 夯基惠民”力量下沉工作小组，实行领导和干部挂钩包片责任制，明确下沉职责任务，指导参与村（社区）矛盾纠纷联调室建设，提高“四类”纠纷调解率、化解率。提高补助标准，实行政府购买服务方式，配备镇（街道）3名人民调解员和试点村（社区）2名人民调解员，实行以基本工资+“一案一补”方式，落实人民调解员薪酬待遇，出台《城厢区人民调解以案定补实施办法（试行）》调整提高人民调解以案定补标准，发放“一案一补”105850元，提升人民调解员工作积极性。

【社区矫正和安置帮教】 2022年，区司法局调整区社区矫正委员会及其办公室组成人员，镇（街道）成立以党委书记为主任的社区矫正委员会，统筹协调和保障社区矫正工作开展。巧用“人防+技防”，强化两类重点人员管理。对存在的问题隐患进行拉网式排查。落实刑满释放人员衔接帮教，分类排查重点刑释人员，做好“三类”刑释解矫重点人员备案和查找，列入当地派出所重点人员管控行列，有效预防和减少重新违法犯罪。加大教育帮扶力度，开展心理健康测评8场次，走访慰问困难社区矫正对象11人次。以省、市人民检察院社区矫正专项巡察为契机，根据社区矫正巡回检察反馈意见，对标对表抓整改。开展矫务督察活动，对辖区内基层司法所开展全覆盖社区矫正执法检查28次，推动社区矫正工作规范化开展。

（达文琰　林白帆）

军事

人民武装

【概况】 2022年，莆田市城厢区人民武装部（以下简称“区人武部”）党委坚决贯彻军委主席负责制，全面贯彻落实上级决策部署，推动各项工作落实，人武部全面建设取得新的进步。

【政治引领】 2022年，区人武部以学习宣传贯彻中共二十大精神为主线，坚持聚焦“忠诚维护核心、矢志奋斗强军”深化主题教育，组织参观辖区闽中游击区革命纪念馆、莆仙地下交通历史展廊，统筹开展“强军风采”群众性文化活动。召开区委议军会、组织基层党管武装工作绩效考评、政治教导员党管武装工作述职，连续2年党管武装绩效考评获得全市第一。军事科郑国良、常太镇专武干事陈瑞权作为福建省“最美国防人物”候选人被宣传报道，职工陈秀兰被评为福建省首届“最美国防人物”。年内，累计在省级以上军地媒体发表新闻稿件72篇，要讯被国动部刊用1篇、省军区刊用6篇，位列全市第一。

【练兵备战】 2022年，区人武部投入资金对作战室、战备资料室、营门警卫等重要战备场所进行整治，民兵情报信息员作用发挥显著提升。依据大纲落实首长机关训练，参加上级演练和省军区政治工作演练，先后组织三个重点课题依案演练，按计划组织民兵分队训练。组织民兵骨干完成辖区7所学校4600余名学生军训任务。卫勤保障课题演练接受省军区首长检查考评，得到高度肯定。

【主责主业】 2022年，区人武部按照“八个步骤”调整优化编实基干民兵，被市推荐参加全省软件资料集中会审考评。协调创新出台大学毕业生入伍，其父母每年享受1500元的体检补助，每月享受300元的赡养父母补助激励政策，完成年度征集任务，征兵“五率”（报名率、上站率、合格率、择优率、退兵率）排名全市第一，区征兵办被评为省“征兵工作先进单位”。开展双拥群众工作，投入资金慰问困难基干民兵，救济1名困难人员，资助10名困难大学生，走访4所学校慰问，协调落实军人子女及胞弟胞妹入学，开展送喜报活动。

【夯实基础】 2022年，区人武部完成作战室、兵器室、保密室、营门值班室改造及部分仓库、资料室软硬件更新。全面铺开

2022年7月29日，市领导到城厢区医院检查征兵体检

（周候君　摄）

“评星挂牌”活动，龙桥街道、华亭镇武装部被市评为“三星”武装部，其中龙桥街道被推荐至省军区参评“四星”武装部。开展重点行业整肃清理活动，逐条进行清理整治、挂账销号，统筹开展资产大清查、枪弹专项清理工作。

（郑国良、曾双清）

【组织保障行动训练】 2022年9月上旬，区人武部依令出动医疗后送连、伪装遮障排、应急排，组织医疗后送研练，形成“四个一”成果。一是“一套行动方案”。按照“前沿稳伤、分批后送、阶梯救治”的原则，分层分类建立市医院—区医院、中医院—镇卫生院三级后方医疗救治体系。针对不同作战样式和环境，规范各种医疗后送行动的路线、程序及注意事项。二是“一套处置流程”。根据接收伤员情况，规范伤员分检—紧急救治—稳定伤情—组织后送的处置流程，明确人员分工，定人定岗定位，实现流水作业，确保伤员医疗后送工作忙而不乱、紧张有序、快速推进。三是“一套伤员分检标准”。积极借鉴军地医院伤情鉴定等级，制定战伤危重、重伤、轻伤标准，完善伤员信息卡，以醒目的红、黄、绿卡片标示，及时准确组织分检，为医疗后送创造条件。四是“一套转运点开设方法”。根据辖区码头建设情况，预征预储地方集装箱房，可在规定时间内完成出动、运输、安装任务，搭设战时伤员转运点。精细规范医疗后送分队携行、运行物资标准，可在内完成分检、医疗、稳伤等设施设备安装，具备野战医疗后送能力。

（郑国良）

【保障工作】 2022年，区人武部以军事斗争准备为牵引，紧紧围绕战备训练开展服务保障工作，实现年度经费收支综合平衡，自身保障能力不断提高。全年，投入资金用于保障民兵专业分队集训，保障征兵以及“四个秩序”（规范战备秩序、规范训练秩序、规范工作秩序、规范生活秩序）规范建设。

（戴　强）

2022年9月9日，城厢区人武部召开2022年秋季定兵大会

（周候君　摄）

人民防空

【概况】2022年，莆田市城厢区人民防空办公室（以下简称“区人防办”）贯彻执行上级有关人民防空工作的法律法规和方针政策，强化管理，严格执法，狠抓落实，加强人民防空工程建设，做好人民防空宣传教育。

【人防工程建设】2022年，区人防办坚持“以建为主”，鼓励引导更多的建设单位结建防空地下室，做好在建工程的全程服务，强化安全生产监管。继续推进结建式人防工程建设质量监督管理规范化和人防工程管理执法法治化。进一步明确人防法律法规赋予的职能职责，变行政管理为依法管理，将人防工作纳入法治化轨道。加强执法人员的学习和培训，提高执法水平，规范执法程序。

【防空警报建设】2022年，区人防办新安装电声警报器，加强对老旧警报设施的更新和管理，成立开展地下人防工程安全隐患排查化解整治工作领导小组，全面抓好地下人防工程消防安全隐患排查化解整治工作落实。要求落实人防工程报建制度，审核各参建主体资质，压实各责任主体终身责任。加强对钢筋绑扎、预留预埋、防护（化）设备安装等关键环节的验收巡查，同时重点监管技术交底、结构验收及竣工验收，落实事中事后监管。

（尤少武）

退役军人事务

【概况】2022年，莆田市城厢区退役军人事务局（以下简称“区退役军人事务局”）以落实“十四五”退役军人服务和保障规划为牵引，大力实施“提高效率、提升效能、提增效益”行动，扎实开展抓落实、创特色、促提升，奋力推动全区退役军人工作高质量发展。城厢区喜获省级双拥模范城“五连冠”，全区有8家退役军人服务中心（站）被省退役军人事务工作领导小组评为“五有”（有机构、有编制、有人员、有经费、有保障）先进单位、3家退役军人服务站被评为红色站点。

【安置就业工作】2022年，城厢区接收营级及以下转业军官和符合政府安排工作条件的退役士兵（含消防员），通过实行“按属地分配、适度调剂、包干安置”、“三公开”（服役量化评分、安置岗位计划和择岗公开）原则的阳光安置，做到安置对象、接收单位、所在部队三方满意。有针对性地组织办班，引导退役军人参加各类技能培训，开展适应性培训1期、电子商务培训2期、消防设施操作员技能培训1期。建立退役军人就业台账，对下岗失业的，及时纳入再就业帮扶范围，举办退役军人线上招聘会1场，29家企业参与，累计提供岗位600余个，定向发送招聘会信息2000余条。

【优抚优待】2022年，区退役军人事务局全面落实优待抚恤待遇和抚恤补助标准自然增长机制，做好医疗补助政策规范平衡协调工作。对享受定期抚恤补助的重点优抚对象按每年平均标准3%比例提标，及时足额发放抚恤补助金。完善医疗补助实施细则，发放重点优抚对象门诊补助，重点优抚对象大病补助落实率100%。优抚对象在一站式报销的基础上享受未报销部分进行二次报销。常态化开展困难优抚对象、残疾军人慰问等，配合开展困难退役军人帮扶援助工作，重点优抚对象看病问题得到全面保障。全面推进优待证申领发放工作，分别举行优待证首发仪式和激活仪式，做法在央广网、《解放军报》、《中国国防报》等媒体报道。

【中心工作】2022年，区退役军人事务局结合“五有”“全覆盖”贯彻落实《莆田市城厢区基层退役军人服务保障体系标准化规范化建设三年（2020—2022）行动方案》“回头看”，在下黄社区召开村级退役军人服务体系建设现场观摩会，完善基层退役军人服务站的内部管理、工作流程和运行机制，建立统一的标准化服务清单和规范化工作资料库，对标对表逐项落实，7个镇

（街道）服务站和村（社区）级服务站均达到全国示范型标准。

【典型造树与作用发挥】 2022年，区退役军人事务局从紧扣时代脉搏、弘扬爱国主义精神、为国家建设做出突出贡献的优秀退役军人中挖掘典型“最美退役军人”，2名退役军人获评莆田市“最美退役军人”。遴选全区各个行业优秀退役军人，打造一支高质量、高水准的红色宣讲队伍“老兵宣讲团”。常态化开展“老兵宣讲团”进机关、进企业、进校园、进农村、进社区、进军营等“六进”活动，宣讲老兵自身参军参战经历，讲述党史军史。

【褒扬纪念】 2022年，区退役军人事务局持续推进烈士纪念设施提档升级，再次投入资金建设烈士英名墙、精神堡垒墙、红色纪念宣传栏、爱国亭、英烈亭等基础设施。发挥红色教育基地作用，在纪念园开展2022奋进清明代祭扫、抗日战争胜利77周年纪念日和2022年烈士公祭等活动。弘扬英烈精神、讲好红色故事，首批征集郑金照、雷光熙、杨杞松等3位英烈故事，于10月25日在市广播电视中心《莆阳英烈》专栏首播。

【双拥工作】 2022年，区退役军人事务局突出平时服务练兵、战时保障打赢，注重拥军优属，强化拥政爱民，持续开展形式多样的“为驻区部队办实事”等双拥共建活动。区财政单列安排人武部预算，用于国防动员保障经费。追加建成民兵训练基地，为全市设施最好、功能最全的民兵训练基地。为辖区部队提供建房用地，协助办理80余套家属楼燃气、电网等手续。为驻辖区所有部队配备电脑，建设图书室、室内训练场等，科技拥军普及率达100%。聘请农业、科技等专家进军营授课，购置科技、法律等各类书籍充实部队拥军书库，官兵培训率达100%。积极开展“送法进军营”活动，全市率先在驻辖区部队设立法律援助中心，在7个律师事务所设立法律拥军工作站，官兵普法率达100%。常态化开展春节、八一建军节等走访慰问部队活动，并发放慰问金。为春秋季入伍的新兵送上价值约8万元的跑步鞋。向部队赠送鸡苗、鸭苗、鹅苗900羽和饲料500公斤，丰富部队“菜篮子”工程。解决随军家属工作调动及岗位招考，接收部队九年义务教育子女入园。健全落实军地互提需求、互办实事的“双清单”制度，以更大力度、更实举措帮助部队改善生活、训练、战备等设施及条件。

（吴明山）

外事　侨务　台湾事务

外　事

【概况】2022年，莆田市城厢区人民政府外事办公室（以下简称“区外事办”）切实加强党对外事工作的集中统一领导，主动服务于国家总体外交大局，扎实推进各项工作开展，较好地完成预期目标任务。

【行使外事职能】2022年，区外事办紧密联系思想和工作实际，深入学习宣传贯彻习近平总书记重要讲话精神和全省外事工作会议精神，主动服务全区“外防输入”工作大局，以“稳企业、保增长”为己任，协助办理3名外国人入境申请。持续以“外事为民、外事惠民”为宗旨，服务企业、服务经济，通过“严格高效温馨”的服务，为企业在危机中逆势增长而努力。强化海外领事保护工作，积极参加省外办举办的领保知识培训讲座等，利用网络宣传领事保护宣传公益片，引导群众树立“合法权益受保护、违法行为不袒护”正确的领保理念。借助“平安综治”宣传月开展领保宣传,通过进镇（街道）社区发放宣传册等形式，指导民众在海外维护自身安全及合法权益。及时转发和实时更新外交部和中央有关部委发布的“海外安全提醒”，翻印省外办制作的《领事保护与协助指南》的普及篇和留学游学篇，针对不同出国人群关心的问题，从入境注意事项、在国外遭遇突发情况和各种意外的处置到拨打外交部领保热线电话等，均做详细解读，提升居民的境外安全防范能力和自我保护意识。配合上级调查涉外案（事）件，持续加强涉外事务监管，维护国家安全和社会安定稳定。

【服务开放发展】2022年，区外事办加强境外高风险国家人员管理，对在尼日利亚、刚果（金）等高风险地区的有关人员和机构进行全面摸清，对非必要人员进行劝撤劝返；按照“快速、低调、依法、稳妥”原则，及时协助处置涉及城厢事件，为该区“走出去”的企业机构、劳务人员等提供海外安全保护，营造良好的涉外环境；加强境外企业服务指导，完善安保方案，细化安保措施，充分利用“平安丝路网”网站，增强防范安全风险能力；做好外籍人才、专家通过“快捷通道”入境的把关工作，严格审查相关材料，加强因公出国管理。

（林俊德）

侨 务

【概况】2022年，莆田市城厢区人民政府侨务办公室（以下简称“区侨办”）以依法护侨维侨、凝聚侨心为工作重点，年内走访侨资企业20余家，接待、处理归侨侨眷来访来电涉侨政策咨询100余人次，为3名归侨离退休职工发放生活补贴，接待来自世界26个国家的海外闽籍华商“一带一路”暨RCEP（《区域全面经济伙伴关系协定》）研修班对木兰陂防洪工程参观考察。

【宣传侨法】2022年，区侨办开展侨法宣传月活动，采取发放宣传资料、群发短信、开展微信知识问答等多种形式，深入、广泛地宣传贯彻实施侨法的意义和内容，以点带面，逐步扩大涉侨政策普及范围。12月，区侨办、侨联联合市侨办、侨联，在凤凰山街道南湖公园开展侨法宣传月暨“机关＋社区”结对共建健康义诊活动，把广大侨胞的智慧和力量凝聚到中共二十大精神上来，强化全区依法尊侨护侨的意识，扩大侨务工作的影响。

【优化服务】2022年，区侨办在行政审批过程中坚持把简政放权、放管结合、职能转变到“优服务”上，对办事事项进行认真梳理，强化行政审批信息公开制度，严格在规定的时限内予以办结。年内办理华侨回国定居13件、涉侨身份认定3件，未出现随意延长审批时限，未出现一件投诉件。配合市侨办做好全市高职高招和普通高考“三侨生”（归侨青年、归侨子女、华侨在国内的子女）升学照顾身份证明宣传工作，防止出现遗漏，维护侨胞的合法权益。

【发挥侨力】2022年，区侨办统筹协调有关涉侨单位，积极、主动、创造性地开展工作。积极配合上级部门完成市人大对全市贯彻落实《福建省华侨权益保护条例》执法检查和区政协“城厢区侨务工作开展情况”专项视察工作。向区人大推荐10名华侨代表列席区人大会议，向市委统战部上报3名华侨代表列席市人大会议。

（林风高）

台湾事务

【概况】2022年，城厢区贯彻落实习近平总书记关于对台工作的重要论述和新时代党解决台湾问题的总体方略，围绕中心、服务大局，持续推进落实各项惠台措施，依法维护台胞合法权益，致力于促进对台交流合作，不断深化两岸各领域融合发展，增强台胞台企扎根城厢发展的信心，助力两岸交流走深走实，促进两岸同胞心灵契合、共同发展。

【对台交流合作】2022年，城厢区严格落实疫情防控政策，积极适应新的形势要求，转变工作思路，采取“线上＋线下”相结合的方式开展交流活动，全年开展文化交流4场次，持续扩大两岸交流交往，增进文化认同，凝聚两岸共识，深化民间交流。

【服务台商台胞】2022年，城厢区始终坚持同台湾同胞分享发展机遇，时刻关心台胞台商子女入学、看病就医、交通出行等实际困难，为台胞台商就业创业生活提供同等待遇。是年帮助协调解决辖区内1名适龄台胞子女就近入学服务，落实兑现2家台湾特色产品商店专项补助。

【台胞权益保障】2022年，城厢区不断加大对台服务力度，切实保障台商台胞合法权益，及时解决台商台胞反映的各类急难愁盼问题，为对台文化交流活动顺利开展提供坚强保障。全年为台胞办实事、解难题，解决台商台胞诉求3件次，进一步优化城厢区投资、发展环境，解决台商台胞生产生活的后顾之忧。

（吴碧清）

应急管理

综　述

【应急管理制度和队伍建设】 2022年，城厢区完成《莆田市城厢区突发事件总体应急预案》《莆田市城厢区低温天气应急预案》等8个预案的更新发布。签约2家工程抢险救援队伍，加强131支3400余人自然灾害应急抢险队伍，7支半专业森林扑火队伍200余人和蓝天救援队，形成区、镇、村各层级协同，社会力量辅助，专业化力量支撑的救援力量。

【安全宣传教育氛围】 2022年，城厢区开展“安全生产月”宣传活动，加大安全生产政策、法律法规宣传力度，通过媒体平台、宣传车、“村村通”大喇叭等多渠道、多形式、多角度开展安全生产政策、法律法规宣传，制作张贴危化、工贸典型案例警示系列挂图9000余份，深入社区、企业开展安全警示教育活动12场。向市民发送安全生产宣传短信20万余条，发放宣传材料5000余份，微信宣传链接转发8000余人次，悬挂宣传横幅600余条。以全民消防学习平台为抓手，广泛宣传安全生产法律法规，普及安全常识和基本技能，截至当年底，全区68454位居民注册全民消防安全学习平台，并完成人均200学习积分要求，营造全民消防安全大学习良好氛围。认真开展全省“五个一百”（100个应急避灾示范点、100个应急物资储备站、100个微型消防站、100个安全宣教体验场所、100个安全文化公园）安全应急保障提升工程建设项目，依托南湖公园、华亭幸福河湖公园，通过改造、提升、植入等方式，增设安全生产、公共安全、防灾减灾、应急救援4个体验区，打造成全区广大市民学习安全知识的“新课堂”。南湖安全文化公园被省应急管理厅评为全省优秀安全文化公园。

【隐患排查整治】 2022年，城厢区成立1041个检查组，督导检查2659次，检查单位5743家次，整改隐患5940处，责令停产整顿7家，关闭取缔9家，约谈警示1家，处罚304余万元。在集中排查的基础上，认真分析研判全区安全风险，坚持问题导向“开小灶”，在全区开展景区和非景区景点、电动车自行车违规停放和充电、工业园区“厂中厂”、燃气安全、高层民用建筑消防安全、群租房、房屋结构安全隐患“清零”7个专项整治百日攻坚，排查并整治一大批安全隐患。园区企业火灾明显减少（2022年仅第一季度发生4起），园区工贸零事故。对隐患销号清

2022年11月8日，区应急管理局联合区消防救援大队在南湖公园举行“119”消防宣传月启动暨南湖安全文化公园开园仪式

（许晓敏 摄）

零，督促责任单位对排查出的安全风险和事故隐患，建立检查清单、问题清单、执法清单、整改清单、销号清单、问责清单，落实“一属地一册、一企业一档”，动态闭环管理，做到“4个100%”（100%制表列出清单，100%建立台账，100%制定管控措施和整改方案，100%落实隐患整改责任、措施、资金、时限、预案“五到位”），倒排时间，集中力量攻坚，及时治理纠正非法违规行为，消除事故隐患。

防汛防洪

【防洪责任落实】 2022年，城厢区干群积极防御2轮持续性暴雨和3次强降雨及1次台风，启动4次Ⅳ级应急响应，安全转移人员335人次、下沉干部2750余人次。对区、镇、村三级防汛责任人及7段海堤、25座水库、44座山塘、3个地灾点、61处高陡边坡、3处低洼地、19户危旧房、28艘渔船等各项防汛责任人均汛前一一明确落实到位。

【业务培训】 2022年，区应急管理局通过培训班、视频会等方式进行防汛业务知识培训，提高基层防汛理论知识水平，增强实际应战技能，全区各镇（街道）领导、122个村（社区）主干及各类防汛负责人、水库管理员等都积极响应参与。全区先后组织参与培训学习8场1161人。

安全生产监督管理

【部门监管和属地责任】 2022年，城厢区出台《关于进一步明确有关行业领域安全生产监管职责的清单》，对农村住宅建设安全、成品油安全等8项新领域、新业态安全职责进行明确。督促各重点领域牵头部门和各镇（街道）、园区积极履职，强化措施，对监管范围和对象实行分级分类管理，在摸清底数的基础上，建立“一企一档”监管台账，制订执法检查计划，编制整治攻坚作战图，每月对全区重点企业、重点地段和重点部位开展一次“拉网式”排查，通过分级分类监管、日常监督检查督促生产经营单位加大对安全生产“责任制、承诺制、报告制、评估制”的落实力度。

【健全监管责任体系】 2022年，城厢区出台《莆田市城厢区贯彻落实安全生产工作十五条硬措施重点任务分解清单》细化98项具体措施，紧扣城厢实际，坚持问题导向，印发《加强“十个三”措施落实常态化安全生产工作》（莆城安〔2022〕1号）文件，着重从领导抓发动、常态宣传造氛围、明晰责任传压力、细化要求抓排查、严格监管重整治、标本兼治控源头、部门联动善应急、作风建设强保障、督查考核促落实、结果运用严惩戒十个方面加强机制建设，拧紧思想上的“总开关”，抓住安全生产责任制的“牛鼻子”，架起依法治理的“高压线”。

【企业双重预防机制】 2022年，城厢区完成3家高风险的涉氨企

2022年4月22日，区应急管理局联合区检察院、区住建局、区城市管理局等部门围绕工程建设、燃气、食品等领域开展安全生产检查

（徐　靖　摄）

业进行氟利昂改造，推进力奴鞋业、郭氏鞋业等一批企业安全风险分级管控和隐患排查治理双重预防机制，努力标本兼治，逐步实现从减轻灾害损失到降低灾害风险转变。加大重大隐患挂牌督办力度，拆除御庄园与旷远燃气安全距离不足的建筑，解决梅峰基督教堂危房问题，整治新路鞋业、三威鞋业等一批早期厂房消防设施（自动喷淋、烟感报警、防火隔离等）不达标的问题，消除一批多年未能消除的重大隐患。

【安标化提升】 2022年，城厢区坚持以提升行业安全水平为目标，坚持企业广泛创建及自愿申请定级、第三方机构规范评审、政府强化监管执法的创建原则，立足打基础、补短板、利长远，深化源头治理、系统治理和综合治理，注重广泛动员各方力量齐抓共管，推动企业全面落实安全生产主体责任，逐步建立自我约束、自我完善、持续改进的安全生产管理长效机制。组织专题培训6场，参加企业220家次,参训650人次，开展6场现场观摩学习交流活动，参加企业150家次。完成加油站、烟花爆竹批发企业2个行业“标杆企业”创建。全区工贸企业安全生产标准化三级评审达标65家，行业选树示范企业3家。

【工贸行业安全监管情况】 2022年，城厢区有规模以上工商贸企业119家，其中建材企业4家，轻工企业101家，饲料企业7家，商贸企业7家。把粉尘涉爆10家、有限空间7家、涉氨制冷1家和重点工贸企业全部纳入2022年执法计划任务。粉尘涉爆企业10家和有限空间企业7家全部录入福建省应急管理综合平台。莆田市一张图全域数字化录入情况：全区摸排规模以上企业、鞋服企业、粉尘涉爆、有限空间、涉氨制冷企业293家，企业基本信息全部录入“一张图”系统平台。

【危险化学品工作】 2022年，城厢区有危险化学品企业44家。其中17家成品油经营单位都取得危化品经营许可证，持证率100%。27家不带有储存设施经营企业也都取得危化品经营许可证，持证率100%。对全区易燃易爆危险化学品企业、加油站和涉氨制冷使用单位采取明察暗访、专家检查等多种方式开展全覆盖检查。出动检查375人次，检查危险化学品企业75家次，开出现场检查记录75份、行政监督检查登记表75份。排查安全隐患22处，整改到位22处。按照2022年的执法计划联合商务局和各镇办安监站对全区17家加油站进行两次拉网式大检查。重点检查加油站是否制定完善相关工作规范和操作规程，利用公安部门牵头研制的散装汽油购销实名登记信息系统，严格实名登记，确保人证一致，登记信息准确，并监督加油全过程。

防灾减灾

【自然灾害点建设】 2022年，城厢区有自然灾害避灾点144个（其中县级3个、乡级18个、村级123个），下拨区级避灾点建设维护经费10万元，录入避灾点物资信息1700余条，并及时更新维护。对命名的8个全国综合防灾减灾示范社区积极开展整改提升工作，提高社区防灾减灾能力和应急管理水平，增强城乡社区居民防灾减灾意识和避灾自救能力。

【应急预案演练】 2022年安全生产月期间，城厢区相关行业领域举办演练330场次，参演人数达74565人次。其中，危化品21场，参演480人次；烟花爆竹3场，参演30人次；道路交通6场，参演420人次；建筑施工6场，参演480人次；民爆1场,参演70人次；校园安全122场，参演70000人次；特种设备3场，参演45人次；工贸企业137场，参演2000人次；文化娱乐场所20场，参演600人次；旅游10场，参演440人次。

森林消防

【消防培训演练】 2022年，城厢区开展73场消防培训演练，新增霞林小型消防站1个，提升消防响应速度。加强森林防灭火培训、演练，熟悉森林防火预案，科学指挥扑救，提高地方森林防灭火队员业务素质。8月29日，组织半专业森林消防队员参加全省地方森林防灭火队伍业务比武竞赛活动。12月21日，联合华亭镇在该镇组织开展森林防灭火器具实操培训及防灭火应急演练。

【消防隐患排查整治】 2022年，城厢区把握各阶段森林防火关键期，集中开展森林火灾风险隐患排查整治工作，持续推进林地（林区）野外火源治理和查处违规用火行为，大力开展防火宣传，强化野外火源管控，排查整改用火隐患21处，最大限度减少森林火灾发生。

【森林防灭火工作】 2022年，城厢区召集各镇（街道）林业站、区直有关单位召开16次森林防火工作会议，明确要求镇街、村居重点落实森林防火目标责任，做好群众节日祭扫、进山游玩的森林防火预防工作。以村居林长为责任人，按行政区域、山头权属划分责任片区，发动村居干部、护林员在主要进山入口设卡立点，及时制止火源入山。年内全区在主要进山路口设置卡口167个，组织护林员、网管员、村居干部蹲点一级卡口开展监督，安排卡口检查人员3000多人次到卡口一线，开展劝导引导，值班值守等，启用无人机6架开展空地一体化巡护。全区发布森林火险橙色预警7次，发布禁火令7次。防火宣传全区出动森林防火宣传车3000多辆次，安装森林防火智慧语音80台，播放广播8000多条次，悬挂横幅标语1800多条，固定宣传警示牌310块，印发倡议书、宣传单等10万多份，张贴禁火令4000多张，发送移动短信120多万条。还给全区护林员分发120台扩音器，要求护林员在巡林过程中随时播放防火音频，开展移动式宣传。春节期间各镇（街道）加强防火宣传，所有有林村至少悬挂3条横幅、张贴3处标语，并进行广播宣传30条次。

（潘兰娟）

经济管理

综　述

【概况】 2022 年，城厢区高效统筹疫情防控和经济社会发展，经济延续复苏态势，总体平稳，稳中向好。全区生产总值完成 587.08 亿元，同比增长 5.6%。农林牧渔总产值完成 20.76 亿元，同比下降 3.3%。规模以上工业产值完成 509.7 亿元，同比增长 10%；规上工业增加值同比增长 7.5%。建筑业总产值完成 222.08 亿元，同比增长 15.7%。固定资产投资同比增长 11.9%。财政总收入完成 34.89 亿元，同比增长 1.8%，其中，地方级收入完成 25.41 亿元，同比增长 5.1%。社会消费品零售总额完成 653.89 亿元，同比增长 4.2%。限上批零业销售额完成 912.2 亿元，增同比长 22.4%；限上住餐业营业额完成 13.86 亿元，同比增长 0.6%。规上其他营利性服务业营业收入（错月值）完成 26.68 亿元，同比增长 16.8%。

【经济运行情况】 2022 年，城厢区编制完成《莆田市城厢区产业发展专项规划（2022—2026 年）》，擘画全区产业发展蓝图，为城厢产业规划提供政策保障和指引。贯彻落实中央“33 条”、省“48 条”以及市相关稳经济系列措施，发挥政策叠加效应，出台“开门红”方案，有力推动经济恢复向好。城厢区发展改革局（以下简称“区发改局”）发挥自身职能统筹协调作用，做好月度、季度经济运行分析，为区委、区政府决策提供参考。2022 年全区第一产业完成 10.27

2022年，城厢区顶墩实验幼儿园项目建设现场　（林　杭　摄）

亿元；第二产业完成 225.7 亿元，同比增长 9.1%；第三产业完成 351.11 亿元，同比增长 3.9%。

重点项目与固定资产投资

【重点项目管理】 2022 年，城厢区完善重点项目管理推进工作机制，落实要素保障，促进项目提速建设。全年 46 个省市重点项目完成投资 150 亿元，同比增长 15.4%，超序时 17 个百分点。万达南片区改造安置房项目、坂头西片区城市更新建设项目等 57 个项目顺利开工，福厦客运专线城厢段安置房、城厢区三利谱偏光片标准化厂房及配套工程等 31 个项目实现竣工。

【项目成果交易】 2022 年，城厢区紧紧以“项目—技术—资本—人才”为主题，以产业发展为导向，积极搭建科技创新成果转化应用平台，组织相关企业及区直有关部门参加第二十届“6·18”中国·海峡创新项目成果交易会。重点征集产业关键、共性技术需求，主要涉及高端装备产业、电子信息产业、食品加工业、鞋服等 5 个领域，以及全区企事业发展中急需解决的项目、技术、人才、资本需求，成功对接项目成果 50 项，总投资额 2.158 亿元。

【固定资产投资】 2022 年，城厢区坚持项目为先、项目为基、项目为要，全方位推动高质量发展超越。全年固定资产投资同比增长 11.9%，增幅位居全市第二。投资占全市比重达 16.1%，较去年提高近 2 个百分点，连续 5 年保持增长；全年累计新增入库 140 个，新增投资超 300 亿元。

2022年，城厢区沟头片区城市更新项目建设现场　（林　杭　摄）

国民经济与社会发展

【产业发展】 2022 年，城厢区贯彻落实市委“俯下身子抓产业、一心一意谋发展”部署要求，聚焦全区 10 条重点产业链，以“双比双晒”（比增量、晒贡献，比创新、晒亮点）为抓手，做大存量、做优增量。梳理新型功能材料、绿色经济、海洋经济、数字经济 4 条产业链年度重点工作清单，实现工作项目化、项目清单化、清单责任化，推动产业项目发展清单滚动管理，产业规模进一步壮大。

【资金争取】 2022 年，城厢区充分发挥中央对经济的逆周期调节力度，认真研究一系列稳投资政策，积极申报预算内项目、专项债券资金等，切实为推动全方位高质量发展贡献力量。全年争取地方性政府专项债券 48.8 亿元，2 个基础设施基金项目投放基金 5.97 亿元，资金额度均居各县区前列。争取预算内投资 1.05 亿元，为全区重点项目建设提供有力资金保障。

【优化营商环境】 2022 年，城厢区持续推进商事登记制度改革，有力推进“一业一证”省级改革试点，实现精简审批环节 8 个，压缩审批时长 16 个工作日，被列为全省优化营商环境工作典型经验做法进行推广。深化“放管服”改革，深入实施“提高效率、提升效能、提增效益”行动，进一步营造宽松良好的营商环境，积极服务地方经济发展。全区新增市场主体 2.8 万户，发展活力不断增强。优化审批流程，提高审批效率，解决办事企业和群众在办理审批事项中存在的难点问题，全年备案项目163个，审批项目77个，核准项目2个。

【粮储工作】 2022年，城厢区贯彻落实习近平总书记关于国家粮食安全系列重要讲话和指示批示精神，在全市率先探索构建粮食和物资储备管理指挥中心，完成新增区级储备粮任务，完成新增区级应急成品油储备任务，对各个粮食和物资储备管理网点24小时实时查看监管。

（陈俊莺）

自然资源管理

【概况】 2022年，莆田市城厢区自然资源局（以下简称“区自然资源局”）贯彻落实市委、市政府“俯下身子抓产业、一心一意谋发展”决策部署，围绕区委、区政府中心工作，全面履行“两统一”（统一行使全民所有自然资源资产所有者职责、统一行使所有国土空间管制和生态保护修复职责）职责，全力做好自然资源要素保障工作。资源保障能力明显增强，实现重大项目用地应报尽报；耕地保护力度持续加大，完成耕地流出问题排查整改，全面完成耕地保护任务；资源节约集约利用不断深化，超额完成闲置土地处置任务，批而未供土地处置率全市第一；在全省自然资源监测评价系统排名中位居全市第一，局前期工作办公室获评“第八届莆田青年五四奖章集体”。

【自然资源确权登记管理】 2022年，区自然资源局开展国土调查工作，通过外业举证与内业判读，根据省厅与部质检、核查反馈的情况，立即组织补充举证、完善数据库建设，根据部反馈信息进行图斑整改并提交成果。开展启动自然资源统一确权登记，按照自然资源确权登记技术规程，委托福建省国土测绘院对凤凰山风景名胜区、木兰溪城厢段开展权属调查，完成调查成果的数据库建设工作。完成农村地籍与房屋调查工作，调查94个行政村（社区），面积30.9312平方千米，通过市级验收，按照标准化入库要求汇交至省不动产地籍数据库。

【地质灾害防治】 2022年，区自然资源局推进防灾减灾工作，对3个地质灾害隐患点和66个高陡边坡点加强巡查，并全面落实地灾监测人和责任人，全年未发生重大地质灾害事件；开展龙桥街道龙桥社区石顶小区韩玉珍屋后滑坡工程治理，完成治理并组织竣工验收；结合市自来水厂项目对常太镇松峰村虎岐底滑坡地灾点受威胁房屋进行异地搬迁安置。

【规划编制】 2022年，区自然资源局加快推进国土空间规划编制工作，推进多规融合，构建国土空间规划“一张图”，提升城厢区国土空间规划体系。完善控制性详细规划编制工作，编制完成市第二自来水厂等8个地块控规，获市政府批复；序时推进村庄规划编制工作，按照“多规合一”要求开展村庄规划编制74个，占全区应编总数70个村庄规划的105.7%，其中批复74个，上报备案成果55个，完成率排名全市第二，常太镇莒溪片区村庄规划被列为省村庄规划成果典型案例。

【供地保障】 2022年，区自然资源局坚持以项目为驱动，以用地为支撑，多措并举，聚力项目用地保障，推动项目快速落地，完成出让用地10宗，面积61.24公顷；划拨土地22宗，面积41.54公顷；全年9个批次农转用与征收获得省厅批准，批准面积25.337公顷，其中耕地4.768公顷；共批准3宗农村个人建房，面积6.158公顷，其中耕地0.069公顷；完成1个土地征收成片开发方案编制并通过省政府审批，总面积11.456公顷；出让经营性土地4宗8.172公顷土地，出让金10.555亿元。

【耕地保护】 2022年，城厢区全面推行“田长制”，制定印发《莆田市城厢区耕地保护“田长制”实施方案》，明确四级耕地保护田长，做到耕地和永久基本农田保护责任全覆盖，出台相关配套机制，对各级田长的职责分工、责任追究、巡田机制、督察考核办法等进行细化，保障田长制实际运行。全面梳理耕地资源状况，完成全区永久基本农田初步划定工作，划定永久基本农田 2170.13 公顷；完成年度补充耕地任务 13.33 公顷，建设占用耕地耕作层土壤剥离再利用面积 6.67 公顷，同时加大公共财政支持耕地保护力度，印发《城厢区补充耕地指标管理暂行办法》（莆城政办规〔2022〕3 号），提高补充耕地奖励标准。加强违法用地整改，推动新增农村乱占耕地建房问题整治，完成复耕 53 个，整改率 92.98%；开展 2022 年卫片图斑、“天地网”整改，有效发挥土地协管员的“哨兵”作用，做到“早发现、早制止、严查处”；开展“两违”清理整治，全区共拆除违建 313 宗，面积约 6.88 万平方米。

【绿化造林】 2022 年，城厢区坚持以“林长制”促“林长治”，全区造林绿化完成 241.93 公顷，森林抚育完成 468.53 公顷，封山育林完成 149.47 公顷，超额完成年度任务，华亭镇获评省级森林城镇，新创建 3 个省级森林村庄。

【林业改造】 2022 年，城厢区有效落实松墨天牛综合防控措施，完成以菌治虫 666.67 公顷，挂设诱捕器 262 套，防治性采伐 510.47 公顷，全区完成枯死木清理 2.6 万株；完成松林改造提升 510.47 公顷，提前开展松林改造采伐 328.47 公顷。

2022年3月8日，城厢区自然资源局在常太镇开展以“关注旗舰物种保护 推进美丽中国建设”为主题的宣传活动 （陈 琪 摄）

【森林消防】 2022 年，区自然资源局扎实推进森林防火工作，开展森林防火宣传教育，联合多部门开展抓隐患排查，严控林事用火，在林区、风景名胜区等重要区域开展风险隐患排查，排查用火隐患 32 处，整改 32 处，整改率 100%。

【矿产资源管理】 2022 年，区自然资源局深入开展打击非法违法采矿专项行动，对关闭矿山加强动态巡查，严防关闭矿山和非法采矿点死灰复燃。全年开展矿山巡查 272 矿次，出动车辆 72 辆次，出动人员 235 人次，实地检查 13 个矿点，无证矿点关闭取缔率达 100%，修复废弃矿山 5 个，取缔砂场 8 家。全区无持证矿山企业，关闭采矿点未发现死灰复燃现象，未发生因非法违法采矿造成死亡等矿山安全生产事故。

【海洋资源管理】 2022 年，城厢区办理临时用海审批项目 1 宗，面积约 0.38 公顷。全面摸清沿海乡村海洋灾害风险隐患情况，提升海洋灾害综合防范能力；完成全区第一次海洋灾害风险普查，并顺利通过验收；推进海上养殖转型升级工作，完成 200 公顷筏式浮球养殖改造工作，完成 60 口传统养殖渔排升级，清退 108 口旧泡沫浮球渔排，实现海上养殖绿色发展。

（陈 琪）

国有资产管理

【概况】 2022 年，莆田市城厢区国有资产管理委员会办公室（以下简称“区国资办”）切实履行国资办的职责，做好国有资产监管工作，最大限度盘活国有资产，实现国有资产的保值增值。

【开展国有集团企业重大事项贯彻执行情况检查】2022年，区国资办推进集团企业贯彻落实重大事项、重要干部任免、重要项目安排、大额度资金的使用等决策制度，3月1—2日，区财政局、国资办牵头组织对集团企业贯彻执行重大事项管理情况开展检查。通过现场查看各集团提供的台账资料、会议记录、人事任免文件、资金使用台账、重大事项审批、核准或备案等内页材料，对存在的问题提出整改要求，督促各集团企业根据自查与核查中发现的问题进行整改。

【开展国有集团企业经营业绩考核】2022年6月29日至7月1日，由财政局分管领导任组长，抽调区委组织部、人社局、审计局、金融办、财政局（国资营运中心）等部门，分成3个小组，通过查阅集团企业提供的内业资料、会计财务资料、会议座谈、组织企业职工开展民主测评等形式，分别对三大国有集团企业的党务人事管理、资产管理、企业执行力、法规监督管理等方面进行考评。

【开展国有集团企业原主体企业审计工作】2022年，由区财政局（国资办）牵头组织对区三大集团重组整合主体莆田市城厢区樟林投资实业有限公司、莆田市城厢区城乡建设投资有限公司、莆田市城厢区经济开发有限公司（以下简称“区樟林、区城投、区经发公司”）3家公司开展资产、负债、损益情况及审计期内项目专项收支的合理合规性审计工作。组织中介机构招标工作，经网上公开发布邀约公告，最终确定福州中天勤会计师事务所有限公司为中标单位负责对上述三家公司进行审计并出具正式审计报告。

【开展资产领域专项整治行动工作】2022年，区国资办推动落实地方财经秩序（资产领域）专项整治行动，组织开展好全区资产领域专项整治行动工作。组织303家镇（街道）、区直主管部门（一级预算单位）及所属单位开展自查，对部分主管部门（抽）复查工作，整理汇总各单位2020年1月以来存在的闲置或对外出租与租入并存等方面31类突出问题。持续跟进各单位自查抽查中发现问题的整改落实情况，及时更新上报工作台账，确保专项整治工作取得成效。

【开展“安置房提速增效”专项行动工作】2022年，区国资办贯彻落实区第十次党代会精神和区十届人大会议审议通过的《政府工作报告》中“大力开展‘安置房提速增效’专项行动”部署，推进清查核实安置房欠款清缴和剩余安置房情况，定期更新基础数据。同时牵头组织区城投集团、经发集团等业主单位做好安置房转让处置工作：一是政策性处置。根据市政府〔2021〕70号专题会议纪要、市政府〔2021〕102号专题会议纪要、区政府常务第8次会议纪要、莆城消（函）〔2022〕5号等文件精神，由区财政局牵头组织各项目业主落实剩余安置房源政策性出让工作。城投集团：1. 对接消防大队出让文献广场24套安置房，建筑面积2199.3平方米，出让总额约2589万元，用于消防救援队伍指导员选择的安置房源。2. 对接涵江区出让圳湖华苑安置房第一批40套房源，建筑面积约4400平方米，出让总额约3898万元，用于涵江区西音水库征迁项目安置；对接办理预选第二批12套房源。3. 对接市水务集团提供圳湖华苑房源45套用于第二水厂征迁安置4923.18平方米，出让总价款约4332万元。经发集团：对接消防大队转让洋西片区1—14号楼剩余37套安置房，建筑面积4548平方米，出让评估价约3796万元，作为消防救援队伍指战员选择的安置房源。二是统筹安置处置。区城投集团按照相关文件精神，提供圳湖华苑2套住宅用于常太镇信访户黄伟国安置；华林西沙员工社区安置房19套套房、15间工具间、5家商场用于华亭镇大唐5G、亚明食品项目安置。区经发集团提供九龙小区剩余安置房18套用于霞林街道屿上社区安置。三是招租盘活处置。霞林片区安置房、华林西沙员工社区剩余安置房等8个项目，招租住宅54套，面积0.7万平方米；店面14家，面积0.2万平方米；商场5个，面积2.8万平方米；年租金合计约2067万元。四是其他方式处置。根据市区相关文件要求，按照区住建局工作任务安排，区城投集团提供54套套房、33间工具间作为廉租房、公租房使用。其中荔涵大道（洋西）5套套房作为廉租房使用；华林西沙员工社区安置房剩余49套套房、33间工具间作为公租房使用。

（林维博）

审　计

【概况】 莆田市城厢区审计局（以下简称“区审计局”）围绕工作大局，聚焦主责主业，突出审计重点，加大对政策民生、财政审计、重点项目、自然资源等的审计力度，全力推进审计全覆盖。是年，完成审计项目23个，涉及问题246个，整改到位231个，部分整改12个，未整改3个，整改率93.90%，审计建议76条全部被采纳，采纳率100%。

【重大政策落实情况跟踪审计】 2022年，区审计局开展落实加快鞋业高质量发展十条措施政策审计，落实疫情防控资金、物资审计和助企纾困政策等，完成审计项目2个，审计发现问题1个，提出审计建议1条。

【专项资金审计】 2022年，区审计局对全区开展粮食领域购销专项审计调查，审计发现问题21个，提出审计建议3条。

【财政审计】 2022年，区审计局对2021年度区本级预算执行及其他财政收支和财政绩效管理情况开展审计（包括区财政局、自然资源局、交通运输局、民政局、退役军人事务局、下黄小学6个部门单位），完成审计项目6个，审计发现问题99个，提出审计建议24条。

【经济责任审计】 2022年，区审计局完成领导干部经济责任审计项目12个，涉及主要领导干部12人，审计发现问题131个，提出审计建议40条。

【资源环境审计】 2022年，区审计局完成领导干部自然资源资产离任（任中）审计项目2个，涉及领导干部2人，审计发现问题8个，提出审计建议5条。

【区属国有企业审计】 2022年，区审计局开展莆田市华亭城市投资开发有限公司审计资产、负债、损益情况审计，发现问题10个，提出审计建议3条。

【“1＋X”专项督查】 2022年，区审计局采取“1+X”专项督查与开展预算执行审计、领导干部任期经济责任审计和财政财务收支审计相结合的方式，将公务支出管理情况、公务用车配备和管理使用情况、因公出国（境）管理情况纳入重点必审范围，发现并及时向区纪委移送问题线索2条。

【审计成果转化运用】 2022年，区审计局推进审计成果转化运用，着力做好审计监督的“后半篇”文章，进一步提升审计工作质量。2021年度完成的审计项目23个，涉及问题337个，截至2022年底，整改到位316个，部分整改12个，未整改9个，整改率93.77%；审计建议75条全部采纳，采纳率100%。审计推动建章立制4条，分别是区财政局的《莆田市城厢区财政局关于进一步加强区级预算单位银行账户管理等有关事项的通知》《莆田市城厢区财政局关于进一步规范预算编制及执行管理的通知》《莆田市城厢区财政局关于规范国库集中支付管理的相关通知》和区水利局的《城厢区水利局内部审计工作制度》。

（赵启超）

统　计

【概况】 2022年，莆田市城厢区统计局（以下简称“区统计局”）专心履职尽责，发挥统计信息、接洽和监视职能，以提高数据质量为中心，以强化专业技能和推进依法统计为抓手，为全区经济社会发展提供统计保障。全区社会消费品零售总额完成653.89亿元，增长4.2%。全体居民、城镇居民和农村居民人均可支配收入分别完成46991元、

53723 元和 27465 元，分别同比增长 6.4%、5.6% 和 7.9%。

【统计宣传】 2022 年，区统计局以第五次全国经济普查前期筹备工作为契机，于 9 月 15 日、16 日联合市统计局前往龙桥街道和华林园区开展第五次全国经济普查宣传活动，提高普查工作知晓度。9 月 20 日，区统计局作为协办方在龙桥街道市博物馆举行莆田市第十三届“中国统计开放日”现场活动，开放日以迎接中共二十大胜利召开为主线，以“数说新时代 奋进新征程”为主题，宣传党和国家事业重大发展成就，普及统计基础知识和统计法律法规。

【住户调查大样本轮换工作】 2022 年，区统计局精心组织，多次召开业务培训会，指派专职人员下沉村居一线全程开展业务指导，通过统计调查员入户访问和居民记账的方式详细了解居民家庭收入、支出、居住环境等生活状况，做好城乡居民收入、消费调查数据的采集和汇总，顺利完成住户调查大样本轮换工作，为政府决策提供重要参考。同时，做好 2022 年全区人口变动抽样调查工作。

2022年12月8日，城厢区统计局在万达广场普及统计法律法规宣传活动

（关志洪　摄）

【新增纳统工作】 2022 年，区统计局围绕达规企业抓纳统、后备企业抓培育，紧扣摸底排查、企业走访，指导企业收集整理申报入库纳统所需材料、原始凭证等，确保达规企业应统尽统，提高全区规模以上企业数量，提高全区经济可持续发展潜力。

（黄裕模）

市场监督

综　述

【概况】2022年，莆田市城厢区市场监督管理局（以下简称“区市场监管局”）服务地方经济高发展，攻坚克难，奋力争先，有效履行市场监管职能。先后被中国个体劳动者协会评为“2022年度调查工作突出贡献单位”，被省人社厅、省市场监管局评为“全省市场监管系统先进集体”，为消费者挽回经济损失230万元的1起群体投诉被评为2022年度福建消费维权十大典型案例之一。

【优化服务】2022年，区市场监管局大幅压缩办照时限，行政许可窗口办理时限不断压缩，企业开办实现由原来的3个工作日改为4个小时内办结。全年3929家企业实现即办。全年全区新增市场主体29837户，新增企业、个体户分别为8432户、21405户。

工商行政管理

【“一业一证”改革】2022年，区市场监管局在全市率先开展“一业一证”行业综合许可试点改革，通过压减审查要点、公开审批要素等举措有效化解行政审批过程中的难点、堵点问题，实现企业“多趟跑”向“一趟跑”转变。6月28日，副市长林韶雯在城厢区市场监管局颁发全市首张药品行业综合许可证，全年颁发15份药品行业综合许可证。

2022年6月28日，副市长林韶雯（右三）在城厢区市场监管局颁发全市首张药品行业综合许可证　（吴纪云　摄）

【个体户智能申报】2022年，区市场监管局试点推行个体户智能申报，创新服务机制，在全省率先推行个体工商户智能申报服务，打破传统线下手写模式，利用线上“云表单”申报系统采集各申请要素，统一规范提高申报成功率，同时提供免费邮寄服务，一趟不用跑即可实现不见面审批，全年1906家个体户实现智能申报。

【注销登记改革】2022年，区市场监管局实施简易注销登记改革，压缩市场主体注销登记公告时间，企业简易注销公告时间从45日压缩至20日。年内3964户内资企业办理简易注销登记，同比增长45.73%。开展集群注册登记，简化住所登记，充分释放住所（经营场所）资源，全力服务电商经济、平台经济等辖区特色服务业实现集聚发展，全年新发展入驻集群企业819户，数量位居全市第一。

价格管理

【教育收费专项检查】2022年，区市场监管局联合发改局，教育局等出台《全区教育收费检查工作方案》，组织召开动员部署会，针对该专项工作，细化任务，确定专项工作开展步骤，安排部署该项工作的开展；收集学校及校外培训清单86家，并联合区教育局组织学校开展自查工作，收到自查报告78份；按照一月一督查的形式，3月联合区教育局、区发改局开展对砺成中学的约谈，4月对辖区内2家民办幼儿园开展教育收费检查，5月、6月开展校外培训专项督查，6月对技术学校进行检查，7月对砺成中学再次进行检查，10月对1家公立中学开展检查，全年对16家学校、19家校外培训机构进行检查。

【涉企收费专项检查】2022年5月18日，区市场监管局出台《莆田市城厢区市场监管局关于开展2022年涉企违规收费专项整治行动的通知》（莆城市监〔2022〕31号），第一时间召开专题布置会议，对涉企收费专项整治工作进行布置。按照方案要求，将政府部门及下属单位违规收费行为、行业协会商会及中介机构违规收费行为、水电气等公用事业违规收费行为和金融领域违规收费行为列为重点整治对象。6月6日向收费主体发出《城厢区市场监管局关于组织开展涉企违规收费自查工作的函》，要求有关行政单位对本单位和下属单位在取消收费方面开展自查工作，主动退费整改，及时纠正规范，收到12家行政单位报送的自查报告。联合发改局、民政局等多个企业加强对供水、供电、供气网点和2行业协会进行检查，对其中1家收费公示不规范责令整改；联合基层所对2家银行开展检查未发现违法线索。

【停车场及转供电价格监管】2022年，区市场监管局做好停车场专项整治工作，对2021年备案监督检查过的停车场开展回头看，通过莆田纪委平台，对属于备案范畴的26家停车场投诉举报情况予以办理，并对2家由区自然资源局牵头督查发现问题的，配合对其督促整改；按照省、市督导组对涉及红黄线的转供电督导通报，结合5G转供电专项整治工作，对涉及转供电收费不规范予以逐家规范，检查14家转供电主体，移送1起案件线索。

食品药品监督管理

【食品监管执法】2022年，区市场监管局开展节日期间、校园及周边以及“守底线、查隐患、保安全”、农村假冒伪劣食品治理、夏季食品安全等专项检查行动，有序推进“党建引领 夯基惠民”食品安全社会治理及食品安全“两个责任”工作，全区累计开展食品生产经营主体检查43000多户次，向莆田市市场监管局执法支队移送案件线索188条，同比增长8.67%，移送数量全市最多。“一品一码”新增注册主体272家、累计注册1283家，注册主体数及录入数据量均居全市首位，综合排名全市前列。网络订餐点题整治累计检查5767家次，发现风险隐患140个，抄送下架312家次，移送案件线索94条；在“今日城厢”发布问题商家曝光6期18家。进口冷链食品疫情防控措施经验做法在全市疫情防控工作会议上作专门介绍。

【食品监管工作机制】 2022年，区市场监管局在全市首家统筹建立村居食品安全信息员、综治网格员共同参与的食安创城队伍，建立责任清单制度、工作进度周报、每周督查通报等机制，高效推动食安创城工作落实。在全市率先出台《依职权注销食品经营许可指导意见（试行）》，加大对食品行业“僵尸户”清理力度，获省、市等有关部门肯定，按序清理“僵尸户”1709户。出台食用农产品产地准出和市场准入衔接机制，完善食用农产品监管链条。

【食品安全检测】 2022年，区市场监管局完成监督抽检和风险监测3293批次，同比增长16.95%，不合格58批次，靶向抽检效果增强；快速检测12107批次，同比增长46.18%。全市首家开展食品安全“你提议我抽检”网络投票评选抽检活动，首家发起外卖餐饮店投票评选抽检活动，提高群众对食品监管工作的参与率。

【药品药械安全监管】 2022年，区市场监管局将日常监管与专项结合、与投诉举报等相结合，按照监管职能，有效落实监管。年出动执法人员1589人次，检查药械化经营使用单位共879家次（其中，检查药品零售企业358家次，医疗器械经营企业297家次，医疗机构142家次，化妆品经营使用单位82家次），移送案件线索共39起，处理投诉举报1343起（药品投诉557起、医疗器械投诉209起、化妆品投诉577起）。

【药品药械监督抽查】 2022年，区市场监管局完成国家药品监督抽检9批次、省级药品监督抽检129批次、国家级化妆品监督抽检11批次、省级化妆品监督抽检12批次、区级组织化妆品招投标抽检30批。督促上报药械化不良反应/不良事件监测共549例（药品不良反应387例、医疗器械不良事件107例、化妆品55例）。

质量技术监督管理

【质量提升行动】 2022年，区市场监管局持续推进质量强区、质量兴企战略，开展产品质量技术帮扶，着力质量奖培育，推动落实首席质量官制度，推进小微企业质量管理体系认证提升，指导推荐才子服饰、亚明食品等3家企业参加“2022年市政府质量奖”评选，推荐溢通环保、萨拉曼参加“2022年中国自主品牌博览会”线上品牌参展。持续开展“强服务、守安全、提质量”再落实行动，按照“帮扶企业、提升质量、壮大产业”的总目标，深入重点企业调研，实行“一企一策、一事一议”，以点带面，深化帮扶。全区8名企业家代表参加“先进质量管理方法”，5名企业家代表参加“首席质量官任职培训”，推选华锐鞋材、康腾纸业等10家企业参与小微企业试点提升，帮助、指导企业转型升级。其中包含4家鞋业企业，以期通过为鞋业企业发展提供强有力的政策支持与服务

2023年6月8日，城厢区市场监督管理局带领计量专家到郭氏鞋业开展质量技术帮扶 （黄莉莉 摄）

2022年9月16日，区市场监管局邀请市局专家到溢通环保帮扶、指导、培育质量奖后备企业 （黄莉莉　摄）

保障，进一步服务“莆田好鞋”发展，助力全区鞋业产业转型升级。扎实开展产品质量专项治理，组织开展重点工业产品质量安全排查治理专项行动、学生和儿童用品、危险化学品及包装物、口罩、农资、塑料制品、电力设备产品、“五小车辆”（低速载货汽车、三轮汽车、三轮摩托车、二轮摩托车、拖拉机）等专项摸排、治理。全年出动执法人员460余人次开展专项行动，移送电动车加装违法线索10条，移送数量位居全市首位，守住质量安全底线。

【标准化建设】 2022年，区市场监管局组织对亚明食品有限公司、莆田国投云信科技有限责任公司（智慧U站）、莆田三利谱光电科技有限公司和中电云数智科技有限公司4个市重点企业项目的标准制修订情况进行摸排、走访，开展标准宣贯、培育和质量提升工作。该区企业参与制定的《密封胶老化裂纹的评价图片法》国家标准于10月12日发布实施；“老年沐浴鞋”“老年沐浴鞋止滑性能试验方法”“老年鞋足部保护要求”“成鞋抗扭稳定性能试验方法”“鞋垫垂直回弹性能试验方法”“鞋用热熔胶防水性能试验方法”6个团体标准通过评审。对接台资企业，指导福建马偕生物科技有限公司的试点项目“牛樟芝中药材种植生产研制”完成“两岸标准共通试点”的材料申报。将《中华人民共和国标准化法》《中华人民共和国标准化法实施条例》《国家标准化发展纲要》和省、市、区出台的标准化“惠企政策”汇编成册，结合世界标准日宣传活动，上门走访、解读，将标准化政策汇编送到园区和企业。积极指导华林经济开发区建设创建标准化示范园区，推动园区高质量发展。引导企事业单位参与国际标准、国家标准、行业标准、地方标准、团体标准的制修订，不断提高行业话语权和知名度。

【特种设备安全监管】 2022年，区市场监管局深化隐患排查治

2022年6月，溢通环保（莆田）有限公司通过省市场监管局评定，获评为福建省商业秘密保护示范点，截至2022年底是为全市唯一的省级商业秘密保护示范点 （朱　琼　摄）

理，持续开展特种设备安全专项整治三年行动。全年出动特种设备检查人员524人次，检查特种设备使用单位267家，设备819台，发现问题64家，63家整改到位，及时处理投诉17起，下达监察指令书41份，移送市局案件线索9条，办理特种设备报停、启用、拆除138台。全区特种设备“四个率”（使用登记率、持证上岗率、定期检验率和隐患治理率）继续保持全市领先，特种设备安全保持“零”事故平稳态势，未发现重大安全风险隐患。

2022年1月20日，城厢区市场监督管理局牵头组织有关部门在中电光谷科创城举办知识产权质押融资“入园惠企”银企对接会

（吴国树　摄）

知识产权管理

【落实奖励政策】 2022年，城厢区有23家企业申请区级知识产权专项资金225万元，全区有效发明专利数量为463件，数量位居全市第一。中科华宇、洛东生物2家企业被认定为福建省知识产权优势企业；杰讯光电、亚明食品、蛤老大被认定为国家级知识产权优势企业；星华电子模具、锐马电气通过国家级知识产权优势企业复评；组织才子服饰、海凝环保申报专利转化运用项目补助；组织力飞商标申报福建知识产权公共信息服务网点。加强“莆田鞋”集体商标宣传推广，萨拉曼户外、华丰制鞋、新成威鞋厂、树标体育4家自主品牌鞋企获得授权使用“莆田鞋”集体商标。

【专利权质押贴息贷款】 2022年，区市场监管局支持企业开展专利权质押贴息贷款，召开知识产权质押融资“入园惠企”银企对接会，打通政府、银行、企业等知识产权质押融资服务链条，助力企业知识产权成果转化成生产力和现金流，增加企业融资渠道，降低企业融资成本，“让知产变资产”，恒鑫鞋材、东南艺纸分别获得质押贷款1600万元、4500万元。

（吴国树）

财政　税务

财　政

【概况】2022年，莆田市城厢区财政局（以下简称“区财政局”）坚持稳中求进工作总基调，立足新发展阶段、贯彻新发展理念，构建新发展格局，做好“六稳”“六保”工作，落实积极财政政策，深化财税体制改革，加强政府债务管理，统筹推进疫情防控和经济社会发展。全区一般公共预算总收入34.89亿元，比上年下降3.8%。剔除留抵退税同口径：财政总收入完成37.51亿元，增长1.8%。其中，地方一般公共预算收入25.41亿元，比上年增长1.11%。全区一般公共预算支出32.87亿元，比上年增长3.24%。

【财政收入管理】2022年，区财政局加强建安房地产税源监控和收入分析预测工作，持续抓好建安和土地增值税清算税收征管工作；进一步加大闲置资源盘活力度，做好公共停车位经营权转让工作，全力挖掘非税收入潜力；落实“安置房提速增效”专项行动部署安排，做好剩余安置房拍卖处置工作，全年处置安置房147套，盘活处置收入15837万元。多措并举落实好减税降费政策，年内累计新增减税降费规模43000万元；用好用活专项债券资金，力促工业园区建设，进一步强化土地、资金和各项政策等要素保障，推进“六园千亿”（打造中电科创城核心区、东海鞋服科技产业园、“专精特新”产业园、西许智造产业园、太湖新型功能材料产业园、钟潭工艺小镇六大园区，力争未来3—5年实现产值达千亿元目标）项目早建成、早投用、早见效；拨付资金13000万元，支持规上限上企业升级改造、扩大生产，促进工业企业转型升级；落实“全闽乐购·富美城厢”促消费、平台经济等相关补助政策，推动商贸服务业、平台经济产业健康发展。及时跟进财政政策变化，围绕政策策划项目，提前建立新增债券项目，加强债券项目的储备、评估、遴选工作，做好做细做实债券需求申报工作，全年新增政府债券资金支持501136万元，缓解龙德井、沟头片区、“六园千亿”等重点建设项目的资金需求压力，助推城厢高质量发展超越。同时，主动对接、积极争取上级资金支持，向上争取转移支付资金14400万元，有效弥补收支缺口、缓解财政压力。对接银行获得太湖工业园区轻工业产业园、樟林软件园基础设施基金59700万元；推进国有企业AA主体信用等级评定工作，协调融资担保公司及市城投集团为区内企业债发行提供担保及反担保，推动区城投集团企业债券发行工作；挖掘存量国有资产，对接项目贷款授信，获得停车位经营权和龙德井沟头融资授信73400万元；持续推进樟林片区安置房、月塘南片区改造、区国投集团厂房改造、文献北片区改造等项目融资授信。

【财政资金管理】2022年，区财政局贯彻落实区委、区政府“创品牌”工作要求，牵头开发建设城厢惠企资金直达平台，创新案例成功入选莆田市优化营商环境典型做法，在福建东南卫视、《福建日报》、《湄洲日报》等媒体上推广报道；平台审批节点精简为业务部门和财政部门，审批时限平均缩短可达30天；探索分层分类设置“红黄灯”预警，从原来的“企业集中申报、部门分批兑现”方式转变为“单户即时申报、按时审批兑现”，全省首家探索嵌入“财政预算一体化系统”模块，真正实现惠企资金直达企业指定账户，确保惠企资金支付全流程、可追溯化监控；截至年底，平台访问数量25830人次，上线政策条款99项，注册企业数640家，成功兑现惠企资金超6000万元。贯彻落实国有企业改革三年行动计划要求，制定出台国有集团企业经营业绩考核办法，切实履行企业国有资产监管职责，落实国有资产保值增值责任，建立适应现代企业制度要求的企业激励与约束机制；持续深化国有企业负责人薪酬制度改革，坚持绩效导向，逐步建立符合区属国有企业负责人特点的薪酬制度，规范企业收入分配秩序，实现薪酬水平适当、结构合理、管理规范、监督有效，推动形成合理有序的收入分配格局，促进国有企业持续健康发展。依托财政国库支付动态监控系统，对预算单位财政资金支付清算进行全过程监控，规范财政资金支付管理，提高财政资金管理使用的安全性、规范性、有效性；推进国库电子化管理改革，将全区预算单位会计核算全部纳入国库电子化管理改革监控范围，强化共享财政资金管理数据，提高财政资金支付效率；健全财政支出进度通报机制，加大对预算单位支出的督导力度，不断提高预算单位预算执行力。推进会计信息质量监督检查工作，随机选择3家单位开展检查，重点检查单位会计内控制度、费用支出和报销手续是否规范、债权债务清理等项目，针对检查中发现的问题要求单位及时整改到位；开展国有集团企业重大事项贯彻执行情况检查，重点检查国有集团企业贯彻落实重大事项、干部任免、项目安排、大额度资金使用等内容，进一步加强和规范企业国有资产监督管理；健全“三公”经费公开工作，进一步加大“三公”经费监管力度。

【资金效益管理】2022年，区财政局树立精打细算、勤俭节约的思想，将过紧日子作为预算编制与长期坚持的基本方针，建立节约型财政保障机制；大力精简会议、差旅、培训等公务活动经费，努力降低行政运行成本，在资金使用上更加精准、更加有效；进一步细化完善支出标准，加强预算执行监控，取消低效、无效支出，健全财政支出约束机制。开展政府采购领域地方秩序专项行动，进一步优化政府采购营商环境；加大政府采购支持力度，支持中小企业纾困解难，助力经济平稳健康发展；全年预算采购金额3227万元，实际成交金额2880元，节约资金347万元，节约率10.75%；健全完善项目负责人制度和三级复核机制，对项目评审进行全过程复核管理，严把评审质量关，全年评审工程项目158个，送审总额233894万元，审定额223389万元，净核减10505万元，平均核减率4.49%。以全面绩效管理提高财政资金使用效益，将绩效理念和方法融入预算编制、执行和监督全过程；逐步将事前绩效评估、绩效目标管理、绩效运行监控、绩效事中评价、绩效自评等全流程嵌入预算管理一体化系统，推动预算绩效管理全流程信息化；对预算执行进度和绩效目标实现程度进行双跟踪，切实加强预算绩效评价管理，实现绩效管理跟踪全过程；将绩效评价结果与预算编制挂钩，形成“花钱必问责、无效必问责、低效多压减、有效多安排”的预算绩效管理机制。将直达资金作为实施积极财政政策的重要抓手，深入推进“智慧财政”建设，建立完善全覆盖、全链条的财政资金直达机制，建立健全监控机制，确保直达资金直达基层、市场主体和人民群众，及时发挥效益，直接惠企利民；强化财政资源统筹，建立健全同一领域不同渠道资金、财政拨款资金与非财政拨款资金、不同年度间财政资金的统筹机制，盘活存量，用好增量，深入挖潜；选送的《论财政直达资金如何高效助力疫情防控工作》参加全省改革财经系统青年干部决策咨询报告评选活动，被省改革办《福建改革财经情况（研究参考）》采用并报省领导决策参考，得到省委主要领导的批示。

【资金使用管理】 2022 年，区财政局紧盯新冠疫情防控、支持企业复工复产、保市场主体等重点任务，拨付资金 23268 万元，用于落实患者救治费用补助、疫情防控人员补助，疫情防控所需设备和试剂等项目，并根据疫情防控需要及时追加调拨资金；落实稳住经济一揽子政策措施，出台国有资产经营用房租金减免政策，推动房租减免政策落地，截至年底减免房屋租金 1036 万元，切实减轻小微企业和个体工商户负担。拨付资金 32463 万元，支持九华学校、顶墩实验学校、莆田五中附属学校等多所中小学及幼儿园建设，着力促进教育事业均衡发展，逐步缩小城乡、校际办学差距，促进教育高质量发展；拨付资金 13860 万元，落实教师福利待遇，保障教师享有的工资福利；拨付资金 7358 万元，巩固完善城乡统一的义务教育经费保障机制，持续推进教育领域公共服务均等化；拨付资金 322 万元，全面推广义务教育阶段学校课后服务工作，扎实做好“双减”工作。拨付资金 38455 万元，支持全面提升社会保障水平，完善社会保障救助体系，进一步兜牢基本民生保障底线，保障好各类困难群众、特殊群体的基本生活；拨付资金 22896 万元，支持公立医院综合改革、基本药物制度、基本公共卫生服务等各项任务顺利推进，扎实开展基本公共卫生服务体系建设；拨付资金 3722 万元，加大粮食和成品油储备资金投入力度，提高粮食应急储备能力，支持应急物资保障体系建设。拨付资金 283649 万元，推进龙德井、沟头等片区保障性安居工程建设，加大县委 300 套、农机局集资房等老旧小区升级改造力度；拨付资金 17950 万元，用于持续推进木兰溪流域综合提升，加快污水项目建设，加大黑臭水体及河道整治力度，加强城乡垃圾分类治理；拨付资金 8263 万元，支持农村公路、过街人行天桥和市政基础设施建设及维护等，着力改善城乡居民出行条件；拨付资金 7256 万元，保障扫黑除恶、食品安全专项行动顺利开展，支持视频改建、高清视频探头等建设，提升公共安全和突发事件处置能力；拨付资金 3378 万元，巩固拓展脱贫攻坚成果同乡村振兴有效衔接。

（林维博）

税　务

【概况】 2022 年，莆田市城厢区税务局（以下简称“区税务局”）锚定“抓好党务、干好税务、带好队伍”的税收现代化建设目标，踔厉奋发、攻坚克难，勇毅担当，同心同德，统筹

2022年11月26日，城厢区税务局办税服务厅从一楼整体搬迁至二楼

（林东斌　摄）

做好疫情防控与服务经济社会发展工作，坚持组织收入和减税降费两手抓。全年组织入库税费收入461464万元，其中税收收入290668万元，为地方经济发展提供坚实的财力保障；累计落实各项退税减税缓税降费政策60015万元，释放“退、免、减、缓、降”政策叠加效应，为市场主体渡过难关提供强有力的政策支持；累计办理出口退税额75901万元，助推城厢区外向型经济稳健发展。

2022年5月24日，城厢区税务局走进莆田第三中学，开展以“税法宣传进校园，青春筑梦伴税月”为主题的税法宣传教育活动（林东斌　摄）

【纳税服务】 2022年，区税务局举办多场税管员服务意识及能力提升培训会、税收营商环境暨纳税人满意度座谈会和涉税中介机构服务提升培训咨询会，有效提升服务意识和服务质效。各税源管理分局对全区17396户纳税人开展全覆盖式走访，对197户重点纳税人和10多家规模较大的涉税中介进行重点走访，面对面问计、问需、问策。按照“化解风险、宽严适中、分类处理、一企一策”的原则，为366户购房业主开具购房发票，解决恒大房产“办证难”问题。是年纳税人满意度测评成绩由2021年的全省第71名提升到第40名。

【税法宣传】 2022年5月24日，区税务局开展民法典进校园活动，让民法典走到未成年人身边。9月8日，与区退役军人事务局联合举办退役军人税收优惠政策宣传培训会。12月4—10日全国宪法宣传周期间，区税务局紧扣“学习宣传贯彻党的二十大精神，推动全面贯彻实施宪法”主题，通过在办税服务厅电子显示屏动态播放宪法宣传主题标语，积极转发上级宪法学习公众号文章，窗口人员近距离、面对面向纳税人、缴费人讲解宪法知识等形式，弘扬宪法精神，维护宪法权威，宣传税收法律法规。

（林东斌）

金　融

地方金融监管

【概况】2022年，莆田市城厢区人民政府金融工作办公室（以下简称“区金融办”）守牢金融风险防线,健全完善“政司银企”四位一体联动化险工作机制，协调推进综合监管，全年累计化解不良贷款2.58亿元，不良余额2795万元，比年初减少2.24亿元，不良率降至0.5%以下，按照市金融办下达不良余额控制在1.1亿元以内要求，超额完成8205万元。

【金融监管】2022年，区金融办打击违法犯罪金融活动，防范处置非法集资，发动群众、各类机构组织积极举报线索，按照《城厢区非法集资举报奖励办法》对非法集资举报人进行奖励，全年办理非法集资举报奖励2件,奖励金额1万元。打击“套路贷”违法犯罪行为。加强地方金融组织监管，常态化开展整治清理“无证经营”典当等相关业务行动，组织各镇（街道）对是否超范围或变相经营典当业务开展排查。

（林俊德）

【服务实体经济】2022年6月6日，城厢区制定《建设金融服务中心引导金融服务实体经济的若干措施》，在落户奖励、租金优惠、经营贡献、金融创新、人才引进、配套服务六个方面予以扶持，进一步加强城厢区金融资源集聚，吸引和培育更多金融人才，营造良好的金融营商环境。结合该区金融服务实体经济、支撑重点产业“提质扩容”发展目标，8月31日持续增资市中小企业再担保有限公司2000万元，充分发挥政府性融资担保机构作用，持续提升增信融资担保范围及担保额度。推荐12家行业龙头、专精特新等企业申报年度省级重点上市后备企业，11月28日公布符合省级后备库企业5家（才子股份、亚明食品、华源工贸、海源实业、郭氏鞋业）。

（陈建洪）

银行业

【工商银行城厢支行】2022年，中国工商银行莆田城厢支行（以下简称“工行城厢支行”）坚持落实省、市分行的经营发展战略部署，紧跟发展方向，攻坚拓展目标，旨在提升市场竞争力，推动支行经营发展。是年，实现拨备前利润2.19亿元，净利润1.06亿元，中间业务收入41668万元，实现本外币存款余额 73.9 亿元，比年初增加 4.12 亿元。实现本外币贷款余额 60.03 亿元，比年初增长 1.97 亿元，支行不良贷款 6812.75 万元，全口径不良率为 1.13%。

2022 年，工行城厢支行贯彻执行总行“48 字”工作思路和省、市分行党委统一部署，围绕中心工作，对标金融工作“三项任务”。年内，普惠业务、机构业务、公司业务、增收创收、网点提升等领域取得较好成绩，实现高质量党建引领高质量发展的预期目标。

2022 年，工行城厢支行强化渠道服务，新设立网点实现系统开业，全面跟进新网点的营销团队配置、客户拓展、开业营销等相关事宜。同时不断巩固网点规范化培训成果，强化客户投诉治理等工作，进一步优化窗口和厅堂服务质量，提升网点营业场所服务环境和服务水平。结合支行特色开展“雏鹰人才”培养项目，打造“跨岗位、多渠道、实战化”学习交流平台，有序推进年轻干部的培养、管理和使用。加大对管理人员年末重点项目、重点工作业绩的评价考核力度，推动管理人员能上能下考核机制，着力打造一支勇担当、能吃苦、善作为的管理人员团队。支行通过对下辖落后网点采取创新发展方式、优化客户结构、调整干部队伍、改进渠道建设等措施，促进落后网点提质增效，辖区网点实现均衡发展。发掘各网点支行的优势业务，着重优势拓展开发，各网点在基保理销售、普惠、汽车分期、家装、综合消费分期等不同业务上均有良好发展，初步呈现出特色化经营成效。

2022 年，工行城厢支行普惠业务实现跨越式发展，以“e 抵快贷”“烟商贷”等金融产品为抓手，加强压力传导，年末实现普惠贷款余额 7.99 亿元，较年初新增长 2.52 万元，实现增长 46.22%，完成全年计划任务的 157.79%，网均普惠任务完成率为 317%。余额增量、完成率以及网均增量均稳居系统内第一。机构业务实现蓬勃发展，机构存款 13 个领域中有 10 个领域实现大幅正增长，主要集中在财政、交通城建、公积金等板块。在机构客户拓展方面，支行营销团队开展对公账户“1+3”的营销模式，依托场景建设项目，维系客户黏性。年内实现净增机构户 29 户，完成率 181.25% 的好成绩。支行在莆田分行 2022 年度机构金融专业考评中获得第一名。提质创收实现突破发展中间业务收入 4166 万元，系统内占比 20%。支行明确项目创收核心，抓好重点产品渗透。做强汽车分期业务，提升薄弱板块，代理保险业务实现新突破，支行在工行莆田分行 2022 年度银行卡专业考评中获得第一名，在私人银行专业考评中获得第三名。

（梁　琳）

【建设银行城厢支行】 2022 年，中国建设银行莆田分行城厢支行（以下简称“建行城厢支行”）始终坚持业务工作的重点在哪里，党建工作就跟进到哪里，真正把党建工作的触角深入业务发展中去，实现党建工作和业务工作的同发展。全行一般性存款日均新增 4.34 亿元，一般性存款时点余额 49.45 亿元，当年新增 1.84 亿元。各项贷款余额 74.11 亿元，当年新增 8.09 亿元，其中，对公贷款新增 3.52 亿元，个人贷款新增 4.57 亿元。

2022 年，建行城厢支行始终把增存稳存放在更加突出的位置，全面梳理辖内存量客户，通过开展对公客户、个人客户大走访、客户分层维护等活动，把目标客户“请进来”，提高目标客户在该行的业务总量及市场份额。合理匹配该行产品，精准运用大额存单产品，统筹运用结构性存款、龙智赢等各类产品，夯实存款发展基础，满足重点客户重要时期资金增值和安全性需求，提升市场份额。

2022 年，建行城厢支行精准定位，加大对绿色信贷、民营企业、涉农贷款等重点领域信贷支持力度，做好储备和投放准备，促进贷款均衡、稳定增长。把个人贷款作为资产业务的重要抓手，狠抓优质楼盘营销，稳定行内领先优势，扩大楼盘业务占比，力求最大市场份额；重视营销精准化，抢抓消费类贷款营销机遇，以“建易贷”为重要抓手，加大对消费领域的信贷支持力度。

2022 年，建行城厢支行把风险管理摆在更加突出的位置，压实风险管理职责，将风险管理职责融入日常，切实落实规定动作。重点做好“三查”动作，提升风险全面主动管理能力，着重做好授信流程贷前、贷中、贷后关键环节作业，切实防范客户风险；加大对不良贷款的处置力度，全力以赴压逾期、降不良，持续做好资产质量管控工作。

2022年，建行城厢支行稳步发展普惠金融，借助商户云贷（银联版）、个体工商户经营快贷、闽烟云贷、云税贷等重点产品实现信用快贷的迅速扩户增量。积极开展场景运营，丰富代工客户生态场景建设，推进“智慧食堂”合作建设；对接辖内企业，巧用建行生活“工会提货”模式，助力企业发放员工福利，丰富建行生活平台活动内容与功能，聚焦客户平台流量汇集，在“双子星”推进中迈开坚实的一步。积极履行社会责任，成功投放精准扶贫贷款，定期走访慰问挂钩贫困户，关注贫困户“三保障”等基本情况，持续推进脱贫攻坚成果。

（黄慧征）

【农业银行城厢支行】 2022年，中国农业银行莆田城厢支行（以下简称“农行城厢支行”）全面贯彻落实总行、省、市分行党委决策部署，深入践行省分行“12356战略”，狠抓主体业务发展，突出服务实体经济和乡村振兴，持续提升市场份额和竞争力；坚守风险合规底线，从严治行、从严管理，持续提升风险防控和内部管理水平；坚持党建领航，强化队伍建设，推动全行实现高质量发展。截至2022年12月31日，全行本外币各项存款日均余额71.81亿元，较年初增长5.65亿元；全行本外币各项贷款余额80.44亿元，比年初增加4.31亿元；全行实现中间业务收入3452万元，实现营业收入2.84亿元，实现净利润1.74亿元；全年处置不良贷款9747万元，不良贷款持续“双降”。

2022年，农行城厢支行对接省、市级重点项目和莆田市十二大产业链中市政府重点推荐企业和项目，持续加大对服务实体经济的信贷支持力度，支持地方重点项目和支柱产业。截至年底，新增投放绶溪棚改项目3.2亿元。围绕“增量、扩面、降本”，持续加大对普惠型小微企业的信贷支持力度，银保监口径普惠型小微企业贷款余额2.95亿元，比年初增加0.69亿元；贷款户数108户，比年初增加7户；普惠型小微企业贷款加权平均利率3.82%，比上年下降0.33个百分点。

2022年，农行城厢支行涉农贷款占比有效提升，涉农贷款增加0.66亿元，余额占比13%；加大涉农龙头企业贷款投放力度，支持3家涉农龙头企业，金额1.62亿元；持续推动“惠农e贷”扩面提质，“惠农e贷”余额3.40亿元，比年初增加0.79亿元；“惠农e贷”覆盖辖内94个村，覆盖率达93%。

2022年，农行城厢支行进一步压实案防责任，深入贯彻省分行新一届党委进一步全面从严治行、严防案件的18条措施，召开案件防控专题会，扎实开展案件防控行动、“合规教育年”活动，召开警示教育大会、专题民主生活会，同时用好问责利器，强化监督执纪问责。加强信用风险管控，深挖不良处置潜力，全面处置存量不良贷款本金0.97亿元，实现核销贷款清收0.85亿元。持续提升风控能力，通过优化主体、强化担保等方式，加强对存量风险客户的管理，有效化解存量风险客户贷款0.25亿元。

（郑朝晖）

【中国银行城厢支行】 2022年，中国银行莆田分行在城厢片区设立5家机构，分别为中国银行城厢支行、中国银行文献支行、中国银行城港支行、中国银行龙桥支行、中国银行荔园支行，在岗员工40人。5家对外营业网点依托手机、互联网、平板电脑、自助设备等向客户提供服务，构建以客户体验为核心的“线上+线下”渠道，为客户提供全面优质的金融服务。

2022年，中国银行城厢支行抢抓市场机遇，以绩效考核为导向，以优质产品为抓手，加大客户拓展力度。截至年末，城厢片区5家机构全量客户金融资产余额总计25.16亿元，较上年新增4.89亿元。

2022年，中国银行城厢支行坚持金融本源，聚焦“十四五”规划建设，加强重点项目建设，支持民营经济发展，精准助力普惠企业，助力乡村振兴，全力支持复工复产，扎实推进“六稳六保”，践行国有大行责任。截至年末，城厢片区5家机构贷款余额总计23.1亿元，较上年下降2.4亿元。

2022年，中国银行城厢支行始终践行“融通世界 造福社会”的社会使命，重点拼抢“代发薪+消费金融”市场，夯实有效客户。贯彻落实上级行发展战略，进一步推动代发薪业务快速稳健发展。重点对接区内各建设单位，积极上门服务，为农民工服务，加强联动，提升负债等全量业务；响应政府推动消费扩容的号召，重点对接区内各车行、建材商场，开展各类消费分期优惠活动，提高中间业务收入，促进居民消费。

2022年，中国银行城厢支行认真贯彻落实总行担当国有大行责任、使命，聚焦服务实体经济的目标纲要。围绕区政府聚焦目标任务、强化统筹协调，扎实高效推进，全面加快重点项目建设，推动全区经济社会高质量发展。切实加大实体经济服务力度，支持城厢鞋服、食品、工艺美术、电子信息等特色产业升级发展。依托普惠金融优惠政策，城厢片区5家机构全年为33家小微企业及个体经营者新增发放普惠贷款0.96亿元，其中涉农贷款新增878万元。切实降低贷款利率，为企业减负，助力经济发展，实现政银企三方共赢。

（许溢冰）

【兴业银行城厢支行】 2022年，兴业银行莆田市城厢支行（以下简称“兴业银行城厢支行”）实现账面利润3.62亿元。支行各项存款余额22.13亿元，较年初增加1.89亿元，其中对公存款余额6.23亿元，较年初减少2.14亿元；个人存款余额15.90亿元，较年初增加4.03亿元。各项贷款余额30.87亿元，较年初增加0.36亿元，其中单位贷款余额4.68亿元，较年初增加0.75亿元；个人贷款余额26.19亿元，较年初减少0.39亿元。

（陈一珊）

【农商银行城厢支行】 2022年，莆田农村商业银行股份有限公司城厢支行（以下简称“农商银行城厢支行”）设立“劳动驿站”，配备基本的便民服务设施，包括饮水机、医药箱、微波炉、简易工具等，以“一点一滴”的公益力量，切实解决户外劳动者“喝水难、热饭难、休息难、如厕难、补给难”等现实问题。

2022年8月12日，农商银行城厢支行在坂头分理处举办暑假第一期“小小银行家”公益体验课。活动采取积分赛形式，寓教于乐，设置点钞比赛、财商小游戏、知识抢答、银行角色扮演等项目，为每位到场参加活动的小朋友发放奖品及“小小银行家”荣誉证书。

（宋桂华）

【邮储银行城厢支行】 2022年，中国邮政储蓄银行莆田市城厢区支行（以下简称“邮储银行城厢支行”）以“敬业、协作、创优、奉献”的精神内涵为指引，以倡导职业文明为核心，以银行从业规范为标准，以科学管理为手段，以让群众满意为目标，坚持把支部创建工作与网点服务工作相结合，将青年的活力与创造力凝聚在一起，打造文明窗口，展现良好的职业形象和精神风貌。

2022年，邮储银行城厢支

2022年8月12日，农商银行城厢支行在坂头分理处举办暑假第一期“小小银行家”公益体验课（宋桂华 摄）

行个人储蓄存款年日均余额净增2302万元，公司存款年日均余额净增791万元；个人经营性贷款净增13968万元，小企业贷款净增8782万元，较好完成年度目标。在资产质量状况指标方面：截至2022年末，不良率0.39%，较好地完成全年清收计划。

2022年，邮储银行城厢支行不断创新开展各类行业客户活动，提供综合金融服务。打造“金融+服务”生态圈，强化“党建+邻里中心”合作模式，有效整合客户资源，搭建客户交流平台，为客户提供全方位综合服务。挺进乡村“新蓝海”，积极服务乡村振兴，持续进村入户宣传金融产品，以信用村创建为着力点，以村委贷和信用贷为切入点，扎实宣传邮储银行服务乡村振兴的举措和金融产品。每周定期走访辖区内商会、协会负责人，维护客户，“迈开腿、引进来”，有效提高支行服务实体经济的成效。通过开展“行长值大堂”活动，查找支行网点服务薄弱环节，对存在问题的员工及时进行一对一指导，大大改善支行行风、行貌，打通金融服务“最后一公里”。

2022年，邮储银行城厢支行党支部坚持党建引领，发挥支部的战斗堡垒作用，持续加强党的建设，助力脱贫攻坚工作，全面强化风险管理，与优化服务、业务发展、安全生产、提质增效相结合，引导党员及团员参与各项服务工作，创建“党团+群众1+1”模式，持续开展“比学赶帮超”“共建共享共进”“领题破题”“三亮三比三评”等活动，深化“强基固本”质量提升工程。组建“党员+”公司、信贷、个金、资产保全、催收等小分队，由支委担任负责人，带领党员群众拓展业务，增强担当意识，激发“敢闯”“敢拼”“敢亮剑”精神，在干事创业上冲在最前沿，发挥好表率作用，为支行各项经营发展贡献应有力量。截至年末，邮储银行城厢区支行业务收入情况和利润完成率均位于全市前列。

2022年，邮储银行城厢支行秉承“进步，与您同步”企业文化的核心理念，加强企业文化建设，增强团队的向心力、凝聚力和战斗力。组织全体党员参观闽中第一支部旧址、陈国柱故居、林则徐禁毒教育基地等；与当地知名企业等联合开展党建活动，进一步强化银企沟通联系，推进党建文化与企业文化建设的相互交融；开展各类评优评先活动，对表现突出的员工给予奖励，树立先进典型，激发全体员工的工作热情，形成人人争先，拼搏向上的积极团队文化；深入开展合规文化建设，通过大学习、大讨论和查摆、整改等多种形式，强化团员主动合规意识，推进合规文化建设纵向延伸、落地基层。

（蔡晓敏）

【光大银行城厢支行】 2022年，光大银行莆田市城厢支行（以下简称“光大银行城厢支行”）全体员工秉承“阳光在心 服务在行”的核心理念和“诚信为本、创新为先、卓越执行、和谐发展”的价值观，克难攻坚，奋力拼搏，取得较好的成绩。截至年末，存款余额为90948.89元，贷款余额为10258.54万元，不良贷款率为0，不良率为0。支行获评中国光大银行莆田分行综合发展优秀支行，支行史海萍获评中国光大银行2022年优秀团干，支行黄媛媛获评莆田分行潜力客户新增优秀奖和年度数金业务数字金融、云生活双月活拓展先锋。

2022年，光大银行城厢支行举行“感恩有您 携手同行”客户端午节尊享会

（张 钦 摄）

2022年，光大银行城厢支行以新闻媒体为宣传载体，先后在微信公众号上发稿3篇，宣传光大银行城厢支行服务“三农”、服务中小企业、支持地方经济发展的新举措，树立光大银行城厢支行良好的社会形象。

2022年，光大银行城厢支行先后举办端午节尊享会、“三八”国际妇女节活动、“五一”线上歌唱比赛等文体活动，丰富职工文体生活，增强企业的凝聚力和向心力。

（张　钦）

【厦门银行城厢支行】 2022年，厦门银行股份有限公司莆田城厢支行（以下简称“厦门银行城厢支行”）贯彻落实上级行的各项决策部署，以发展为主旋律，以创效为核心目标，各项工作呈现持续发展状态。

2022年，厦门银行城厢支行全面落实《关于加强新市民金融服务工作的通知》，坚守普惠金融初心，针对辖内新市民客群需求，多措并举落实服务新市民各项措施，加快产品优化，提升客户体验，做好新市民金融服务保障，助力新市民在城镇更好地安居创业。推出个人经营性抵押贷款——“快E贷”和“税e抵”，着力解决新市民创业融资、融资贵的问题；推出在线消费信用贷款——“E秒贷”和无界数字信用卡，终身免年费，解决新市民日常衣食住行的民生问题。

2022年，厦门银行城厢支行始终将防范化解金融风险排在首位，努力健全风险防范机制。贷款风险管理方面：贷前对每一笔贷款严格执行客户经理、团队长实地调查，针对有风险或疑似风险客户坚决执行退出机制，贷中要求客户经理全面细致进行实地访查；贷后按总分行的要求走访客户落实客户真实贷后情况，对于存量的客户，做好定期贷后要求。员工风险管理方面：按季对员工异常行为进行排查，按年签订员工案件防控责任书，让员工提高思想认识和防范意识，守法合规，诚实守信，强化职业操守。

2022年10月14日，厦门银行城厢支行联合城厢公安分局反诈中心、禁毒大队、中国移动莆田分公司、城厢区医院、凤凰山派出所、街道办事处等部门合作在南门凤凰百货开展“平安三率”、防诈宣传活动，现场通过分发宣传单讲解防诈知识。

（蔡坤富）

保　险

【人保财险城厢支公司】 2022年，中国人民财产保险股份有限公司莆田市城厢支公司（以下简称“人保财险城厢支公司”），围绕高质量发展转型和集团公司“卓越保险战略”，坚持对标发展，在业务经营稳中求进，效益发展逐步呈现出良好态势，全年实现保费9866.91万元，实现利润1407.19万元。

2022年1月17日上午，人保财险城厢支公司参加城厢区“平安春运”启动仪式，协同公安交警及交通执法部门做好春运期间道路交通安全管理和服务，持续推进深化“警保联动”合作，为广大人民群众欢度新春佳节创造一个安全、畅通、有序的道路。

2022年1月，人保财险城厢支公司对全区2022年第一季度粮食生产、水稻种植、蔬菜生产等扶农惠粮政策执行情况进行深入调研，向农户们普及保险理念和保险知识，宣传保险保障民生的基本功能。

2022年3月，人保财险城厢支公司联合区农业农村局到灵川、常太等镇（街道）召开水稻种植保险业务培训推进会，现场对接水稻农户，宣传水稻种植保险惠农政策，护航春耕生产。

2022年3月18日，人保财险城厢支公司组织员工在北磨小区路口积极开展以“共促消费公平 共享数字金融”为主题的“3·15”普法教育集中宣传日活动。以悬挂横幅、摆放宣传展架、发放宣传折页等方式向群众宣传消费者权益保护相关法律知识及非法集资、反洗钱、反恐怖融资、扫黑除恶斗争等知识，并在活动现场为过往群众答疑解惑，引导广大金融消费者合理选择金融产品，助力保障消费者合法权利。

2022年5月19日，人保财险城厢支公司参与城厢区政府在万达广场开展的2022年防灾减

2022年3月18日，人保财险城厢支公司组织员工在北磨小区路口开展以“共促消费公平 共享数字金融”为主题的“3·15”普法教育集中宣传日活动 （方丽华 摄）

灾宣传周宣传活动，通过设置宣传点、摆放宣传海报以及发放宣传折页等方式开展，围绕活动主题向过往群众科普日常生活中常见防灾减灾知识，同时宣传民生保险政府主导、人民受益的保障功能，提升群众的保险意识和风险防范能力。

2022年7月8日，人保财险城厢支公司党支部与城厢区农业农村局支部联合开展“认领一亩田，唤醒撂荒田”主题党日活动。

2023年8月31日，莆田市城厢支公司组织员工开展“清廉金融文化进校园”宣传活动，为学生宣讲清廉金融文化，普及金融知识，倡导“亲”“清”关系，杜绝金融行业“潜规则”。

2022年9月9日，人保财险城厢支公司组织员工走进新路鞋业，开展金融知识普及月宣传活动。围绕着“金融知识普及月，金融知识进万家，争做理性投资者，争做金融好网民”主题，向企业员工发放宣传资料，引导和提醒企业员工远离金融诈骗和非法产品。

2022年9月21日，人保财险城厢支公司组织志愿者进入下磨社区开展新市民金融服务集中宣传日活动。通过悬挂横幅、摆放宣传展架、发放《新市民金融服务指南》及宣传折页等方式向社区来往的群众宣传新市民金融服务，并现场解读新市民金融服务的政策和产品。

2022年9月27日，人保财险城厢支公司组织开展“PICC员工爱心日”集中捐助活动，进一步关注职工民生、造福困难员工，帮助员工解决困难。

2022年，人保财险城厢支公司以“7·8”全国保险公众宣传日为契机，组织员工在下磨社区开展以“奋进新征程 保险守护稳稳的幸福”为主题的保险公众宣传日活动。组织员工利用“助推乡村振兴、服务老年群体”保险公益健步走微信小程序，参与捐赠步数活动，为需要帮助的地区和人群提供保险保障和公益服务，截至7月8日40名员工参与。

2022年，人保财险城厢支公司为全区40人办理灵活就业人员意外伤害保险，签单保费4000元。

2022年5月26日，人保财险城厢支公司成功签下全市首单政

2022年7月8日，人保财险城厢支公司党支部与城厢区农业农村局支部联合开展“认领一亩田，唤醒撂荒地”主题党日活动 （方丽华 摄）

策性玉米种植保险，为常太镇下莒村的3.33公顷玉米种植提供2.5万元的风险保障，该政策性农险保单的落地标志着城厢支公司在当地特色农产品中开拓出新领域，抢占农险市场新的制高点。

2022年8月22日，人保财险城厢支公司成功签下全省首单商业性果树风灾气象指数保险，为辖区内的0.33公顷龙眼果树提供1.5万元的风险保障。

2022年8月23日，人保财险城厢支公司华亭营销服务部成功签出全市系统首单“惠闽宝”超千人团单，合计参保3275人，实现保费收入40余万元。

（方丽华）

【人寿保险城厢支公司】2022年，中国人寿保险股份有限公司莆田市城厢区支公司（以下简称“人寿保险城厢支公司”）对内以“发展”和“改变”为核心，强化队伍精兵强将，提升队伍与银行的沟通谈判能力和销售促成能力；对外坚持“2+2”渠道重点合作策略，保持中行+工行两核心&农行+建行两重点渠道保费占比，强化网点经营保星增星，提升项目运作产能。截至年底，实现首年期交保费1703.9万元，比上年提升19.7%，其中五年期完成1031.6万元，比上年提升76%；渠道标保209.1万元，比上年提升51.7%；实现短险保费收入53.22万元，比上年提升195.2%；三星级以上网点28个，比上年增长48%。

2022年，人寿保险城厢支公司首卖日阶段借助上级公司搭建厅堂一体化平台，在渠道上以精准销售保费为主打方式；一季度结合春节、情人节、“三八”国际妇女节等假日营销推动季度目标转型；二季度结合边客养边销售策略，在不同渠道投放团扇DIY、美甲DIY等主题客养活动冲刺半年度；三季度结合拆迁户、中秋主题等，密集开展活动，全力冲刺全年收官。

2022年，人寿保险城厢支公司主要期交业务贡献渠道来自中行和工行，保费合计1157.3万元，占总保费的67.9%。根据不同渠道特点，人寿保险城厢支公司结合渠道保险销售重点阶段，摸索突破口，取得一定的成效。

人寿保险城厢支公司贯彻执行省市公司关于星级网点保星升星指导策略，借助各阶段渠道活动造势星级品质网点，与支行达成共识，联动精品网点荣誉表彰，深挖实力网点保费，促进网点升星。年内，二星以上网点33个，同比增长50%；三星以上网点28个，同比增长48%。

2022年，人寿保险城厢支公司培养网点常态化精准销售，借助大单销售思维、吉祥数字等拉高件均保费产能。年内网点89个，准入47个网点，破零45个，破零率50.6%；破零网点网均产能37.9万元，同比增长49.2%；渠道保费件数432件，件均保费3.9万元，同比增长69.5%。

（陈丽贞）

城乡建设与管理

综 述

【概况】2022年，城厢区扎实开展城市功能与品质提升三年行动，统筹推进60个城市建设品质提升项目，其中城市更新工程29个、生态连绵工程7个、交通通达工程10个、安全韧性工程9个、农村水环境治理1个，农村居住环境整治工程1个、农村风貌管控工程3个，年内计划投资59.4亿元，累计完成投资约60亿元，完成年度计划投资的101%。区住建局牵头实施推进的全省城市功能品质提升“十大样板”中的“崇尚集约建房”示范区建设、无障碍设施建设示范区2个样板项目，获得2022年度福建省城乡建设品质提升正向激励省级奖励资金700万元。

【优化营商环境】2022年，莆田市城厢区住房和城乡建设局（以下简称“区住建局”）深入贯彻“放管服”改革精神，认真落实区委、区政府“五大专项行动”（龙头企业培优扶强、服务业提质扩容、抓前期促开工、大招商招大商、安置房提速增效等专项行动）工作部署，推进工程建设项目审批制度改革，进一步压缩审批时限，消防验收由7个工作日调整为5个工作日，进一步简化施工许可证办件材料，全面推行“桩基先行”施工许可审批方式，促进企业早开工、早投产，企业办事更加便捷、高效，营商环境进一步优化提升。对照省审改办《2022年设区市及平潭综合实验区“放管服”改革绩效考核办法》，区住建局行政许可“全程网办”、“一趟不用跑”及“减时限”占比率等各主要工作指标均超过省里要求，企业办件“非常满意率”达100%。

【历史建筑保护】2022年，区住建局全部完成历史建筑普查认定工作，分3批次公布40处历史建筑、286处传统风貌建筑的征求意见；委托福建省城乡规划设计研究院开展测绘建档及图则保护工作，完成49栋历史建筑的测绘建档及保护图则工作；完成全区传统风貌建筑保护方案的制定。

（陈佳红）

城市建设

【老旧小区改造】2022年，城厢区完成老旧小区改造项目7个，包括西门小区、工行集资房、口岸小区、一中集资房、石景路周边小区、石室路周边小区、河滨路周边小区，涉及楼房42栋、居民1326户、建筑面积15万平方米。

【棚户区改造】 2022年，莆田市保障性安居工程协调小组下达城厢区城市棚户区住房改造开工任务为1900套。经分解落实，该区在全市率先完成棚改指标任务。

【安置房建设】 2022年，城厢区大力实施安置房提速增效专项行动，取得良好成效。全年实现竣工回迁项目6个，即城厢区霞林地块七安置房，坂头东地块一、三、四地块安置房，顶墩下黄整村改造，华亭顶宅安置区项目，回迁户数1700户，2860套，面积28.64万平方米，全年实现新开工项目5个，即万达南片区改造项目、坂头西片区改造项目、月塘南片区改造（一期）项目、文献北片区一期、樟林片区整村改造项目，总建设套数10555套，面积180.45万平方米。

【基础设施建设】 2022年，城厢区大力推进市政基础设施建设，实施“绿化美化亮化”工程，不断提升城市功能。重点实施福道、郊野公园、龙德井片区精品公园、沟头片区精品公园等项目。新建大埔口袋公园、后塘村口袋公园、常太村口袋公园、柯朱村口袋公园、东朱村口袋公园5个口袋公园，新增绿地面积7.1公顷、绿道6千米，建成区绿化覆盖率达46.5%，人均公园绿地面积15.98平方米，增添市民休憩空间；完成坂头东片区路网、御龙天峰北侧上山路市政道路建设；新建万达南周边路网等道路工程项目，推进溪北路延伸段、滨溪路、南园社区周边道路等多条道路建设项目前期手续。

【供水安全管理】 2022年，城厢区以迎接创建全国食品安全示范区考评为契机，每季度联合市住建局对全区楼盘小区用户末梢水进行抽样检查，水样合格率100%，同时区住建局对全区25个点位的楼盘小区及公共场所水质进行抽样检测，水质检测均达标。对莆田市自来水有限公司等集中式供水单位开展监督检查，市自来水公司二厂出厂水合格率100%，管网水合格率达99%以上。

【污水管网建设】 2022年，城厢区完成龙德井片区危旧房改造项目、沟头片区城市更新建设项目、坂头东片区周边道路、万达南片区周边道路、南门片区周边道路内约8千米污水管网新建。

【黑臭水体治理】 2022年，市河长办、市生态环境局、市住建局、市水利局4个部门每月联合对各县区木兰溪流域水环境治理进行考评通报，城厢区考评综合得分均最高；市住建局每月对各县区城镇污水处理提质增效及建成区黑臭水体和河道治理进行通报，城厢区考核排名均靠前；第四季度建成区2条黑臭水体省环保厅水质检测均合格，上半年龙桥溪公众调查评议满意率达到96.63%，下磨溪公众调查评议满意率达到98.23%；率先在全市各县区建立污水处理设施运行维护主体，依托区城投集团对城区市政污水设施进行常态化维护，开展常规巡查、清淤疏通、截污纳管、诉求件处理、更换污水井盖及防坠落网等工作，确保日常维护及应急抢修“拉得出、冲得上、打得赢”。

（陈佳红）

市容环卫

【概况】 2022年，城厢区持续健全环卫事业可持续发展机制，按照“工作规范化、作业精细化、考核科学化”的要求，有效推进环境卫生管理工作抓细、抓薄弱、抓出效果，努力营造山清、水秀、地净的城乡人居环境。1—12月，全区收集清运生活垃圾195845吨、餐厨垃圾9101吨、废弃油脂量414吨；清理野广告133.6万处，约19.2平方千米。

【城乡环境整治】 2022年，城厢区组织开展全域性环卫大扫除6次，分五组挂钩各镇（街道）、园区进行环境卫生日常督导，督促整改市、区级环卫问题10979个，妥善办结“12345”平台环卫投诉32件、省生态环保例行督察群众投诉5件，办结

2022年1月14日，城厢区环卫处在肖厝社区开展“绿水青山就是金山银山”主题实践志愿宣传服务活动（谢苗苗　摄）

率 100%。建立重大节会、常态化创城“全员一线挂钩督查”机制，创新“步巡 + 车巡”“挂图作战”“专班 + 专项”等督查模式，每月结合安全生产下一线开展业务指导，有效推进环境卫生管理提档升级。

【垃圾分类普及】2022 年，城厢区健全区、街道、社区三级联动机制，坚持定期召开推进会、部署会等，层层推动生活垃圾分类工作。建立月考评、明察暗访相结合的督导制度，开展督导 9 次，下发通报文件 7 份，发现整改问题约 260 个。充分发挥莆田广电、《湄洲日报》、微信朋友圈、短彩信等媒体平台渠道，发布 60 余篇宣传推文，知识普及人数不低于 20 万人；打造集科技性、体验性和科普性于一体的区级生活垃圾分类宣教中心，借助居民小区宣教室、社区“党建 +”邻里中心、街道文化站等宣教平台，持续开展“六进”宣传活动 45 次。同时，不断优化提升分类屋（亭）、完善配套硬件设施，配强分类管理员，积极落实前端“四定”体系；统筹国有环卫公司、民营清运公司、物业、社区等打造运输线路 38 条。

【餐厨垃圾管理】2022 年，城厢区实行市区两级收运模式，进一步完善二级收运体系，7 个镇街（含华林园区）均购配满足二级收运要求的设施设备，免费为餐饮单位提供餐厨垃圾收运服务。加强巡查督导，每月至少组织 2 次工作督导、1 次联合执法，开展督导、执法 30 余场次，在定期执法基础上，不定期开展 6 次夜间、餐厨废弃油脂、河湖周边等专项巡查，全力保障食品安全和人民群众身体健康。同时，及时对新开业、停歇业餐饮单位进行信息更新，对新开业餐饮单位进行法规政策知识普及，并督促镇（街道）及时签约，确保签约一家、收运一家。组织开展政策业务培训 3 场次，有效提升相关人员业务能力；深化宣传引导，张贴规范管理宣传牌 364 块、发放告知（倡议）书约 3700 份，有效增强餐饮单位垃圾分类和规范餐厨管理意识，提高群众满意度。

【为民办实事项目】2022 年，城厢区新购置洗扫、压缩、收运等各类车辆 23 部，完成 59 座城

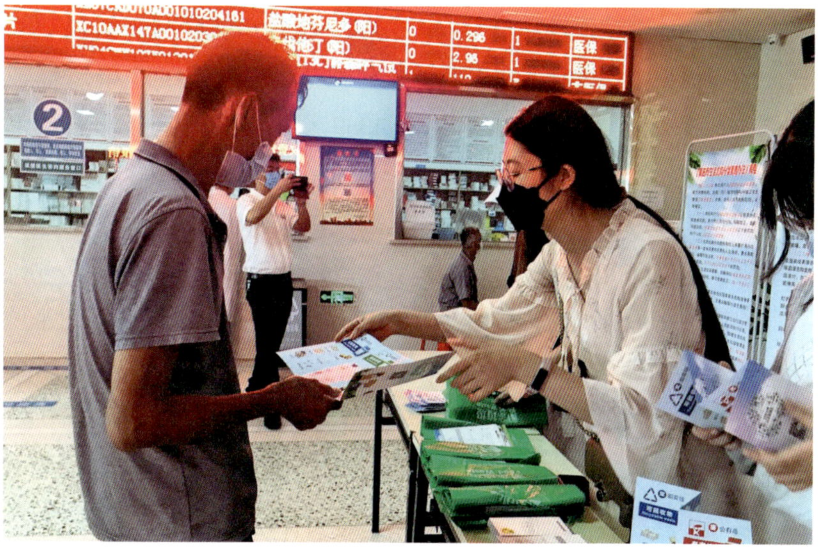

2022年6月28日，城厢区环卫处联合华亭镇到华侨医院开展“垃圾分类与健康同行”主题宣传进医院活动（陈秀花　摄）

乡垃圾分类屋（亭）的建设任务。持续推动“厕所革命”，结合群众诉求，因地制宜地在灵川东进五帝庙、万达天桥下分别新建1座公厕，解决旅游景点周边、长途公交枢纽群众如厕难问题，切实“方便”于民。打造“内外兼修”公厕，成为点缀人居环境的一道风景线，外观上，既融入莆仙文化元素，打造强烈的闽中古式建筑视觉效果，又根据建筑面积受限实际情况，采用现代简约混合钢样式；功能上，集智能冲水、扫码免费取纸、温馨提示语音、母婴盥洗室、第三卫生间于一体，功能多样又显人文关怀；同时，强化公厕管理，明确保洁标准。

【环卫队伍建设】 2022年，城厢区加强环卫队伍建设，规范作业标准、考核要求，通过奖惩分明的机制，评出“十佳清洁工”“十佳清运司机”等，为奋战在清运涉疫垃圾一线的工人颁发“抗疫先锋”荣誉证书，提升工作成就感，充分调动环卫工人工作的积极性和主动性；以“熟悉作业、提升质量、注重安全”为目标进行培训，开展作业安全、垃圾分类、餐厨管理等培训12场，覆盖约1600人次，用真实案例授课，将遵守交通规则理念深植环卫工人心中。不断丰富社会关爱内容，联合市区总工会、爱心企事业单位，积极开展重要节日、疫情防控等慰问，为工人送去生活物资、人身保险、精神关爱等，开展节日、高温、疫情防控等慰问活动22场，覆盖5991人次，区环卫协会慰问受伤工人8起，慰问金额约8200元；针对环卫工人常在路面一线作业的特点，联合新华保险为1037名环卫工人每人赠送最高保额10万元的保险，切实提升工作的归属感、幸福感。

（唐雪晶）

建筑行业管理

【建筑业】 2022年，城厢区建筑业创税收46322万元，同比增长29.4%，全年完成建筑业产值200亿元，同比增长3.85%。全年新引进亿耀、中建广厦、中建五局莆田公司3家区外一级企业。

【安全生产监管】 2022年，区住建局每季度对辖区67个在建工地采用双随机全覆盖的形式进行检查。全年派出检查人员845余人次，发出整改通知单313份，发现安全隐患1423条，整改1339条，整改率94.1%。同时对全区在建项目进行起重机械专项全覆盖检查，检查起重机械401台次，查出隐患716条，整改到位716条，有效遏制重特大生产安全事故的发生，创造良好安全生产环境。加强房屋结构隐患排查整治，印发《城厢区自建房安全专项整治实施方案》和《城厢区经营性自建房百日攻坚行动计划》，组织召开全区百日攻坚行动推进会，实行日通报制度。全区排查经营性自建房3079栋，其中重大安全隐患房屋2栋，邀请第三方对房屋进行评估并设计加固方案，有一般安全隐患房屋1栋（停止经营并封控警示）。同时并按照要求逐房填写房屋信息归集表并进行系统房屋排查登记，经营性自建房全部录入福建省房屋安全信息管理平台。继续完成非经营性自建房排查，截至年底全区排查非经营性自建房10298栋。常态化开展工程领域扫黑除恶斗争，组织开展排查，通过在线监管平台的“双随机、一公开”抽查系统，对大数据分析疑似违规项目开展随机抽查，对发现串通投标企业依法进行处罚并扣信用分，依法查处市场违法行为，营造良好的市场秩序。

【消防安全管理】 2022年，区住建局严格落实建设工程消防设计审查验收职责，全面实施房屋市政类建设工程消防项目质量“双随机”监管及工程质量验收、消防、人防、排水、园林绿化并行并联验收；实行施工单位、监理单位、项目经理、总监理工程师及消防技术服务机构动态记分和“黑名单”信用评价监管机制，落实各方责任；进一步深化“放管服”改革，在确保建筑工程质量及消防安全的前提下，采取“一事一议”的方式，切实解决社会反映强烈的二次装修项目消防验收历史遗留问题，全年解决办理二次装修项目消防设计审查29件，消防验收30件，消防验收备案10件。

（陈佳红）

住房保障与房地产市场

【保障性住房】2022年，区住建局继续对政府投资486套公租房房源进行配租管理，保障住房困难家庭510户1270人，其中，中低收入住房困难家庭119户；廉租房租赁补贴14户；外来务工人员377户，确保将房源配租给符合条件的中低收入住房困难家庭和外来务工人员。

【房地产市场】2022年，城厢区全面落实房地产扶持及风险防范政策，及时协调解决房地产项目推进过程中的困难和难题，促进房地产业持续发展。房地产业创税收95278万元，同比下降16.6%，全年完成销售面积92.64万平方米，同比下降26.8%，全市排名第四。

【化解房地产风险】2022年，城厢区成立项目处置专班，建立定期会商机制，防范化解恒大御景半岛、玖玺正荣府三期及御溪正荣府3个项目存在项目资金周转难题，向上申请争取保交楼专项借款1.43亿元，恒大御景半岛及御溪正荣府由区城投集团（区借款平台公司）分别与房地产开发企业签订借款协议，玖玺正荣府三期项目借款协议处于签订阶段。恒大御景半岛项目处于扫尾阶段；御溪正荣府及玖玺正荣府三期项目实现复工。

（陈佳红）

城市监察综合执法

【概况】2022年，莆田市城厢区城市管理行政执法局（以下简称“区城管执法局”）深入开展城市精细化管理三年行动，常态化推进文明城市创建，全力履职尽责，完成城市管理各项业务工作。

【安全生产】2022年，区城管执法局加大对燃气经营点、燃气管道的安全监管力度，推进餐饮企业、公共场所等安装报警器及切断阀等安全装置，确保用气安全。是年检查发现各类问题165个，全部整改到位；组织联合执法13次，取缔13处黑气窝点，暂扣315瓶液化气瓶、5个调压器，暂扣车辆2辆，拘留2人；处罚违规施工破坏燃气管道导致燃气泄漏案件1起罚款2万元；落实广告设施安全检查措施，拆除110块违规招牌标识广告牌。开展物业企业安全生产大排查工作，督促指导物业服务企业集中开展电气及配电设施、消防设施、二次供水等安全隐患排查整改，规范建设电动自行车集中停放场所和充电设施，发现问题74个，整改完成55个，整改未完成19个；检查中发现32处违规停放点，清理电动自行车110余辆，推动新建电动充电设施2处，清理楼道52处。

【常态化文明城市创建】2022年，区城管执法局对城区范围内的餐饮业、流动烧烤摊点进行拉网式排查，全覆盖整治，对违规占道经营行为坚决予以取缔，对屡教不改者，依法从严处罚，联合街道、环卫等部门开展集中

2022年3月4日，城厢区学园南街沟头社区段暗涵整治

（陈国锋　摄）

联合执法整治行动开展联合执法60次，开展夜间日常整治484次，出动1567人，劝离疏导夜市流动摊点2712个，取缔夜市流动摊点28个，取缔露天烧烤摊10起，查处夜市占道经营36起，罚款8300元。

2022年8月4日，城厢区学园南街城厢法院路段新增雨水篦

（陈国锋 摄）

【综合执法】2022年，区城管执法局向市民、商户、摊贩分发告市民一封信、餐饮单位“门前三包”、餐厨垃圾管理告知书等500余份，对校园周边、市场周边、公园广场周边等重点区域占道摆摊、沿街乱拉挂、飞线充电、高空布条广告、私设地锁、修车店、洗车店、铁件店等占道经营、乱排污水等重难点、易反复的问题开展集中整治，清理拆除私设斜坡，出动执法人员10175人次、执法车辆4785辆次。查处店外店4804起，占道摆摊设点6913起，乱堆放物料567起，纠正各类违章广告行为709起。查处各类违章行为40起，处罚11150元。对该区管养的88条次干道开展巡查、维护、检修、拆除、修复等工作，修补人行道约6000平方米，沥青路面约4500平方米，水泥路面约1000平方米，路缘石整坡110处；修复井盖、雨水篦89个；清理雨水口3476座，雨水管道清理12千米，修复开关箱（控制柜）130个；修复故障电缆150余处，约2000米；修复缺亮灯1000余盏。完成学园南街旧城厢区法院段易涝点整治工作，清淤长度约660米，清运约900立方米。将辖区内有渣土运输资质的运输车辆纳入工程运输车安全管控平台，充分发挥数字城管作用，实时监管，对发现超高、超载和带泥上路的渣土运输车辆“滴撒漏”等违法行为的建筑工地、运输车辆进行重点跟踪，开展联合执法6次，日常巡查208次，查处5起。加强城市易涝点治理，完成全区6个易涝点的整改任务。强化“两违”清理整治，移送属地街道217起，制止后停工32起，面积约1115平方米；督促自拆38起，面积约802平方米；强制拆除182起，面积约3619.5平方米。

【执法整改】2022年，区城管执法局认真梳理、简化权责清单，有123项行政处罚清单、11项行政许可清单。办理各类许可申请104件，办结率达100%，办理满意度达100%。办理行政处罚案件76件，均在城厢区人民政府网站公示，并将数据推送至市信用平台、互联网+平台。积极参与整治电信网络诈骗、养老诈骗等突出问题，全年办理“12345”民生热线7763件，办结率100%，提前回复率63.3%，群众满意率99.04%，办理各类信访件135件。累计处置数字城管案件69954件，处置率99.67%。开展深化物业服务企业侵占小区公共收益及收入分配不公开问题专项整治工作，要求全区112家物业小区重新对公共收益收支情况开展自查自纠，累计清查112个物业小区，涉及公共收益681.5万元。接到上级交办、群众投诉件15件，办结11件。对物业服务企业自查自纠结果开展监督核查，对5个物业服务企业予以通报批评，责令4个物业服务企业整改，对2个物业服务企业予以行政处罚16万元。

（陈国锋）

生态环境

综　述

【概况】 2022年，莆田市城厢生态环境局（以下简称“城厢生态环境局”）深入贯彻落实习近平生态文明思想，持续践行治理木兰溪的重要理念，紧紧围绕党政领导生态环境保护目标责任书，打好污染防治攻坚战，科学谋划生态环境治理项目，全力创建国家生态文明建设示范区，扎实解决突出生态环境问题，以实际行动提升全区生态环境质量水平。

【环境质量】 2022年，城厢区空气质量有效监测，空气质量达标天数比例为95.40%；全区主要流域国考省考断面水质优良比例为85.7%，小流域省考断面水质优良比例为100%，东圳饮用水水源地水质达标率为100%，6个乡镇级（千吨万人）饮用水水源地水质达标率为100%。

【环境信访工作】 2022年，城厢生态环境局强化环境信访投诉件处理，组织执法人员24小时值班，坚持做到有警必接，接警必出。实行专人办理汇总，按期办结，截至年底，处理各类投诉件2166件，办结数2166件，办结率100%。

水环境保护

【木兰溪全流域整治】 2022年，城厢生态环境局开展木兰溪入河排污口排查整治“回头看”830个，其中需整治排水口8个，全部完成整治；木兰溪干流感潮段入河排污口1个，完成整改；完成延寿溪入河排水口排查整治“回头看”工作，排查延寿溪30个入河排水口，完成5个雨污混流口整治工作。以木兰溪流域为重点，加强水产养殖污染整治，城厢区规模以上水产养殖场1家被责令停产。

【农村生活污水治理】 2022年，城厢生态环境局探索落实由专业公司统一牵头负责“投、建、管、运”工作，逐步开展建立使用者付费机制和智慧监管的市级农村生活污水提升治理试点工作。依托区城投有限公司建立农村生活污水信息化平台，通过平台及时发现问题并解决问题，全区落实收取每户20元/年的污水运维管理费用。开展黑臭水体治理专项行动，在完成2条农村黑臭水体消除的基础上，开展灵川镇榜头村西枫排水沟的黑臭水体整治工作，在其所在的榜头村开展农村生活污水提升治理工作。完成常太镇下莒村、山坑村、溪南村、马院村、利车村、照车村6个“污水零直排”试点村建设。

大气环境保护

【免错峰企业核查】2022年，城厢生态环境局开展辖区内免错峰企业复核或审核，动态更新免错峰企业名单，发现问题及时落实整改。全区有免错峰企业115家，二级管控企业23家。帮扶企业138家，帮扶企业占比100%，发现问题涉及企业24家34个问题，全部完成整改。

【测管联动工作】2022年，城厢生态环境局开展测管联动17次，其中涉噪声类6次、涉水5次、涉气5次、涉重金属1次，启动立案调查3家企业。

【柴油货车路检路测工作】2022年，市局下达的柴油货车路检路测240辆次、入户抽测120辆次，城厢区全部完成检测。对城区3个工地开展在用非道路移动机械尾气抽测，检测非道路移动机械30辆。

【全域禁炮工作】2022年，城厢生态环境局按照《莆田市人民政府关于扩大禁止燃放区域加强烟花爆竹销售、储存、燃放管理的通告》等文件要求，严格落实禁炮管控要求，巡查商店、摊点1600余家，发现违规销售烟花爆竹5家，没收烟花爆竹30件，当场制止32起非法燃放烟花爆竹行为。

土壤和海洋环境保护

【土壤环境】2022年，城厢区安全利用类任务281.61公顷，完成措施落地281.61公顷；开展“守护净土”专项排查整治，完成17个建设用地土壤污染调查报告评审工作；在日常涉镉等重金属行业企业排查中发现企业1家（莆田和兴表面处理有限公司）3个问题，均整改到位。

【海洋环境】2022年，城厢生态环境局开展海洋综合治理，海上环卫队伍与市环境集团完成签约，对辖区内24.03千米海岸线开展海漂垃圾日常清理，清理海漂垃圾136吨。委托第三方检测公司对排查出的297个入海排水口开展水质复测，制定分类整治方案。完成灵川镇太湖村段2千米美丽海岸带建设。

危险废物管理

【危险废物企业管理】2022年，城厢区制定印发《城厢区强化危险废物监管和利用处置能力改革行动方案》及《危险废物规范化环境管理评估工作方案》，对4家重点监管产废单位、2家敏感企业、1家涉铝灰渣企业进行全覆盖评估，同时对6家一般产废单位进行评估，评估结果均为达标。

环境安全监管

【专项执法行动】2022年，城厢生态环境局开展双随机（随机

2022年7月14日，城厢生态环境局联合区公安分局、城厢区文体旅局等部门对娱乐场所开展“静夜守护”专项行动 （章丽红 摄）

抽取检查对象、随机选派执法检查人员）执法检查，建立完善信访工作网络，排查企业833家次，立案查处35起，处罚金额约258.9万元；开展信访治重化积工作，实行领导包办，专人办理，针对洋西安置房噪声扰民信访投诉件，同信访人签订信访化解承诺书，化解到位；开展环保网格巡查，全年上报环保巡查8152次，上报环保事件1673件，提供环境违法案件线索6条，开展环保网格培训3次。

【噪声污染整治】 2022年，区生态环境局出动执法人员8070人次，针对各类噪声易发点位的检查超过4035次，对于噪声扰民问题立案处罚5家，处罚金额9.45万元。处理噪声类投诉1502件，满意率100%。

【企业环境风险排查】 2022年，城厢生态环境局出动128人次，对37家环境安全重点管理企业开展环境风险隐患排查，发现隐患24个，全部完成整改。要求新的涉及环境风险源的重点企业及时修订突发环境事件应急预案，进一步完善企业环境应急管理体系。全年预案修订备案企业7家。

2022年9月22日，城厢区生态环境局联合城厢区公安分局、城厢区文体旅局开展“静夜守护”行动，利用无人机对南湖公园广场舞喊话劝导

（章丽红　摄）

生态环境督察

【第一轮环保督察】 2022年，城厢生态环境局按照“有部署、有方案、有推进、有成效”的要求，加快推进中央、省生态环境保护督察反馈问题整改。第一轮中央生态环境保护督察信访件26件、中央生态环境保护督察反馈问题16个全部整改到位；省生态环境保护督察反馈问题24个，完成整改。

【第二轮环保督察】 2022年，城厢生态环境局做好中央生态环境保护督察交办信访件整改销号工作，第二轮中央生态环境保护督察交办城厢区信访件28批57件，全部完成整改并验收销号；第二轮中央生态环境保护督察反馈问题9个，完成整改4个，5个立行立改长期坚持。第二轮省生态环境保护督察交办城厢区32件信访举报件，办结27件，未办结5件，办结率84.4%；第二轮省生态环境保护督察反馈问题涉及城厢区15个问题，其中共性问题8个、个性问题7个，组织制定问题清单，整改措施上报市整改办。

（唐澍芬）

农业　农村

农　业

【概况】 2022年，莆田市城厢区农业农村局（以下简称“区农业农村局”）统筹疫情防控和农业经济发展，扎实推进“两稳一保一防”（稳增长、稳市场主体、保就业，防风险）工作，深入开展乡村振兴工作，牢牢守住保障粮食安全和不发生规模性返贫两条底线，持续改善民生，全年保持农业经济运行在合理区间，全面完成上级下达的各项任务。全年全区农林牧渔业总产值完成20.76亿元,其中,农业4.24亿元,增长5.7%；种植业0.53亿元；牧业10.10亿元；渔业4.15亿元，增长1.4%；服务业1.73亿元。

【种植业】 2022年，城厢区印发《莆田市城厢区人民政府办公室关于印发城厢区撂荒地专项整治工作实施方案的通知》《莆田市城厢区农业农村局关于强化落实〈城厢区统筹利用撂荒地促进农业生产发展工作方案〉工作机制的通知》等文件，完成6轮督促督导工作，整改排查撂荒地164.69公顷。全年发放43163户2373.21公顷耕地地力补贴4569560.85元，发放农民实际种粮一次性补贴3672.58公顷701322.97元；完成验收并申报市、区级种粮新型经营主体补贴资金32307元；完成水稻保险面积718.07公顷538.55万元，保费16.16万元（其中政府补贴12.93万元，农民自筹3.23万元）。加大优质龙眼、枇杷品种嫁接矮化力度，完成嫁接优质枇杷新品种“三月白”“白雪早”等13.33公顷，完成嫁接矮化优质龙眼品种“水南1号”“松风本”等16公顷。落实救灾备荒种子储备，完成储备城厢区2022—2023年度种子“旗I优366”（杂优）6000千克，补采资源21份。全年完成粮食播种面积1952.73公顷，产量11354吨。蔬菜种植总面积777.73公顷，同比增长13.9%，产量21727吨，同比增长14.1%；水果种植总面积4502.2公顷，产量24050吨，同比增长3.2%，其中枇杷产量13491吨，龙眼产量7268吨；食用菌产量为80吨（干品8吨），同比增长60%；茶叶面积32公顷，产量34吨，同比增长3%。

【畜牧业】 2022年，城厢区制定《莆田市城厢区第三次全国畜禽遗传资源普查实施方案（2021—2023年）》，完成全区第三次全国畜禽遗传资源普查工作。完成莆田黑猪遗传资源组织采样56头份。完成2022年莆田黑猪保种项目补助58万元。创建天怡（福建）现代农业发展有限公司省级生猪养殖标准化示范场、莆田天顺利邦农业开发有限公司省级“蛋鸡养殖标准化示范场”和福建省“美丽牧场”，指导畜禽养殖场做好粪污资源化利用工作。全面落实育肥猪保险2.9万头、能繁母猪保险2500头、蛋鸡保险32万羽。全年生猪存栏5万头，出栏10.5万头；家禽存栏368万羽，出栏1550万羽；肉蛋奶总产量3.9万吨。

（陈金楷）

【林业】 2022年，城厢区现有竹林面积546.67公顷，其中丰产竹林面积206.67公顷，当年度竹林抚育面积73.33公顷，竹材产量60万根，中小径竹材产量19吨，鲜笋产量50吨。推动以森林公园为主的森林旅游发展，鼓励九龙谷森林公园及凤凰山等风景区景观提升，景观利用面积1146.67公顷，大力发展美丽乡村旅游，建设森林人家，形成常太岭下村、马院村等新旅游热点。推进花卉苗木产业发展，鼓励花卉企业种植如蝴蝶兰等高价值花卉，实现花卉苗木全产业链总产值2.87亿元。推进村庄绿化美化，纵深推进村庄绿化美化工作，建设一批省级森林村庄。获批省级森林村庄建设3个，分别为常太镇南川村、华亭镇宫利村、华亭镇涧口村。开展乡村生态保护行动，加强江河流域重点区位、沿海基干林带、重要路段两侧山体森林质量提升，实施城镇周边自然山体生态修复，增加林业公共生态产品供给，完成木兰溪流域范围和沿海山区233.33公顷松林提升工作。构建新型农业经营体系，大力培育新型林业经营主体，全年新增4家新型经营主体，新增经营面积1.67公顷，均为林业企业，经营范围为林产品采集、有害生物防治等。

【渔业】 2022年全区渔业产量完成5.78万吨，渔业完成产值4.15亿元，同比增长1.4%。推进水产种业基地设施渔业项目建设，开展设施渔业项目建设指导工作，积极向冰海、宝华、中灵、中森等水产育苗企业宣传设施渔业建设政策，指导水产种业基地建设和申报补助资金申请等，福建省中灵农业有限公司、福建省冰海农业有限公司工厂化水产种业基地建成投产。推进中灵公司、冰海公司进行水产良种场建设，中灵公司被评为市级水产良种场，并申报省级水产良种场。

（陈 琪）

【现代农业】 2022年，城厢区投资3.66亿元，推进天桂桂圆产业园、城厢区农产品冷链物流中心、乡村振兴项目、莆田天顺利邦现代智能化蛋鸡项目、亚明中餐标准化产业智能厂房、灵川镇家禽生态养殖小区、猴头菇种植基地、西墩优质贝类及新品种繁育基地8个现代农业重点项目建设，累计投资数占年度计划的103.9%。投资2亿元，建设莆田天顺利邦区级蛋禽产业园现代智能化蛋鸡项目，年销售额6600万元。深耕厚植“城厢华亭龙眼”产业，持续推广郊溪、后塘等市级桂圆产业园龙眼标准化基地133.33公顷。通过建立“农业专家八闽行”和“白名单”等优化服务制度，创建天桂水果产业化联合体、莆田天顺利邦农业发展有限公司分别为省级示范联

2022年9月29日，“庆丰收 迎盛会”城厢区2022年中国农民丰收节活动在常太镇岭下村举行 （林家宏 摄）

合体和省级农业物联网应用基地。创建莆田市温氏家禽有限公司2022年省级农业产业化联合体。创建常太镇国家级农业产业强镇、灵川镇市级农业产业强镇。

【乡村振兴战略】 2022年，区农业农村局完成春季秋季两学期各学段原建档立卡学生补助各711人次36.79万元、785人次738912.5元；完成修缮25户脱贫户住房、11户脱贫户搬迁新居工作；全区建档立卡脱贫人员医疗报销费用989.74万元，报销率95.61%；完成农村饮用水安全集中式、分散式水质检测各16处和110处；全年发放低保对象救助金59581人次3097.467万元，发放救助特困对象救助金3828人次683.7815万元，发放临时救助金7043人次357.04万元，发放小额信贷扶持等专项资金107户155万元，补助77位学生雨露计划资金22.50万元；下拨公益性岗位补贴资金206.33万元，发放银发建档立卡脱贫户补贴18人35.591万元；开发公益性岗位204个；下拨乡村振兴补助资金1172.78万元，建设乡村振兴项目36个，支出率100%，完工率100%；确定闽宁协作和山海协作对口帮扶项目，全年采购宁夏同心县农副产品320.7万元，下拨财政援助资金1200万元，筹集社会资金325.5万元，捐物折价92.41万元，引进2家企业到福建省德化县落地，下拨对口帮扶资金1200万元，开展人才交流2批次。全区建档立卡脱贫户687户2031人，脱贫人口家庭人均纯收入达26792.80元，同比增长13.42%。

2022年，城厢区建成美丽庭院200户、美丽微景观85处、美丽小公园12处、美丽田园4片，美丽休闲乡村旅游点3处。投资500万元，完成新改建乡镇污水配套管网5千米；投资1270万元，完成既有裸房整治508栋；完成上线海峡租养平台1个村；完成镇区千兆光网、5G网络建设；完成19个农村供电台区建设；完成81户省级美丽庭院、200户市级美丽庭院创建；完成3个中级版、3个初级版绿盈乡村创建；投资427.09万元，打造常太乡村振兴精品示范线路1条；投资9552.6万元，完成农村供水一体化管道铺设200千米；总投资126万元，完成农村公路生命安全防护工程10.871千米；新改建农村公路12千米。全区74个村开展村庄规划编制工作，批复73个；全年清理生活垃圾3.3万吨，清理村内水塘117口，清理村内沟渠111千米，清理村内淤泥38吨；全区创建完成“绿盈乡村”87个。其中，初级版42个，中级版40个，高级版5个。

2022年，城厢区投入348万元，升级区级文明活动中心阵地，配备6名专职文明实践联络员，建成1个文明实践中心、7个文明实践所、117个文明实践站、32个文明实践点，开展563场文明实践活动；全年投入运营经费36万元和中心平台管理系统费用15万元，招募志愿者2550名，开展常态化关爱特殊群体志愿活动2530场次，受惠群众达19万余人次。

2022年，城厢区投资3754.85万元，完成8个省级试点村、2个实绩突出村实施51个乡村振兴项目建设，推进1个市级农业产业强镇、1个国家级农业产业强镇项目建设。完成农民专业合作社140家，联合社1家，家庭

2022年9月29日，常太镇举办乡村振兴成果展活动 （林家宏 摄）

农场48家；省级农民专业合作社示范社2家,市级示范社3家，区级示范社8家；省级家庭农场示范场5家，市级示范场6家，区级示范场8家。创建半浮生文创园（半浮生文化传播有限公司）省休闲农业示范点。创建莆田市城厢区向阳果蔬专业合作社、莆田市城厢区莒溪图图家庭农场、莆田市城厢区伟林家庭农场、莆田市城厢区莆优优农业专业合作社“福农优品·邮政惠农”优质农产品生产基地。

2022年，城厢区建立14个乡村振兴区直单位挂钩联系试点示范村，帮扶8个村集体经济收入相对薄弱村；安排28名驻村第一书记驻村挂职，完成4个软弱涣散党组织整顿工作；配强“头雁”队伍，村党组织书记、委员中致富能手比例分别提升至28%、42%；开展线上云教育、线下集中法治课堂学习超过100场次，完成超7万人“法律明白人”的培育工作。

【动物疫病防控】 2022年，区农业农村局累计发放使用高致病性禽流感疫苗313万毫升、猪O-A型口蹄疫疫苗15.6万毫升、牛羊O型口蹄疫疫苗2.5万毫升、小反刍兽疫活疫苗2.1万头份，发放猪耳标14026枚。全区监测家禽血清6031份，高致病性禽流感抗体合格率91.9%；猪血清336份，猪瘟抗体合格率94.9%，猪O型口蹄疫抗体合格率84.8%，猪A型口蹄疫抗体合格率86.9%；羊血清72份，小反刍兽疫抗体合格率90.3%，羊O型口蹄疫抗体合格率88.9%，羊A型口蹄疫抗体合格率88.9%；牛血清60份，牛O型口蹄疫抗体合格率100%，牛A型口蹄疫抗体合格率100%；以上动物疫病的免疫抗体合格率均高于农业农村部规定的≥70%的要求。完成送检流行病学调查样品1305头份和监测猪伪狂犬336头份，监测结果均为阴性。完成非洲猪瘟全覆盖、无死角监测排查，未发现异常。全区完成畜禽养殖场、屠宰场等关键场所消毒386场次1097.8万平方米，使用消毒药3吨。

【高标准农田建设】 2022年，城厢区完成2022年度省级下达任务并通过市级批复立项103.67公顷。通过区级验收167公顷华亭镇兴沙等4个村高标准农田建设项目和102.47公顷东海镇蔡厝等3个村高标准农田建设项目，其中东海镇蔡厝等3个村高标准农田建设项目备案入库。

【农产品质量安全监管】 2022年，城厢区组织开展农产品质量安全监测抽样479批次。其中，农业农村部例行监测21批次；省级监督抽检59批次，例行监测123批次；市级监督抽检109批次，市级例行监测77批次；区级监督抽检87批次，区级例行监测3批次。完成农药、兽药残留快速检测5487批次，合格率100%，抽检瘦肉精9135批次，结果全部阴性。开展线上巡查生产主体67515家次，发现问题168个；开展线下检查468人次，检查生产主体234家次。完成5个无公害农产品认定，4个绿色食品认证，全国名特优新农产品1个，上报优质农产品标准化示范基地4个。

【病虫害防治与检疫】 2022年，城厢区农药使用量175吨，同比减少2.25%，投入资金20万元，采购防控药剂5.31733吨，完成红火蚁疫情专业化防控服务面积345.2公顷，提供防治橘小实蝇粘胶板6000张，实施草地贪夜蛾监测与应急防控项目，建立草地贪夜蛾监测点40个，全年专业化统防统治6133.33公顷次，绿色防控20333.33公顷次。全区设立动物产地检疫申报点2个，受理产地申报生猪2.1982万头、家禽98.1876万羽，检疫生猪2.1982万头、家禽98.1876万羽。设立生猪、家禽屠宰检疫点各1个，全年屠宰检疫生猪13521.425吨，屠宰检疫家禽1499.284吨，检疫病害猪肉产品524千克，检疫病禽594羽，全部无害化处理。

（陈金楷）

水 利

【概况】 2022年，莆田市城厢区水利局（以下简称“区水利局”）深入贯彻习近平生态文明思想和治水兴水重要论述精神，努力践行习近平总书记治理木兰溪的重要理念，紧紧围绕“产业兴旺、生态宜居、乡风文明、治理有效、生活富裕”的总要求，重点推进农村饮用水安全巩固提升，加快水利基础设施提档升级，强化水生态保护与修复治理，着力提升水利管理服务能力水平，全面深入推行“河湖长制”，狠抓水库移民政策落实，实现“十四五”良好开局。

【水利工程建设】 2022年，城厢区水利投资目标任务3.89亿元，其中重大项目1.20亿元，重大项目完成1.21亿元，占年度计划101.09%，序时推进。

城乡供水一体化建设 2022年，区水利局持续推进城乡四个镇一户一表改造项目，启动莒溪、党城水厂建设，完成管道215千米，超额完成年内200千米管网铺设任务。其中，（1）常太镇：设计供水总规模6200立方米/天，供水对象为常太镇28个行政村，涉及人口43193人。新建集中式供水厂4座，工程估算总投资约8082.15万元。年内先行实施的莒溪党城片管网铺设及“一户一表”改造建设工程（涉及16个行政村，土建投资3630万元），完成项目进度96.5%，正在安装水表箱。配套4座水厂全面开标，陆续动工，党城水厂基本完成土建施工、莒溪水厂正在开展蓄水池浇筑。（2）华亭镇：设计供水总规模20000立方米/天，供水对象为华亭镇35个行政村，涉及人口118670人，计划总投资14964.47万元，完成项目进度68%。（3）灵川镇：设计供水总规模24413立方米/天，供水对象为灵川镇15个行政村，涉及人口75668人，计划总投资8109.89万元，完成项目进度72%。（4）东海镇：设计供水总规模10000立方米/天，供水对象为东海镇13个行政村，涉及人口56015人，计划总投资6231.18万元，完成项目进度的86%。

东圳水利枢纽饮水配套工程 工程起点为东圳分层取水预留分水口，终点为城港大道与东吴大道交叉处，设计引水流量为4.9米^3/秒，输水线路全长为42.751千米，其中隧洞长9.714千米，管道长33.037千米，涉及城厢区4个支洞口完成交地。

木兰陂世遗公园建设 木兰陂世遗景区于2022年2月24日完成用地预审与选址意见书办理，开展立项相关工作。景区内现有水利博物馆（划拨地）、入口景观广场（划拨地）和水文化民俗商业街（出让地）3个项目先行实施，水利博物馆（划拨地）和入口景观广场（划拨地）农转用工作办结，设计方案、用地手续等办理完成，水利博物馆项目于12月31日正式开工；木兰陂水文化民俗商业街项目城市成片开发建设方案上报省厅，省自然资源厅审查通过，上报省政府，等待核对批复。

河道整治工程 2022年，城厢区目标任务是累计完成河长10.04千米，其中兴沙溪河道整治工程3.04千米，桂山溪安全生态水系建设项目完成主体建设。截至年底，兴沙溪3.8千米河道治理、桂山溪7.8千米河道建设基本完工。

河道清淤疏浚 2022年，城厢区先后启动横沟、大浦溪、滨海大道沿线灌排渠3条约20.5千米河道清淤工程，总投资2000万元。

防洪排涝工程 2022年，城厢区篁山溪榜头片、田厝片防洪排涝体系工程建设，截至年底完成形象进度92%；积极推动樟林片区防洪排涝工程建设，于10月进场动工。

推进除险加固工程 2022年，城厢区投入630万元完成长里溪水库除险加固工程及霞皋、红旗防汛路加固工程建设，总投资约1500万元；启动实施东海镇5千米海堤、后门亭、坑底等5座山塘及灵川东进水闸设施提升工程。

【农田水利设施建设】 2022年，城厢区实施径桂灌区灌溉设施维护提升项目，重点实施灵川镇径桂灌区灌溉干、支流渠系维修改造、计量设施提升改善工程。该项目计划投资977.81万元，完成招标，于11月15日动工，年内完成工程量58%。实施滨海大道沿线灌排渠整治项目，积极协调推进灵川镇、东海镇滨海大道沿线约13.5千米灌排沟整治工程。该项目计划投资 1200 万元，完成财审，并组织招投标。

2022 年，城厢区实施农业水价改革项目，实施东海镇农业水价综合改革配套工程，由东海镇作为项目业主，完成项目建设，水价改革 391.27 公顷。

2022 年，城厢区创建节水型灌区，根据《2022 年莆田市城厢区农田灌溉水有效利用系数分析阶段性报告（1—11 月）》，农田灌溉水有效利用系数初步测算为 0.57。

【水利安全监管】2022 年，城厢区管辖水利设施有小型水库 25 座［4 座小（1）型、21 座小（2）型］，山塘 44 个，海堤 7 段 20.852 千米，24 座水闸，水电站 5 座（含东圳水电站），另有在建工程 8 个。区水利局研究制定检查排查计划，深入开展安全大检查“回头看”和安全检查百日大会战，组织对辖区内所有水利生产经营单位和水利工程全覆盖检查，加密检查水库、海堤、水闸、水电站等水利设施运行管理及在建水利工程建设情况，高度重视汛期、国庆前后、中共二十大前后等重点时段安全防范工作，对发现的问题，逐一建立台账，细化问题整改清单，落实整改措施和时限，形成闭环管理，确保问题隐患动态清零。

2022 年，城厢区水库日常运行管理数据逐步录入“福建省水库运行管理信息平台”，并使用 APP 巡查系统将 25 座水库“三个责任人”汛期巡查记录纳入其中。研究出台小型水库物业化服务管理实施方案，每年安排 108 万元资金，公开招标引进水库物业管理公司，实现由物业公司专业管理团队对 25 座小型水库工程及附属配套设施、设备和相关场地巡查检查、维修养护、观测预报和运行操作等“保姆”式服务管理，每季度组织考评。同时委托第三方（监理单位）介入水库物业化实施中，参与水库日常管护的监督工作。简化程序，直接开展水库零星工程（预算价 10 万元以下）监理工作，提高工作效率。开展海堤投保工作，在省水利厅指导下对全区需要投保的 18.152 千米海堤进行投保。完成水闸初步排查工作，细化水闸管理相关制度，并及时上墙责任人告示牌。及早开展小型水库雨水情测报和大坝安全监测工作，完成方案报批，并开始办理招投标手续。

2022 年，城厢区及时完成 25 座水库汛期防洪调度运用计划和防洪应急预案审批工作，落实防汛“三个责任人”，严格落实各项防汛救灾工作机制，切实做到组织到位、人员到位、责任到位、措施到位。4 月牵头组织各镇（街道）开展防灾减灾应急抢险演练，进一步提升应急处置能力。升级完善城厢区山洪灾害监测预警平台，组织专业人员对全区 120 个简易雨量报警器和 19 个点自动雨量水位监测站进行维护检修并现场调试、登记造册，充分利用已建的高清视频监控站点，实时全面掌握全区水库、海堤、水闸、河道等重要危险区域、关键时段情况，确保防御工作精准决策。

2022 年，区水利局以“安全生产月”、每月 16 日“安全生产日”、每月 20 日“河长日”、“世界水日”、“中国水周”等契机开展全区水利安全生产知识宣传，发放宣教挂图、防灾减灾救灾宣传单、消防安全知识宣传单、建筑施工安全宣传单、防汛抗旱应急知识折页、安全宣传环保购物袋、安全宣传盒装面巾纸等，同时制作悬挂安全生产宣传横幅 52 条，在全区营造浓厚的安全宣传氛围。

2022 年，城厢区强化饮用水安全队伍保障，对辖区“千人以上”集中供水工程的供水单位落实具体管护人员，以村为单位成立 55 支饮用水安全保障队伍，保障贫困户饮用水安全；建立健全水质检测机制，委托第三方水质检测机构，对部分集中式供水进行水质检测，并联合区疾控进行抗旱应急机井水质及脱贫户检测，实行分类管理，保证农村饮用水安全；突出保障脱贫对象饮用水安全，重点针对水压、水质、水量、用水方便程度等方面进行排查并形成月报，及时协调解决脱贫户饮用水安全问题，持续保障脱贫户饮用水安全。

【水土保持】2022 年，城厢区始终把水土保持及生态环境保护放在水利工作的突出位置，通过综合施策、系统推进，持续做好水土治理工程建设、小流域综合整治、水土保持生态村建设、水土保持监督管理，水土保持工作取得显著成效。

2022年，城厢实施4个水土流失治理项目，其中1个省级水土保持生态村治理项目，3个区专项债水土流失治理项目。常太镇东青村水土保持生态村项目实现完工，综合治理水土流失面积83.03公顷，其中，新建水土保持生态公园1处，面积347平方米；修建排水沟129米，引水沟580.35米，排泥管2.2米，封禁83公顷。完成投资63.0861万元，其中省级资金50万元，地方自筹13.0861万元。3个区专项债水土流失治理项目，完成综合治理面积876.7公顷，其中，封禁875.99公顷，新建护岸1783米，新建透水砖步道长度1291米,新建机耕道路长692米，新建7处水保园，河道清淤清障1446米，新建排水沟长1292米。总投资928.08万元，开工2个项目，1个项目正在招投标阶段。

2022年，城厢区审批开发建设项目水土保持方案18个，发出水土保持补偿费征收通知书9份，水土保持补偿费约41.06万元。依法对辖区内审批过的生产建设项目水土保持方案的实施情况进行跟踪检查11次。水利部2022年度下达的两批次区域监管违规项目涉及城厢区18个项目，全部完成整改。

【河长制工作】 城厢区有各级河道68条，总长约336千米，其中木兰溪最精华段穿城而过，东圳水库坐落在城市“后花园”，这些都是城厢区最亮丽的生态底色。2022年，城厢区深入践行习近平生态文明思想和习近平总书记治理木兰溪的重要理念，围绕打造“生态河、智慧河、幸福河”目标，全面深入推行河湖长制，河湖面貌焕然一新，河湖水质日益提升，河湖效益更加彰显，河湖长制考评连续5年排名全市前列。

2022年，城厢由区主要领导担任全区总河长，签发4份河长令，每月20日开展“河长日”活动，10月举行木兰溪巡河护河志愿服务活动启动仪式，推动全区90名河湖长、200多名河道专管员，以及广大志愿者投入河湖管护治理中，累计巡河护河超3.5万人次，形成共同治水的良好局面。以木兰溪综合治理为总抓手，以“一溪两库”为主战场，统筹推进水资源、水环境、水生态治理。抓好“一河一档”“一湖一策”落实，建设一批生态河道、郊野公园等，并在全市率先开展市级河湖示范点创建工作，建成2条市级、8条区级幸福河。聚焦重点领域、关键环节，投入资金超5亿元，用于改善农村水环境，累计完成污水管网建设2000多千米，全市唯一实现全覆盖。通过系统治理，木兰溪干流、主要支流和东圳水库水质稳定达标，全区水生态环境持续改善，全市开展水环境考评，城厢区排名全市前列。以打造木兰溪“十里风光带”为契机，聚焦“一溪两岸、连片发展”，加快推动城市建设、产业发展、乡村振兴拥溪沿溪发展。

（蔡夏夏）

工　业

综　述

【概况】 2022年，莆田市城厢区工业和信息化局（以下简称“区工信局”）开展龙头企业培优扶强专项行动，围绕鞋服、食品、工艺美术、电子信息等优势产业，开展“产业赋能 助力升级”企业论坛系列培训活动，为实体经济发展赋能。新培育省、市“专精特新”企业12家，新增省、市龙头企业8家，省、市技术中心7家，省级领军团队1家，充分释放龙头企业产能。

【工业经济运行情况】 2022年全区171家规模以上企业累509.7亿元，同比增长10%；工业增加值142.22亿元，增长7.5%，全市排名并列第二。2022年规模以上工业企业产值

2022年7月8日，区工信局举办“产业赋能 助力升级”企业论坛暨首期主题讲座，邀请浙江大学教授鲁柏祥分享“宏观经济分析与传统产业发展”主题讲座　（魏漳园　摄）

增长率达到20%以上的有73家，占比42.69%；114家企业实现正增长，占比66.66%；负增长的企业有57家，其中停产企业22家，负增长面为33.3%，工业基本面稳定。工业增加值、工业投资、制造业投资、技改投资增幅等指标均为全市第一名。2022年全区171家规模工业企业（除免税企业）实现税收3.71亿元，同比增长5.5%。其中税收在100万元以上的工业企业有62家。

（魏漳园）

鞋服纺织产业

【概况】 鞋服纺织产业是城厢区的优势传统产业（占全区工业产值约50%、税收约70%），经过30多年的发展，基本形成涵盖鞋扣、织带、鞋面、服装等较为完整的鞋服产业链。截至2022年底，有鞋服及配套企业400多家，其中规模以上89家、规模以下300多家，完成规模以上产值240.7亿元，同比增长5.4%,总产值占全市1/4左右。其中，53家规模以上鞋企被列入市“白名单”，生产型“白名单”38家；2022年全区规模以上鞋服完成产值240.7亿元，同比增长5.4%，占全区总产值比重达47.2%。纳税2.68亿元，同比增长9%。拥有7家国家级高新技术企业，8家两化融合贯标企业,3家省级“专精特新”企业，2家科技小巨人企业，1家省级工业互联网应用标杆企业，7家市级企业技术中心，参与制定标准13项，自主品牌企业6家。

【重点项目】 东海鞋服科技产业园：项目位于东海工业集中地，占地19.27公顷，建设面积40万平方米，总投资40亿元。发展定位是建设品牌区域中心、电商中心、面辅料展示与交易中心、原材料集采中心、高端制造等功能板块，打造集产品设计研发、智能加工、商贸交流和综合服务于一体，上下游产业链配套完善的智慧型、升级版鞋服产业园。招商方向是鞋服新型材料研发生产、鞋服个性化定制、检测检验、世界一流品牌代工、自主品牌等。西许智造产业园：位于华亭镇西许片区，占地37.75公顷，建设面积45万平方米，总投资102亿元。发展定位是依托鞋业龙头企业莆田富力进出口有限公司，建设200条以上自动化、智能化鞋服生产线及运行系统，打造功能鞋底、新材料研发生产等，建设现代智能化仓储物流配送体系，形成鞋服全产业链智能化生产基地和富力全球贸易总部，致力于成为全球鞋服产业链卓越供应商。同时，打造国家级研发中心及省级鞋服实验室，建立富力鞋博物馆、顶级试穿区、专业实验室、5D设计中心等，构建集产业、交流和生活于一体的综合性功能园区。招商方向是以莆田富力进出口有限公司为主，引进检测研发、电商平台、物流、鞋材辅料等鞋服配套产业优质企业。太湖新型功能材料产业园：位于灵川镇太湖工业园，占地14.6公顷，建设面积10万平方米，总投资30亿元。发展定位是依托龙头企业华源工贸，招引新材料上下游产业链，重点拓展高性能纤维及复合材料研发应用，并辅助发展装备制造等配套产业，设置相关孵化、科研平台，打造可持续发展的多功能新型材料产业园。招商方向是引进具有先进技术的国内外纺织材料生产企业。

（魏漳园）

食品产业

【概况】 食品产业是城厢区四大传统产业之一。截至2022年底，辖区内食品产业规上企业24家，占全市95家的25.26%，规上企业数量位居全市第二。2022年食品产业完成产值90.6亿元，同比增长9.1%，占全区规模以上工业产值的17.78%，位居全区第二。主要承载区为太湖园区和华林园区，主要有亚明食品、天怡现代农业、天喔等8家纳税100万元以上代表性企业。城厢区食品产业具有门类齐全，品牌知名度大的特点，是全市重要的食品加工基地。形成以“百年老字号”复茂食品为龙头的食品烘焙；以上市公司天怡、温氏为代表的家禽类加工；以高新技术企业蛤老大为引领的海产品深加工；以“预制包装菜肴”标准制定单位亚明食品为标准的“标准化菜肴”的比较完整的食品工业体系。

【重点项目】蛤老大产学研项目：项目位于灵川镇下尾村，计划投资额3000万元，企业与中国科学院海洋研究所签订产学研合作项目，双方就扇贝、牡蛎和蛤仔加工下脚料高值化利用的开发及其产业化项目事项进行合作。计划申请发明专利和实用新型专利各1项，并同步推进研究设备选型和购买工作。亚明预制菜肴产业园项目：项目位于莆田华林经济开发区内，收购莆田皇冠制罐有限公司地块，占地4.13公顷，总投资额11亿元。项目建设预制菜肴产业园，改造厂房及配套设施约1.9万平方米，同时购置智能化设备，建设智慧厂区等，用于预制菜肴产品生产。项目完成投产后，预计日产能达1.5万件，年产值超12亿元。中餐标准化智能厂房项目：项目位于莆田华林经济开发区内亚明食品公司旁，拟扩征0.24公顷，计划投资1亿元，建设中餐标准化生产厂房2.4万平方米，用于产品展示馆及厂房配套设施，并购置智能化设备等。城厢区粮食加工厂房及仓储物流配送建设项目：项目位于灵川镇太湖村太湖自然村，北至滨海大道城厢段，总投资2亿元，总用地面积约2公顷，建设厂房及配套设施。主要建设内容包括厂房、办公楼、值班室、配电房、景观绿化、室外管网等，年可生产3万吨大米，可储存稻谷约2100千克、统糠约80千克，稻壳约20千克、副产品约800千克、成品油300千克、成品米7000千克，同时设置冷冻库1500平方米。

（魏漳园）

电子信息产业

【概况】2022年，城厢区规上电子信息企业11家，完成产值30.45亿元，同比增长13.9%，占规上工业产值5.97%，主要产品为显示器件、偏光片、光纤元器件和计量传感器等。现拥有省、市级企业技术中心7家、“专精特新”企业7家；2022年新增省、市“专精特新”企业4家，其中杰讯光电是全市截至2022年底唯一获得国家“重点小巨人”、工业和信息化部“专精特新小巨人”、省级“专精特新”三料叠加的企业。

【重点项目】樟林中电科创城：核心区位于华亭镇樟林片区，占地44.33公顷，建设面积50万平方米，总投资118亿元。先导

2022年8月24日，区工信局在莆田中电科创城承办2022年第8期“惠企政策进百园入万企”之城厢区“专精特新”企业培育暨产融对接活动

（许锦梁　摄）

区位于霞林街道九龙小区，建筑面积约2.6万平方米，作为引入和培育新产业、新动能的先导载体，为企业提供一站式拎包入住服务。发展定位是围绕发展特色化软件、新一代信息技术等产业，建设研发中试厂房、标准厂房、定制厂房、人才公寓、商务办公楼、企业总部、酒店等建筑业态，打造集众创空间、孵化器、实习实训基地、科技金融、新型研发机构等业态，商务、生活配套完备的产城融合产业园。招商方向是软件设计与服务、智能制造、集成电路制造、5G产业研发制造等产业项目。西许"专精特新"产业园：位于华亭镇西许片区，占地16.31公顷（其中一类工业用地11.25公顷，配套路网5.06公顷），建设面积30万平方米，总投资60亿元。发展定位是注重引导省级以上"专精特新"企业集聚发展，引进食品加工、智能制造、高技术检测等行业，打造拥有15家以上的省级"专精特新"企业产业园。招商方向是优先招引用地需求较为迫切的"专精特新"中小企业，国家"重点小巨人"企业、工业和信息化部"专精特新小巨人"企业、"单项冠军"企业和"配套专家"等。大唐5G产业东南总部基地项目：项目选址于华林经济开发区，总投资102亿元，一期投资11亿元，规划建筑面积5.52万平方米，建设4条5G微基站生产线，实现年产5G微基站10万台（套）。截至年底项目一期5G主厂房主体建设及装修全部完工，待车间验收后设备即可入场调试；5G配套厂房完成主体结构施工和外墙涂料施工以及铝合金窗框安装；5G综合楼完成地下室和地上一层的结构施工。

（魏漳园）

工艺美术产业

【概况】 工艺美术产业是城厢区三大传统产业之一。2022年，全区工艺美术产业链上6家规模以上企业（腾晖工艺、庄严苑工艺品、艺峰工艺厂、金伯爵珠宝、博誉轻工、泉大工艺厂），累计完成产值32.75亿元，同比增长27.9%，占规模以上企业产值的6.4%。6家规模以上工艺美术企业纳税124万元，同比下降21.5%，占规模以上企业纳税的0.3%。主要承载区为国际油画城，主要代表性企业有腾晖工艺、庄严苑工艺品等，拥有中国工艺美术大师郑春辉，省工艺美术大师高金山、林剑平等。

【典型企业】 欧雅艺术：主要生产油画，其新型油画、现代装饰画及多种现代家居装饰品远销北欧、中东、美国等国家和地区。2022年，公司拥有12条生产线，员工125人，年产油画约2.5万件，为莆田市艺术创新类企业技术中心，公司的研发团队汇聚来自美国、德国、意大利、荷兰及国内的知名设计师，开发设计新型油画、现代装饰画、各类新材料画框、艺术创意家具、树脂、铁艺、艺术灯饰、艺术地毯、陶瓷工艺品、现代家居装饰品、小型个性化现代家居等。设计团队紧跟全球最新的现代家居装饰的发展变化，大胆探索创新，开发出一系列引领行业发展的产品。腾晖工艺：由高级工艺美术师、中国工艺美术大师、中国木雕艺

2022年12月8日，区工信局在南湖公园广场举行2022年城厢区"12·4"国家宪法日暨"纪念现行宪法公布施行四十周年"活动启动仪式

（林志洪 摄）

术大师郑春辉创办，下辖莆田市腾晖工艺厂、郑春辉木雕工作室、春晖木雕艺术馆三大部分，集创作、生产、传承、培训、研讨、展示于一体，是莆田市工艺美术行业重点创作生产及培训基地。庄严苑：以大型木雕雕刻造像为坚实的工艺技术基石，恢复老漆脱胎正宗浆脱制作法，并引进大型铜铸生产工艺，配以娴熟精致的唐彩工艺、贴金工艺等多彩表面装饰工艺，辅以佛法教理，诚心雕塑，用心制作，所塑诸佛、菩萨圣像皆如法如仪，相好庄严，让瞻仰者生欢喜心和恭敬心。作品在国内外参展中屡获大奖，遍及全国各地，并出口到日本、新加坡、印度尼西亚、美国、澳大利亚等海外各地。

【重点项目】 钟潭工艺小镇：位于霞林街道钟潭片区，占地140公顷（含路网、学校等配套设施），建设面积26万平方米，总投资80亿元。发展定位是打造集文化创意、时尚休闲、高级禅修于一体的国内一流高端艺术休闲小镇。招商方向：文创商业业态策划、建设及运营。后期作为福建省重要工艺美术基地，引进工艺美术创意、创业联盟等。

（魏漳园）

园区建设

【华林经济开发区】 2022年，华林经济开发区高标准、严要求推进园区标准化建设，推动制造业高质量发展，促进开发区转型升级、改革创新，立足开发区发展现状和产业基础，围绕打造“产城融合、集约紧凑、功能完善、生态良好、管理高效”的现代化产城融合示范区、高品质产业创新发展区，突出高起点规划、高标准建设、高水平开放、高质量发展。截至年底，华林经济开发区开发工业用地面积193.5公顷，供应工业用地面积190.9公顷（含拟调整物流仓储用地3.2公顷），可供存量工业用地面积5.8公顷。全年开发区企业465家，其中征地企业117家，租赁企业348家，规模以上企业78家；完成产值303.38亿元，同比增长15.2%；完成固定资产投资28亿元。

2022年1月9日，富力制造产业园项目正式签约　　（高一翔　摄）

2022年，华林经济开发区在招商引资方面加速推进低效片区腾笼换鸟，先后收购清华园、永德、天利达、天一祥、华龙、合众天成等厂区，动态摸排闲置厂房约3万平方米，上报“为企寻场”平台1.5万平方米；可利用的合规屋顶约50万平方米，可成片开发分布式光伏项目；周边华林智汇、风达研发中心、祥和水岸花园公租房约有5万平方米商住空间，可为提质传统产业生态圈、构建商住产一体化集成模式提供物理空间。同时，招商储备地块山霞片区、日山片区相继启动前期手续办理，拟新储备工业用地25公顷，拓展工业园区辐射圈。规划建设富力智造产业园，位于西许片区，计划投资102亿元，规划用地31.13公顷，建设总建筑面积45万平方米的标准厂房和配套设施，计划打造集产业、交流和生活于一体的综合性功能园区；项目主要依托富力等鞋业龙头企业，拟建设200条以上自动化、智能化鞋服生产线，建设智能化仓储物流配送体系，形成鞋服全产业链智能化生产基地。规划建设“专精特新”产业园，位于西许片区，计划投资30亿元，占地11.2公顷，拟营建绿色产业空间，构建“高精尖”产业体系，建成绿色产业园区；计划采用“先租后售”模式，为入驻企业提供环境稳定、组合灵活、可拓展的发展空间；对接意向入驻企业6家，其中5家签订认购协议，招商对象涵盖食品加工、智能制造、个性定制等。

2022年，华林经济开发区在基础设施方面，形成“四横四纵”的道路交通骨架。其中，“四横”分别为福厦路、竹林路、华林路、滨江路；“四纵”分别为腾飞路、腾达路、华中路、创业路。给水由莆田自来水公司供给；雨污排水管网覆盖开发区内所有企业，污水通过华林泵站提升进入闽中污水处理厂处理达标后排放；开发区内建有2座变电站220千伏木兰变和110千伏华林变；分区单元内设置2座通信汇聚机房，2座有线电视分前端机房，汇聚机房服务能力：固定电话1.5万—3万线、数据通信2万—3万线、移动通信5万—10万线、有线电视2万—3万户；供气气源：开发区内燃气气源为天然气，气源引自莆田天然气门站。

2022年，在教育设施方面，华林经济开发区内有公立学校7所、学生5133名，民办幼儿园3所、学生651名。其中公办学校有华林学校（初中14个班、完小31个班）、华亭第二中心幼儿园（幼儿12个班）、路东小学（完小6个班、幼儿3个班）、路西小学（完小10个班、幼儿6个班）、西埔小学（完小8个班、幼儿3个班）、后角小学（完小3个班、幼儿3个班）、濑溪小学（完小6个班、幼儿3个班），基本能满足园区内居民及外来务工子弟就近入学需求。园区内公办职业教育有莆田市科技学校（中专），学生1600多人；民办职业教育有莆田市理工学校（中专），学生1500多人。

2022年，在医疗设施方面，华林经济开发区有村卫生所5家，其中山牌、濑溪2个村卫生所完成一体化规范提升，纳入医保门诊定点结算，并开通与市区医院相连的视频诊疗；另外配备1家一级综合医院华林园区医院、1家综合门诊部、7家私人诊所等9家民营医疗机构，可满足企业员工就近就医需求。

2022年，在餐饮、住宿等商业服务设施方面，华林经济开发区商业用地规划面积4.29公顷，占规划总用地的0.54%，规划通过产业服务中心、创新综合体等形式强化产业园区集中式商业配套，进一步规范社区零售形式，逐步升级商业模式以适应市场需求和产业发展。商务用地规划面积9.35公顷，占规划总用地的1.17%，包括工改商的清华园、天利达等创新综合体。娱乐康体用地规划面积1.27公顷，占规划总用地的0.16%，结合霞皋八卦村文化资源和木兰溪滨溪景观资源，建设文化及体育活动中心，打造华林公共活动中心。公用设施营业网点用地规划面积1.27公顷，占规划总用地的0.16%，包括福厦路沿线3处加油站。

2022年，在产业发展方面，华林经济开发区以鞋服产业、电子信息产业、食品产业、工艺美术四大产业为主，全年规模以上工业产值303.38亿元，同比增长15.2%。其中，鞋服产业规模以上企业43家，工业产值170.48亿元，占56.19%，重点企业有力奴鞋业、三迪鞋服、祥冠鞋业等。电子信息产业规模以上企业8家，工业产值24亿元，占7.9%，重点企业有三利谱电子、嘉辉光电、杰讯光电等。食品产业规模以上企业7家，工业产值30.18亿元，占9.95%，重点企业有天怡现代、亚明食品、复茂食品等。工艺美术产业规模以上企业4家，工业产值为29.30亿元，占9.66%；重点企业有庄严苑、腾辉工艺等。其他产业规模以上企业16家，工业产值为49.42亿元，占16.29%，重点企业有新旺隆、溢通环保、腾安建材等。

2022年，在科技创新方面，华林经济开发区持续推进传统产业挖深挖潜和引进先进产业“两手抓”，在传统产业上，制鞋初步形成从设计、研发、生产“全产业链”；杰讯光电、溢通环保、劲德电源等“专精特新”企业持续创新工艺，研发领先技术，成长为国家、省、市“科技小巨人”；食品行业形成亚明“标准化菜肴”等全国领先的新业态。坚持引进先进产业，引进三利谱电子等一批高科技企业。

2022年，在开放合作方面，华林经济开发区引入风达、力奴、新路、富力、中电信科等一批战略投资者，嫁接收购经营不善或停产破产企业，集中新建中电科创城、华林智汇、标准化厂房、研发中心、产业综合体。创新招商融资方式,有效配置各种资源,实现对园区的有效投融资。如依托中电光谷等富有招商经验的第三方机构进行招商模式；三利谱等项目采用政府重资产、企业轻资本的招商模式；富力研发中心项目采用园区购买不良资产后进行招商的模式。

2022 年，在投融资服务方面，华林经济开发区完善区对开发区（园区）财政收入考核奖励方案，开发区工业用地土地收益中的区留成部分，扣除应计提法定费金后的剩余部分，全部用于开发区基础设施建设和土地开发整理。为营造正向激励工作导向，华林经济开发区、太湖工业园工作经费分别按华亭镇、灵川镇超收分成奖励金总额的 50% 予以兑现，由区财政直接拨付。同时，按照《城厢区区属国有企业重组整合工作方案》整合完成后的区城投公司作为企业债发行主体，实行"管委会 + 公司"管理模式，整合国有企业，支撑园区开发建设。以区属国有企业重组整合为契机，以莆田市城厢区樟林投资实业有限公司为重组主体，重组更名为莆田市城厢区国有资产投资实业有限公司，负责经营性国有资产整合及其经营管理，作为实施园区标准化厂房建设主体之一。

2022 年，在项目建设方面，华林经济开发区落实《园区高质量发展三年规划》，实施园区标准化建设，建立园区基本信息库，推进园区高质量发展。积极推进 5G 新基建、电子信息、鞋业产业等工业旅游项目，重点培养大唐 5G 产业园、亚明食品中国中餐标准化产业基地。华林经济开发区 5G 产业园项目，主要包括 5G 产业园标准化厂房、鞋业基地标准化厂房建设项目，园区教育、人才公寓等生活设施配套项目和园区道路提升等基础设施配套项目,通过引进中国信科、大唐网络等，建设 5G 产业研究院及东南总部基地，打造 5G 测试及应用示范园区。亚明食品通过扩建及收购闲置厂房（皇冠制罐），投资 5.5 亿元新建中餐标准厂房及预制菜肴产业园，项目完成签约。

2022 年，在生态环保方面，华林经济开发区提高应对突发环境事件的防控和应急反应能力，在上半年组织开展突发环境事件应急预案修编工作，截至年底应急预案修编完成。5 月组织编制《福建莆田华林经济开发区环境影响跟踪评价报告书》，截至年底编制完成跟踪评价报告书，并报送省生态环境厅备案。及时委托第三方环境监测机构对开发区各环境环境质量进行监测（主要监测因子为大气、水、噪声、土壤），作为后期判定园区能否满足该区域的功能区标准和规划设定的环境质量目标的依据，截至年底出具监测报告，根据监测结果，园区环境质量均达到国家要求。持续加强开发区能源资源节约集约利用，以园区循环化改造为核心，调整和优化产业结构，依托园区龙头企业的带动作用和资源优势，构建高效的循环经济产业链。通过省工信厅第四批循环经济示范试点单位验收，被列为福建省第四批循环经济示范单位的 6 家园区之一，成为福建省循环经济示范园区。

2022 年，在管理服务方面，华林经济开发区梳理 60 项涉企、惠企事项，为企业办理相关审批，实现现场办理，惠企政策的咨询申报等提供快速便捷的家门口服务，并提供工程审批改革项目的全程代办、综合协调等服务。结合党建 + 邻里中心进一步梳理审批事项，将医保、社保、公积金等涉企员工的事项下沉到邻里中心，加强邻里中心标准化建设等，为企业提供便利服务。

2022 年，在党建方面，华林经济开发区建立完善 1 个园区党群服务中心和 6 个企业党群活动中心，面积 6000 多平方米，辐射周边企业 100 多家，有党组织 60 多个；积极培育力奴三牛党建、亚明食颂党建、复茂"产业党建"、郭氏"三圈"党建工作载体，探索加强抖音直播、快递物流等新业态、新就业群体党建工作。开展"两个覆盖"专项行动，园区有"三有"规模以上非公有制企业 63 家，通过"单建式""联合式""行业式"等多种组建形式，成立单独党组织 14 家，联合党组织 11 家，党组织覆盖率 100%。推行交叉任职机制，企业党组织书记与企业中高级管理层双向进入比例达到91%。强化“把骨干培养成党员、把党员培养成骨干”导向，将8名业务骨干培养成党员，培育积极分子8名。组织13名专职党建指导员下沉企业摸实情、问实效、解难题。深入实施“党建引领、夯基惠民”工程，将117家征地企业划分为117个网格725家单位，重点围绕企业经营管理、项目建设、安全生产、矛盾化解、疫情防控、关爱员工等任务，设置党员先锋岗87个，建立形成“网格—单元—党支部—党员先锋岗”组织架构体系，打通服务企业和职工群众“最后一米”。建立鞋服、食品、电子信息产业党建联盟，组织“区域合作、抱团共进”活动7场，为企业交流信息、互相采购搭建平台。组建以党员工匠为骨干的“党员攻关组”和“党员示范车间”14个，全力破解企业在生产经营、新产品研发、技术改进等方面瓶颈；联合工信、人社、行政服务中心、市场监督管理局等14家涉企部门，开展“强党建促发展”联合行动，帮助企业协调解决劳资纠纷、惠企政策落实、安全生产、环保、资金等方面难题70多个；深入开展助企联合行动，组织企业参加3场“党企新时空政企直通车”宣讲活动，助力市场主体共克时艰。组织企业党支部对接商务、文旅等部门，参加4场全闽乐购促消费活动，涵盖家电、购物、餐饮等领域，拉动消费增长超1000万元。

（高一翔）

【莆田市中电科创城服务中心】为全面贯彻落实莆田市政府与中国电子信息产业集团（CEC）战略合作精神，城厢区人民政府与中电光谷联合控股有限公司签订《莆田·中电科创城综合运营合作协议》，在樟林片区建设莆田·中电科创城项目，科创城依托CEC的产业资源及信息化技术，发挥中电光谷在产业综合运营方面的资源及经验优势，共同建设运营中电科创城，打造以产城融合发展为特色，以软件服务、电子信息、5G通信和智能制造为支撑的现代化产业基地。2019年12月10日，莆田市中电科创城服务中心（以下简称“中电科创城”）成立，为区政府直属事业单位，经费渠道财政核拨，划分为公益一类，编制16名，设主任1名、副主任2名，按正科级建制。中电科创城项目由先导区和核心区组成。先导区位于区政府西侧九龙小区，由一栋运营空间面积约2.6万平方米的沿街写字楼构成，为符合产业定位的企业提供一站式拎包入住服务。核心区位于樟林片区木兰大道南侧，规划用地面积约44万平方米，建筑面积约50万平方米，总投资约60亿元，重点打造高端化、智能化、绿色化产业园区。2022年，中电科创城服务中心认真按照区委、区政府部署要求，发扬“店小二”精神，全力落实、协调好各项服务保障工作，推动招商引资、项目推进、服务企业等工作有序铺开。

精准发力抓招商　2022年，中电科创城围绕“积极招引市外优质企业，聚集本地龙头企业”的招商思路，联合招商运营中心，依托中国电子的产业资源与中电光谷的产业资源共享平台，建立福州、厦门常态化招商机制，积极参与“6·18”海创会、厦门

2022年7月4日，华林经济开发区在三威鞋业有限公司举办“工会有爱·暑我最棒”2022年城厢区总工会关爱职工子女暑托班

（高一翔　摄）

2022年8月24日，中电科创城组织园区企业参加惠企政策宣讲会

（黄彦怡　摄）

2022年11月15日，中电科创城邀请区消防救援大队霞林消防站在先导区为入驻企业开展消防业务培训及演练活动　（郑琳琳　摄）

工业博览会、中国电子信息博览会、“9·8”厦门投洽会等招商推介会，持续推进项目招商工作。立足莆田本地实际，参照省、市、区相关政策文件及其他园区相关办法，起草并完善核心区入园管理办法等园区相关政策。2022年，先导区招商入驻企业30家，初步形成数字经济集聚效应；核心区储备企业10家，企业业务涵盖高端新材料、高端机械装备、供应链管理、信息安全等领域。

推进项目建设　2022年，中电科创城发挥单一窗口服务专班机制，及时协调解决《莆田市工业地产分割及销售管理办法》意见反馈、电梯保障、物业权责、电力扩容等，推动解决片区征迁遗留、原樟林公交站地块置换、总平方案设计等事宜，加快推动项目招商建设工作高质量开展。同时，联合招商运营中心解决企业合理诉求，确保企业引得进、留得住、能发展。

提升运营服务品质　2022年，中电科创城依托中电光谷的园区运营优势，通过开展知识产权“入园惠企”对接会，举办“金税四期”专场讲座、“企业用工服务保障十五条措施”宣传等多种活动，开展企业人才需求对接80人次，为入驻企业做好产业服务。发挥科创城位置及场地优势，承办“惠企平台推介活动会”“外贸政策宣讲会”“‘专精特新’企业培育暨产融对接”等活动，扩大项目知名度。发挥楼内企业资源、人才集聚优势，引导楼宇内企业在市场、采购等方面形成良性互动、抱团发展的浓厚氛围。

（傅山宇、黄彦怡）

商贸经济

综 述

【概况】 2022年，莆田市城厢区商务局（以下简称“区商务局”）齐心协力，迎难而上，全局各项指标平稳推进，顺利完成各项任务，为全区经济发展作出贡献。

【经济总量】 2022年，全区实现第三产业增加值351.11亿元，占全区生产总值的60%，占全市第三产业增加值的26.22%，位居全市各县区第一，三产增加值占全区生产总值的比重连续14年超过50%，成为全省不多、全市唯一的县区。实现社会消费品零售总额653.9亿元，同比增长4.2%，五县区排名第三，占全市体量的比例超36.2%，增量贡献率达44.4%，位居全市第一。实际利用外资完成2628万美元，同比增长1312.9%，全市第一，增量占全市比重第一，完成全年任务2570万美元的102.25%。外贸出口总额完成89.44亿元，同比增长24.64%，完成全年任务80亿元的111.8%，增幅全市第三，出口体量和增速均创10年来历史新高。

【现代服务业】 2022年，城厢区年报新增企业178家，超额完成市下达新增70家的全年任务。跨境电商高速发展，跨境通关服务平台在“9610”模式基础上，在全省率先启动“9710”“9810”跨境电商B2B监管新模式首票业务，拓宽莆田跨境电商企业出口物流通道，上线跨境电商出口大数据平台，通关包裹数、出口额同比增长20倍以上。加快消费升级，持续开展汽车、家具等行业“全闽乐购·富美城厢”促消费系列活动，发放1000万元消费券，拉动消费超5亿元，新业态加速崛起，百盛、油画城等四大直播基地稳步壮大，并成功举办首届电商直播节。

【外资外贸】 2022年，区商务局定期重点走访天怡现代农业等龙头外资企业，解读各级利用外资政策，推动重点外资项目加快利用外资，形成有效投资。年内，实际利用外资完成2628万美元，同比增长1312.9%，增幅全市第一，增量占全市比重第一，完成全年任务2570万美元的102.25%。优化外贸营商环境，联合组织举办外贸政策宣讲会，聚焦外贸企业急难愁盼，向辖区25家中小外贸企业宣传防范汇率风险、信保扶持、重点项目培育、境外展会等扶持政策，提升企业出口信心。全市首家开展市场采购业务，对接鼓励辖区市场采购贸易龙头企业，带领小微企业开拓缅甸、印度尼西亚、阿联酋等新兴市场。2022年，市场采购出口15亿元，同比增长37.6%，成为外贸出口新亮点，促进外贸创新发展。推动莆田—厦门跨境电商转关货物成功首发，12月指导跨境通成功升级建设莆田国际陆港，一般贸易（“0110”模式）实现首票通关，全年累计清关包裹超150万个，出口额12.6亿元，同比增长223%，助力外贸进一步转型发展，该做法作为全区唯一一个“改革创新项目”代表城厢区参加全市2022年度机制改革创新项目评审，得分位居7个县区前列，获得年度绩效考评加分。

（潘源懿）

商贸流通

【概况】 2022年，城厢区完成限上批发零售业销售额912.19亿元，同比增长22.39%，完成全年任务839亿元的108.72%，超序时8.72个百分点，增幅在五县区中排名第三。完成限上住宿餐饮业营业额13.86亿元，同比增长0.55%，完成全年任务15.32亿元的90.47%，体量占比全市达38.8%，位居全市第一。实现规模以上其他营利性服务业营业收入26.68亿元，同比增长16.8%，增幅在五县区中排名第四，完成全年任务30亿元的88.94%，占全市体量的比例超31.8%，位居全市第一。

【资金扶持】 2022年，区商务局组织3份区级政策兑现工作，惠及企业超700家次，拨付资金超1800万元；争取向上资金超2350.7万元，惠及企业超524家次。

（潘源懿）

对外贸易

【概况】 2022年，城厢区完成实际利用外资2628万美元，同比增长1312.9%，全市排名第一，增量占全市比重排名第一，完成全年任务2570万美元的102.25%。完成外贸出口总额89.44亿元，同比增长24.64%，完成全年任务80亿元的111.8%。

【招商引资】 2022年第二十二届中国国际投资贸易洽谈会期间，城厢区引进、洽谈外资项目11个，投资总额16.29亿美元，利用外资3.68亿美元。其中，上台签约项目6个（西许智造产业园项目、宝马汽车i4S店、华润能源项目、牛樟芝生物科技项目、龟山生态园林项目、天龙世纪广场项目），邀请来自加拿大等地区的30名重要客商参会。

（潘源懿）

供销合作

【概况】 2022年，莆田市城厢区供销合作社联合社（以下简称“区供销社”）强化为农服务宗旨，参与乡村振兴战略，做到疫情防控与春耕备耕工作两手抓、两不误。

【春耕备耕工作】 2022年，区供销社发挥城乡流通作用，全力保供应、稳物价、畅流通、促春耕、惠民生。密切关注化肥市场动态和价格趋势，以及市场需求和库存量，与厂家对接，多渠道采购，补充货源。发挥供销社系统农资经营主渠道优势，组织调运、储备农资货源。各经营点坚持把商品质量放在第一位，严格执行农资商品“三证”（登记证、生产批准证书号、产品标准号）制度，全面落实产品质量承诺制，规范经营行为，同时组织力量加大对供销系统农资化肥门市化肥质量检查力度，坚决杜绝假冒伪劣、过期变质产品及国家明令禁止销售的化肥农药流入市场，保证农民购买到“放心农资商品”。发挥农资配送中心、村级综合服务站农资直销网络优势，采取直达运输、让利优惠、送肥下乡等服务活动，为农民提供便捷满意的服务，节省农民购买时间和运输费用，开展农资咨询，利用农资信息宣传栏等进行安全使用农药科普宣传，确保群众春耕备耕农资供应需求和全区春耕生产。春耕备耕期间组织开展农资产品专项检查60多人次，确保农资供应保质保量，不误农时。

【工程项目建设】 2022年，区供销社继续抓好“保供促销”工

2022年4月19日，区供销社开展安全生产检查　　（陈荣明　摄）

程项目，推进华亭供销合作社乡镇惠农综合服务中心建设。通过项目实施，探索开展庄稼医院、日用消费品销售、农产品购销、快递物流等社会化公益性服务，为周边居民提供便民利民服务，满足农村社区群众生产生活多样化需求。

【社有资产管理】 2022 年，区供销社规范资产运营管理，以公平、公正、公开的原则进行公开招租，确保社有资产的保值增值，维护好供销社的切身利益。针对新冠疫情对实体店经营的影响，引入合作伙伴或协议出租的方式处置，积极盘活社有资产，防止社有资产闲置。

（陈荣明）

油画产业

【概况】 莆田国际油画城位于城厢区霞林街道肖厝社区，总建筑面积约 3.1 万平方米，包括中国（国际）油画交易中心与 A、B 区，配套停车场。其中中国（国际）油画交易中心建筑面积约 1.5 万平方米，签约企业 20 家，纳入限上 14 家。1—3 层为 3000 多平方米的公用多功能综合展厅，主要用于原创油画、国画、书法等联合展览；第 4 层为入驻企业提供配套服务功能；5—18 层为莆田藉油画及相关艺术电商企业。A、B 区建筑面积约 1.6 万平方米，一层至三层沿街商业店铺有 157 家个人工作室，集聚近千名画家。业态类型包括“前店后厂”的企业展厅、原创油画家中高端工作室、以装饰油画为主的夫妻店、画框画材店、绘画培训机构等，是全市最大的油画艺术中心和专业市场。

【产业集聚情况】 2022 年，莆田国际油画城围绕服务油画产业创作和销售的同时，进一步丰富原材料供应、展示交易、教育培训、版权登记等服务项目等业态，构建较为完整的油画产业链条，形成油画创作人才支撑有力、优质原创画品供给充足、产品集散经销效益显著、对外交流合作广泛开展的油画产业发展格局，获评“文艺两新”实践聚集地、城厢区新零售示范基地（孵化）。

【重大活动开展】 2022 年，莆田国际油画城依托中国（国际）油画交易中心近 3000 平方米的

2022年8月10—16日，莆田国际油画城举办“喜迎二十大 千年木兰溪 礼赞新时代”木兰溪沿岸主题采风写生活动　　（陈　静　摄）

展示厅，定期举办各大类型公益展览、学术交流等活动，具体如下：一是举办“城厢新貌”写生采风油画展，展出油画城内11位油画家写生作品19幅；二是举办“莆阳才韵”2021年美术作品联展，展出5位艺术家2021年中国画、油画原创作品近50幅；三是举办“妈祖情”主题油画展，展出1989年台胞破冰直航湄洲岛、妈祖巡游台湾和巡游马来西亚、妈祖“立德、行善、大爱”的事迹、妈祖故里风景等油画作品；四是举办同心抗疫“艺”不容辞美术作品展，展出在抗击新冠疫情背景下30位美术工作者的42幅精品力作；五是举办城厢区第二届直播电商节“十好城厢 直播嗨购”专场直播活动之“油画好工艺”活动；六是举办“学习宣传贯彻党的二十大精神”——木兰溪生态文明油画写生作品展，展出30位画家的100幅作品，并制作油画集；七是举办第十六届中国（莆田）海峡工艺品博览会莆田国际油画城分会场活动，同时在黄石工艺美术城主会场设立油画主题馆。

【油画人才培养】2022年，莆田国际油画城以创作培训、主题写生采风、交流研讨会、主题展览等活动形式，帮助本土画家提升其油画创作能力和水平。其中2022年画家朱金柏油画作品《海之风韵》入选悲鸿风度·首届油画双年展；画家卓朝晖作品《乡戏五》入选全国新文艺群体美术作品展，作品《庆丰年》初评入围“中国道路美好生活”全国美术作品展，作品《汉唐遗韵——提线木偶戏十一》初评入围“时代颂歌——中国百家金陵画展”（油画）。

（李　琦）

电商小镇

【概况】2022年，城厢区电商城内入驻企业354家，经营国内外品牌200多个，以鞋服类产品线上批发零售为主，已入驻国际一线品牌10多个，沃特、才子等国内著名商标20多个，自创古奇天伦、莫蕾蔻蕾、AU&MU、赛驰、向上少年等本土自主品牌近百个。古奇天伦、莫蕾蔻蕾等6家获得福建省著名商标，百年纪念等17个自主品牌获得莆田市知名商标称号。电商小镇产业基本形成代理品牌运营、自主品牌运营、进口知名品牌、工厂品牌合作、个性化定制、分销、个体户创业、跨境创牌、网红直播销售等十大运营模式，呈现出“店铺很小、仓库很大、网络很畅、销售很远、效益很好”的商业业态。1—12月，纳入有限额以上统计电商企业207家，实现限上电商销售额372.34亿元，同比增长22.16%。

【重点项目建设】2022年，城厢区以洋西跨境电商生态园为重要抓手，注重创新与创业相结合、线上与线下相结合、孵化与投资相结合，大力推进跨境电商园区建设，打造供应链、跨境零售、物流仓配、支付结汇等跨境电商全产业链体系，引导在外跨境业务回莆田发展，园区注册企业69家、团队17家，入驻率达到98%。全年实现限上销售额约134.6亿元，成为该区跨境电商最有活力的集聚区。另外，城厢区还以省级众创空间为孵化载体，利用百盛跨境电商中心平台优势

2022年1月14日，莆田市电商小镇产业发展中心举行方舟跨境“跨境电商公益沙龙”活动　（陈萍萍　摄）

整合资源，为中小企业提供互动交流平台，开展电商类专业人才、高端人才培育，帮助电商团队对接亚马逊等全球知名电商平台，尤其是针对跨境电商、直播业态等新业态而开展的小语种、直播网红等专业人才培育，为莆田市输出批量化、专业化跨境电商高素质人才队伍，孵化团队60多个，创造就业岗位近500个。

【优化营商环境】 2022年，城厢区依托莆田现有电商产业优势，支持直播基地申请各大电商平台直播资质，帮助电商企业出爆款、带销量、去库存、增流量。鼓励服装、鞋业、珠宝、红木、工艺品等本土优势产业用“线上引流+实体消费”的直播电商新模式，助力企业推广品牌、拓展销售渠道、增强用户黏性，增强区域品牌影响力。通过百盛直播基地为本土商家提供直播账号短视频推广、主播培训、短视频拍摄、剪辑培训等服务，通过淘宝、抖音、快手等直播平台，推介销售该区本土特色产品，推动直播电商赋能转型，激活传统企业的内生动力。

2022年，莆田市电商小镇产业发展中心利用园区大门LED屏、微信公众号和小区内公共广告牌位，开展保护知识产权、电商品牌建设、诚信守法经营内容宣传，与辖区派出所设立警企服务站，导入知识产权、法务、财务、金融、培训等各类平台资源，为电商商家转型升级和技能提升服务，助力电商企业做好品牌宣传；协助商务部门收集上报各类电商政策补贴，帮助企业用好用足政府政策补贴资金；宣传园区电商产业转型升级经验做法、电商龙头企业或典型企业的品牌文化等内容，树立电商产业健康形象，展示城厢区电商产业新风貌。

2022年，莆田市电商小镇产业发展中心鼓励电商企业与莆田学院、湄洲湾职业技术学院等高校在课程设置、专业建设、校企融合、学生就业、创业指导等实践工作上开展合作，依托电商企业资源优势，推动产学研深度融合，建立以企业为主体的技术创新和以高校为主体的知识创新相融合的人才培育体系，合力破解莆田电商人才稀缺的难题。年底，联发莆田电商城已分别与莆田学院、湄洲湾职业技术学院签约落地校企联合培养基地和实训基地；同时，福建诺亚创梦电子商务有限公司、百盛跨境电商中心、莆田市全惠贸易有限公司等电商企业均已同莆田学院在人才培育孵化方面达成合作。

2022年，莆田市电商小镇产业发展中心履行园区属地管理服务职能，全力配合执法部门在园区内开展各类执法工作，园区警务工作站内设立打假办公室和会议室，为打假联合执法提供后勤保障。参加联合执法行动14次，出动人员近50人次，参与安福周边巡逻和设卡检查等任务，并为打假联合执法提供后勤保障，以打假执法为震慑手段，不断净化城内市场交易环境。

【重大活动开展】 2022年，莆田市电商小镇产业发展中心妇联组织主题为“点‘藏’莆商大爱‘鞋’助乡村振兴”的爱心捐鞋活动，积极协调爱心企业为如给村的困难户捐赠鞋子。福建莆田零伍玖肆鞋业有限公司、福建莆田市古索贸易有限公司、福建莆田市力舟体育用品有限公司、福建时尚先生鞋服有限公司等爱心企业为如给村困难户捐赠价值约50000元的鞋子，并通过快递将爱心物资发往西藏昌都市察雅县烟多镇如给村。

2022年，莆田市电商小镇产业发展中心举办“全城热赛”莆田城市篮球联赛，并选派电商小镇自主品牌“向上少年”代表园区参赛。经过2个多月的激烈比赛，电商小镇队在2022年11月13日晚上决赛中取得联赛亚军的好成绩。

（陈萍萍）

城厢年鉴

交通　邮政　通信

交　通

【概况】 2022年，莆田市城厢区交通运输局（以下简称“区交通局”）突出“四好农村路”（建好、管好、护好、运营好农村公路）建设，坚持民生优先，全力推进交通精准扶贫，完善交通路网；坚持依法行政，加强交通运输行业监管，推进行政审批便民化服务；加强廉政建设，提高党员干部思想政治修养；全面开展农村公路养护、工程建设、安全生产治理行动、行业维稳工作、扫黑除恶斗争、新冠疫情常态化防控、文明城市创建、寄递物流监管等工作。

【国省干线项目建设】 联十一线城厢段，里程3.78千米，按一级公路标准建设。设计速度80千米/时，路基宽度32米，双向六车道，完工待验收。

木兰大道一期工程全长为10.9千米，采用城市主干道标准，设计速度60千米/时。总投资约14.8亿元，其中建安造价9.7亿元，2022年10月正式通车。

木兰大道三期工程（城厢段）里程7.3千米，路基土石方开挖填筑完成93%；涵洞完成

2022年4月7日，城厢区华亭镇坪板村在建交通工程木兰大道三期城厢段道路施工现场　（路　刚　摄）

100%；附属工程完成 75%；隧道主体结构完成 100%，隧道机电完成 40%；6 座桥梁实现全桥贯通。

滨海大道城厢段长 14.5 千米（与“联十一线”共线段长约 10 千米）。完成征迁工作，路基工程、桥梁工程完工待验收。

【“四好农村路”项目建设】 2022 年，城厢区被列入全省农村公路省级管理库的公路 585.093 千米，其中县道 111.236 千米、乡道 216.758 千米、村道 257.099 千米。全年完成危桥改造 3 座，生命安全防护工程 10.8 千米，路面修复 2.7 万平方米，建设美丽农村路 10 千米，提升桥梁低标准护栏 4 座。

龟山路（X281 龟山路至濑榜路）公路工程，里程 14.88 千米，起点为龟山，终点华亭镇政府西侧。采用三级公路标准设计，路基宽 9.5 米，设计时速 30 千米，双向两车道，2022 年 9 月验收通车。

X282 灵川至华亭公路工程（灵华线），总长 11.649 千米，按二级公路（兼城市道路功能）标准建设，设计时速 60 千米，路基宽 24.5 米，总投资 6.03 亿元。年内完成施工 80%，径里、羊角寨隧道、灵川、径里大桥等控制性工程完工。

2022 年 7 月 25 日，全省 2022 年度农村公路建设质量技术服务志愿帮扶工作及试验检测专项打假工作交流会在 X282 灵川至华亭公路项目召开，省交通运输厅及省交通质安中心领导、交通运输局及市交通质安中心有关领导、志愿帮扶检测机构、项目参建单位等相关人员参加，活动围绕“平安工地”安全生产宣传志愿服务、农村公路质量检测帮扶服务、试验检测机构进现场技术服务、对项目一线技术人员开展培训服务及群众满意度调查志愿服务等五项服务，提升一线技术管理人员的质量安全意识和管理水平，助力全省“四好农村路”建设，提升农村公路质量水平，助力乡村振兴。

2022年3月16日，城厢华亭乡道Y316（南西线）养护提升工程开工建设 （路 刚 摄）

【公路水路客货运、寄递物流企业情况】 2022 年，城厢区有客运企业 2 家，客车 16 辆 378 座；水运企业 3 家；出租车企业 2 家，出租车 1020 辆，网约车平台 1 家，网约车 791 辆；公交企业 1 家，公交车 83 辆；货运企业 15

2022年7月20日，X282灵华线华亭樟林段路面开始铺筑沥青 （路 刚 摄）

家，货车 1450 辆，14061.489 吨；机动车维修企业 29 家；驾驶员培训机构 11 家，教练车 458 辆；寄递物流企业（网点）188 家。

【寄递物流行业监管】 2022 年，区交通局使用视频远程监控与现场检查相结合，加强寄递物流行业监管，确保 188 个寄递企业（网点）做到“三个 100%”（寄运物品 100%“先验视、后封箱”，寄递物流活动 100% 实名制，邮件快件 100% 通过 X 光机安检），快件安全寄递；做好分拣场所（网点）日常消毒、体温检测登记、扫码登记、佩戴口罩等防控措施。

【安全生产排查治理】 2022 年，区交通局以安全生产专项整治三年行动、安全生产大检查行动为中心点，全面落实安全生产“十五条”硬措施：开展企业源头安全生产隐患排查整治，检查生产经营单位 128 家次，排查整改一般隐患 224 处；开展工程建设质量安全监管，检查在建项目 28 家次，发出整改通知书 18 份，排查整改一般质量安全隐患 65 处；开展道路隐患排查整治，排查整改农村公路安全设施隐患 52 处。

【扫黑除恶斗争常态化】 2022 年，区交通局全面贯彻落实扫黑除恶斗争常态化，开展交通运输领域出租汽车、道路货运超限运输、非法营运（含非法网约车）3 个专项整治行动。全年收到“三书一函”1 件，召开 3 次专题会议，部署扫黑除恶斗争常态化工作任务、传达学习中央关于四大行业领域整治推进会议精神，交通执法查处各类交通运输违法行为 579 件，处罚 125.25 万元。

【机关效能建设】 2022 年，区交通局办结信访件 2 件；办理“12345”投诉件 373 件、办结市人大建议 3 件、市政协提案 2 件、区人大建议 3 件、区政协提案 4 件。深化交通行政审批“最多跑一次”改革，提升政务服务事项即办件占比、承诺期限压缩比，行政许可“减时限”占比为 88.07%；窗口总办件量为 1187 件，其中即办件 1167 件，承诺件 20 件。推广“跨省通办”业务，引导货物运输驾驶员通过交通运输部微信公众号、“道运通”手机应用小程序、国家政务服务平台或登录互联网道路运输便民政务服务系统网页端，在线提交相关资料，后台即可办理普通货运车辆年审业务，办理跨省通办业务 5 件，省内通办业务 11 件。

【文明城市创建工作】 2022 年，区交通局开展月塘社区卫生整治活动 50 余次；在辖区 78 辆公交车、993 辆出租车车载 LED 显示屏，滚动播放创城公益广告；出动交通执法车辆 500 辆次、执法 700 人次，在重点区域提高“见警率”，向出租车司机发放创城宣传单 1800 余份，检查出租车、网约车 1800 余辆；牵头交通环境组，从行业规范、文明服务、车容车貌、标语宣传等方面对公交车、出租车、网约车、公交停靠站、首末站进行专项督导检查 30 余次；对督导发现的创城公益广告破旧、缺失、不规范、污渍等问题及时整改到位，确保公共交通领域创城指标合格。

（路　刚）

邮政业

【概况】 2022 年，中国邮政集团有限公司莆田市城厢区分公司（以下简称“城厢邮政分公司”）设总经理 1 名、副总经理 2 名、寄递事业部副总 1 名。内设综合办公室（安全保卫部）、市场营销部、金融业务部、集邮与文化传媒部、渠道平台部、寄递事业部市场部、寄递事业部运营监控部 7 个职能部室。下辖高楼、区府路、凤凰山、南园路、北大道、华亭、华林、灵川、东海、常太 10 个邮政支局；城厢、丰美、下林 3 个寄递营业部；凤凰山、区府路、南园路、北大道、华亭、灵川、东海、常太 8 个金融代理营业所。

【业务开展情况】 2022 年，城厢分公司实现营业总收入 8321.71 万元，完成市分公司年度计划 8110.02 万元的 102.61%，同比增长 13.6%，均列各县区分公司第四。

金融板块：全区金融实现收入3271.44万元，完成全年目标3285万元的99.59%，同比增336.11万元，增长11.45%。其中利差收入2289.2万元，完成全年计划2377.22万元的9.63%；保险收入521.64万元，完成年度计划531.9万元的98.07%，同比净增190.45万元，增长57.5%。

邮务板块：邮务专业累计实现收入864.53万元，完成年计划目标的106.07%，同比增长17.01%，位列全市第三。

寄递板块：累计完成寄递总收入4178.8万元，同比增长14.5%，完成全年预算目标的104.2%。

【邮政网络】2022年，城厢城区揽投段道45条；农村邮件投递段道27条，单程里程315千米。网络覆盖城厢所有区域，满足城厢居民用邮需求。在较好履行普遍服务义务的基础上，支撑邮政各项业务持续健康发展。

【邮政设施】2022年，城厢区邮政分公司有生产用车75辆，其中汽车1辆，摩托车10辆，电动三轮车53辆，两轮电动车1辆，汽车段道3辆，汽车专揽4辆，盘驳车辆3辆。是年，城厢区邮政用于投递作业面积1143平方米，生产用房1672平方米。其中，城内邮政生产用房1040平方米，农村支局所邮政生产用房248平方米，代理金融营业所用房面积1547平方米。

（黄　霞）

通信业

【移动】2022年，中国移动通信集团福建有限公司莆田分公司市区营销中心（以下简称“移动市区营销中心”）坚持党建统领，牢记“央企姓党”的工作站位，践行以人民为中心的发展思想，全面落实市委、市政府及上级公司的各项工作部署，实现以高质量党建推动公司高质量发展。党支部获评莆田分公司“五星党支部”。

2022年，移动市区营销中心创新建立“三微课堂”，以微党课、微讨论和微视频为主，及时为员工送上精神食粮。创新开展“趣味互动”，结合党建+EAP系列活动，用员工喜闻乐见的情景模拟、微型研讨等互动方式，激发员工敢打敢拼的士气，累计开展思政教育30余次，员工教育覆盖率100%。

2022年，移动市区营销中心依托“数字党建生活馆”、“请进来”荔城区税务局、城厢区法院、城厢区教育局等通过党团共建开展“走出去”到荔城消防活动，同时通过“共热点”与荔城交警联合开展创城活动，前后与多家单位联合开展“党建和创”共建活动。同时推行党建入“格”，精细网格运营。加强制度标准化，重新下发文件对党员解题人下基层的规定动作及频次进行重申，以“一网格一档案”的形式拉单列表形成台账。

2022年，移动市区营销中心保障文明创城，通过兵团式作战，累计规整线路689处，新建分纤盒约2000个，重建端口1.6万个，新建综合布线1.9万条，重保用户修复及时率100%；成立专项保障工作组，完成20家重保、13家跨省集团专线的双路由倒换测试及网络安全自查。

2022年，移动市区营销中心结合党中央乡村振兴战略部署及中国移动集团公司“数智化”战略转型要求，带领支部打造“数智莆阳”党建和创“1+N”（1即移动公司，N即不同的党建共创单位）共建品牌。依托5G+人工智能、物联网、云计算、大数据等数智化技术，为市区泗华村、白洋村、惠下村等打造5G数字乡村应急指挥调度平台。该平台立足于“1+5+N”（“1”即党建统领，“5”即村情概况一张图、应急指挥调度、数字乡村治理、乡村振兴、民生服务，“N”即各类无限应用场景）应用体系，在党建统领下，打造村情概况一张图、应急指挥调度、数字乡村治理、乡村振兴、民生服务五大应用模块，持续拓展N类无限应用场景，将平安监控服务接入每个家庭。网格员在“数字乡村”云平台可实时查看村域摄像头实况，实现全村信息化综合治理和智能安防统一监控，实实在在为群众安全保驾护航。

2022年，移动市区营销中心开展36场进社区志愿服务活

2022年10月22日，移动市区营销中心与城厢区教育局开展“党建和创”，共同参观数字党建生活馆　　（林娜英　摄）

动，累计上门服务6359人次，完成1089户高带宽用户质差终端整治，解决用户品质类投诉2865户，结合“志愿服务进社区、反诈宣传进门入户”“智慧养老，银发服务”“义务植树”“贫困户慰问”“学雷锋日志愿服务”等系列活动，以实际行动书写践行国企社会责任。

2022年，移动市区营销中心以“幸福1+1”为主题，举办“快乐工作 幸福生活”三八节主题活动、“粽情端午 你我共享”端午节主题活动、员工下午茶、员工季度生日会等16场工会活动，866人次参与。打造运动解压平台，完善“暖心工程”设施，延续篮球、羽毛球、登山3个兴趣小组，坚持“每周一练”，全年与外单位开展篮球、羽毛球联谊赛13场，助力集团关系维护。深化员工细节关爱，关注员工日常生活，持续开展夏季高温慰问、结婚慰问、生病慰问、健康体检等工作，使员工切实感受企业的温暖。常态化开展网格慰问、“走听转”活动，广泛征求网格一线职工、经营管理人员的意见和建议，响应需求，改善凤凰山、黄石等多个网格办公环境。夏季开展“送清凉”、凉茶供应、下午茶等服务；与红十字会合作，开展急救知识培训，提高员工急救能力。

（唐丽琼）

【联通】2022年，中国联通莆田市城厢分公司（以下简称“中国联通城厢分公司”）下设4个划小单位：城厢综合网格大客组、商企组、公众组、城厢建维网格。截至年底，在岗人员40名，营业厅4个（学园厅、华林厅、南门厅、龙桥厅），是莆田市通信行业的一支主力军。

2022年，中国联通城厢分公司完整、准确、全面贯彻新发展理念，以全面数字化转型驱动高质量发展，经营趋势向好。全年主营收入累计完成9192万元，收入和份额持续提升。

2022年，中国联通城厢分公司聚焦创新合作战略，贯彻新发展理念，纵深建设“五新”联通，体系化推动全面数字化转型。应用5G关键技术，以5G引领移动规模发展，加快提升FTTR（全屋光宽带）宽带产品接入能力，打造智慧家庭平台与应用生态。坚决落实集团公司战略规划，持续推进重点工作，以“公

2022年3月15日，市区营销中心青年志愿服务队走社进区开展“学雷锋”活动　　（唐丽琼　摄）

开市场扩规模、高价值项目提毛利、抢抓抗疫热点”为抓手，牵引五大战略业务落地，推动政企业务高质量规模发展。抢抓机遇积极发挥运营商网络数据能力优势，为镇（街道）安装防疫门磁5000个，向城厢区人民政府提供无人机巡航5次，在具体业务中展示政治站位高度与担当勇毅成效。

（郑丽丽）

【电信】2022年，中国电信股份有限公司莆田市城厢分公司（下称“城厢电信公司”）下设霞林分局、凤凰山分局、龙桥分局、华林商客、城区商客等8个电信分局；下设华亭、常太、东海、灵川4个电信支局。截至年底，城厢电信公司有电信用户数29.8万余户，其中固话用户1万余户，手机用户19万余户，家庭宽带用户9.8万余户。

天翼业务　2022年，城厢电信公司持续攻坚5G业务，优化4G业务。通过挂图作战、多方联动的方式，完成48个5G室外基站，389台室分设备的开通任务；持续加强网络覆盖，针对信号弱覆盖、投诉多的区域开展补盲，开展疑难站点攻坚，完成26个4G室外站、21个室分的开通，进一步提升城厢区域整体的覆盖水平，提高用户的使用感知。

互联网业务　2022年，城厢电信公司持续推进FTTH（光纤到户）改造，全年完成319台“822”设备的下电退网，为近千个用户实现光纤入户改造，进一步提升用户的宽带质量，提高用户的高宽带接入能力；持续开展光衰整治，大力推进不匹配光猫更换专项工作，进一步提升用户的网络体验；大力宣贯要“10分”的理念，不断提升智家工程师的服务水平。

ITV业务　截至2022年,城厢电信公司有天翼高清用户6.2万户。

互联网+业务　2022年，城厢电信公司在企业上云取得初步成效的基础上，加大云业务的拓展力度，重点聚焦区内制造业客户、医卫、校园、政府部门等行业客户拓展，依托“看网上云”深入挖掘客户上云需求，加大拓展力度，实现以网促云，带动云核发展；加大云网门户宣传和推广力度，充分利用一人一码线上官网价格优势，持续发展电商云主机。推动线上线下协同发展，形成云业务发展新模式；精耕上云存量客户，引导系统全面上云及实现相关软件平台切入合作，助力客户数字化转型，打造DICT（信息服务解决方案）融云大单项目；培育、建立云业务合作伙伴，发挥软件平台提供商和代理商的优势，通过“平台带云”带动云业务拓展。

通信保障　2022年创建全国文明城市期间，城厢电信公司迅速响应、高效联动，开展连续3个月作战线路整治。协调市公司投入人员2491人次、资金280余万元,延伸AP（光接入点）盒1897个点位，新建DP（光分器）箱33个，综合布线7888线。修复约1.5万户，日均接近200户，落实创城线路整治工作，保障用户的通信权益。

（郭　静）

教　育

综　述

【概况】城厢区系莆田市中心城区核心区，辖龙桥、霞林、凤凰山 3 个街道，华亭、常太、灵川、东海 4 个镇，中小学（幼儿园）155 所，其中，高中 5 所（省一级达标高中 1 所、省二级达标校 2 所、省三级达标校 1 所、普通高中 1 所）、省重点职业学校 1 所、九年一贯制学校 10 所、初中校 5 所（民办 1 所）、小学 65 所（民办 1 所）、独立幼儿园 31 所、民办园 38 所，在校学生 95906 人（其中，幼儿园 19891 人、小学 45581 人、初中 19655 人、高中 7759 人，职业 3020 人），公办编内教师 4897 人（其中幼儿园 722 人、小学 2105 人、1255 人、高中 633 人、职业 182 人），编外教师 627 人（幼儿园 185 人、小学 313 人、初中 120 人、高中 9 人）。

【教育成果】2022 年，全区教育系统坚持把教育放在优先发展的战略地位，围绕打造“教育强区”和“义务教育优质均衡发展区”目标，加大教育投入力度，提升师资素质，狠抓教学改革，依法治教，五育并举，教育质量实现新提升。城厢区区被省教育厅列为省级义务教育优质均衡先行创建区（全市唯一），小学、初中教育教学综合评价均居全市各县区前列，获评“2022 年莆田市教育系统（初中教育）先进县区”；全区学校省义务教育管理标准化学校评估验收通过率全市第一，区教师进修学校获评省示范性学校。年内建设教育项目 11 个，截至当年底竣工投入使用 7 个，在装修项目 4 个。

（宋建伟）

教育行政管理

【师资建设】2022 年，城厢区制定《城厢区“十四五”师资培训规划》，选拔培养区级首批学科带头人 29 名和区级第四批骨干教师 328 名。组织名校（园）长、名师、骨干教师参加培训 500 多人次，80 名乡村校（园）长参加能力提升培训。促进 235 名教师校际交流，交流率达 14.26%，超过省定 10% 标准，其中骨干教师 86 人，交流率达 20.05%，超过省定 20% 标准要求。实施区内城乡学校结对帮扶，开展名师、教研员、骨干教师送教下乡活动，促进农村青年教师专业成长和农村教学质量提高。

【教育信息化】2022 年，城厢区投入 1000 多万元推进教育信息化建设，全区中小学率先实现“校校通”，教育信息化工作走在全市前列。重视信息管理资源保障，区教师进修学校配设升级网络中心机房设置，拓展网络中心功能。加强智慧平台、课题平台和名师平台建设，实现优质资源共享，服务全区教育教学。

【队伍建设】 2022 年，城厢区用活选人机制，配强学校班子队伍，从一中等市属名校引进人才，任莆田五中、九华学校、文献中学校长，同时提拔任用 15 名校级干部、10 名园级干部、5 名轮岗交流校（园）级干部。推进“五个一批”创建活动，发挥 14 个党员名师工作室党员示范、引领、辐射作用，推动党建与教育教学深度融合；凝聚党员力量，推行党员干部“一线工作法”，设立 6 个大类 786 个党员先锋岗，组织开展第六轮学校党建“互查互比”督导活动。

【教育措施】 2022 年，莆田市城厢区教育局（以下简称“区教育局”）紧盯“减负提质”目标，精减、优化作业；治理校外培训机构，学科类培训机构 66 家压减为 19 家，参训学生 18000 余人减至 1644 人；全区义务教育阶段课后服务全覆盖，全面实现“5+2”，参与课后服务学生 61983 人，参与率 95.01%。发挥 46 个名师工作室作用（其中 32 个区级名师工作室、14 个党员名师工作室），开展新课标专题培训、送教下乡等活动 198 场，受益 4300 多人次。承办全国首届“读思达”教学研讨、省小学数学教研活动和“高效课堂”论坛等，通过名师、骨干教师送教下乡、师资交流、片区教研、学科指导组工作等举措，推进高效课堂深入开展，一批学校形成特色的高效课堂模式，如莆田五中“三研三学”、逸夫实小“同伴互助”、区一小“读思达”、区二小“师让学”模式等，营造质量立校、比学赶超浓厚氛围。利用莆田五中创建省示范高中教育优质资源，采取“一拖四”形式，带动其他 4 所高中学校稳步推进新高考工作。组织中小学教学质量监测工作，加强数据研究，发挥评价导向作用，引导学校优化课堂教学，全力提升教学质量。

【教学质量】 2022 年，城厢区小学质量监测成绩连续 8 年位居各县区第一，中考一级达标高中上线率和总分平均分、学科平均分均位居七个县区第一，被评为“2022 年莆田市教育系统（初中教育）先进县区”。高考方面，理科特色类型上线（本一）比例 32.16%，本科上线比例 69.45%；文科特色类型上线（本一）比例 9.88%，本科上线比例 42.97%。

【教育改革】 2022 年，城厢区在木兰溪两岸成立 10 个教研片区（教育共同体），推行“机制协同、教学协同、研训协同、项目评估”的协作模式，在师资交流培训、课堂教学研讨、集体备课、高效课堂等方面互促发展。打造闽宁协作“同城教育”模式，开展校级班子、中层干部、骨干教师互访、跟岗学习、教研互动、资源共享等活动，促进区域间互助共赢；支持城区学校莆田三中、霞林学校、文献中学、南门学校、沟头小学与福州、厦门名校结对，促进学校间互助共赢。发挥集团总校龙头作用，通过名师送教送培、校际教研交流等方式，共享优质教育资源，辐射带动薄弱学校、农村学校共同发展。

【校园安全卫生】 2022 年，区教育局常态化出击校园欺凌现象，落实“两案四机制”（《城厢区加强中小学心理健康教育实施方案》《城厢区加强中小学生欺凌综合治理实施方案》和《城厢区重点学生管理和教育机制》《城厢区学校及周边安全隐患问题移送反馈制度》《城厢区重点学校校园及周边治安整治环境工作专班制度》《城厢区校园及周边安全联防联控机制》），联防联治，发挥全区 27 个校园及周边治安乱点整治工作专班作用，劝阻化解交通经营秩序 27 起，协调解决存在的乱点乱象 4 个，校园环境安全、文明。主动作为，联合部门，压实责任，统筹做好复学前校园环境评估，保障全区 155 所学校 9 万多名教职员工、学生安全健康。以安全稳定为导向，创新措施，全员参与，落实责任，全力抓好校园周边环境整治、信访、食堂管理、“明厨亮灶”、民办幼儿园校车、火灾隐患排查整治和防溺水安全等工作，检查学校、幼儿园 62 所，查出安全隐患 85 处，全部整改到位。

（宋建伟）

基础教育

【学前教育】 2022 年，城厢区有幼儿园 116 所，其中公办园 78 所（含教学点）、民办园 38 所，幼儿 19797 人（公办 12369 人、民办 7428 人），学前三年入园率 99.8%。对普惠性幼儿园给予财政经费支持，幼儿生均经费全面拨付到位，购买学位全面到位。年内新增凰华第二幼儿园等 5 所民办普惠性幼儿园，普惠率达 97%。健全公共财政对民办教育的扶持，保障民办幼儿园教师在职称评聘、课题研究、教研活动等享有公办园教师同等权利。东海东沙幼儿园等 3 所幼儿园顺利通过市级示范性幼儿园复评；城厢区实验幼儿园滨溪园区等 3 所幼儿园通过市级示范性幼儿园评估；全区公办省、市示范园 15 所，区级以上示范幼儿园占 75%，全市第一。深化学前教育“总园 +”集团化改革，组建学前教育“总园 +”集团 5 个，提升学前教育整体水平。城厢区第一实验幼儿园、灵川中心幼儿园综合楼投用。同时为一大批幼儿园添置教学设备，新增 7 所农村寄午幼儿园。

【小学教育】 2022 年，城厢区有小学 75 所（个），其中，九年一贯制学校小学部 10 所，公办完全小学 62 所、教学点 2 个、民办小学 1 所，在校小学生 45581 人。招收务工随迁子女 1961 人，适龄儿童入学率达 100%。扩建顶墩实验学校、九华学校、霞林学校等，小学新增学位 1000 多个。探索形成基于教育教学改革实践的教师专业发展新机制，通过省级教育教改基地校 2 所（全市小学有 6 所），市级教育教改基地校 4 所。出台《城厢区中小学片区教研工作实施方案》，成立南门学校、霞林学校、逸夫实验小学、灵川中心小学等 6 所小学为牵头的片区教研，充分发挥牵头学校的引领作用，促进学校之间的合作与交流。出台《关于进一步加强和规范中小学教学常规管理若干工作的通知》，加强和规范学校教学管理，坚持基础性和发展性相统一，坚持各学段、各学科统一规范要求的同时，结合不同学段、学科特点，实行教学常规差异化管理；将教学常规管理贯穿于教学工作的全过程，确保各学校教师按省颁课程开齐上足，提高学校教学质量，年内城厢区被莆田市教育局评为“小学教学教育管理先进县区”，5 所学校被莆田市教育局评为“教育先进学校”。落实“双减”政策，印发《关于建立中小学生作业管理长效机制的通知》，进一步减轻义务教育阶段学生作业负担，努力实现“减负增效”。坚持开展“义务教育管理标准化学校”创建工作，截至年底有 58 所小学被福建省评定为“义务教育管理标准化学校”，通过率为 96.7%，提前 3 年达到省定要求。制定、印发《关于进一步加强农村留守儿童教育关爱保护工作的通知》，要求各校按照一人一档要求，建立健全留守儿童档案，进一步加强农村留守儿童教育关爱工作，保障农村留守儿童健康成长。印发《〈莆田市城厢区开展适龄重度残疾儿童少年“送教上门”工作实施方案〉（试行）的通知》，拓宽特殊教育服务领域，保障因生活不能自理等客观原因不能到学校接受教育的重度残疾儿童受教育权益，促进教育公平。印发《关于持续做好控辍保学工作巩固拓展教育帮扶成果的通知》，强化控辍保学工作管理，持续巩固控辍保学成果，推动教育脱贫攻坚成果与全面推进乡村振兴有效衔接。推进全区“书香校园智慧阅读”工作，推进现代信息化阅读进入课堂，让学校多样化推进阅读，积极打造书香校园，培养各校阅读种子教师，带动指导阅读，共同为建设阅读课程努力。

【普通中学教育】 2022 年，城厢区有中学 21 所，其中，高中 5 所（省一级达标高中 1 所、省二级达标校 2 所、省三级达标校 1 所、普通高中 1 所）、省重点职业学校 1 所、九年一贯制学

2022年11月18日，灵川中学教学楼、宿舍楼、食堂等大楼改扩建项目现场 （黄欢欢 摄）

校10所、初中校5所（民办1所）。在校学生30434人（其中，初中19655人、高中7759人，职业3020人），公办编内教师2070人（其中初中1255人、高中633人、职业182人），编外教师129人（其中初中120人、高中9人）。区教育局坚持“做优做大”的发展思路，贯彻“积极鼓励、大力支持、正确引导、依法管理”的方针，坚持鼓励扶持和规范管理并重，引领普通高中多样化发展，做大做强全区高中品牌。结合“两项督导”“双随机”调研检查等方式常态化对学校办学行为进行指导、检查、督促，立足问题导向，及时通报，责令整改，全面规范学校办学行为，提升管理水平和教育教学质量。深入贯彻落实国家“双减”政策，大力推进校本作业研发和高效课堂建设，全面提升课堂教学质量，切实减轻学生课业负担，努力实现“减负增效”。积极创设活动平台，实施岗位练兵活动，选拔、指导教师参加教学技能、教学能手、优秀论文、说课、下水文等比赛，促进教师专业成长。区教育局、区教师进修学校干部分片包校督促农村学校落实常规管理，确保课程开齐开足，促进学生身心健康全面发展。抓好质量监测，加强全区教学质量管理，促进教育教学质量上新台阶。积极推进“三通两平台”建设，全面启动“一校带多校”在线课堂。加快学校图书馆信息化建设，实现图书馆自动化集群管理。深入开展教师网络空间创建活动，教师网络空间竞赛成绩喜人。年度中考再创佳绩，中考总分平均分、学科平均分均位居七个县区第一，初中学段获评“莆田市教育系统中等教育先进县区（初中）”。高考总分平均分位居全市前列，实现“低进高出、高进优出”的人才培养目标。城厢区南门学校、城厢区砺成中学、城厢区霞林学校、城厢区文献中学、莆田十二中获评“莆田市教育系统中等教育先进学校（初中）”，城厢区西许中学获评“莆田市教育系统中等教育进步学校（初中）”，莆田三中获评“莆田市教育系统中等教育先进学校（高中）”，莆田十二中获评“莆田市教育系统中等教育进步学校（高中）”。

（宋建伟）

【莆田第五中学】 2022年，莆田第五中学（以下简称莆田五中）有教学班60个，学生3005人，有正高级教师4位，全国优秀教师、省劳模、正高级教师、特级教师、省级学科教学带头人、省级骨干教师23名，省学科课程教学指导委员会委员3名，省级名师工作室领衔名师1名，市级名师工作室领衔名师10名，市学科教学带头人12名，市骨干教师67名。其中，部分年轻教师毕业于北京大学、中国科技大学、北京师范大学等名校。年内，莆田五中为莆田市“基础教育精品课”活动优秀组织单位、福建师范大学与莆田五中共建本科教学实习基地，扎实推进省示范性高中建设。有604名同学获2022学年弘毅奖学金。年内莆田五中成功入选共青团中央“小平科技创新实验室”建设学校，成为莆田市唯一一所“申报示范”类“小平科技创新实验室”拟建设学校。

2022年，莆田五中师生参加各类比赛获得佳绩。历史教科研项目获当年度福建省基础教育教学成果一等奖。有4项课题在福建省教育科学“十四五”规划2022年度课题评选中顺利结题，2项课题获得立项。有11名教师在莆田市2022年基础教育优质课评选中获奖，其中一等奖2人，二等奖6人，三等奖3人。7件作业设计作品在2022年福建省中小学作业设计评选活动中获奖。该校星火啦啦操队参加2021—2022全国啦啦操联赛总决赛，获3个团体冠军和1个第四名，学校被“全国啦啦操星级俱乐部”授牌表彰，1名教师获“优秀教练员”称号。该校乒乓球队获2022年福建省青少年乒乓球冠军赛暨中学生联赛高中组团队总分一等奖，2名同学获男双冠军并取得国家一级运动员证书。参加福建省第七届中小学生艺术节，获艺术表演类声乐（中学甲组）三等奖。参加“第二十三届福建省学生信息素养提升实践活动”，1人获一等奖，4人获三等奖。参加莆田市第三节中小学生校园创客节“C++编程专项”比赛，2人获一等奖，1人获三等奖。参加“福建省青少年航空航天模型锦标赛”，一、二、三等奖各1名。

2022年，莆田五中推动学生社团建设，彰显办学特色，社团总数达46个。蜂鸟航模社再次获14项省级奖项。7月2日，举办“喜迎二十大永远跟党走奋进新时代”2022年校园社团文化节活动。7月1日，音乐社开展“喜迎二十大 永远跟党走奋进新时代”主题团日活动暨2022年校园十佳歌手大赛。4月，锐质辩论组队参加莆田市第二届辩论赛，获市二等奖。年内组织志愿服务活动30余次，计3000多人次。

2022年，莆田五中教育集团总校莆田五中带动文献中学和莆田十二中提高办学水平。成员校莆田十二中高考物理类王琪烨同学636分，历史类体育专业考生朱邦辉同学621分，历史类音乐专业考生苏雅婷同学607分，成员校莆田文献中学中考成绩735分以上25人，700分以上161人。

（陈玉水　施银辉）

职业教育

【概况】 莆田科技职业技术学校（以下简称“莆田科技学校”）是全区唯一的一所公办中等职业学校，是省级规范化中等职业学校，占地7.2公顷，建筑面积近4万平方米，教职工184人，学生3020人，开设汽车运用与维修、新能源汽车维修、计算机应用、动漫与游戏制作、会计事务、电子商务、建筑工程施工、机械制造技术、中餐烹饪、中西面点、美容美体艺术、电梯安装与维护保养等10多个热门专业。

【基础建设】 2022年，莆田科技学校新增用地1.53公顷用于扩容建设，总建筑面积近4万平方米，投资约1.7亿元，第一期扩建项目于2022年9月动工。秋季全面改造旧操场，积极推进近视防控教室照明改造工程，办学条件进一步改善。多措并举开展招生宣传，秋季招生1200多人，招生工作取得历史性突破。

【科学带头人培养】 2022年，莆田科技学校重视专业学科带头人培养，大力实施名师工程，有1名市级名师和2名市级学科带头人。积极加大专业教师招聘力度，招聘10名专业教师，专业教师结构进一步优化。

【教育教学】 2022年，莆田科技学校以专业技能竞赛为抓手，不断提升教学实训质量。6月学校中职学业水平考试，2021级965名学生参考，优秀率达13%，合格率达99%；2020级852名学生参加学考，优秀率达10%，合格率达95%，学考成绩在全市同类职校中名列前茅。390名学生参加高职院校分类考试，上线率达100%，其中有2人考入本科院校。

【校企合作】 2022年，莆田科技学校深化校企合作，促进工学结合，根据专业发展实际和区域人才需要制定、优化专业人才培养方案，努力提升育人培才成效。4月13日，学校召开中西面点专业论证会暨校企合作洽谈会，与福建复茂食品有限公司继续深化合作育人；9月16日，学校举行2022年莆田市中等职业学校交通运输类指导组工作研讨活动。

【学校荣誉】 2022年，莆田科技学校超星杯线上阅读积分活动，学校有78位同学获奖，阅读平均总积分位列全省第一，获得“优秀组织奖”。5月，学校参加“莆田市第35届学校运动会田径比赛”，获中职组团体三等奖。8月，学校获评2021年度市一类“平安校园”。

（宋建伟　林立军）

成人教育

【概况】 2022年，城厢区成人教育以“推进教育数字化，建设全民终身学习的学习型社会、学习型大国”为目标，以提高国民思想道德素质、科学文化素质、健康素质和职业技能为宗旨，以社区教育规范化为着力点，统筹发展城乡教育，将社区教育纳入城厢区“十四五”教育发展专项规划。全区有1个社区教育学院、7个社区教育学校、114个社区（村居）教育学习点，社区教育专兼职人员140名，志愿者384名，形成三级社区教育网络体系。社区教育网点100%覆盖社区、覆盖76%的村居；社区教育参与率城区达68%，农村达48%。

【终身教育】 2022年，城厢区通过“9·28”终身教育活动日及“全民终身学习活动周”活动，助力形成全社会宣传贯彻中共二十大精神的浓厚氛围；积极开展智慧助老活动，通过智能手机应用等教育培训，帮助老年人掌握网上学习、微信读书，让老年人学习科学生活、健康养老、疫情防控、智慧出行、智慧医疗、掌上金融、手机购物等技能，提升老年人生活品质。社区教育学院培训各类型人员约6500人，各社区学校、村居教育学习点培训人员达18500人次。

（宋建伟）

2022年5月30日，城厢区南门幼儿园配合城厢区检察院“莆阳未检”城厢分队到校开展“携手落实‘两法’共护祖国未来”检察开放日暨“六一”儿童节送法进校园宣传活动　（徐　靖　摄）

民办教育

【概况】 2022年，城厢区有民办幼儿园38所（31所普惠园），幼儿7424人；民办小学1所，在校生1216人；民办初级中学1所，在校学生3000人。民办学校学生数11640人。教职工1427人，其中专职教师928人。

【教育扶持】 2022年，区教育局印发《城厢区推进学前教育片区管理的实施方案》，进一步贯彻落实《3—6岁儿童学习与发展指南》，继续探索建立覆盖城乡的学前教育“片区管理、联动帮扶”管理机制，全区分12个小片区，每个片区以省、市示范园为龙头，带动扶持和规范全区各级各类幼儿园发展，努力实现“帮在关键处、扶在点子上”目标，年内凤达滨河幼儿园被评为区级示范园，积极推动全区学前教育有序、健康发展。

【规范办学】 2022年，区教育局明确各部门职责，规范办学行为。会同各镇（街）、住建、消防、食药监局、市场监督管理局、民政局等部门对申请设立的民办学校严格把关，符合设立条件的，及时出具证明或发放相关证件，不符合设立条件，立即告知举办者理由；对不具备办学条件的非法办学行为，一经发现立即上报区民办学校秩序整治工作领导小组，由镇（街）人民政府牵头，开展联合执法，坚决予以取缔。每学期对民办学校进行“双随机”检查，对审批的民办学校，发现问题立即下达整改通知书，责令限期整改到位；对审批的民办学校执行年检制度，年检结果在网上公示，接受社会监督，年内评出年检合格学校 32 所，基本合格 8 所。对年检基本合格的学校，责令下学期整改到位，年检及年检复检不合格的民办学校责令停办。

（宋建伟）

教师队伍建设

【概况】 2022 年，莆田市城厢区教师进修学校（以下简称“区教师进修学校”）秉承“内涵发展，服务至上”的校训，全体教职员工协同履职，“教科研、干师训”中心工作全面提质增效，通过标准化达标评估被认定为福建省示范性县级教师进修学校。教研员撰写 10 多篇论文发表在《福建教育》等教育教学 CN 期刊；2 名教研员被评为 2021—2022 年“莆田市基础教育改革先进个人”；1 名教研员获莆田市中小学“教坛之星”；在 2022 年省级教学成果评选中，由该校教研员主持的成果项目分别获省特等奖 1 项、省二等奖 1 项，其中“小学‘语用核心内容’体系构建的 18 年研究与实践”是全市首个获省级教学成果奖特等奖的项目，并被推荐参加国家级评选。

【日常教研活动】 2022 年，区教师进修学校开展常态化日常教研活动，中学各学科教研员深入基层学校听评课人均 120 节，参加各项教研 50 多次；小学各学科教研员分别在逸夫实验小学、筱塘小学等基层校举行“基于大概念的以学为本的高效课堂”“大概念视觉下以学为本的高效课堂”“新课标大单元视域下的小学数学高效课堂教学”等以学为本的高效课堂专题观摩研讨活动 10 场次；举行“小学科学观摩研讨暨莆田市实验说课获奖者现场展示活动”、幼儿园“我运动·我健康·我快乐”户外运动专题观摩等研讨活动 16 场次；围绕中高考质量分析、中高考复习策略、考纲解读等主题分学科组织召开 2021—2022 学年第一学期及 2021—2022 学年第二学期教学质量分析会累计 36 场次；组织全区四、六年级语文，数学，英语学科期末质量监测，召开相应学科学年级监测质量分析会议 6 场次；组织安排相关学科期末教学质量监测命题等考务工作，并全程对接落实网上阅卷重要环节，完成市、区两级统考阅卷工作；按照区教育局考务安排，选派多人参加区高考、中考、会考巡视、保卷和押卷等工作。

【教育课题研究】 2022 年，区教师进修学校重视教育科研课题研究，实行课题核心成员认定量化评分制和课题组成员工作量化评分办法，加强教育科研基地校课题研究过程性管理指导；组织专家组对 2020 年申报的 60 个小学（幼儿园）区级教育科学规划课题进行结题验收，评出 19 个获奖课题；协助全区 12 个省规划课题、6 个省规划办专项课题完成结题；协助做好 80 多个省市区级中学课题结题；根据市进院《关于做好 2022 年度福建省基础教育课程教学研究课题申报工作的通知》文件要求，做好市级规划课题的推荐申报工作，小学组推荐报送 33 个课题；组织开展 2022 年度小学幼儿园区级课题立项认定评审工作，全区 68 个课题获准认定立项；11 月，召开城厢区教育科学 2022 年度中学立项课题开题会议，邀请市进修学院课题组组长黄玉腾作题为《课题的开题论证与实施》的讲座；中学语文教研员负责的福建省教育科学“十四五”规划 2022 年度“协同创新”专项课题获批立项；做好教科研基地建设并开展工作，于 5 月 11 日，在莆田市实验小学与省教科所续签第三轮协议（2022 年 5 月至 2025 年 4 月），确认莆田市城厢区为“福建省教育科研基地”、莆田五中等 8 所学校为基地校，城厢区共有 16 所区级基地校，发挥区级基地的作用，承办活动 18 场次；组织举行省级课题“基于数学学科核心素养的课堂教学评价策略研究”“小学道德与法治中案例教学法的实践研究”课题展示课、观摩课等活动20场次。

【送教送培下乡】2022年，区教师进修学校规范送教送培下乡管理，中学教研员分别在青山学校、莆田第十八中学、常太学校等学校举办各学段各学科送教下乡活动10余场，观摩课49节，专题讲座8次；小学组织语文、数学、品德等学科以及幼教组分别组织城区优秀骨干教师，到农村学校送教下乡14场次；教研员发挥专业引领作用，推动城乡教育均衡发展，女教研员上“送教下乡”示范课31人次，其中市级名师俞聪妹开展送教送培8场次，市、区级名师赖翩京开展送教送培活动7场次，区级领衔名师林海萍、叶蔚青、吴丽红工作室送教送培各1场次。

【片区教研工作】2022年，区教师进修学校加强片区教研工作管理，驻地区学科中心组、驻地教研员积极参加片区教研活动，为各片区教研活动开展提供专业引领。各片区落实《城厢区中小学片区教研工作实施方案》，各学科按计划定期开展活动，华亭、灵川片区组织召开片区领导小组会议2次，举办片区公开教学研讨活动63场，开设公开教学72节、讲座2场次，活动材料分片区收集归档。

【教学专项视导】2022年，区教师进修学校持续落实《关于进一步加强中小学教育教学视导工作实施方案》，中学视导组先后下沉华林学校、顶墩实验学校等9所学校，分学科组织教研座谈58场，召开高效课堂管理情况反馈会9场。小学组组织小学、幼儿园开展高效课堂管理专项视导工作，重点督促指导“6+1”模式怎样创新应用。通过专项视导，促进教育教学高质量发展。

【赛事项目评价】2022年，区教师进修学校组织区级论文评选汇编，开展2021—2022学年全区中学教育教学优秀论文评选活动，154篇教育教学优秀论文汇编成册；组织区级学科竞赛评比，分别举行初高中现场作文比赛，深度阅读教学设计比赛，高中思想政治、初中道德与法治小论文评选，中学历史教学设计评选活动；组织高效课堂系列评选活动，开展2022年城厢区中小学高效课堂观摩课评选活动，初中组42节获奖，高中组27节获奖，小学组收到参赛课例108节，评出获奖课例75节，推荐优秀观摩课例参加市级评选，小学组推送市级参评课例4节，1节英语课被评为一等奖，并在超星平台向全市进行展示观摩；初高中各8节获奖，推送高效课堂展示课课程评价优秀案例，初中组17个、高中组14个案例获奖；组织推送市中小学作业设计评选活动，积极组织参加2022年莆田市中小学作业设计评选活动，小学组推送22份优秀作业设计送市级参选，4份获市级一等奖，初中组推送作品获省级优秀奖14份、市级获奖21份，高中组推送作品获省级优秀奖5份、市级获奖9份。小学心理健康教育、小学道德与法治学科教研员的《“双减”政策下的时间管理——“看见”时间》等2篇作业设计入选2022年福建省中小学优秀作业设计名单；组织推选市级中小学优质课精品课等评选活动，举行2022年城厢区小学优质课评比活动，推荐15节优质课送往市进院评选，中学组推选各学科优秀教学课例参加市级基础教育优质课评选，初高中33人获奖。小学组组织2022年基础教育精品课例遴选活动，全区推选20节课参加市评，择优上报省级“精品课”评选。中学组推送作品参加中高考原创题比赛，初高中组获市级一等奖10人，二、三等奖72人。组织参加2022年莆田市第一届班主任基本功竞赛活动，全区26名选手参加市赛，其中19名选手获奖。

【远程网络继续教育】2022年，中小学教师继续教育培训内容为“信息技术应用能力提升工程2.0”，区教师进修学校采用线上远程网络培训65学时+线下校本研修应用提升25学时的混合研修模式，组织各学校按照培训方案落实培训任务，组织开展“信息技术2.0线下课堂教学应用”示范观摩活动，4所学校展示基于信息技术2.0环境下的公开课8节，全区总参训人数5137人，参训合格5123人，合格率99.73%，再次位居全市榜首。

【新任教师岗位培训及考核工作】 2022年，区教师进修学校加强编内小学、幼儿新任教师见习期基本功考核；实行课堂教学质量一票否决制，把每位小学新任教师的常态课、班队课、学科活动课、考核课视频以及幼师五个领域的公开课作为主要考评内容，经考核合格率100%，其中一次过关率达92.3%，实现近三年连续递增；同时，年内编内、编外、学校自主招聘新任教师多达561人，数量超过前两年总数之和，教师培训中心采用“线下+线上”复合式培训，公共课培训阶段以50人为单元循环现场参训，其他同步线上学习，专业课培训阶段分点办班；聘请莆田第二中学委派25名名优教师担任九华学校新任教师见习期指导教师，实现优质师资力量的跨县区资源共享；聘请莆田学院外语系1名日语讲师担任莆田第十二中学日语新任教师见习期指导教师，实现小语种新任教师专业成长的无缝指导。

【校长（园长）提升培训暨资格培训】 2022年，全区乡村校长提升培训暨城厢区“十四五”第一期小学校长（园长）在职资格培训进入返岗实践阶段，教师培训中心组织开展主题为“校长使命与学校发展”的经验分享交流，开展主题为“校本化课程的重构”“五育并举下的学生发展指导”的沙龙研讨，9名校长分享农村学校的管理思路。6月14日，举办幼儿园园长培训暨园长资格培训班开班仪式，全区38名园长参训。此次培训以专家讲座、小组研讨、主题发言答辩相结合的方式，邀请福建师范大学、浙江师范大学、南京师范大学以及全国幼教名师等12人授课。该区“学思一体、思行一体、培研一体”优化模式的探索将在后续培训中推广应用。

【研训一体专题专项培训】 2022年，区教师进修学校开展高效课堂专题培训、兼职教研员培训、学校中层干部培训、学科带头人及骨干教师培养对象培训等专题专项培训4个主题6个场次。6月18日，开展进修学校教研员、全区兼职教研员业务专题培训，邀请省级专家作题为《教研员工作经验提炼的有效策略》的4场讲座；7月25日，开展全区中小学幼儿园培训者培训暨教研员校本培训活动，特邀福建师范大学教育学院院长、博士生导师余文森教授作主题为“以核心素养为导向，构建与新课标相适应的新型教学”的讲座；8月21日，组织城厢区第三轮“高效课堂”专题培训活动，邀请原福建教育学院师资处处长林藩教授主讲“高质量教学探索”，全区第一批学科带头人培养对象暨第四批骨干教师培养对象472名教师参训；6月25日，开展中小学（幼儿园）中层干部业务专题培训，邀请专家作主题为“学校内部管理的规范性与人文性”“学生的管理与关怀的有效策略”“如何兼顾做好本职工作与行政事务”的3场讲座。抓区域名师工作室建设。努力推进县域名师工作室建设，促进师资队伍跨越式发展。2022年5月27日《中国教育报》以《引领 服务 改进》为题，报道该区名师工作室的组建、管理特色以及所取得的成绩；11月，在第三届名师工作组建中，统筹兼顾工作室学段、学科、层级及整合成员任务等，组建第三届名师工作室30个，其中15个是续任，15个为新增；全年市、区级名师赖翩京等5个名师工作室开展送教送培活动24场次。

【学校网络平台改造升级】 2022年，区教师进修学校优化校园网络，争取48万多元资金对学校网络中心进行改造升级，网络链路上的所有硬件设备全部更换为千兆设备；扩容提升学校网站品质，对学校网站进行改版升级，把教学资源库融入学校智慧平台，扩大资源库容量，提速网站访问速度，提高办公效率。推进智慧平台建设，2022年3月，创新线上课后服务模式，在“智慧平台”上开启35个线上名师工作室和3个学科教研员线上集备研讨，指导全区中小学教师课后服务线上直播、优质资源推送、作业批改与反馈、个性化辅导等操作。同时，在智慧平台开发“城厢区优质课评选”系统；推进课题平台建设，规范区级课题的管理，存有课题116个，成果2614个，开展线上研讨128个，共享资料188个，参与研究人员1409人次；推进名师平台建设，全区建有37个名师工作室，207名名师工作室成员，依托名师平台强化管理，更好地发挥名师的带头辐射作用。

【教科研资源库建设】 2022年，区教师进修学校着力开发校本教学资源库，推进全区校本研修，存有校本视频382个，时长201小时，PPT课件336个，教学设计624个。大力推进教学资源中心建设，引进并整合教学资源，搭建教学资源中心，有视频资源6025个，时长1558小时，PPT课件2742个。生成的区域教学科研资源库、题库有机集成，与多媒体互动教学系统的融合，实现优质资源共享。信息中心做好微信公众号的日常运营，全年累计发布信息261篇。安全运营学校网站，定时上网巡查，及时更新学校网站系统补丁，采取相对应策略，有效避免敌对势力和黑客的攻击。1月和8月，顺利通过城厢区公安分局网安大队的年度网络安全例行大检查。努力做好各会议室设备的常态化运维工作，实现3个会议室随时都能开会的目标。

（李志兴　卓秀如）

学生工作

【思政教育】 2022年，区教育局落实立德树人根本任务，探索实施“党建引领＋思政铸魂”工作，开展中小学德育一体化建设成果报告会等。举行“薪火传承学党史，童心共筑颂党恩”扣好人生第一粒扣子主题教育，推动社会主义核心价值观入心入脑。同时，大力开展青少年科技创新教育活动，重点开设机器人、编程等课程；连续5年举行爱国书法系列活动，让美育融入课堂；以城厢区青少年学生校外活动中心为活动载体，开展足球、篮球、武术等第二课堂。加强研学实践教育和国防教育，开设劳动特色课程等，引导青少年乐于劳动。

【学生资助】 2022年，区教育局通过政策宣传、乡村振兴、控辍保学、随机督查、问责整改等形式开展教育扶贫工作，全区学前助学金、义务教育生活补助和营养改善计划、高中政府助学金和免学杂费、中职助学金发放补助395.225万元，受益学生7401人次。

（宋建伟）

教育督导

【概况】 2022年，莆田市城厢区人民政府教育督导室（以下简称“区教育督导室”）紧紧围绕全区教育工作大局，针对教育重点难点，扎实开展督政、督学工作，认真履行教育督导职责，完成全年的教育督导各项工作任务，为助推全区教育事业实现科学发展和均衡发展发挥作用。

【督政方面】 2022年，区教育督导室立足实际，务求实效，制定镇（街道）履行教育职责督导评估要点（职责与治理、入学保学、教育经费、环境整治4个方面18个要点）。10月18日至11月3日，

2022年10月18日至11月3日，城厢区教育督导室召开2022年度区对镇（街道）教育督导评估工作汇报会　（许金珊　摄）

通过听取工作汇报、查阅资料、召开座谈会、实地察看等方式对全区7个镇（街道）人民政府（办事处）履行教育职责开展督导评估。围绕加强职责治理、推进结构发展、提升办学条件及强化安全管理四个方面进行督导，进一步增强镇（街道）教育履职意识。牵头联系协调区督导委11个成员单位，做好年度市对区党政主要领导履行教育职责督导评估迎评工作，推进履行教育职责。

2022年5月16日，兴安小学开展迎接市对区“两项督导”工作
（许金珊　摄）

【督学方面】2022年，区教育督导室加强督导队伍建设，6个责任区组长对接聘任42名责任督学每月实行常态化对全区中小学、幼儿园（含民办）全覆盖开展责任督学挂牌督导指导等工作，安排督导督学年度经费40余万元，强化常态化督导和专项督导，发挥督导工作在推动全区教育发展中作用。

【优质均衡区发展】2022年，区教育督导室召开全区义务教育优质均衡区发展动员大会，制定实施方案，部署工作任务，成立区“优质均衡区发展”领导工作小组，分解并落实工作责任分工和推进措施，确保2025年创建工作通过评估。

【两项督导】2022年，城厢区党委教育工作领导小组统揽全局、研究谋划教育发展规划等重大问题，各部门齐抓共管聚合力，教育经费投入保障水平逐年持续提升，教师队伍建设更加优化，教育结构持续发展，教育质量和管理水平持续提高，在莆田市对城厢区开展党政主要领导履行教育职责督导评估考核和区政府履行教育职责督导评估（简称“两项督导”）中，该区连续三年位居全市第一。

【督导工作常态化】2022年，区教育督导室做好“控辍保学”专项、“双减”专项和学校工作随机性督导检查，1名督学参加全省质量监测视导工作。6月15—17日，开展对东海镇辖区内幼儿园（其中公办园11所，民办园3所）办园行为专项督导，发出整改通知书14份，全部整改到位，进一步规范幼儿园办园行为，提升办园水平。

（韩　冰）

科　技

综　述

【概况】 2022年，莆田市城厢区科学技术局（以下简称“区科技局”）深入实施创新驱动发展战略，聚焦“提高效率、提升效能、提增效益”，全区科技创新指数水平和区域创新能力持续提升。是年，全区研发经费支出（错年值）10.56亿元，占地区生产总值的1.96%，投入强度位居全市第一。全区认定登记技术合同108项，合同总金额6978万元。选认国家级高新技术企业43家，获省级以上重点科技项目10项，获省市各类科技奖补经费1372.49万元，下达区级配套科研项目经费及奖励资金491.646万元。

【科技成果】 2022年，城厢区新增国家级高新技术企业33家、复评10家，新增省级科技“小巨人”企业5家，新入库省级科技型中小企业10家。2022年，全区有国家级高新技术企业76家，省级科技“小巨人”企业24家，省级科技型中小企业61家，省级众创空间2家、星创天地3家，省级科技创业领军人才1人，省“创业之星”人才1人，市级科技创业领军人才2人。

【科技特派员】 2022年，城厢区组织选任省级个人科技特派员39名、团队科技特派员5支、法人科技特派员1家，天桂食品、宏耕农业2家企业获评市级科技特派员示范基地。

科技计划与项目

【概况】 2022年，区科技局推进科技管理工作的制度化和规范化，科技项目管理运行实现网上公开规范运作，实现公开项目申报条件与时间、向社会公布审批流程和结果并全程接受监督。加大项目实施的监管力度，不定期开展项目实施情况、资金使用检查，促进实施单位做好科技项目规范化管理，提高科技项目实施质量，按进度完成科技项目计划，顺利完成项目验收。是年，获评省级科技计划项目10项，经费474万元。

【科技项目】 2022年，城厢区聚焦国家战略和重大需求，深化产学研协同创新，推动新技术、新产品和新服务的研发和应用，促进科技成果转化，积极组织申报科技计划项目，获评省级重点科技项目立项10项，经费474万元。

国家科技项目备案　福建省莆田市海源实业有限公司申报的

"菲律宾蛤仔优质种苗规模化培育示范应用（福建省花蛤育苗企业工程技术研究中心）"项目，获省补助经费100万元。

孵化用房补助　福建省洋溪汇商业运营管理有限公司申报的"福建莆田洋溪汇跨境电商众创空间新增孵化用房补助"项目，获省补助经费54万元。

STS项目（中科院所属研究所及其平台科研成果在福建转化的项目）　锐马（福建）电气制造有限公司申报的"基于物联网的汽车衡数字智能称重系统及关键技术研究"项目，获省补助经费30万元；莆田市科龙环保技术有限公司申报的"单位点Pt催化剂制备、VOCs高效处理关键技术研发"项目，获省补助经费30万元；科里思特（福建）生物科技有限公司申报的"新型复合益生菌净化剂研发及在水产养殖中的应用"项目，获省补助经费30万元；莆田市城厢区昌德食品有限公司申报的"红藻提胶藻渣高值化利用关键技术开发与应用"项目，获省补助经费30万元。

福建省科技特派员后补助项目　福建省中灵农业发展有限公司申报的"基于藻菌联合调控的海水池塘贝类苗种繁育技术应用推广"项目，获省补助经费40万元；科里思特（福建）生物科技有限公司申报的"益生菌功能开发与产业化应用"项目，获省补助经费40万元。

区域发展项目　蛤老大（福建）食品有限公司申报的"花蛤特色产品开发及产业化关键技术研究与示范应用"项目，获省计划补助经费100万元。

星火项目　福建复茂食品有限公司申报的"复合发酵技术在西点酱料生产中的应用研究"项目，获省计划补助经费20万元。

科技活动与科普宣传

【概况】2022年，城厢区落实《关于加强改进区级科研项目和资金管理的若干意见》，落实科技计划项目、高新技术企业等区级科研奖励补助资金配套491.646万元。其中，高新技术企业23家，每家奖励20万元，合计460万元；省级众创空间1家，奖励5万元；省科技计划项目经费2项，补助15万元；市科技计划项目经费5项，补助11.646万元。推进产学研深度融合促进人才培养，获得中科院STS项目4项，储备集成芯片关键技术研发团队1支，征集到5家企业接收清华研究生。

【科技活动】2022年，城厢区开展技术市场合同交易，认定登记技术合同108项，合同总金额6978万元。鼓励支持企业申报国家级高新技术企业、科技"小巨人"企业、科技型中小企业等，壮大创新型企业群体。选认数字集团、中科华宇等43家国家级高新技术企业；东南艺纸、福瑞科技等5家企业入库省科技"小巨人"企业，小鱼网信息、约客互联网等10家企业入库科技型中小企业。

【科普宣传】2022年，区科技局借助"科技活动周"，文化、科技、卫生"三下乡"等大型科普活动，开展科技政策进企业、科技下乡等宣传活动，赠送科技图书、科普资料、科技致富小册子等宣传资料。1月20日，在常太镇东青村举行科技"三下乡"分散服务活动，分发科技图

2022年1月20日，区科技局在常太镇东青村举行文化、科技、卫生"三下乡"服务活动　（林　华　摄）

2022年5月23日，区科技局在万达广场举办2022年城厢区科技活动周活动 （林 华 摄）

书、宣传资料等 150 多份。4 月 21 日，开展“科技拥军”活动，邀请专家为部队讲授家禽科学喂养等知识。5 月 21—28 日，召开以“走进科技 你我同行”为主题的 2022 年城厢区科技活动周，发放宣传资料等 500 多份。

（林 华 林 艺）

气象科技

【概况】 2022 年，莆田市城厢区气象局（以下简称“区气象局”）贯彻落实习近平总书记对气象工作重要指示和到闽考察重要讲话精神，聚焦一省四区（“数字气象”示范区、“海上福建”气象保障样板区、“清新福建”生态气象典范区、两岸气象融合发展先行区）建设和中国气象局质量提升年行动，以《气象高质量发展纲要（2022—2035 年）》为指引，助推气象现代化高质量发展。

【气象防灾减灾】 2022 年，区气象局聚焦重大转折性、关键性、灾害性天气和重大突发事件，把加强气象灾害监测预报预警，做好决策气象服务和公众气象服务作为工作重点，为区委、区政府领导做好决策及时提供精细化服务。年内，辖区经历 1 次冬季寒潮过程、8 场暴雨、7 次强对流、5 次持续性高温过程。区气象局不断提升重大社会活动气象服务保障能力，制作发布春运、春播、清明、“五一”国际劳动节、国庆、中高考等重要气象信息专报，为节假日和重大活动的顺利举行保驾护航。通过电视、广播、“12379”、“知天气”应用小程序等新闻媒体向公众发布各类气象灾害预警信号 289 次，为政府机关、人民群众防御气象灾害性天气提供服务保障。严格落实领导带班制度，将防汛责任落实到人，发挥防汛抗旱指挥部副指挥长职责，筑牢气象防灾减灾第一道防线作用。

【生态文明气象服务】 2022 年，区气象局做好生态文明气象服务，围绕建设“山水格局、人文宜居”新城厢这一理念，配合市气象局业务部门重点抓好木兰溪全流域综合治理，落实好木兰溪分段治理理念，做好中游防灾减灾工作，学习领会《气象高质量发展纲要（2022—2035 年）》精神，锚定目标、补齐短板。

【气象科普宣传】 2022 年，区气象局开展国际防灾减灾日、世界气象日等主题科普活动，不断增强公众防灾减灾意识和能力。抓好“3·23”世界气象日、“5·12”全国防灾减灾日和安全宣传月等时间节点走进社区、学校、企业开展形式多样的科普活动。

【气象服务保障民生】 2022 年上半年，城厢区降水量较常年偏少，水库蓄水量不足，多地出现不同程度的气象干旱，区气象局加强对旱情的动态监测和预报预警服务，在东圳水库开展多次人工增雨作业，有效缓解城厢区旱情。全面开展防雷、施放气球安全生产整治专项行动，严厉打击防雷和施放气球安全领域的各种违法违规行为。开展全区易燃易爆企业的防雷行政监督检查。对全区 19 家易燃易爆企业预案制定、安全演练、防雷设施安全、定期检测情况开展监督检查。同时加强疫情防控、网络、保密、气象数据等内部安全和施放气球监管等外部安全管理，促进各项业务有序开展。

（陈俊伟）

城厢年鉴

文化 旅游

文化事业

【概况】2022年，莆田市城厢区文化体育和旅游局（以下简称“区文体旅局”）投入资金约200万元，用于图书馆修缮，购置图书、报纸杂志及配套设施设备，馆内开设有服务台、少儿厅、多功能厅、展览厅、外借厅、自习室和报刊厅。投入资金156万元新建全民健身多功能运动场所1个、笼式足球场1个、室外健身点20处，群众体育健身活动的环境和条件得到改善。“扫黄打非”工作在市对区年度考评中位列全市第一。

【文旅惠民工程】2022年，区文体旅局创建市级全域旅游小镇——华亭镇、市级金牌旅游村——华亭镇五云村、园头村。年内下达拨付各级补助资金累计493.24万元，用于乡村振兴工作、乡村文旅品牌打造等工作，具体为：拨付省级乡村振兴试点示范资金44.74万元，用于岭下村和溪南村的乡村振兴项目建设；下达东海镇省级智慧体育公园建设资金300万元，用于支持蔡襄文化智慧体育公园的建设；下达九龙谷景区省级重点行业纾困帮扶资金16万元；下达常太镇溪南村省级金牌旅游村奖励资金10万元、常太镇省级全域旅游小镇奖励资金20万元；下达华亭镇市级助力乡村振兴体育+示范活动补助资金50万元；下达2022年上级补助7个镇街公共文化馆（站）免费开放补助资金17.5万（每个镇街2.5万元）。2022年区级乡镇（街道）文化站免费开放补助资金共计35万元（每个镇街5万元）。

【公共文化】2022年1月，区文体旅局赴华亭、下黄、顶墩等基层农村和社区开展多场次义务写春联活动，为人民带去了新春的祝福；举办“新时代、新征程、新气象”莆田壬寅迎新春书画展和“艺融同行”——迎春中国画邀请展。6月，在兴安小学举办城厢区“喜迎二十大、一起向未来”文化活动。组织举办“喜迎二十大，翰墨颂初心”书画笔会和“品领袖文采、抒伟人情怀”城厢区喜迎党的二十大书法作品展览。8月，举行“喜迎二十大写生作品展”、“艺心向党”少儿艺术创作展和“木兰溪百里风光写生活动”。9月，组织书画家创作作品，参加在市博物馆举办的“喜迎二十大奋进新征程”莆田市书法美术作品展和廉洁书画展览。

【文化阵地建设】2022年，区文体旅局探索深化公共文化设施便民化改革，以满足城乡居民就近便捷享受基本公共文化服务需求为目标；以区文化馆为中心馆，镇（街道）综合文化站为分馆，村（社区）为服务点，实现区文化馆、区图书馆总分馆体系。区文化馆总分馆整合区内文化资源，统筹公共文化创作、艺术普及辅导、非物质文化遗产传承和保护等方面的功能发挥，打造城厢区的“大舞台”。拓展综合文化服务中心服务村（社区）功能，将有条件的综合文化服务中心升级为示范点，实现社区综合文化服务中心全覆盖，打通文化服务“最后一公里”。

全区120个村（社区）均建有农家书屋，配备专兼职管理员。提高农村文化工作队伍的素质，提升基层文化协管员的业务工作能力，承办基层文化骨干培训。打造非遗传承、百姓舞台、全民阅读、健身等群众文化活动特色品牌，活跃群众精神文化生活。制定本地基层综合性文化服务中心基本服务项目，重点围绕文艺演出、党员教育、科学普及、读书看报、广播电视、电影放映、文体活动、展览展示、教育培训等方面，实现“软件”与“硬件”相适应、服务与设施相配套，为群众提供大致均等的基本公共文化服务。

【传统文化和习俗传承】 2022年，城厢区民俗文化线上活动精彩纷呈，如东海镇金沙宫上元祈福习俗和南门棕轿舞参加线上2022年“文化进万家——视频直播家乡年”活动；开展龙桥街道泗华村二月初一抢豆丸习俗直播活动，呈现“抢到豆丸谓之得福”的热闹欢快场面。同时，线下传统民俗文化活动也吸引众多群众参与，如华亭镇后塘村正月十二日开始家家户户设香案，摆斋菜点燃灶火，摆棕轿烧贡银，给法主仙妃“挂脰”祈福；常太东青村各户设六斋或十斋，“姑妈”游行时，有四小天尊各乘棕轿，人人要举香迎接和举香跪拜、祈求健康平安，游行“执事”队伍，有大彩旗领头，大锣开道烧火堆吹笙，放礼炮烧贡银等活动；龙桥街道西山村西山社区游灯跳火，其中“跳火”是一种莆田地方元宵的典型传统习俗；凤凰山街道筱塘社区跳棕轿舞头扎箍巾，劲装绑腿，在熊熊火堆中腾挪跳跃，穿行于火中极具震撼感；灵川镇东进村五帝出郊游，从东汾五帝庙出发，马队蜿蜒装扮各色，皂隶舞舞蹈开道，古朴庄重；东海镇东沙村东海圈灯，每家每户手扛木凳肩扛排灯，在龙头灯引领下行走于村舍阡陌间，恍若长龙，聚集于广场处绕圆成圈，犹如龙盘欢度新春佳节。

2022年，城厢区开展传统武术传承基地表演活动，莆田南少林武术协会会长洪光荣（省级非遗代表性传承人）等传统武术传承人5人在莆田南少林寺拍摄的《三十六宝拳术》微视频在春节期间播出。区文体旅局在华亭山牌村开展“文化和自然遗产日”非遗宣传展示暨文旅招商项目推介活动，开展非遗进校园文化活动之2022年喜迎二十大暨非物质文化遗产进校园——“小小‘船’承人”活动，非遗项目出版刊物（《南少林武术专辑》和《南少林武术》）参加第八届成都非遗节宣传展示活动（展示出版书籍），开展国家非物质文化遗产馆藏品征集工作，打造集民俗文化巡游、祈福习俗及非遗小吃、商家展售活动于一体的新年文化大餐，以妈祖文化和蔡襄文化为代表的群众喜闻乐见的传统莆田小戏演出近百场。

【文化市场管理】 2022年，城厢区文体旅局深入开展“扫黄打非”、扫黑除恶斗争等专项治理活动和创建全国文明城市工作，做到文明执法、强化防控，确保文旅发展环境安全有序。全年出动执法人员1256人次，组织专项执法行动20多次，日常巡查出动检查1500多人次，检查800多家次，行政处罚立案调查19件，办结案件19件，罚款38000元，没收违法所得1186.56元，发放停业整顿通知书35份，没收盗版书籍1450本、盗版音像制品（光盘）312片，取缔地摊17家，维护文化安全和意识形态安全，打击各类违法违规生产经营活动，净化全区文化市场发展环境。

【文物保护】 2022年，城厢区申报高地天后宫、兰亭寺观音壁画、清风岭天后宫三处文保单位的市级文物保护专项资金15万元。市级文物保护单位高地天后宫和石梯寺的修缮设计方案通过专家论证审核；省级文物保护单位东汾五帝庙完成消防工程设计方案，待专家审核后再施工。在文物宣传方面，组织60余处文物保护单位负责人，举办安全生产和消防安全教育联合培训会议1场次，集中开展消防安全应急演练1次；组织文保单位利用LED屏播放、横幅悬挂文物保护宣传标语，开设文物保护安全专栏；开展“世界文化遗产日”和“安全生产日”宣传活动，分发“文物安全普法材料”和“什么是文物”宣传单1500多份。

（廖娴娴、林志远、林金海、林逢春）

2022年6月6日，区图书馆举行2022年“品味端午，传承文明”端午节主题文化体验活动（吴青青 摄）

【文化场馆】 2022年1月，莆田市城厢区图书馆（以下简称“区图书馆”）正式运行。馆内拥有书目检索机、图书自助借还机、图书杀菌机、安全检测仪和云图有声听书太空椅等智能化设施，室内无线网络全覆盖，实现与莆田市图书馆、莆阳书房等通借通还的“一卡通”服务。图书馆一层设有服务台、少儿厅、多功能厅和展览厅，二层设有外借厅、自习室和报刊厅。严格落实延时错时开放政策，每周开放时间达到56小时。有阅览座席132个，2022年新增图书藏量8999册，征订报纸56种、期刊111种。入馆6513人次，办理读者证88张，图书借还7453册次（借阅3319册次，还回4134册次），图书借还1895人次，开展活动18场，举办展览4个、举办培训班2个。总投入资金约200万元，用于区图书馆修缮、购置配套设施和图书。

2022年，区图书馆通过专题展览、公益讲座、培训、影视播放，利用“我们的节日”——端午节、中秋节、国庆节、重阳节、春节等开展系列主题活动，如诗歌朗诵、知识竞赛、亲子悦读、读书分享会等推动全民阅读；利用微信公众号平台推送图书资源、活动预告、活动回顾、消息通知、听书等，让读者更好地了解图书馆、走进图书馆、利用图书馆，满足辖区人民群众日益增长的阅读文化需求，城厢区委文明办授予城厢区图书馆“城厢区新时代文明实践点”称号。

（吴青青）

【非物质文化遗产】 2022年，城厢区健全非物质文化遗产保护名录，开展第三批城厢区非物质文化遗产代表性项目申报工作，收到申报文本材料共计18项，专家论证评选区级非遗项目16选；并从16个项目中再选送5个项目参加第八批市级非物质文化遗产代表性项目评选工作。年中有4个项目（桂圆干传统烘焙技艺、郑氏山水木雕圆浮雕技艺、唐式佛像彩绘、贴金和莆田传统美食烹饪技艺）申报第七批福建省非物质文化遗产代表性项目。完成第三批非遗代表性传承人申报工作。引导非遗传承人开展文化交流活动，征集喜迎党的二十大主题非遗作品活动，组织好传承人参加“又见乡愁——闽台艺术大展”活动；开展省级非物质文化遗产代表性传承人自查评估工作；推进省级非遗工坊建设和认定工作，推进申报非物质文化遗产研究基地、传承示范基地、生产线保护重点单位的工作。促进乡村非遗与旅游融合发展，组织非遗小吃商家们连续3年参加莆田市非遗小吃商家评选活动。争取财政对非遗保护工作的资金扶持，年内累计申请国家级非遗保护专项补助资金47万元和省级非遗项目专项补助经费50万元，为城厢区实施传统文化的研究、展示推广和交流活动提供有力保障。

（廖娴娴、林志远、林金海、林逢春）

档案管理

【概况】2022年，莆田市城厢区档案局与莆田市城厢区档案馆［以下简称“区档案局（馆）”］把学习贯彻落实习近平总书记关于做好新时代档案工作的重要批示精神作为首要政治任务，贯彻实施新修订的《中华人民共和国档案法》和全省档案事业发展“十四五”规划，根据省、市档案局长馆长会议要求，扎实推进依法治档管档工作，切实加强档案治理体系和档案资源、利用、安全体系建设，紧紧围绕“四个好”“两个服务”的目标要求，围绕中心、服务大局。

【档案行政执法】区档案局（馆）连续17年对辖区内70多家单位开展档案执法检查，推动各单位规范建档与档案移交进馆走上制度化轨道。年内开展2场档案执法检查，5月下旬通过自查与抽查相结合的方式对全区档案安全工作进行专项检查；10月底对全区60余个部门开展行政执法检查，重点瞄准疫情防控、村级换届选举、行政审批等档案的规范建档及“村档镇管”、纸质档案数字化以及电子目录备份等情况。

【档案队伍建设】2022年，区档案局（馆）新增持有档案行政执法证件人员1名，截至当年底持证人员共有8名，为履行档案行政职能，加强档案法制体系建设；另有2名干部获聘市级档案专家，1名干部获聘市级“档案工匠”，专业队伍活力明显增强，充分发挥专业人才示范引领作用。

【档案督导】2022年，区档案局（馆）印发《关于做好2021年度文件材料归档的通知》，对70多个部门的年度建档进行全覆盖督导，经过督导，档案规范建档率达98%以上；印发《城厢区档案局关于做好2021年度疫情防控档案目录报送和移交进馆工作的通知》《城厢区档案局关于做好脱贫攻坚档案移交工作的通知》2份通知，持续推进全区脱贫攻坚和疫情防控档案归集和移交进馆工作；进一步加强新闻单位宣传报道档案管理，积极指导区融媒体中心等加强档案管理；持续推动120个村（社区）档案的收集、整理、数字化及档案寄存所属镇（街道）综合档案室的工作，重点督促各村（社区）做好2021年换届选举工作文件材料的收集整理、立卷归档工作。年内，全区7个镇（街道）完成643卷换届选举材料的收集建档工作，“村档镇管”成果得到巩固。

【档案宣传教育】5月30日，区档案局（馆）与市档案局（馆）联合在文献中学举办“档案文化进校园”宣传活动，举办“档案—你的终生伙伴”专题讲座；6月10日，在南湖公园举办“喜迎二十大·档案颂辉煌”档案知识主题展览并设立宣传咨询点，分发普法宣传册以及宣传小物品160余份，并向群众解释宣传档案相关知识；向辖区内群众随机投放2万条时长64秒的档案知识彩信微视频；组织全区近20家单位在临街大楼、单位LED屏上滚动播放档案宣传标语60余条，同时在区政府办公大楼树立气拱门，牵拉横幅等进行联动宣传；借助“三下乡”宣传活动开展乡村记忆档案文化下乡以及“12·4”国家宪法日宣传活动，累计向群众发放宣传资料及宣传物品500余份。

【红色廉洁文化档案展示点】2022年11月3日，区档案局（馆）与市委办、市档案局（馆）、区委办联合打造的“红色廉洁文化档案展示点”正式揭牌。该展示点作为“红色记忆档案渡里展示点”的拓展和延伸，以档案视角展示中国共产党建设廉洁政治的历史经验以及革命先辈们的廉洁事迹等，为传承红色廉洁基因，助力全市新时代廉洁文化建设，营造崇廉尚廉的社会氛围，发挥档案的育人价值。截至年底，该展示点累计接待近30批次共2000余人次。

【档案资源开发】 2022年，区档案局（馆）开展渡里“乡村记忆档案项目”建设的扫尾阶段工作，多次召开《渡里村志》编纂推进会，组织工作人员对《渡里村志》进行审定，完成村党政人才及本科以上学历人物资料收集工作，督促编辑人员及时查缺补漏，完成时长约18分钟的《渡里记忆》视频宣传片审片提升工作。围绕“喜迎二十大，档案颂辉煌”主题拍摄时长5分钟的视频《逐梦城厢》，通过真实的镜头、图片、文献资料，直观地展现中共十八大之后城厢区社会、生活、生态文明等领域高质量发展成就。该片被区委组织部电教办选送参加第十七届全省党员教育电视片观摩交流，并荣获二等奖。

【档案安全】 区档案局（馆）联合城厢区消防大队全区20多个重点部门开展档案消防安全知识培训及应急演练，累计40余人参加，邀请城厢区消防大队专职消防员进行宣讲，围绕当前安全形势、典型火灾案例、常见火灾起因等内容为全体参会人员敲响安全警钟，消防大队5名消防员现场指导参训人员使用干粉灭火器和消防水枪扑灭起火点进行实战演练；开展机房服务器安全防护大排查，对机房的主机安全环境进行彻底整改，开展机房网络线路安全整顿，对机房内的服务器、监控等线路进行全面整顿，并做好标识，全面提升机房安全水平；结合档案安全排查情况及时建立微型消防站，齐全配备消防水带、头盔、手套、战斗服、防烟面具、强光手电等各类消防设备；每季度对档案库房门、窗、密集架等进行一次全面清洁、每月一次对库房“八防”设施及线路检修工作，全面排查安全隐患，落细落实消防安全管理制度和汛期值班制。

【档案征集抢救】 2022年，区档案局（馆）顺利完成《愧轩诗集》《愧轩祭礼集》《寿山陈氏灵岩山前族谱》的抢救性修裱和仿真复制，原件收藏入馆，仿真件及收藏证书送交回捐赠者手中，受到捐赠者的好评；征集到20世纪90年代胶卷底片2900余张，内容包含莆田建市十周年庆典、各类展览图片、常太枇杷种植等并进行正片模式扫描抢救工作；征集到霞林、华亭、龙桥、常太等20余个村（社区）征迁前后的新旧航拍以及城厢在经济、文化、环保、旅游、交通等方面的影像资料，并收集到龙德井、万达、文献北等项目征迁改造前的部分街道、标志性建筑等照片；组织征集到常太镇马院村老地下革命者人事档案1份，内含革命先辈苏华、陈建新等人亲笔证明材料。

【档案信息化建设】 2022年，区档案局（馆）接收各单位档案电子目录约4.4万条，接收全文数字化副本约20.4万页；采取一次性招标，分期付款方式，确保3年内完成275万页馆藏档案数字化的工作目标，年内完成27万余页扫描验收及近3万条电子目录的著录审校工作；持续督促各镇街、区直各单位实现增量档案100%数字化；推进档案数据异地备份制度，其中各镇（街道）、各部门向区档案馆目录数据备份

2022年7月26日，城厢区档案馆完成三册清代古籍的抢救性修裱及仿真工作，并为捐赠者送上捐赠证书 （林雪娇 摄）

率达 90% 以上；完善档案数字化质检流程，配备档案数字化质检软件，初步推动接收进馆档案数字化副本的计算机质检应用工作。

【档案接收利用】 2022 年，区档案局（馆）顺利完成 2021 年 12 月 31 日前的全区“两类档案”电子目录、实体及数字化成果的接收进馆工作，接收疫情防控档案实体 1219 卷，电子目录 1.7 万多条，数字化副本约 13 万页，顺利完成 2021 年及之前的脱贫攻坚和疫情防控档案专题数据库建设；除两类档案外，全年组织接收区交通局、区食药监局、区人社局、区工商局等 8 家单位共计 1960 多卷档案；接待档案查阅利用 2100 余人次、近 2500 卷次；接收 31 家单位 729 件信息公开文件。

（林雪娇）

旅游业

【概况】 2022 年，城厢区接待国内旅游 411.85 万人次，居全市首位，比上年下降 7.2%，降幅低于全市平均水平 1.2 个百分点；实现国内旅游收入 30.11 亿元，下降 5.9%，降幅低于全市平均水平 0.8 个百分点；国内游客人均花费 731 元，增长 1.5%。

【旅游服务】 城厢区有五星级饭店 1 家（希尔顿逸林酒店）、四星级饭店 3 家（东方国际大酒店、阳光假日大酒店、明珠大酒店）、三星级饭店 1 家（壶兰大酒店）；旅行社 12 家，占全市旅行社的 60%，旅游从业人员 2000 多名，其中导游员 110 名，形成相对集中的旅游服务体系。

【旅游景点】 城厢区境内有相对较为成熟的旅游点 40 多个，其中包括国家 AAAA 级旅游景区 2 个（九龙谷生态景区、绶溪公园）、国家 AAA 级旅游景区 3 个（御庄园温泉度假村、马院人家和岭下美丽乡村旅游景区），以及凤凰山、木兰陂、钟潭景区等特色旅游景点。辖区内还拥有莆田新旧“二十四”景中的“木兰春涨”“石室藏烟”“梅寺晨钟”“寿溪钓艇”“三紫凌云”“钟潭噌响”“龙谷奔泉”“圳湖映碧”“龟洋积雾”等。

福建九龙谷国家森林公园 位于福建省莆田市常太镇溪南村，距莆田市区 32 千米，总面积 1091.5 公顷，海拔 717 米，森林覆盖率 95% 以上，景区内负氧离子含量超过人类宜居标准 6 倍。景区交通便利，在 1 小时车程内有 3 个高速口和 1 个高铁动车站，2 小时车程内有 2 座机场，30 分钟内有 2 家三甲医院。地处海峡西岸区中东部，北通福州、浙江，南抵泉州、厦门、广东，西接三明、江西等，把旅游观光路线城市串联起来，属闽、浙、赣、粤休闲度假生活理想地，是中国原生态疗养度假旅游胜地。公园先后被评为国家 AAAA 级旅游景区、国家森林公园、全国农业旅游示范点、全国生态文化教育示范基地、国家级水利风景区、中华诗词协会创作基地、福建省五星级森林人家、福建省休闲农业与乡村旅游示范点、福建省科普教育和艺术研究创作基地、福建省体育产业示范基地、福建省中小学生研学实践教育基地等。

御庄园温泉度假村 位于福建省莆田市“母亲河”——木兰溪北岸，与壶公山隔水相望，毗邻沈海高速莆田西出口处，与闽东南经济圈厦门、福州、泉州等车程在 1.5 小时之内。由温泉度假中心、酒店会议中心和温泉别墅等项目组成，其中温泉度假中心由 50 余个露天园林温泉泡池、温泉木屋、至尊 SPA 房、特色蒸房、大型露天游泳池、造浪池、儿童水上乐园、室内温泉、中西式餐厅、江南茶艺馆、健身会馆等项目组成，是一家集温泉养生、休闲度假、商务会议、娱乐健身于一体的生态文化型主题温泉度假村，为国家 AAA 级旅游景区。

（廖娴娴、林志远、林金海、林逢春）

卫生　体育

卫生健康综述

【概况】2022年，莆田市城厢区卫生健康局（以下简称“区卫健局”）深入推进“健康城厢”建设，聚力抓重点、补短板、强弱项，持续推进深化医药卫生体制改革，抓紧抓实新冠疫情防控工作，完善公共卫生体系，预防控制重大疾病。全区公立医疗机构总数（不含村卫生所）7个（其中医院1个，镇卫生院3个，街道社区卫生服务中心3个），村卫生所87个；全区门急诊疗量达126.77万人次，住院量达25640人次。全区人口出生率5.36‰，死亡率4.45‰，自然增长率0.91‰。

【医药卫生体制改革】2022年，城厢区持续深化医药卫生体制改革，进一步完善医疗卫生体制机制。建立健全区公立医疗机构管理委员会工作机制，区医管委办公室设在区卫健局，负责区医管委日常事务；实行“一归口、三下放”的公立医疗机构管理机制改革，由区医管委统一归口管理全区公立医疗机构的人事、业务、经费等事项，将内部人事管理权、经营权、分配权下放给公立医疗机构自主管理，实行院长负责制。实行绩效考核与院长年薪、职工收入分配“双挂钩”制度，设立院长年薪制区级财政专项资金，院长年薪总额由区医管委每年一核定，依据考核结果确定院长年薪档次、医疗机构绩效工资总额、医保支付、财政补助，引导收入分配向关键岗位、业务骨干和作出突出成绩的医务人员倾斜，推进现代医院管理机制建立。改革人事管理机制，以区为单位实行区属医疗机构的人员编制总量控制、统筹安排、动态调整，按常住人口变化情况及时调整核编，采取互补余缺的调整方式，在编制总量的控制总数内，调配机构人员编制数和总量控制数；按区医院、镇卫生院和社区卫生服务中心等级别分类统筹岗位设置管理，在岗位职位的控制总数内调配同类机构的三类岗位各等级岗位数。破除“以药补医”机制，控制医疗费用增长，全区所有公立医疗机构全面实施药品和耗材零差率销售制度，取消药品和耗材加成政策，全面延伸到一体化村卫生所。全区公立医疗机构全面实施国家基本药物制度，实行省级药品统一网上集中采购和网络平台监控工作。全区村卫生所纳入基本药物实施范围，各卫生院通过药品询标形式对辖区内卫生所实行“三统一”（统一药品目录、统一药品价格、统一购药渠道）管理。

2022 年，城厢区健全完善分级诊疗体系，与市第一医院医疗集团共建城市医联体，在区医院加挂市第一医院城厢分院，实施“双主任制”“柔性引才”等措施，帮扶提升医院医疗服务能力；与省人民医院、厦门大学附属中山医院胃镜中心等名院名医建立共建机制，提升医院医疗卫生服务水平；区医院新址医技楼 5 间高标准层流净化手术间投入使用，开展各类手术 2240 多例；对接省立医院温俊平教授团队、福医大附属口腔医院苏柏华教授团队成立名医“师带徒”工作室，提升区医院内分泌科、口腔科等重点专科建设；扎实开展“医师下基层”活动，通过组织专题讲座、教学查房、病例讨论、线上教学、门诊带教等形式对受援单位医务人员进行培训，提高基层卫生人员主动学习的能力和意识，提升临床技术水平。

【乡村卫生服务一体化管理】 2022 年，城厢区推动乡村卫生服务一体化管理，实行村卫生所建设、人员、业务、药械、财务、信息化、绩效考核等统一归口镇卫生院管理。一体化村卫生所全面纳入医保定点单位，同步落实药品、耗材零差率销售和一般诊疗费政策。全区完成村卫生所一体化建设 67 家。

2022 年，城厢区建立农村远程视频诊疗平台，推动“互联网 + 医疗”在一体化建设的村卫生所应用，由莆田移动公司建设视频诊疗信息平台，实现患者在村卫生所通过信息平台对接区医院专家在线问诊，区医院医生通过信息系统调阅患者既往诊疗记录和影像资料，完成远程就诊活动。辖区内群众可在村卫生所自助查询个人健康诊疗档案。全区远程视频诊疗服务上线的村卫生所 67 个，接受远程会诊患者累计 28630 人次。

2022 年，城厢区加强乡村医生队伍建设。优化卫生所人员配置，对村医不足的村卫生所由镇卫生院驻派医务人员，或优先聘用社会上具备执业（助理）医师、中专及以上学历的人员。继续采取“订单定向”方式，每年由莆田卫生学校定向培养农村医学专业中专生，定向培养对象取得乡村执业（助理）医师证后进入村卫生所服务。村医可在镇范围内统一调配使用，实行统一管理和调配，提升村卫生所村医队伍专业技术能力。落实村医退岗制度，对年满 60 周岁的退岗村医，自 2017 年 1 月起按该区城市居民最低生活保障的标准发放退岗养老生活补助，对符合条件的村医，一律组织参加养老保险，市、区财政给予补助，2022 年参加城镇企业职工养老保险的村医每人每月按 2880 元标准缴纳，参加财政城乡居民养老保险的村医每人每年按 3000 元标准缴纳，缴费档次补助标准按社保相关规定每年核定一次。

【基层卫生健康】 2022 年，城厢区落实国家基本公共卫生服务均等化政策，推进基本公共卫生服务，结合家庭医生签约服务项目，以建立居民健康档案和免费健康体检为切入点，以专家坐诊、下乡宣传、定点义诊等形式多样的服务方式向城乡居民提供健康教育咨询服务，同步利用网站、微信公众号等开展宣传活动，及时登载国家基本公共卫生服务均等化政策、新闻动态、工作进展、公共卫生风采等，提升群众接受免费服务的知晓率和依从性，全

2022年9月15日，莆田市人大在城厢区召开基层公共卫生服务体系建设情况视察座谈会 （蔡秀明　摄）

区累计建立居民健康档案39.04万份，电子建档率达71.1%，覆盖所有镇（街道）村（社区），人均基本公共卫生服务经费标准提高到84元/人，服务项目覆盖全区常住人口。

【项目建设】 2022年，城厢区建成投用区医院病房楼，总建筑面积达1.36万平方米，总投资1.5亿元，增加床位300张，极大改善市民就医环境；灵川镇中心卫生院东海分院投入使用，投资460万元，开设内科、外科、儿科等科室，填补该区医疗卫生“空白镇”；灵川卫生院综合大楼完成主体封顶，项目总建筑面积为9632.48平方米，其中地上面积7288.23平方米，地下面积2344.25平方米，项目总投资概算为6398.59万元；推进“互联网+健康医疗”服务，全面实现所有医疗卫生机构健康医疗信息化和一体化村卫生所远程视频诊疗服务全覆盖。

2022年，城厢区推进医疗健康产业发展，优化营商环境。依托该区闲置楼宇，推进医疗健康服务平台的建设投资和运营，开展互联网养老平台和高端家庭医生健康服务运营。如引进壶健（莆田）信息科技有限公司入驻中电科创城先导区，建设线上壶健智康平台，为广大群众提供更为全面的健康医疗服务，注册用户超10万人。同时建成线下3家实体连锁机构，延伸“医养结合”“智慧养老”“中医药养老”“药膳养生”等特色的大健康养老服务体系。莆田市烛火信息技术有限公司2022年4月入驻中电科创城先导区，在智慧药箱、区块链、智能家居、智能制造等领域形成一定的技术成果及专利储备，并服务于相关企业。

【妇幼健康保健】 2022年，城厢区开展孕前优生健康检查、农村妇女“两癌”筛查、地中海贫血防控试点项目、育龄妇女增补叶酸、孕产妇免费产前筛查、艾滋病、梅毒和乙肝母婴阻断等妇幼健康保健项目，成立危重孕产妇和危重新生儿救治中心，畅通救治“绿色通道”，保障母婴安全。免费对具有莆田市试点区域（城厢区）学籍或户籍、未接种过人乳头状瘤病毒（HPV）疫苗且年龄在13周岁至14周岁半的女性开展HPV疫苗自愿接种，累计接种4407人。是年，宫颈癌免费筛查3741例、乳腺癌3913例，落实免费优生健康检查项目742人次。全区孕产妇、婴儿和五岁以下儿童死亡率分别为0、3.14‰、3.49‰，孕产妇早孕建册率92.57%，产后访视率97.32%，0—6岁儿童健康管理率95.11%；育龄妇女增补叶酸2427人。预防艾滋病、梅毒和乙肝母婴传播工作，对乙肝表面抗原阳性孕产妇所生新生儿免费接种乙肝免疫球蛋白。

2022年，城厢区建设绶溪公园、南门中学妈妈小屋、万达广场母婴室等32处母婴设施。建成城厢区华幼托育中心、探索兴风托育园、经纶金威托育园、厦米托育中心4个省级婴幼儿照护服务普惠项目和城厢区星辰托育园市级普惠托育点，总投资365万元，新增托位445个。联合市妇幼保健院加强高危人群孕育过程的健康指导，举办准妈妈、准爸爸孕期、哺乳期、养育知识班，做好高风险夫妇孕前、孕期跟踪及妊娠结局随访等。

【疾病预防与控制】 2022年，城厢区坚持“预防为主”的工作方针，健全完善疾病预防控制体系，履行防病工作职能，落实重大疾病防控措施。加强慢性病综合干预与管理，密切监测慢性病发病、患病、死亡及危险因素，巩固结核病“三位一体”综合防治模式，获得省级慢性病综合防控示范区荣誉。扩大免疫规划工作，组织疫苗流通和预防接种管理，建立疫苗可追溯体系，落实疫苗冷链全程管理，在疫苗储存、运输的全过程中按要求定时监测、记录温度，保证疫苗质量；加强预防接种信息化管理，探索推进疫苗追溯信息系统建设，完善数字化预防接种门诊建设。加强疾控机构和哨点医院为主的食品安全风险监测体系及其能力建设，提高食源性疾病溯源能力和水平。落实严重精神障碍患者网格化“一历六单”救治管理模式，筑牢严重精神障碍患者管理。

2022年，城厢区建立防治重大疾病工作局际联席会议制度，严格执行传染病报告制度，有效落实传染病病人、疑似病人流行病学调查、疫点处置和宣传健康。全年乙类传染病发病数1652例，发病率296.40/10万；丙类传染病发病数851例，发病率152.69/10万，法定传染病总发病率449.09/10万。

2022年，城厢区全面开展以“文明健康，绿色环保”为主题的第34个爱国卫生月活动，深入推进环境卫生综合整治活动，特别是加大对“脏、乱、差”现象和卫生死角、蚊媒孳生地等方面的清理整治力度，累计整治农贸市场20个、清理卫生死角及“四害”滋生地663处，清运垃圾920多吨，全区城乡环境卫生面貌得到明显改观；大力开展城乡统一“四害”施药活动。全区投入资金65万余元，完成三轮大规模城乡统一的施药消杀活动，累计出动专兼职消杀人员1206人次，消杀器械764台次，累计投放灭鼠毒饵4.5吨、杀虫剂原药6100千克，灭蟑药品12万包，有效控制“四害”密度；推进创建国家卫生乡镇，创建省级卫生村10个，华亭镇由市爱卫办向省爱卫办推荐作为国家卫生乡镇考评单位；结合疫情防控、创建全国文明城市、爱国卫生月等，通过横幅标语、宣传栏、LED显示屏、微信等信息载体，有针对性地开展爱国卫生宣传教育活动，进一步倡导“科学佩戴口罩、勤洗手、常通风、不聚集、一米线、分餐制、公筷公勺”等良好习惯，弘扬爱国卫生运动优良传统，逐步提高群众爱国卫生运动意识，全面提升群众健康素养水平，累计制作横幅、宣传海报等3400条（张），设置户外广告牌109块，短信发送31万余条，制作微信、抖音短视频110余条，累计覆盖9万余人。

【综合监督】2022年，城厢区深化“放管服”改革，优化政务服务，推行“自己批网上办”审批服务新模式，实行综合窗口一窗受理。按照“十个凡是”梳理精简部门事项申请材料，区卫健局行政审批和公共服务事项66项全部入驻窗口，实现“一趟不用跑”事项49项，“最多跑一趟”事项17项；制定公开区卫生健康局权责清单，权责事项365项。

2022年，城厢区全面推进“双随机、一公开”（在监管过程中随机抽取检查对象，随机选派执法检查人员，抽查情况及查处结果及时向社会公开）监管，对公共场所、学校卫生、生活饮用水、医疗卫生、消毒产品和传染病防治等专业序时监督；加强执法监督检查，采取专项治理与日常监督相结合方式，重点打击无证行医黑诊所、无行医资格的游医和借助虚假广告招摇行骗的行医者，开展辖区范围内餐饮具集中消毒监督检查、生活饮用水监督检查、食源性疾病监测、“一品一码”、食品安全风险监测及食品安全，严抓医疗卫生机构污水达标排放。全年对辖区内4家集中式供水单位开展监督检查，进行水质采样检测，抽取出厂水、末梢水样品检测56份，合格率为100%；累计检查医疗机构、公共场所、二次供水、学校卫生、职业卫生、集中式供水、餐饮具集中式消毒单位等4844户次，查处案件25起，处罚没款30.72万元，其中“非法行医”案件5起，处罚没款11.45万元，移送公安机关1起。

【开展生育关怀】2022年，城厢区实施一系列生育关怀关爱活动。落实财政资金1516.908万元，兑现计生家庭奖励扶助、贡献奖励、特别扶助、独生子女奖励、农村二女奖励等14357人。为计生特扶对象缴纳城镇职工养老保险42.30万元，为领取城乡居民基本养老金的特扶对象加发补助8.75万元，落实计生家庭参加城乡居民基本医疗保险财政补助45920人。推进计划生育特殊家庭联系人制度、就医绿色通道、家庭医生签约服务“三个全覆盖”。结合“两节”等一系列生育关怀救助帮扶活动，与区计生协会联合开展“温情母亲节，为贫困母亲送温暖”活动，现场免费测量血压、发放避孕药具等。定期组织人员上门对失独或伤残家庭给予慰藉关怀，帮助他们重树生活信心。

【生殖健康服务】2022年，区卫健局开展生殖健康进校园、进课堂活动，为青少年提供性病、艾滋病预防及生殖健康咨询服务，开展生殖健康、避孕节育科普知识普及活动，进企业为务工育龄群众提供生殖保健咨询、避孕药具发放等优质服务。结合世界人口日，妇女节，文化、科技、

2022年10月22日，莆田市适龄女性人乳头瘤病毒（HPV）疫苗免费接种项目首针开打启动仪式在城厢区医院举行　　（蔡秀明　摄）

卫生“三下乡”等开展义诊活动，解读优化生育政策，宣传卫生保健知识。探索“互联网＋药具发放服务”的新型药具服务模式，拓展药具发放渠道，全区药具免费发放网点151个，其中注册130个免费避孕药具人工微信网点，自助取套机21台，有效提高发放服务可及性、易得性和便捷性。

【职业健康】2022年，城厢区开展“国家宪法日”普法宣传活动，调整《中华人民共和国职业病防治法》《生活饮用水卫生监督管理办法》等行政处罚裁量权。联合市场监管、公安等部门开展医疗乱象治理专项行动，开展辖区新冠疫情常态化防控卫生监督执法，持续打击非法行医和公共卫生场所无证经营工作。完成第四季度集中餐饮具消毒、饮用水卫生监督抽检及食品污染物及有害因素监测、食源性疾病监测等食品安全风险监测。持续开展职业病危害专项治理，组织用人单位进行职业病危害项目申报。辖区内用人单位职业病危害项目申报145家，纳入职业病危害专项治理94家用人单位。落实“双随机、一公开”“互联网＋监管”机制，开展卫生健康监督执法，查处卫生健康违法违规案件28件，其中医疗卫生26件，公共场所卫生1件，职业卫生1件。

【老龄健康】2022年，城厢区推进老年优待政策，落实全区建立高龄老人补贴制度，申报核实2022年度新增的九旬、百岁老人名单，每季度发放高龄补贴和长寿营养补贴。2022年，全区发放高龄补贴3725人次，金额达219.27万元。

2022年，城厢区落实“银龄安康工程”，为80周岁以上老年人（含80周岁，不含离退休人员）由政府统一购买人身意外伤害保险，由市、区按3∶7比例承担保费。全区符合条件的7963人，金额15.926万元。

2022年，城厢区开展“敬老月”系列活动，“温暖重阳”走访慰问百岁老人、困难老人，市级慰问困难老人、高龄老人、失能老人65人，区级走访慰问百岁老人47人、困难老人244人、老协会会长121人，慰问金达50余万元。开展百岁老人免

2022年7月26日，2022年老年健康宣传周活动启动仪式在城厢区华亭镇多福颐养院举行　　（蔡秀明　摄）

费体检和巡诊活动。开展老年健康宣传周活动，利用公众号、海报传单新闻媒体，开设线上专家直播间，下乡送义诊、送知识等，向老年人讲解老年相关政策、签约服务等。累计LED屏幕滚动走字宣传200多块，发放折页40多类1000多份，进行展板展示50多场次，悬挂横幅20余条，开展下乡义诊巡诊活动7场，接受村民免费咨询1000多人次，为1500多人次免费体检。

2022年，城厢区继续开展失能老年人评估与服务工作，在全区7个镇（街道）范围内，利用3个社区卫生服务中心和3个镇卫生院，开展140名失能老年人评估与服务工作。组织入户随访评估，录入系统评估，制订服务计划，组织上门服务等，有序为失能老年人开展健康服务。

【医养结合】 2022年，城厢区积极应对人口老龄化，推进医疗卫生与养老服务融合发展。医疗卫生与养老机构合作共建，常太镇卫生院与常太镇敬老院签订合作协议，选派专业医护人员开展巡诊，为入住老人提供医疗、护理、健康检查等服务；开通与上级医疗机构、老年康复疗养机构双向转诊。在灵川镇中心卫生院，按照养老机构标准设立医养结合中心，建筑面积1000多平方米，设置床位80张，入住老年人55人。在华亭镇卫生院内建设医养结合中心，总建筑面积达5200平方米，开设养老床位116张，于2022年初建设完成并投入使用，入住老年人29人。

（蔡秀明）

疾病预防控制

【概况】 2022年，莆田市城厢区疾病预防控制中心（以下简称“区疾控中心”）面对新冠疫情，高度重视，坚决贯彻落实中央、省、市、区疫情防控的重要决策部署，全力做好疫情防控工作。

【新冠疫情防控】 2022年，区疾控中心面对奥密克戎变异株传播力的增强，严格按照新冠疫情防控方案的要求，在总结经验、改进不足、补充短板、提升能力等方面全力推进。特别是在处置“3·18”“7·8”“8·8”“10·23”“11·28”等疫情过程中，均能及时、规范、精准完成处置。

【传染病管理】 2022年，城厢区无发生甲类传染病病例；报告其他传染病3042例，与2021年（2811例）相比，发病率上升8.22%。全年报告手足口病例278例，均治愈康复，无重症手足口病病例，无死亡病例，无发生霍乱传染病疫情。

【艾滋病防治】 2022年，区疾控中心辖区医疗机构累计报告病例486例（包括死亡96例），其中男385例，女101例，户籍地为本市325例（66.87%），本省外地市33例（6.79%），外省128例（26.34%）。按现住址管理病例158例，男125例，女33例。年内病例随访252人次，CD4检测率91.14%（144/158），在治病例151例，治疗比例95.57%（151/158），治疗满一年病例病载检测率92.20%（130/141）、病毒抑制率（<1000）93.85%（122/130）、病毒抑制率（<50）81.54%（106/130）。全年辖区医疗机构新报告病例50例，按现住址新增病例18例（当年死亡2例）。

【登革热监测】 2022年，区疾控中心根据登革热监测工作方案，分别在7个乡镇（街道）进行登革热媒介监测，监测户数3220户，阳性容器249个，平均布雷图指数为7.73，白纹伊蚊幼虫滋生容器主要为废弃的桶、泡沫箱、花盆底部、沟渠。

【结核病防治】 2022年，城厢区报告登记活动性肺结核病人160例，完成全年任务的100%（160/160）。登记活动性病人163例，诊断变更2例，转入耐多药3例，成功治疗150例，成功治疗率94.94%，完成任务要求。非结防机构网络直报辖区肺结核病人468例，重报1例。其中转诊到位174例，转诊到位率37.26%；需结防机构追踪的网络直报肺结核病人为294例，开展追踪的病人数为294例，追踪率100%，其中追踪到位的病人数为274例，追踪到位率为93.20%，总体到位448人，总体到位率为95.73%（448/468），完成95%的任务要求。

【食源性疾病监测】2022年，城厢区5家哨点医院上报食源性疾病监测病例503例，超额完成辖区全年上报408例的目标。报告食源性疾病暴发事件1起，按规范进行及时报告、调查和处置。

【职业卫生】2022年，城厢区监测企业任务数27家，完成监测27家，并及时进行网络录入上报。入户调查辖区存活尘肺病例3例，完成网络录入和上报。全区18家企业组织接触职业危害因素职工进行职业健康检查683人次，通过县（区）、市、省三级审核。

【健康教育】2022年，区疾控中心围绕着主要卫生日宣传主题，开展多种形式健康教育活动，与区卫健局、莆田市盐务管理局及基层各卫生医疗单位联合举办“儿童预防接种日、世界无烟日、全国高血压日”等主题日大型宣传活动8场，深入华亭中心小学、城厢区第二实验等8所小学开展碘缺乏病、地氟病健康教育，刊登新冠防治等宣传栏5期，普及新冠肺炎、碘缺乏病、“三减三健”、高血压防治等各类健康知识。年内发放各类宣传资料2万多份、宣传品2000多份，悬挂主题横幅15条，展示展板32块32张，接受群众咨询300多人次，免费为群众量血压、测血糖300多人次。

（王永佳）

莆田市城厢区医院

【概况】2022年，莆田市城厢区医院（以下简称“区医院”）年总收入1.48亿元，医疗业务收入首次突破1亿元大关，年医疗业务收入1.08亿元，同比增长11.82%，医务性收入3219万元；年门诊量31.12万人次，住院4842人次，增长65.42%。住院人均费用3508.84元，下降17.81%，药占比43.14%。

【新冠疫情防控】2022年，区医院全体干部职工勇于担当奉献，坚决打赢疫情防控歼灭战。扩建PCR（聚合酶链式反应）实验室，增加自动化检测仪器、储备检测工作人员和相关试剂；有序推进新冠疫苗接种工作，派出医护人员4名为疫苗接种专用车进村巡回接种做好应急保障；坚持疫情防控和医疗服务同步推进，对就诊患者严格落实预检分诊制，严格按照“分区、分码、分类”进行接诊，切实保障就医人员安全、有序就诊。

2022年，服务“大扩容”，提高发热门诊接诊能力，发热门诊升级改造，设儿科门诊、成人门诊各1间，备用诊室2间，独立留观室4间，配备发热门诊专用CT机、自助结算机、自助发药机，最大限度实现发热门诊患者的全程闭环管理。病区“大调整”，内外科系统打通全院“一盘棋”，整合病区，专门用于收治新冠病毒感染伴基础疾病患者，制定分级分类诊疗方案、不同程度感染者入院标准。人员“大调动”，针对发热门诊、门急诊、ICU（重症加强护理病房）和各重症病房就诊人数激增，医院协调各科室医护人员分批次增援，不断提升接诊能力。强化救治培训，安排10名医护人员参加市级重症救治培训，院内107名医护人参加重症救治培训。物资“大调配”，提前谋划，多渠道报送药品、医疗设备储备计划，加快相关急救药品和医疗设备储备，满足患者用药需求，尤其是重症高风险和老年患者治疗需求。

2022年，区医院推出升级收治模式、建立三级病床互转制、实行“1+N”分片负责制三个模式，以最大饱和容量、最大荷载能力、最大运转效率，全力以赴投入危重症患者救治工作。在医院内科床位紧张的情况下，医院成立新冠病毒感染医疗救治工作组，统筹调配全院医护、设备、床位等医疗资源，对符合住院指征的新冠病毒感染患者应收尽收、应治尽治，最大限度满足医疗救治需求。畅通急诊就医渠道，不断调整优化急诊诊疗流程、不断整合统筹医疗资源，采取急诊分区管理分类收治，打通门急诊通道，统一调配各重症病房床位，建立独立重症监护病区，做到急诊患者重症患者“应收尽收”，集全院之力聚焦“保健康、防重

2022年5月18日，城厢区医院承办全区医疗卫生系统医务人员技能竞赛 （陈志军 摄）

症”的重点任务。及时调整医疗救治策略，提升ICU床位运转效率，建立三级病床互转的ICU动态转运机制，形成“ICU病房—重症、亚重症病房—普通病房”相互流转机制，确保以最快的速度收治危重症患者。开设综合救治病区6个，紧急扩充重症床位、综合ICU、专科ICU，可转化重症床位累计24张，占总床位数的13%，其中特级护理、一级护理患者达60%以上，实现对患者“相对集中、分类管理”。针对眼科、外科、妇科等部分科室对于呼吸危重症救治经验不足的难题，医院制定重症分级分类收治原则，实行“1+N”分片负责制。组织心内、重症、呼吸、麻醉、护理等多学科医疗专家，组成会诊专家组下沉科室指导高流量、俯卧位通气、呼吸机、急救、插管，全面进行救治指导，确保救治同质化。对各患者收治病区、各重症监护单元及急诊医学科开展巡查、会诊及收治协调工作，统筹组织全院急危重症救治资源，保证患者得到最及时有效的治疗。

【医疗服务能力】 2022年，区医院住院部增设产科，邀请莆田市第一医院医疗集团妇产科专家团队入驻，开展无痛分娩、导乐分娩、新生儿抚触、婴幼儿游泳等项目，以孕产妇为中心开展无缝衔接服务模式，从门诊、产检、住院待产、产房分娩、产后护理、产后42天门诊复查、门诊新生儿保健监测等为产妇及宝宝提供系统、连续的全程服务；重症医学科（ICU）开科启用，开放床位11张，在市一医院专家指导下实行动脉穿刺置管术等新技术；内镜室开展内镜下结扎术，超声内镜、内镜下黏膜剥离术，食管、胃、肠道支架置入术等超级微创手术新项目，为国际国内提出的全新手术模式；外科开展胸壁肿物切除术，以及全腹腔镜下D2胃癌根治性全胃切除术等微创手术，填补该院技术空白；皮肤科引进全区首台皮肤镜工作站，助力“皮肤早癌筛查”，融合物理和光学技术，通过诊断仪的实时微距放大功能，能够有效帮助医生在显微视觉下观察患者的皮损部位。

2022年6月，福建省胃肠道肿瘤早诊早治及筛查联盟为区医院授牌“胃肠道肿瘤早诊早治及筛查联盟合作单位”，区医院成为全省第一家该联盟授牌的合作单位。组建内镜中心、病理科、麻醉科、质控科等多学科融合的消化道肿瘤“早诊早治”团队，提高胃肠道早癌和癌前病变（尤其是微小非息肉样病变）的检出率，助推内镜下准确分型和治疗方案的选择，提升胃肠道早癌诊断准确性和治疗水平，形成多学科相融合的完整诊疗体系。该院承接“莆田市2022年重点区域上消化道肿瘤筛查”项目，推动医院实现从服务患者向服务广大人民转变，从关注疾病向关注人民健康转变，从注重疾病治疗向注重预防为主、防治结合转变，截至年底早癌筛查完成1262人次，其中发现食管癌及胃癌15例。

2022年，区医院高度重视，扎实准备和高位推进二甲评审工作，制定《创建二级甲等医院实施方案》，明确各个阶段工作进度要求，每周召开评审工作推进会议，逐条对照《二级医院评审标准（2012年版）》近500项条款要求细化分工，要求各自熟悉掌握二级医院评审标准并开展自查，针对各科室未完成部分进行每周通报，不断完善各项规章制度、操作规程。特邀国家卫健委医院评审评价专家、国家卫健委大型医院巡查员、福建医科大学附属第一医院张子平教授到该院指导等级医院创建工作。邀请三甲医院专家团队开展模拟评审5次，使各科对等级评审特点、原则、方法、流程、标准、要求等方面有更清晰的了解和掌握，初步完成等级医院评审准备工作。

2022年，区医院按照省、市、区纪委监委巩固提升“点题整治”工作要求，进一步促进合理检查及检查结果互认、健全巡诊机制、巩固无“红包”医院，有序推进“点题整治”。改造信息系统接口实现互联互通，医师电子病历系统互认项目强制弹框限制功能正式投入使用，检查结果上传数量为8308例，检验结果上传数量7678例。将不合理重复检查的内容纳入入院须知以及出院患者回访内容，将不合理重复检查的知晓率提高到100%。加强医德医风建设，开展相关行风建设培训8场，组织400余人次参加培训，回访住院患者数量4607人次，无反映医务人员有收“红包”现象。开展医师下乡活动，抽调派遣高级职称医师19名，中级职称医师8名前往灵川、常太和华亭卫生院进行医师下基层服务活动。开展义诊活动5场、教学查房22场，举办学术讲座及开展业务培训34场，门诊诊疗1500多人次，瞄准百姓需求，精准对接服务资源，将优质医疗资源向基层延伸，为乡镇地区有需求的患者送去福音。

2022年，区医院助力2022年省、市级为民办实事“关爱女孩·政府在行动”莆田市适龄女性人乳头状瘤病毒（HPV）疫苗免费接种项目，为莆田市学籍或户籍、未接种过HPV疫苗且年龄在13周岁至14周岁半的适龄女性，按照知情、自愿、免费的原则进行第一针剂次的接种。医院提前规划，开放两个接种区域，引导现场家长和学生快速、有序完成疫苗接种流程。

【医疗质量建设】2022年，区医院建立全员参与的二级质量监控体系，聘请上级医疗质量管理专家，调整医疗质量管理委员会及医疗质控小组的成员，充实业务骨干和管理专家。定期下科室进行医疗质量检查，由医务科、质控科、门诊部定期深入科室进行业务查房，对存在问题提出整改意见，并进行追踪检查，督促落实，促进医疗质量不断提高。加强病历书写质量管理，每月对运行病历进行抽查，在检查中重点督查病历书写的及时性、规范性及治疗计划的合理性，三级医师查房等核心制度的执行情况，围手术期医疗文书的书写，病情告知的有效性等，做到及时发现、及时反馈、及时提出整改措施，及时效果追踪。全年进行11次医疗质量大检查，抽查医疗文书300余份，下发整改意见书100余份。修订路径病种、优化路径流程、完善路径文本，部分科室调整路径病种，开放临床路径数72个，涉及科室（专业）7个，临床路径管理率为84.23%，入径率为92%，入径后完成率为95%，变异率为8%。

2022年，区医院妥善处理医疗纠纷投诉，针对接收并处理的医疗投诉，要求各相关科室切实履行排查整改责任，销案处理，确保医护人员与患者及时有效沟通，进一步转变医疗作风，改善医疗服务。开展依法执业自查，制定依法执业自查工作制度、依法执业自查内部公示制度、依法执业自查奖惩制度，成立医院依法执业自查自纠领导小组与依法执业自查自纠职能办公室，将医疗机构依法执业自查自纠情况作为日常科室、人员管理的重要奖惩考核指标。收集各科室依法执业自查自纠结果报告单30份，加强医疗质量安全相关培训，进一步提高医疗质量，保障医疗安全。

2022年，区医院开展医疗培训，通过邀请上级医院专家到区医院授课的方式，前后开展“城厢区医院法律讲座”“高质量评价：从指标看院内管理”“医院科室管理与学科建设——怎样做好医院科主任及中层管理”“DRG、DIP‘加速跑’下医院谋变”等主题培训10余场。开展“三基三严”（基础理论、基本知识、基本技能，严格要求、严肃态度、严谨作风）考核，进一步提高全员医疗人员的基本理论及基础知识，提升医疗工作水平，组织2场“三基”理论考试，合格率均大于80%，对比两次考试结果，第二次成绩较第一次明显提高。

【护理服务】 2022年，区医院落实核心制度，结合新病房投入使用，住院病区由2个增加至5个，护理部进一步加强管理，严格落实医院规章制度，强化各科室护理队伍管理。紧抓临床护理质量管理，举办护理质量管理培训5场，培训400余人次，组织护理人员积极参加护理质控中心举办的各项培训。加强护理质量过程控制，确保护理工作安全、有效，实行护理质量二级管理体系，深入各科室检查、督促、考评。通过应用PDCA[计划（Plan）、实施（Do）、检查（Check）、处理（Act）]循环管理方法，对护理文书书写、急救管理、安全管理、病人管理、优质病房护理管理、分级护理管理、院感管理、病人对护理服务满意度调查、健康教育进行有效管理和持续改进，不断提高护理质量。按照二甲医院评审标准，进一步完善护理工作规章制度、工作流程、岗位职责、应急预案，严格执行行业标准规范。进一步充实护理质量与安全管理委员会成员，建立完善护理管理层级，结合医院实际重新梳理、修订护理质量考核和检查标准。

2022年，区医院坚持以病人为中心，以质量为核心，为病人提供优质服务的宗旨，加强护理人员医德医风建设。创新护理服务举措，优化工作流程14项，不断丰富优质护理内涵，进一步让患者得到高效、优质的护理服务。注重收集护理服务需求信息，向门诊、住院病人发放满意度调查表近500份，对出院病人进行电话回访4607人次，汇总问题并及时改进，不断提高护理服务质量和满意率。在省卫健委组织的2022年度全省公立医院满意度调查中，该院以94.427分的总得分获得全省第四，自参加测评以来连续三年名列全市前茅。

2022年，PDA移动护理在区医院各病区投入使用，进一步提高护理工作效率。9月，更换护理文书书写系统，组织科室护士长及科室骨干学习，进一步落实护理文书书写的客观性、真实性、准确性、及时性、完整性。借助医院信息化建设，持续提高护理服务质量，开展多样化健康宣教，各病区均设立健康教育宣传栏，患者用手机扫码即可观看相关健康宣教内容，进一步加强护理人员健康教育的能力建设，提高患者满意度。

2022年，区医院重点加强对新入院护士、低年资护士的考核，有计划地选送部分护士外出进修、学习，提高专业技术水平，选送护理人员参加莆田市护理学会举办的各类比赛与活动。内一科病房护士长曾楚凡获莆田市2022年外周静脉输液治疗护理创新演讲比赛优秀奖，门诊护士长张先娜获2022年莆田市“最美护士”称号，外科病房护士江春霞及急诊科护士陈静获2022年莆田市“优秀护士”称号，手术室护士长黄轶及内二科病房护士黄莉莉获2022年莆田市“新冠疫情防控工作模范先锋”称号。

【院感工作】 2022年，区医院建立健全三级管理组织架构，倡导人人是院感防控的参与者、实践者，召开专题会议8场，分析医院感染防控形势、院感管理队伍建设以及医院感染制度落实等情况，形成齐抓共管的局面。全年修订医院感染管理及新冠疫情防控相关工作方案、制度、预案、工作流程等169份，上墙制度、流程、标识200余张，拟定临床科室院感管理手册。

2022年，区医院开展主要入口通道、关键防控哨卡、重点管理区域常态化、嵌入式巡查；加强员工健康管理，防范人员风险；紧抓职业防护、手卫生规范、医院隔离技术规范、医疗废物、废水管理等重点内容培训，分批、分类对全院人员进行考核，完成系统培训考核与现场巡查全覆盖。坚持发现问题、通报反馈、及时整改、工作测评，与临床医技科室之间形成良性的过程管理闭环。现场勘查院区建筑布局及设施设备布置安装情况30余次，发现不符合院感要求的问题31条，整改14项。

2022年，区医院灵活采用实地演练、表演比赛、集中授课、视频直播、深入科室针对性培训、现场督导等多种形式，使院感培训内容入脑入心。组织开展医院感染管理及疫情防控相关专题培训13场，培训341人次。进行手卫生与安全注射培训考核20人次，考试合格率100%。进行医疗机构清洁消毒与隔离管理培训考核29人次，考试合格率100%。

【队伍建设】2022年，区医院与莆田市第一医院开展医疗、教学、临床实践等多方位的支持和合作，运用双主任制、联合病房、市医院专家门诊以及科室共建等一系列新型管理手段，不断提升集团内医院的能力和实力。莆田市第一医院医疗集团急诊科、神经内科、妇科、超声科等40余名专家带教坐诊，填补该院产科、新生儿室、血液透析室等空白科室，进一步加强神经内科、呼吸内科、胃肠外科等科室的建设，Ⅲ、Ⅳ级手术占比提升29%，进一步促进优质医疗资源下沉。结合“医师下基层”服务工作，根据医院发展需求，邀请市医院专家前往该院开展义诊、专题讲座、带教查房等帮扶支援活动。本年度与市医院共建联合病房收治患者165人次，同比增长258%，人均自费768.4元，费用减少比率达48%。

2022年，区医院邀请厦门大学附属中山医院消化内镜专家团队复诊，让患者在家门口即可享受国家级临床重点专科专家的优质医疗服务，年服务群众近2000人次，充分发挥高技术人才“传、帮、带”作用，将个人先进技术和经验转化为团队技术优势。邀请厦门大学附属中山医院副院长、普外科专家吴国洋到该院坐诊、举办专题讲座，起到规范诊疗、上下联动、合作交流的作用，达到携手进步共同提高的目的。

2022年，区医院内分泌科和口腔科分别与福建省立医院温俊平团队和福建医科大学附属口腔医院苏柏华团队成立名医“师带徒”工作室，以打造市级重点专科为目标，强强联合。全年名医“师带徒”工作室累计下派专家62人次，其中内分泌科温俊平工作室31人次，口腔科苏柏华工作室31人次，累计开展5次专业学术会议，举办13次专题讲座，选送1名学员到福建医科大学附属口腔医院进修学习。

2022年，区医院在凤凰山分院设立“福建省中医生殖专科联盟许金榜专家工作室”，充分发挥中医药特色优势，将中医理念更灵活地运用于妇科领域，进一步拓宽学科发展和诊疗思路，在家门口即可享受到省内一流妇科、不孕不育诊疗资源的便利，造福莆田市妇女群体。推进分院与市一医院开展试点建设中医康复科联合病房，拓展全新项目，从过去单一的腰腿痛治疗转向难度更大的偏瘫、截瘫、脑卒中后遗症等大病的治疗，病种更为丰富，为患者提供更多更好的医疗服务，年内中医康复科住院收治387人次。

【新址建设】区医院病房楼于2022年1月投入试运行，住院部由院内原门诊楼整体搬迁至院内新病房楼，大楼分为地下1层和地上9层。内设儿科、妇科、产科、内科、外科、眼科、重症医学等多个科室及护理单元，按照学科群协同发展的框架，对新病房大楼的功能分区及学科进行创新性布局，更便于各专业学科形成核心团队和支持团队，也使得病人的治疗更便捷有效，更有利于病人的康复。病房设有单人间、2人间和3人间，均配备中央空调、独立卫生间和淋浴室等人性化设施设备，开展人性化的个性护理，满足不同病患的住院需求，编制床位230张，住院环境及床位紧张的压力得到改善。

（陈志军）

体　育

【群众体育】2022年，城厢区参与举办莆田市2022年第二十一届少儿围棋升段赛、“相约冬奥·踢向未来”2022年莆田市城厢区中小学生寒假全民健身线上足球推广活动、2022年莆田市城厢区全民健身运动会暨喜迎二十大·“城企杯”国投木兰府篮球邀请赛等10余场全民健身体育活动。组队参加莆田市第十一届老年人健身运动会，获得乒乓球团体一等奖。

【竞技体育】2022年，在福建省第十七届运动会中，城厢区运动员获得17枚金牌、7枚银牌、3枚铜牌，现场金牌数位居全市第一，超额完成市对区下达的任务数14枚。在莆田市锦标赛中，城厢区获得13枚团体金牌。承办的赛事（跆拳道、拳击、散打、游泳）顺利举行，办赛能力得到市组委会的充分肯定。

福建省第十七届运动会获得第一名的城厢区籍运动员一览表

表4

姓名	项目	比赛名称
满诗雨	武术	福建省第十七届运动会武术套路女子乙组拳术比赛
		福建省第十七届运动会武术套路女子乙组剑术比赛
		福建省第十七届运动会武术套路女子乙组枪术比赛
刘炜达	武术	福建省第十七届运动会武术套路男子甲组太极拳比赛
董嘉豪	击剑	福建省第十七届运动会击剑比赛男子丙组重剑团体
姜材鸿	摔跤	福建省第十七届运动会摔跤比赛男乙组65公斤
杨磊	摔跤	福建省第十七届运动会摔跤比赛男乙组60公斤
陈露颖	游泳	福建省第十七届运动会游泳女子甲组200米蝶
		福建省第十七届运动会游泳女子甲组800米自由泳
		福建省第十七届运动会游泳女子甲组200米自由泳
苏籽童	乒乓球	福建省第十七届运动会乒乓球女甲单打
苏籽童 张铃苒	乒乓球	福建省第十七届运动会乒乓球女甲双打
肖子玉	田径	福建省第十七届运动会女乙800米
		福建省第十七届运动会女乙3000米
		福建省第十七届运动会1500米
		福建省第十七届运动会女乙异程接力
高布喀萨	田径	福建省第十七届运动会女丙800米
		福建省第十七届运动会女丙400米
徐丹琴	田径	福建省第十七届运动会女乙异程接力
		福建省第十七届运动会女乙4×100米接力

2022年莆田市锦标赛城厢区成绩一览表

表5

项目	男子团体	女子团体
乒乓球	第一名	第一名
游泳	第一名	第二名
羽毛球	第一名	第一名
射击	第一名	第二名
武术散打	第一名	第一名
足球	第二名	第一名
拳击	第一名	第一名
武术套路	无	第二名
篮球	第三名	第四名
跆拳道	第一名	第一名

【体育设施】 2022年，城厢区投入资金480万元新建智慧体育公园1个、游泳池1个；投入资金158万建设多功能运动场1个、笼式足球场1个、室外健身路径12套、室外乒乓球桌8台，人均体育场地面积达2.19平方米。

（林志远、林金海、林逢春）

社会民生

劳动就业管理

【概况】 2022年，莆田市城厢区人力资源和社会保障局（以下简称“区人社局”）贯彻落实关于扎实稳住经济一揽子政策措施的工作要求，将落实一揽子政策作为重大政治责任，着力稳增长、稳市场主体、保就业，推动经济运行在合理区间，年内累计拨付失业保险稳岗返还、一次性留工培训补助、连续生产稳定就业奖补等补助资金1741.49万元。

【就业形势总体稳定】 2022年，全区城镇新增就业人员5481人，完成年计划的109.62%；帮助城镇失业人员再就业1675人，完成年计划的111.7%；就业困难人员再就业114人，完成年计划的114%。期末城镇登记失业率2.41%。

【落实创业担保贷款政策】 2022年，城厢区作为全市首家开展小微企业创业担保贷款，为13名符合条件人员发放个人创业担保贷款215万元；为1家符合条件的小微企业发放创业担保贷款100万元，拨付创业担保贷款贴息12.04万元。

【助力大学生就业创业】 2022年，区人社局发挥“双创”基地作用，积极引导大学毕业生创业项目入驻“双创”基地，截至年底，全市有33个创业项目入驻福建省大学生创新创业基地（莆田），其中20个项目注册地在城厢区。组织参加“中国创翼”创业创新大赛及大中专毕业生创业项目资助，11个创业项目获莆田市创业项目资助，拨付资金34.3万元。全区离校未就业高校毕业生实名登记1491人，帮扶就业1229人，就业率82.43%。

【多渠道开发就业岗位】 2022年，区人社局开展人社局长拓岗行动，年内累计征集就业岗位739个，并通过城厢人才网及时向社会发布。征集事业单位编内外及基层公共服务岗位183个，招募“三支一扶”（指大学生在毕业后到农村基层从事支农支教、支医和扶贫工作）高校毕业生11名。新增见习基地21个，征集见习岗位1175个，拨付见习补贴112.82万元，全区期末在岗见习生人数129人。

【兜底保障困难群体就业】 2022年，区人社局对乡村公益性岗位补贴政策期满的脱贫户实行一年缓冲期，实施银发劳务服务政策，全区公益性岗位、银发脱贫劳务服务岗位在岗114人，其中脱贫户75人，年内累计拨付补贴公益性岗位补贴资金约128.36万元，累计拨付银发建档立卡脱贫人口劳务服务工作补助资金约35.95万元，其中人身意外险保险费0.36万元。

【落实灵活就业人员人身意外伤害险补助】 2022年，区人社局与中国人民财产保险股份有限公司莆田市分公司充分协商达成合作，全市率先落地灵活就业人员人身意外伤害险补助政策，进一步推动灵活就业人员人身意外伤害险补助有效开展。全年受理人身意外伤害保险补助申请39人，补贴金额0.39万元。

【发挥失业保险职能】 2022年，区人社局及时发放失业保险待遇，保障失业人员基本生活。截至年底，全区失业保险参保61014人。全年发放失业金（含代缴医保费）、失业补助金、农民工一次性生活补助费、价格临时补贴426.72万元。

【推行公共职介“零收费”制度】 2022年，区人社局为求职人员免费提供求职登记、职业指导、职业介绍等“一条龙”服务，区职业介绍服务中心收集各类用工信息492条，提供就业岗位4125个；为各类求职人员办理求职登记1806人次，介绍推荐就业369人，开展职业指导1603人次。

【举办招聘会活动，加强企业用工服务】 2022年，区人社局通过现场及线上招聘、直播带岗等方式积极为求职者和用人单位牵线搭桥。共同举办“春风行动”“专场招聘会”等系列专项现场招聘会活动6场，其中线下3场次（省外同心县1场次），提供就业岗位1750个；线上3场次，提供就业岗位1510个；开展“城意满满、厢约云招聘”网络直播带岗活动，组织5家区内企业参与直播，通过活动进一步宣传城厢稳岗稳工政策，帮助企业精准对接就业岗位，直播累计总浏览量545761人次。

【妥善处理各类劳资纠纷】 2022年，区人社局持续深化“点题整治”在建工程项目拖欠农民工工资问题，对全区在建工程项目进行排查整治，全区所有在建工程项目全部落实农民工工资专户制度，按照有关规定存储工资保证金约1695.08万元。全年处理“12345”平台转来欠薪诉求件2204件，线下处置劳资纠纷292件，为800名劳动者讨回被拖欠工资944.37万元。劳动保障监察投诉案件结案率97%、拖欠农民工工资举报投诉案件结案率98.5%。办结劳动争议仲裁案件420件，涉及劳动者559人，涉及金额1473万元，结案率98.36%。办结工伤认定案件387件，应诉行政诉讼案件9件，胜诉8件。

【规范用人单位用工行为】 2022年，区人社局将4家企业列入C级暨严重失信单位名单，对1起重大劳动保障违法行为予以社会公布，将2起涉嫌恶意欠薪的问题线索移送公安机关处理。整顿人力资源市场秩序，打击非法职业中介行为，联合市场监管部门、华林园区开展整治活动，取缔非法职业中介机构2家，稳定就业用工环境。

（徐媛清）

2022年12月5日，区人社局在凤凰山广场召开莆田市退役军人及随军家属汽车行业岗位招聘会 （区人社局 供）

人力资源管理

【人力资源服务产业园】2022年，区人社局促成莆田市人力资源服务产业园（莆田市技术人才产业园）项目落户城厢。发挥中心城区的辐射带动作用，按照“政府主导、企业主体、市场化运作”的思路，确定产业园功能定位、建设目标、运营模式等，开园后将进一步推动人力资源服务产业提质升级，为全市、全区产业发展提供必要的人力资源和技术人才保障。

【开展民办机构检查】2022年，区人社局对所有许可的人力资源机构、职业技能培训机构、劳务派遣机构进行年检及现场检查，对安全生产和疫情防控情况的台账进行抽查，每半年对许可的机构按不少于10%比例进行“双随机、一公开”联合机动抽查，区内有民办培训机构10家、人力资源中介机构7家、劳务派遣14家。

【强化技能大师工作室管理】2022年，区人社局进一步加强和规范技能大师工作室建设项目管理工作，确保技能大师工作室建设项目取得成效，推动高技能人才队伍建设。成立技能大师工作室绩效评价小组，对辖区内7家省、市级技能大师工作室开展情况进行考核，按期给予就业专项资金补助14万元。

（徐媛清）

2022年5月18日，区人社局在城厢区医院举行2022年城厢区医疗卫生系统医务人员技能竞赛（区人社局　供）

职业技能管理

【开展职业技能竞赛】2022年，区人社局开展各类职业技能竞赛活动，主办、协办4场职业技能竞赛，涉及导购员、美容美妆、保健推拿等，组织179名技术人才参加竞赛，对竞赛中获得第一名的选手授予“城厢区职业技术能手”称号，对成绩合格的选手颁发专项职业能力证书。拨付专项资金约16万元，引导和带动城厢区各技能行业快速健康发展。

【开展职业技能提升行动】2022年，区人社局实施职业技能提升工程，促进技能提升，提升就业质量。作为2022年城厢区委区政府为民办实事项目，累计开展各类补贴性培训4167人，完成年计划的101.63%，发放补贴资

2022年12月1—2日，区人社局在莆田市理工技术学校举办2022年莆田市揭榜挂帅劳资专管员就业技能提升培训班（区人社局　供）

金331.24万元。

（徐媛清）

社会保障与组织管理

【社会保障】2022年，城厢区强化主动发现，全方位保障基本生活。坚持早发现、早救助、早帮扶，进一步建立健全“三主动”（社会救助政策主动告知、社会救助对象主动发现、社会救助信息主动公开）工作机制，用好主动发现机制、“急难问题快速响应”机制，推动从“人找政策”到“政策找人”的转变。区民政局通过电话、微信、上门等方式对生活存在困难的群众进行排查摸底，精准实现帮扶帮困。年内累计发放救助金3097.467万元，救助59581人次；累计发放特困救助金683.7815万元，救助3828人次。

（欧智杰　沈兰兰）

【深入实施全民参保计划】截至2022年12月，全区城镇职工基本养老保险参保人数14.62万人，完成年计划9.96万人的146.79%；工伤保险参保人数9.93万人，完成年计划9.51万人的104.42%；城乡居民养老保险参保人数19.17万人，参保率99.5%，连续三年位居第一。

【落实城乡居民养老保险费代缴政策】2022年，区人社局做到应保尽保，应代缴尽代缴，累计为5826名特殊群体代缴基本养老保险费116.52万元，应保应缴特殊群体100%代缴到位。

【加快推动被征地农民养老保障全覆盖】2022年，区人社局按照“审核一批、公示一批、发放一批”的要求，集中时间、集中人员、集中力量，逐村推进，新增发放村居18个，新增保障对象认定9898人，新增发放人员2666人，新增发放被征地农民养老保障金5911.96万元。全区累计纳入保障对象16203人，累计发放对象4569人，累计发放被征地农民养老保障金9810.45万元。

（徐媛清）

【组织管理】2022年，莆田市城厢区民政局（以下简称“区民政局”）开展社会组织专项整治工作，加强社会组织管理，排查僵尸型社会组织15家，整治完成13家。根据福建省莆田市城厢区与宁夏吴忠市同心县签订的对口协作协议，全区有3家社会组织分别与同心县河西镇旱天岭村、河西镇菊花台村、下马关镇南安村结对子。

（欧智杰　沈兰兰）

社会救助

【点题整治】2022年，区民政局强化责任担当，扎实推进社会救助“百日攻坚”行动，贯彻落实省、市纪委监委关于困难群众“漏保”“漏救”点题整治，重点围绕低保、特困、孤儿、事实无人抚养儿童等困难群众开展社会救助“百日攻坚”行动。研究制定并出台《社会救助“百日攻坚”专项行动方案》，组建工作专班下沉基层一线，指导、监督、服务基层开展社会救助工作，主动地去发现困难群众，提高社会救助效率。行动开展以来，新纳入低保182人、特困供养40人、低边690人次，年内累计发放临时救助金357.04万元。

【特殊群众救助】2022年，区民政局按照社会救助和保障标准与物价上涨挂钩联动机制要求，积极保障价格临时补贴发放。7—10月累计发放价格临时补贴约46.19万元，保障城乡低保人员、特困人员、孤儿和事实无人抚养儿童、优抚对象的人群19630人次。

【社会救助体系建设】2022年，区民政局印发《城厢区社会救助案例集》，为全市首例。该案例集采取以案释法方式，向新任基层干部诠释社会救助政策及办事流程，协助基层干部在实际工作中能够有依可查、有案可比，巩固提升“漏保”“漏救”工作成效。根据部队现役军人陈某的救助申请，加强同退役军人事务局联系，走访核查该人员收入及财产情况，采取社会救助“一事一议”联席工作机制，为陈某申请重病单人入保，切实保障军人家庭基本生活。

（欧智杰　沈兰兰）

基层组织建设

【新任干部培训】2022年，区民政局强化培训赋能，结合九龙小区“党建引领，夯基惠民”试点行动。5月，区民政局配合区委组织部，围绕学习贯彻习近平新时代中国特色社会主义思想、基层党建实务、乡村振兴战略、村民自治等内容，开展理论学习、业务能力培训。9月6—9日，区民政局组织全区122个村（社区）新任干部，采取集中培训与现场教学相结合、专题讲座与交流讨论相结合的学习方式，重点培训解读习近平新时代中国特色社会主义思想、党务知识、乡村振兴、基层社会治理、基层党组织建设、“三资”监管、“学法、守法预防职务犯罪”、“村（居）监会如何发挥作用”等内容，提升村（居）新任干部培训实效。推选优秀村（居）委员会成员参与全省村（居）委会成员示范培训班，进一步加强基层治理，提升村（居）委会成员履职能力和工作水平。

【民主协商】2022年，区民政局力推城厢区华亭镇埔柳村全国村级议事协商创新实验试点建设经验，以涉及群众切身利益的公共事务、公益事业确定议事协商议题为切入点，建立完善的议事协商事项清单和目录，推进提升全区村（社区）议事协商科学化、民主化、规范化，提高城乡社区议事协商能力和水平，实现“代民作主”“替民做主”向“由民做主”的转变。

（欧智杰　沈兰兰）

社会福利和慈善事业

【养老服务】2022年，区民政局完成建设4个长者食堂，对4个农村长者之家的星级标准进行提升，完成创建15个农村幸福院提升工程，新增养老床位177床位目标任务，配合市局共同推进167户适老化改造工作。会同公安、卫健等部门，指导镇（街道）、养老服务企业、养老服务机构广泛开展防范诈骗知识宣传10次、发放宣传材料590余份，新媒体平台发布作品数3条；成立养老服务领域防诈骗工作专班，抽查全区136家养老服务机构及服务场所，未发现诈骗隐患及案例。

【儿童福利】2022年，区民政局联合城厢区公安局、教育局等33个成员单位共同出台《莆田市城厢区未成年人保护委员会工作规则》《加强未成年人保护工作的实施方案》等文件，规范城厢区未成年人保护委员会成员单位责任，推动家庭、学校、社会、网络、政府、司法六大保护体系建设。同时，根据《福建省民政厅 福建省妇女联合会 关于设立村（居）民委员会妇女和儿童工作委员会的通知》文件要求，联合妇联实现全区122个村（社区）妇女和儿童工作委员会全覆盖。全区各村（社区）儿童主任主动协同网格员、社工定期排查、走访留守(困境）儿童，建档造册，实现动态管理，做到底数清、情况明。截至年底，辖区有孤儿6人，艾滋

2022年3月16日，城厢区未成年人保护委员会第一次全体会议召开

（杨玉煌　摄）

病感染儿童0人，事实无人抚养儿童146人，宗教场所收养孤弃儿童68人。年内累计发放孤儿基本生活保障金10.92万元、孤儿助学金约2.33万元、事实无人抚养儿童保障金约282.33万元。重视青少年法治宣传教育，营造浓厚学法、知法、守法、用法热潮。开展“政策宣讲进村居”、法治宣讲进校园等活动，累计7场次，分发宣传材料400余份，600余人参与其中，培养群众法治精神；联合区法院等多家单位，组织华林学校学生参与“喜迎二十大 同心护未来”未成年人保护政策宣传活动。联合教育局开展比对核查，动态监控辍学情况，及时发现，即时劝返，提升教育关爱水平，确保农村（困境）留守儿童、宗教场所收养孤弃儿童等群体不失学，促进特殊儿童群体健康成长。

【残疾人福利】 2022年，区民政局《福建省困难残疾人生活补贴和重度残疾人护理补贴专项资金管理办法》的通知（闽财社〔2019〕5号）精神，全面开展残疾人“两项补贴”资格认定申请跨省通办，为残疾人提供更为贴心的服务。强化残疾人“两项”补贴动态管理，全面落实残疾人两项补贴标准动态调整机制，不断提高制度运行效率，确保精准识别、精准发放。年内发放残疾人生活补贴资金5522356元、重度残疾人护理补贴发放资金6508458元。加强同区救助站、社工站协作，联合开展“情系救助 爱在寒冬”街面流浪乞讨人员寒冬送温暖专项行动。社工、环卫工和志愿者通过分发宣传单、爱心救助卡，录制救助方言广播等方式向群众进行救助政策宣传，普及发现流浪人员的应急解决方法。

【慈善事业】 2022年，区民政局从关注民生、着力民生、改善民生出发，奔赴各镇街、各困难群众家里慰问，送上慰问金和政府关怀，切实做好春节前送温暖走访慰问工作，向低保户、特困人员、孤寡老人、低保边缘户、事实无人抚养儿童等群众发放慰问资金70余万元。

【收养工作】 2022年，区民政局全面推进实施收养评估制度，优化收养登记公共服务与管理工作，逐步建立完善收养评估标准体系。依托第三方机构开展收养评估，走访考察收养人家庭环境、邻里关系等情况以及组织个人谈话了解收养人、被收养人意愿等，依法依规依程序办理1宗收养登记工作。

【“阳光1＋1”牵手计划】 2022年，区民政局继续开展“阳光1+1”（社会组织＋老区村）社会组织牵手老区村活动，8月5日城厢区义工协会组织会员在灵川镇柯朱村为老人开展义剪、摄影、口腔义诊。

【流浪乞讨人员服务】 2022年，区民政局探索构建高效顺畅的寻亲工作长效机制，推动寻亲工作逐步走上正规化、规范化和常态化发展之路，着力维护受助人员根本权益。为慈康医院收留的30名无法查明身份信息的流浪乞讨精神病人，办理户籍、残疾证和医保手续，并开展寻亲工作。为10名生活无着的流浪乞讨精神病人成功比对亲属信息，协助其回归家庭，较好完成滞留人员去存量工作。比如，联合卫

2022年8月5日，城厢区民政局开展“阳光1＋1”（城厢区义工协会＋柯朱老区村）牵手行动 （黄佳佳 摄）

健、公安、慈康医院等多家单位，护送刘孝飞母子回山东原籍；同时节约流浪乞讨人员救助专项资金100余万元，进一步减轻财政负担。

（欧智杰　沈兰兰）

婚姻　家庭

【婚姻登记】2022年，区民政局推进婚俗改革，向新人发放婚事简办新办倡议书，推动婚俗改革；在特殊时间节点推行“专职辅导员+志愿者”模式，为有需求的新人提供颁证服务、开展新婚寄语等活动。年内受理新人结婚登记1741对、离婚571对，其中2月14日、2月22日、5月20日、9月9日受理登记269对。会同档案部门工作人员，组织有资质的第三方工作人员，在做好安全保密的前提下，对区档案馆保管的、2003年以前的8万多对婚姻登记档案历史数据查阅、摘录按下“加速键”，实现婚姻登记档案电子化。

（欧智杰　沈兰兰）

【人口家庭】2022年，城厢区落实家庭医生签约服务，以高血压、糖尿病等慢性病为抓手，依托区医院、乡镇卫生院、街道社区卫生服务中心和乡村医生等组建三级家庭医生管理团队，以社区为单位划分责任片区，实行网格化管理，推行家庭医生契约式服务。

（蔡秀明）

【家庭教育】2022年，莆田市城厢区妇女联合会开展“一法一条例”贯彻宣传活动，举办《中华人民共和国家庭教育促进法》宣讲活动5场；结合全民阅读月、家庭教育宣传周系列活动，制作分发《家庭教育促进法“十问十答”》宣传页5000份。举办“幸福家庭心向党 优良家风代代传”家庭教育宣传周主题活动，表彰23户城厢区“五好家庭”，揭晓29户最美家庭。联合区法院、区总工会在三威鞋业有限公司挂牌成立“家庭教育指导站”；联合区检察院在南门学校挂牌成立“星光家苑”家庭教育指导服务站，为未成年人及家长提供全方位的家庭教育指导服务，推动未成年人权益保护。联合区纪委监委、区教育局、区融媒体中心，在太平小学开展“莆阳家风惠久远 孝廉品德润心田”家风家训主题教育，以“线下教学+线上直播”的方式进行，5万多人在线观看直播，为师生、家长学习吸收中华传统家风家训养分提供重要启示和帮助，教育引导青少年学生从小树立廉洁观念，在潜移默化中培育和践行社会主义核心价值观。围绕“亲子共沐书香 福进福见万家”主题，线上开启家风家训诵读篇章和好书推荐篇章。线下在城厢区第一实验小学和筱塘小学开展亲子阅读活动，通过亲子家庭诵读红色经典故事，孩子现场进行《建党伟业》影片片段配音表演等，让孩子与父母通过书籍建立联系，一起阅读、一起收获、共同进步。举行“春蕾安全员”聘任仪式，聘任128名由镇（街道）儿童督导员、妇联主席，村（社区）儿童主任、妇联主席组成的“春蕾安全员”；开展“巾帼暖人心 普法在身边”三八维权月系列活动，组织巾帼志愿者前往区民政局婚姻登记处、九龙谷等地，通过悬挂标语、设置咨询台、分发宣传品等形式对《中华人民共和国民法典》《中华人民共和国妇女权益保障法》《中华人民共和国反家庭暴力法》《中华人民共和国家庭教育促进法》等法律法规进行宣传。利用节点举办“反对家庭暴力·共享美好生活”“健康人生 绿色无毒”“抵制邪教、崇尚科学”“网络安全为人民 网络安全靠人民”等10场主题宣传教育活动；深入灵川镇和龙桥街道太平社区开展2场“美好生活　民法典相伴”主题宣传活动。

（苏剑玲）

社会公共服务

【成立城厢区社会工作服务指导中心】2022年12月22日，城厢区成立社会工作服务指导中心。该中心主要承担本土人才培育、行业平台搭建、多类资源链接、链接服务资源等工作，通过培育本土社会工作人才、实施专业督导及培训、整合资源和推广经验等，充分发挥社会工作在保障和改善民生、创新基层治理、助力乡村振兴中的积极作用。

【地名牌证信息】 2022年，区民政局创新门（楼）牌地址管理服务，借助“一址一码”，实现各类基础数据的信息整合与共享，促进社会治理方式创新。年内累计核查二维码门牌地址7934条、制作二维码门牌21106块。

【殡葬管理】 2022年，区民政局重视殡葬改革工作，紧盯全区骨灰楼堂项目建设和管理工作，建好8座骨灰楼堂；对财力困难村（社区）骨灰楼堂新建项目采取“以奖代补”的形式进行建设资金补助105万元：分别是华亭镇（后塘村、埔柳村、西许村、郊溪村）60万元、灵川镇（西墩村、桂山村）30万元，以及东海镇西黄村15万元。开展违建坟墓整治专项行动。先后召开违建墓地整治工作推进会3场，深入开展整治，确保取得实效；采取“堵、查、引、疏”等强力整治措施，在全区范围专项摸排整治工作。年内发现新增违建墓地24处（龙桥街道10处、华亭镇12处、灵川镇2处），全部复绿整改到位。针对龙桥街道泗华村陵华山公墓区未批先建、扩建公墓等违法违规行为，区民政局11月5日作出《行政处罚决定书》，没收肖某某对外村售卖公墓的违法所得人民币102.35万元，没收龙桥街道泗华村民委员会收取肖某某支付的土地使用费7000元。根据《莆田市人民政府办公室关于印发莆田市免除基本殡葬服务费实施办法的通知》文件精神，为死亡后在莆田市殡仪馆火化的所有人员实行免除基本殡葬服务费，全年按月累计发放免除基本殡葬服务费225.506万元；根据《莆田市人民政府办公室关于印发〈莆田市免除城乡困难群众基本殡葬服务费实施办法〉的通知》文件要求，针对低保、五保和残疾人等12类人员实行惠民政策，全年按季度累计发放免除城乡困难群众基本殡葬服务费用8.8540万元。

【老区建设】 2022年，区老区工作办公室向上争取项目资金支持，申报老区扶建资金30万元，用于补助3个老区村基础设施建设项目（灵川镇太湖村、云庄村、柯朱村等路灯、道路硬化项目）。截至年底，云庄村村道路灯建设项目、柯朱村路灯建设项目及道路硬化项目等3个项目完工，改善老区硬件设施；下发区级老区扶贫发展资金10万元，用于柯朱村道路硬化工程，完工并验收合格；用好市级革命遗址保护利用专项资金8万元，管护好完成修缮的闽中工农游击队外坑驻地旧址暨雷光熙烈士故居（渡里村）及中共闽中特委遗址（马院村）革命遗址。实行动态管理机制，每月排查革命“五老”及遗偶人员增减情况，及时发放生活定补。2022年，全区有革命“五老”遗偶4人，年内累计发放“五老”人员生活定补6.736万元、医疗补助1960元。根据《莆田市老区办转发省民政厅关于印发加大脱贫攻坚力度推动小康社会全面建成的实施方案的通知》要求，革命“五老”去世人员后增发6个月的抚恤补助金作为丧葬补助费，年内“五老”人员去世2人，发放抚恤补助金2.496万元。

（欧智杰　沈兰兰）

莆田市城厢区社会科学界联合会

【概况】 2022年，莆田市城厢区社会科学界联合会（以下简称“区社科联”）紧紧团结和依靠全区社科工作者，充分发挥社科联的桥梁纽带、组织协调、宣传普及、咨询服务作用，积极开展各类社科活动，促进全区哲学社会科学事业繁荣发展。

【理论学习】 2022年，区社科联以迎接学习宣传贯彻中共二十大精神作为首要政治任务，引导社科工作者坚持经常性、持续性学习。紧密结合学习贯彻习近平总书记在福建工作期间的创新理念和重大实践，学好用好《习近平谈治国理政》第四卷、《闽山闽水物华新》等，学习贯彻《中国共产党宣传工作条例》《中央关于加快构建中国特色哲学社会科学的意见》等党内法规条例，引导哲学社会科学工作者自觉把中国特色社会主义理论体系贯穿工研学全过程，转化为清醒的理论自觉、坚定的政治信念、科学的思维方法，更加坚定地把党管意识形态的要求贯穿于社科界各方面、各环节，不断增强社会主义意识形态的凝聚力和引领力。

【社科普及宣传周活动】 2022年6月29日，区社科联开展“社会科学在你身边”普及咨询活动，参与协办由莆田市处非办（市金融办）、城厢区处非办（区金融办）主办的2022年防范非法集资暨养老反诈宣传活动。10月27日，以“喜迎二十大 千年木兰溪 礼赞新时代”为主题，在莆田国际油画城展出30幅油画作品。12月8日，协办区“12·4”国家宪法日暨“纪念现行宪法颁布施行四十周年”活动启动仪式，学习宣传贯彻中共二十大精神，推动全面贯彻实施宪法。协办区第37个国际志愿者日主题活动。12月10日联合区妇联等单位在市博物馆举行省社科普及宣传周暨“学习宣传贯彻党的二十大精神，推动全面贯彻实施宪法”国家宪法日宣传活动。组织举办城厢区2022年福建省百场社会科学专题报告会，邀请专家学者做社科讲坛专场报告会。组织发动全区干部职工踊跃参加省社科联开展的第18、19期网上有奖竞答活动。

【社科普及基地建设】 2022年，区社科联推动社科普及基地规范化管理，“闽中游击区革命纪念馆”“华亭镇乡愁记忆馆”等市、

2022年8月6日，城厢区在霞林街道肖厝佳园小区开展城厢区·融志愿专享暨“科普进社区　安全守万家”2022年科学普及宣传系列活动

（林雪娟　摄）

区级社科类展馆长期面向社会公众免费开放，组织市“理响莆阳”宣讲队在闽中游击区革命纪念馆开辟巡回宣讲城厢专场。指导并推荐区档案馆“闽中游击区渡里纪念点”积极向上申报2022年度市级社会科学普及基地。定期到区诚信促进会检查督促开展工作事务，指导其开展好“这就是莆田”系列微信推文活动。

【开展新思想宣讲】 2022年，区社科联配合全市开展理论进基层“理响莆阳”宣传小分队活动，协助区委宣传部做好学习宣传贯彻中共二十大精神“五个一”活动，区社科联主席担任区委宣讲团成员，进机关系统和区诚信促

2022年9月28日，城厢区在新时代文明实践站开展“喜迎二十大　科普向未来”2022年莆田市城厢区“全国科普日”志愿服务活动

（林雪娟　摄）

进会开展中共二十大精神宣讲，通过组织宣讲报告、学术交流、课题研究等形式广泛学习宣传贯彻中共二十大精神。

【调研文章征集活动】2022年，区社科联把围绕中心服务大局的课题研究作为社科工作的主攻方向，发动全区社科理论和实际工作者开展现实问题的调查和研究，在选准课题、充分调查、客观分析、措施可行上下真功夫，发挥区委区政府“思想库”作用。联合区委宣传部、组织部，区发改局开展关于“喜迎二十大 奋进新征程”征文活动，征集63篇理论文章，组织专家评审并择优选送34篇向上参评，4篇获市级表彰。

（林其委）

民族宗教事务

【概况】2022年，莆田市城厢区民族宗教事务局（以下简称“区民宗局”）围绕改革、发展、稳定大局，贯彻落实民族宗教政策法规，加强民族团结，巩固和发展平等、团结和互助的民族关系，在依法管理宗教事务、维护宗教领域稳定等方面作出努力。

【民族教育阵地】2022年，城厢区委、区政府把民族团结进步创建工作纳入全区文明城市创建体系，及时将习近平总书记关于民族宗教工作的重要论述和党的民族宗教理论政策作为中心组学习的重要内容，并纳入干部职工教育培训范围，纳入区委党校培训计划。同时，把民族团结教育纳入全区中小学教育重要内容，针对不同年龄段学生特点组织开展丰富多彩的教育活动。区民宗局主动对接区教育局，做好高考学生民族成分的资格审查工作，帮助少数民族学生享受招生优惠政策，依法保障少数民族考生就学的合法权益。年内为少数民族考生出具证明41人次。

【政策法规宣传】2022年5月10日，区民宗局在龙桥街道兴安社区开展“铸牢中华民族共同体意识主题月”宣传活动，通过开展义诊、悬挂横幅、制作民族政策法律法规宣传展板、发放宣传小册子等形式宣传民族政策法律法规知识，形成人人讲民族团结、处处谈民族进步的良好舆论氛围。6月7日，在石室岩寺组织召开“宗教政策法规学习月”工作会议及消防安全培训会议，各镇（街道）统战委员及经办人员、各宗教团体负责人和部分教职人员等60余人参加。9月22日，城厢区社会主义学校举办第一期党外代表人士和统战干部培训班，各镇（街道）统战委员、宗教界人士等60余人参加。9月29日，区委统战部在城厢区常太镇岭下村壹亩芸生态园举办2022年城厢区第十五个民族团结进步宣传月活动，活动以铸牢中华民族共同体意识为主线，以“福籽同心爱中华”为主题，通过线上线下结合的方式，文艺会演、“一村一品”特色农产品展销、特色农产品直播带货等环节共享丰收成果，市、区直相关部门及各族干部群众代表等200人参加，展示城厢区各族群众的时代风采，汇聚推进乡村振兴的强大合力，营造铸牢中华民族共同体意识的浓厚氛围。

【落实民族帮扶政策】2022年，区民宗局高度重视少数民族群众的民生问题，克服户数少、居住散的困难，用活用足各项民族帮扶政策。扎实做好脱贫攻坚和乡村振兴战略的有效衔接，积极向上争取少数民族资金补助，解决好少数民族群众最关心、最直接、最现实的生产生活问题。是年，为常太镇渡里村争取市级民族补助款6.818万元、区级补助款3万元，用于顶外坑革命旧址架设路灯，改善少数民族群众出行安全，为少数民族群众解决生产生活当中的一些实际困难和问题。

【宗教场所安全管理】2022年，城厢区坚持“安全第一、预防为主”的方针，将安全列入和谐宗教重要内容。要求各场所加强消防安全的常规检查，做好消防通道疏通、灭火设备设施检查，引导信教群众文明敬香。强化督导检查力度，全面部署各镇（街道）开展全覆盖全方位检查，指导各宗教团体和场所开展全面自查，对发现的安全隐患问题，及时督促宗教活动场所整改，明确整改要求和整改时限，强化跟踪回访，确保整改到位。按照“谁使用、谁负责”的原则，指导和督促宗教活动场所加强内部建筑物安全管理，特别注意做好汛期和高温酷暑期间场所安全工作，指定专人负责，定期巡查、检查，做好房屋的经常性维修和安全设施的维护保养。全年未发生重大安全事故。

（黄卫军）

关心下一代工作

【概况】 2022年，莆田市城厢区关心下一代工作委员会（以下简称“区关工委”）坚持以立德树人为根本，以党建带关建为着力点，围绕中心，服务大局，发挥优势，主动作为，坚持战疫情、促发展“两手抓、两手硬”，着力做好“基层建设提升年”收官工作，较好地完成年初确定的目标任务。

【政治引领】 2022年，区关工委调整充实区关工委领导班子成员和区关爱工作团领导成员，把关工委领导班子、关爱工作团领导和“五老”骨干的学习培训列入区级干部教育培训计划。健全完善区关工委成员单位联席会议制度，在区委统一领导下，各成员单位积极发挥职能作用，大力支持和配合区关工委工作。

【主题教育】 2022年，区关工委开展“扣好人生第一粒扣子”、“两史三爱”、“传承红色基因、争做时代新人”、“大手牵小手、永远跟党走”、学雷锋志愿服务、清明祭英烈、“中华魂”读书、疫情防控、文明创城等主题教育20余场次，引导青少年树立和践行社会主义核心价值观。持续开展思政课“六进”活动，组织报告团、宣讲团、报告员进机关、进校园、进社区、进农村、进企业、进家庭开展宣讲活动9场，受众青少年达2000余人次。结合“青少年党史学习月”活动，专门组建区级报告团，开展“老少同声颂党恩 携手喜迎二十大”主题宣讲活动8场，受众青少年达1500余人次，以实际行动迎接中共二十大胜利召开。

【关爱助学】 2022年，区关工委采取“一对一”“多对一”等方式，关心关爱“五失”青少年及服刑人员子女，做细做实困难帮扶、法律援助、安置帮教、心理辅导等服务，及时帮助解决生活和学习上的实际困难。开展结对助学活动，上报市关工委结对残疾人子女15人，每人2000元；市关工委结对该区6人、每人5000元；区关工委结对11人，每人3000元，制作发放爱心荣誉证书4本。开展“关爱成长微心愿”活动，认领顶墩实验学校26名留守儿童、家庭困难学生，赠送每份价值270元左右的“学习大礼包”26份，帮助实现“微心愿”。开展“爱心书屋”共建活动，向兴安社区、文献中学等5家单位捐赠价值3.5万元的爱心书籍2300余册。开展关爱进城务工人员子女“三进”活动，省总工会、省关工委、市关工委、区总工会、区关工委、团区委为华亭山牌路西小学捐赠7.5万元，用于购买红色书籍、学习用品、教学设备等。开展“种子工程”培训和研习活动，依托福建复茂“种子工程”示范点，实施中焙烤“英才计划”，成功开展12批次培训，累计培

2022年10月13日，区关工委在顶墩实验学校开展“关爱成长微心愿”活动

（林云景　摄）

2022年12月1日，区关工委在城厢区华亭山牌路西小学开展“红心永向党　争做新时代好少年”关爱进城务工人员子女“三进”活动

（林云景　摄）

养2000余名连锁烘焙技艺人才，此项目获教育部成果二等奖及福建省教委成果一等奖；莆田市宏耕农业发展有限公司渡里基地申请作为福建省农村青年致富“种子工程”示范基地。

【服务社会】 2022年，区关工委结合实施“党建引领、夯基惠民”工程，全面落实市委、市政府“将网格细化到最小单元”的工作要求，吸纳368名网格长、楼栋长加入关爱工作团（组），充分发挥基层“五老”人员“传帮带”和参与网格化管理的作用，实现社区有网、网中有格、格中有人、人人有责的纵向到底横向到边的关爱工作网。主动助力疫情防控，广大“五老”积极参加疫情防控志愿服务队，郭景国、陈金宝、蔡春水等一批“五老”党员同志在疫情防控一线发光发热。持续开展“关爱明天、普法先行”青少年法治宣传教育活动15场，动员符合条件的21名“五老”担任法治副校长，教育引导青少年树立尊法、学法、守法、用法的意识。开展首个“全国家庭教育宣传周”活动，在南门学校、三威鞋业分别挂牌成立“星光家苑”家庭教育指导服务站和“家庭教育指导站”，区法院关工委结合家庭教育开展“少年成长林”植树造林对帮教青少年进行劳动、训话教育等，华亭镇霞皋村家长学校每周末常态化开展家庭教育活动。联合妇联、民政等有关部门在留守儿童相对集中的华亭镇、常太镇举办关爱夏令营活动；在外来工较为集中的华林园区开展延时课后服务，保证孩子学习辅导要求，解决家长的后顾之忧。利用社会、社区资源，主动融入25家党群服务中心、新时代文明实践站、社区、小区、学校等建设，持续打造“零犯罪村（社区）、学校”、少年军校夏令营、家长学校、“模拟法庭”“法官姐姐开讲啦”等校外青少年教育基地120余个，开辟让青少年喜欢、家长放心、社会满意的“第二课堂”。

【组织建设】 2022年，区关工委结合“基层建设提升年”活动，进一步拓展基层组织体系，有序推进在涉老组织建立关工委组织162个，其中，区、镇街、村居关工委组织130个，学校建立关

2022年5月27日，区关工委在泗华幼儿园开展“良好家风 润泽童心”活动

（林云景　摄）

工委20个，政法系统建立关工委6个，企业建立关工委6个。按照“领导班子建设好、五老作用发挥好、制度健全执行好、积极探索创新好、活动经常效果好”的标准，统筹规划、整体推进基层关工委创“五好”活动，新增15个达标“五好”关工委，有效提高基层关工委建设整体水平。建立健全“五老”队伍进出有序的退出和补充机制，吸收“五老”人员2100余人；全面落实关工委驻会老干部工作补助，区关工委班子成员每人每月800元，镇（街道）关工委常务副主任每人每月300元，村（社区）关工委常务副主任每人每月100元，节日看望慰问“五老”、“爱心老人”等8人，发放慰问金1.1万元，帮助他们解决实际困难。

（林云景）

库区移民

【概况】 2022年，莆田市城厢区水利水电移民发展中心（以下简称“区移民中心”）根据上级精神，积极开展各项相关工作。年内，城厢区累计界定库区移民18904人，其中包括三峡水库移民5户计19人，省外大中型水库自主迁入6人；编报下达后扶项目36个，移民资金2476.06万元。

【后期扶持建设】 2022年，区移民中心紧紧围绕“机制优、产业活、移民富、生态美”目标，通过产业扶持、美丽家园建设、移民就业创业能力等方面建设，帮助水库移民解决发展中遇到的突出问题、进一步改善生产生活条件、加快融入当地社会，促进库区和移民安置区和谐稳定。加大对库区移民生产开发的帮扶力度，截至年底拨付186.84万元贷款贴息，涉及471户移民，通过贷款贴息政策进一步调动移民自主创业的积极性，更好地促进移民增收。不断改善库区基础设施，全年编报下达后扶项目36个，开工17个，在建6个，完工11个，未动工19个（其中第二批后扶项目18个），完成道路硬化道路4万平方米，新建路灯约200盏。聚焦水库移民后扶工作转型升级、提速增效，把移民资金主要用于省级移民后扶示范区建设，库区示范建设项目（一期）实现完工。

【直补资金发放】 2022年，区移民中心严格按照省、市大中型水库移民后期扶持基金管理办法，坚持在上级后扶补助资金下达的有效工作日内，核对好后扶资金补助对象的实际情况，将补助资金足额发放到移民个人“一折通”。经省移民中心批复，城厢区大中型水库后期扶持直补移民18904人，发放4个季度直补资金1134.24万元。

【小额贴息贷款】 2022年，区移民中心加大对库区移民生产开发的帮扶力度。截至年底拨付186.84万元贷款贴息，涉及471户移民，通过贷款贴息政策进一步调动移民自主创业的积极性，更好地促进移民增收。

（蔡夏夏）

镇（街道）

龙桥街道

【基本情况】 龙桥街道位于城厢区西部，东北、东南与荔城区西天尾镇、拱辰街道、镇海街道接壤，西北、西南与常太镇、凤凰山街道接壤。辖区面积20.6平方千米，下辖龙桥、太平、北磨、下磨、兴安、万辉、雅颂居、圳湖8个社区和泗华、延寿、洋西3个村，常住人口6.2万人。街道办管理下属党委5个，党支部105个，其中非公有制党支部21个，党员2895名。街道辖区地理位置优越，交通便捷，市区主干道文献路、梅园路、东园路、荔城大道、学园路贯穿全境，街区绿地成荫，环境优美，市场繁荣，第三产业发达。另有市委、市政府、莆田学院等市、区党政机关和企事业单位、医院、学校坐落于此，是莆田市的政治、经济、文化、商贸中心城区之一。

【经济概况】 2022年，龙桥街道限上批零业全年指标163亿元，1—12月累计完成170.85亿元，完成全年指标的104.82%，累计增长36.49%，超序时4.82%；限上住餐全年指标1.20亿元，1—12月累计完成15199万元，完成全年指标的126.66%，累计增长7.10%，超序时26.66%；固定资产投资全年指标50亿元，1—12月累计完成48.65亿元；规模以上营利性服务业全年指标5亿元，1—11月累计完成5.49亿元，完成全年指标109.20%，累计增长33.87%，超序时9.20%；财政收入年初预算数13.21亿元，1—12月完成收入9.94亿元。

【项目推进】 2022年，龙桥街道围绕“强突破、促提升、争先行”精神，以“抓经济、攻项目、保稳定、促发展”为主线，充分发挥区位优势，抢抓机遇，凝心聚力，攻坚克难，稳步推进项目建设。年内在建项目31个，总投资约157亿元；预备项目9个，总投资约13.6亿元。泗华孔里安置房（荷塘雅苑）、莆田三中综合楼、九华学校新建工程等项目竣工。不断优化教育资源供给，推进兴安小学、莆田学院新工科产业学院、市第二实验幼儿园（新园区）等项目建设。

【商贸服务业】 2022年，龙桥街道紧扣全区高质量发展战略布局，聚焦全年任务目标，积极服务项目确保进度，力促项目落地落实。年内成功签约文献新生活新零售基地、抖音莆田鞋服产业带区域服务商（基地）、凤凰福道植物园文旅项目3个项目。文献新生活新零售基地是福建文献企业集团基于多年便利店新零售模式探索，打造的三公里社区生活快时尚超市购物和三公里外云超小店半日达的城市仓，体验馆位于莆田市中心繁华都市商圈双洋环球广场，结合点多面广的便利小店，满足群众快时尚追求品质生活一站式的需求；抖音莆田鞋服产业带区域服务商（基地），在黄金位置打造“金元宝”核心抖音基地办公楼，建筑面积4888平方米，基地以创业式的开拓精神，紧紧围绕商家经营、入驻培训、内容输出、活动推广、供应链整合、人才孵化等模块，助力莆田电商产业探索更多的电商发展路径，加快产业数字化的升级；凤凰福道植物园文旅项目总投资额约8.9亿元，总用地面积277公顷，建设内容包含植被梳理提升、14个主题植物园建设、1个智慧健康园建设、配套服务用房15107.10平方米、游览步道18.6千米（内含钢箱梁景观桥梁）、停车场9个（可提供停车位1653个）、配套广场以及景观节点建设。

【基础设施建设】 2022年，龙桥街道利用创建全国文明城市契机加强背街小巷治理，全面消除“蜘蛛网”拉线现象，及时协调实施路灯改造提升，方便市民出行。大力推进文献北二期、绶溪片区二期征迁扫尾阶段工作，重点推进凤凰福道、郊野公园的福祉民生项目建设。加快老城区有机更新，改造完成石室路周边老旧小区、石景路周边老旧小区、工行集资房小区、口岸小区等六个老旧小区。安置房建设方面，洋西片区安置地块A项目和泗华孔里片区改造安置房项目完成主体建设。打造城市精细化管理街区试点，健全街区管理体制机制，围绕环境卫生、生活垃圾分类、广告牌匾、车辆停放、秩序管理、道路交通设施管护、公共空间、立面整治、工地管理、绿化亮化等方面进行创新创建。对侵占河道岸线、围堤圈地、养殖种菜等问题进行全面排查。对巡河发现的问题，及时制定方案限期整改，并落实长效保洁，确保整治问题不“反弹”。物业行业点题整治，对非法侵占业主权益的相关企业进行查处。积极落实生活垃圾分类设施设备配置，完成40个分类（屋）亭建设，分布在8个社区、3个村，按标准完成改造升级。

【党建引领】 2022年，龙桥街道党工委围绕市委“党建引领，夯基惠民”工程，不断拓宽工作思路，积极采取措施，加强基层党组织建设，强化对党员的教育和管理，推进非公企业及社会组织党建工作，充分发挥基层党组织的战斗堡垒作用。扎实推进“党建引领 夯基惠民”工程，激活基层党建神经末梢，街道辖区11个村居细化成289个网格4904个单元，并把党组织建在网格上，成立74个网格党组织57个党小组，覆盖在册党员1546名，在职党员2658名，离退休党员1187名，实现网格党组织和党的工作全覆盖。筑牢非公党建工作“深根基”，增强基层党建新活力。扎实做好发展党员违规违纪问题工作，提高发展党员质量。

【民生保障】 2022年，龙桥街道城市和农村（居）民最低生活保障工作良性运作，动态管理准确及时。截至年底，街道有农村低保29户62人，月保金额36950元；城市低保59户141人，月保金额97460元；农村特困4户4人，月保金额9876元；城市特困（“三无”）人员6户6人，月保金额10388元。年内新增农村低保3户10人，城市低保5户11人。是年，街道主动临时救助264人，发放救助资金22.904万元，其中急难型救助1人5000元，教育救助4人14000元，寒潮期间为困难群众发放毛毯120床、口罩6000个。

【扫黑除恶斗争】 2022年，龙桥街道深入贯彻市委、区委关于扫黑除恶常态化工作的部署要求，认真贯彻落实《中华人民共和国反有组织犯罪法》，宣传推广“12337”举报平台，畅通举报渠道，加强对重点领域黑恶势力易发多发地带排查整治，推动落实重点领域监管责任。依法推进治理整治乱点乱象，推动常态化扫黑除恶斗争走深走实。是年，辖区内行政案件立案262起、刑事案件立案102起，与上年同期相比（行政案件立案303起、刑事案件立案257起），发案率同

2022年12月30日，龙桥街道组织公安、消防、安监、市场监管等相关部门到苏宁电器荔城北店开展节前安全检查　　（陈梅荔　摄）

比下降较大，且没有黑恶势力犯罪案件。2022 年上半年扫黑除恶好评率为 100%。

【安全生产】 2022 年，龙桥街道认真贯彻落实习近平总书记关于安全生产重要指示精神，清醒认识做好防风险、保安全、促稳定工作的重大意义，做细做实安全生产各项工作，切实维护人民群众生命财产安全。在摸清辖区内存在安全隐患前提下，组织力量深入基层、深入现场，全面落实全国两会期间各项安全防范责任措施，积极开展 25 项安全专项整治工作，积极联合消防、公安、市场监管、安监、综治、城建等相关部门展开专项整治，突出重点行业领域，聚焦危化品、消防、道路交通、建筑施工类小微企业和特种设备等安全事故多发高发领域，不断提升安全水平，形成闭环管控机制，坚决遏制重特大事故发生。年内累计出动人员 260 多人次，检查生产经营单位 1260 家，查出重庆高筋鲜面店、泗华大排档、海岛生鲜等“三合一”“多合一”经营场所安全隐患 124 条，全部整改到位。

【生态环保】 2022 年，龙桥街道持续推进“污水零直排区”建设，建立健全入河排污口排查整治长效机制。组织力量对辖区内 5 条河道入河排污（水）口进行再排查，对每个入河口进行“一口一档”设立基础资料档案，排查出“雨洪排口、生活排污口、其他排口”三种类型入河排水口 129 处 167 口，并以封堵、接管、维修等方式有效阻止污水排放。扎实开展流域黑臭水体治理，泗华村老叶树安置房完成雨污混流改造。全面摸排小、散、乱、污企业，建立巡查机制，按照“村居周巡查，街道月检查”工作机制，要求各村居环保联系人每周对小、散、乱、污企业情况进行巡查并及时上报。组织公安、城管、环卫公司等部门开展夜市联合整治行动，重点查处夜市烧烤油烟净化器运行情况、夜市摊点非法占道经营等违法行为，教育劝导占道摆摊 300 多宗。先后在和成天下、滨溪佳园、福兴小区等 12 个先行小区、学校、酒店、医院等地实行生活垃圾分类工作试点，并不断总结封闭式小区、安置房小区和开放式小区 3 种类

2022年8月1日，龙桥街道组织清理洋西溪建筑垃圾　（陈梅荔　摄）

型示范小区的经验做法，分析学校、酒店、医院生活垃圾分类工作的不同特点，全面铺开生活垃圾分类工作。

【精神文明建设】 2022年，龙桥街道依托新时代文明实践所、站宣传教育阵地，采取群众喜闻乐见的形式，以接地气的宣传宣讲，推动中共二十大精神走入千家万户，在基层群众心中落地生根。街道以党建引领创城工作，凝聚合力，坚持目标和问题导向，不断丰富精神文明建设载体，完善创建措施，狠抓综合整治，制作路灯刀旗公益广告200多张，安排辖区各村（居）以及沿街店面LED屏播放创城宣传标语，加大力度宣传创城的意义和重要性。开展"水陆空"多维度"精细化"整治，开展大体量拆违、大面积修复、大力度疏解、大范围规整的全域行动。组织3600余人次拆除乱搭盖125间，清理乱堆放210处，清运各类杂物垃圾860车，规整管线13000余米，安装网格集成盒241个，清理野广告1800多处，划定摩托车位和汽车位3800余个，纠违乱停靠900余次，处置"僵尸车"96部、充电桩710个。

（陈梅荔）

凤凰山街道

【基本情况】 凤凰山街道位于城厢区西南部，辖区面积21.1平方千米。气候属南亚热带气候；主产水稻、花生、蔬菜等作物。街道办位于莆阳西路，属于城区。全街道辖南门、南园、龙德井、筱塘、月塘、新塘6个社区及林桥、朱坑、白洋3个村，有居民小组34个及11个自然村24个村居民小组。截至2022年末街道常住人口总数为45576人；出生人口274人，出生率为6.01‰；其中男孩136人，女孩138人，出生婴儿性别比98.55（女=100）；死亡人口数为184人，人口自然增长率为1.97‰。

【工业农业】 2022年，凤凰山街道规上工业产值累计完成1.77亿元；农业总产值达2480万元，同比增长2.5%，其中种植业产值2430万元，林业产值50万元，粮食产量460吨，水果产量4530吨，蔬菜产量160吨。

【商贸服务业】 2022年，凤凰山街道限上批发零售业累计完成164.75亿元，同比增长24.17%，完成年度计划102.97%，超序时2.91%；限上住宿和餐饮业累计完成5.98亿元，同比下降12.9%；营利性服务业累计完成12.98亿元，同比增长7.5%，完成年度计划129.5%，超序时29.5%；固定资产投资累计完成43.19亿元。

【重点项目】 龙德井片区危旧房改造项目。该项目东邻胜利南街，西邻学园南街，南邻南门西路，北邻文献西路，涉及南门、龙德井及筱塘3个社区。项目涉及拆迁户约2212户、单位37家，用地面积约26.22公顷，拆迁建筑面积约58.2万平方米。征迁方面：全部净地并交付建设。安置房建设方面：由中建国际中标承建，4个地块进行主体结构施工。土地出让方面：龙德井地块A（4.27公顷）于2020年12月9日由莆田联融盛置业有限公司竞得，出让金22亿元，进行主体施工，楼盘完成销售80%；龙德井地块B（0.56公顷）于2021年10月13日由城厢城投集团有限公司竞得，出让金9200万元，完成开标。

文献北片区改造项目（凤凰山部分）。该项目分为2期，文献北片区改造项目一期涉及民房357户，全部签约，签约率100%；涉及公产单位7家，全部面积确认签约，其中2家公产单位，市农行和交警大队指挥中心，面积完成确认，装修临时过渡安置房，对接沟通安置补偿方案。

月塘南片区改造项目。月塘南片区位于凤凰山街道，涉及月塘、筱塘2个社区，项目东至学园南街，西至荔城南大道，南至莆阳西路，北至新梅路、凤凰路。项目分为2期，一期总用地面积9.4公顷，涉及征迁户数约254户、企业5家，拆迁房屋面积约13.8万平方米。一期侨雄安置地块总用地面积1.93公顷，于2021年11月2日由区经发集团有限公司竞得，场地进行地下室施工，完成办理《国有建设用地使用权出让合同》《交地确认书》，以及用地规划许可证手续办理和缴纳契税，进行桩基施工。二期总用地面积约6.51公顷，涉及征迁户约229户、企业5家，拆迁房屋面积约10.6万平方米。天妃出让地块完成净地，安置地块才子印务房地产评估结果经区常务会议研究同意，才子集团对征迁的赔偿金额没有异议，才子印务部分房产交付拆除。

老旧小区改造提升工程项目。2022年，凤凰山街道南园社区、新季小区、县委300套周边小区、莆田一中集资房小区、河滨路周边小区配套设施提升等5个小区实施改造提升，其中完工2个小区（南园社区、新季小区）、施工建设2个小区（县委300套周边小区、莆田一中集资房小区）。

【社会事业】 截至2022年末，凤凰山街道辖区内有公办九年一贯制学校1所，公办小学1所，民办小学1所，公办幼儿园4所，民办幼儿园4所。2022年，街道与各村居签订控辍保学责任书，充分发挥村（社区）的作用，督促家长履行送子女入学的义务职责；联系协调各职能部门各尽其责，共同做好义务教育工作。以发放宣传单、广播、LED屏播放等形式加强宣传，发动村居干部和群众，共同做好适龄少年儿童的入学监督，并做好残疾儿童少年的检测、鉴定和入学工作，跟踪协调困难家庭子女就学问题，确保不出现流生现象。辖区内适龄儿童学前三年教育入园率100%。小学学龄人口入学率99.9%，小学在校生辍学率0%，初中学龄人口入学率99.9%，初中在校生辍学率0%，6—14岁三类残疾人口义务教育入学率93.75%。将终身教育与技能培训相结合，协调劳动技能以及安监、食安等部门的相关业务人员共同参与授课，进一步充实师资力量，广泛开展理论学习、书法培训以及烘焙等实用技术培训，进一步加快发展社区教育，努力构建全民学习、终身学习的学习型社会。街道积极引导、鼓励社会各界捐资助学，南门社区为14名辖区内准大学生发放励志奖学金3.3万元；金森慈善基金会通过街道开展的金秋助学活动为辖区内6名困难学生发放助学金1.7万元。街道切实加强校园周边环境整治，成立校园周边整治工作专班，组建微信群，联合派出所、市场监管所、城管中队、交警中队等部门加强对校园周边的综合治理，进一步改善校园周边的环境。与派出所协调，落实“护学岗”机制，定人定岗加强学生上学放学时的校门口巡逻工作。组织教育、文旅、市场监督等相关部门全面排查民办机构及校外培训机构，对辖区内10家校外培训机构登记造册，纳入常态化监管治理。

截至2022年末，凤凰山街道常住人口总数45576人，已婚育龄妇女7554人；出生人口274人，出生率为6.01‰，其中男孩136人，女孩138人，性别比98.55（女=100）；死亡人口数为184人，人口自然增长率为1.97‰。2022年办理一孩登记120对，其中网上登记112对；办理二孩登记101对，其中网上登记97对；办理三孩登记20对，其中网上登记20对；委托办证1对。年内法定奖励及利益导向优惠政策全面兑现，城乡部分计划生育家庭免费居民医疗保险覆盖4100余人，部分计划生育家庭城乡居民基本养老保险补助覆盖1200余人，各类计划生育家庭奖励扶助覆盖900余人。全年发放各类计生药具20000余份。联合街道社区卫生服务中心举办“7·11”世界人口日、世界母乳喂养周等主题活动2场，健康讲座2场。

2022年，凤凰山街道开展一系列劳动政策的宣传和咨询工作，为群众办事服务146人次，负责认定就业失业人员登记56人，办理城镇灵活就业人员养老社会保险申请40人，个人社会保障情况咨询服务66人。做好公益性岗位开发，推进精准扶贫对象、就业困难人员、零就业家庭和越战老兵就业，续签4名公益性岗位人员，续聘1名银发公益性岗位人员。通过巡查纠正用人单位存在的各类违法侵权行为，妥善处理用人单位拖欠工资，依法保障职工的合法权益。做好农民工工资清欠工作，协助区劳动监察中队妥善处理劳资纠纷，配合开展企业劳动合同签订方案，开展农民工工资支付专项和是否非法雇用童工检查。

2022年，凤凰山街道按照产业兴旺、生态宜居、乡风文明、治理有效、生活富裕的总要求，引导高产值农业。通过接穗“贵妃白”“三月白”等高价值品种实现林桥、朱坑、白洋三个村的枇杷品种改良，引导鼓励村民拓宽销售渠道，用好电商平台，使农产品实现“线上增值”。切实落实市、区有利政策，立足精准脱贫，有效推进村集体经济增收“破壳消薄”行动，实现3个山区村固定收益，每村每年村财超过10万元。以社会保障兜底，通过促进就业、实施公益性岗位、保障产业带动等措施，实现脱贫户家庭增收。以区级各部门预警信息为基础，并统筹“网格员、村干部、帮扶人、驻村工作队”等力量，持续开展信息预警核查监测，排查出低保边缘户3户14人，无监测对象，落实针对性帮扶措施。推进“农耕文化馆”建设，利用朱坑村本土优势，与荔枝谱研旅公司合作签约，引入餐饮、研学、文创等业态，有效实现资源互补共享。同时流转约6.67公顷抛荒地，用于种植水稻、油菜花、格桑花，进行农文旅融合的新探索。

2022年，凤凰山街道持续巩固“散乱污”、“五小”及涉VOCs企业整治效果，对完成整改的24家“散乱污”、1家涉VOCs企业，加大巡查和监控力度，未发现有反弹或反复现象发生；同时组织各居（社区）开展排查，年内未有发现新的“散乱污”、涉VOCs企业及“两无”企业。街道不断提升餐饮业油烟油水污染整治水平，截至2022年11月，辖区内有632家餐饮业（经营户），处于关门停业状态的1家，在营餐饮户中，督促完成安装油烟净化器573家，无油烟无需安装56家，油烟净化器安装率为99.65%；去除关门停业的，督促完成安装油水分离器（含三格化油池）631家，安装率达100%。街道积极配合区生态环境局等部门加大对辖区汽车服务业污染的整治和监管力度，设施落后的汽车服务企业主动搬离；特别是11月份街道联合区城管执法、住建、生态环境部门对辖区洗车业进行全面排查和整治，对污染防控设施不规范的2家洗车业督促限期整改。截至2022年底，有汽车服务企业15家，其中7家涉洗车的，全部督促完成沉淀池设置，洗车污水全部经沉淀后排入市政污水管网；涉汽修的，督促建设危废间，签订《危废回收合同》，杜绝有毒有害的废油偷排入雨水管或污水管。

2022年，凤凰山街道按照《关于深化城市基层党建引领基层治理的若干措施》文件要求，由原来的37个网格细化至288个网格，6097个单元，成立83个网格党支部，16个网格党小组，进一步整合各方力量，提升社区精细化治理、精准化服务水平。加强社区网格党组织建设，动员鼓励离退休干部党员、在职党员、社区党员骨干等参与社区网格党组织建设。完善党群服务中心建设，南门社区充分利用周边资源，以一心多点的形式整合南方医院医养站、凤凰百货等周边丰富资源共治共享，长者之家餐厅利用东方国际面点坊有利资源，为群众用餐提供便利；推动455项民生类高频事项进入便民服务大厅，做到家门口“一站式”办理，惠及1.5千米范围内3个社区约3万人。推动筱塘社区完善商贸服务功能，打造城厢区首家“大众茶馆”消费新场景，以推广莆仙地方茶及莆田非遗美食、茶点文化为主要载体，让普通老百姓喝得起、喝得安全、喝得放心、喝得舒心，打造烟火气亲民消费“打卡地”，引领大众品茗新热潮，探索茶文化传承和发展的新方向。依托筱塘社区、南门社区党建+邻里中心，举办主题党日、普法、环保、防诈骗、防洗钱等宣传活动，开展健康义诊活动30多场，为群众提供3000多人次服务，举办各类公益活动50多场次。

2022年，凤凰山街道严格按照“三个不发生”“三个少发生”的总要求，切实落实“四门四访”、友邻评理活动。

2022年，凤凰山街道坚持“管行业必须管安全，管业务必须管安全、管生产经营必须管安全”和“谁主管、谁负责”原则，明确村（居）安全生产属地责任、部门行业主管责任、基层网格化监管责任三张“责任清单”，重点加强对危险化学品、消防安全、人员密集性场所等25个重点行业的隐患摸排工作，深入研判分析重点行业领域风险。对照问题清单，实行“挂图作战”，做到问题不查清不放过、整改不到位不放过，进一步以高水平安全生产促进经济社会高质量发展落实赶超。

2022年，凤凰山街道接处警11050起，其中刑事立案207起［盗窃电动车2起、入室盗窃1起、盗窃自行车1起，盗窃其他财务20起、诈骗71起（网络诈骗53起、合同诈骗3起，电话诈骗1起、假交易1起、其他接触类4起、其他诈骗9起）、故意伤害9起］，破案143起，破案率为69%，其中刑拘88人，逮捕55人，起诉149人；受理治安案件405起（殴打他人59起、其他警情346起），查处行政案件334起，抓获吸毒违法人员14名。深入开展电信反诈骗宣传劝导，营造人人知晓、全民反诈的浓厚氛围，筑牢预防电信诈骗的重要“堡垒”，有力维护社会治安持续稳定。

2022年，凤凰山街道围绕自然资源部下发的4宗土地卫片图斑及“天地网”下发的违法图斑51宗整改任务，进一步明确具体任务时限，确保整改工作以最高强度态势推进。截至年底，部卫片全部完成整改，整改率100%，天地网完成整改37宗，整改率72.5%。始终保持“两违”管控高压态势，全年拆除“两违”建筑44宗3475平方米，涉及违法用地2宗150平方米；组织执法44场次，出动人员130人次，雇佣拆除工人340人次，气割机39台次，大型机械1次。

2022年，凤凰山街道抓好防汛备汛工作，小（2）型水库2个（枫林水库55.6万立方米、柯田里10.5万立方米）按照区统一布置聘请第三方润闽物业进行统一管理，不存隐患问题；山塘2个（龙岩山塘9万立方米、六斗山塘1.5万立方米），不存在隐患问题。农村危旧房3户6人（林桥村3户6人），对上述人员进行建档立卡，完成自然村内转移自主演练，汛期来临进行就近投亲靠友转移避险。做好防汛物资储备（救生衣100件，编织袋1.5万个，松木20立方米）。建立1支50人应急抢险队伍。9个村居各建立15人应急抢险队伍。城区设集中避灾点1个。

2022年，凤凰山街道抓好全国文明城市复查整改工作，4月11日召开街道创建全国文明城市复查整改推进会，制定复查整改工作方案，明确各考评点责任人，对照未达标清单，逐一明确责任人抓好落实。分发创建文明城市倡议书，组织人员开展农贸市场及周边整治工作、开放式小区清理整治工作。通过制定街道一张作战图、各社区制定一张实战图、各专项行动组制定一张流程图，分区域、分步骤、按流程同步推开创城复查整改工作。组织签订“门前三包”责任书，引导辖区商户、住户做好门前卫生秩序。开展推进创建全国文明城市复查整改工作“三比三看”活动，即“比力度，看谁创城信心更足；比速度，看谁创城整改更快；比满意度，看谁创城成效更好”，确保复查整改落地有声。

【民生保障】 2022年，凤凰山街道城乡居民养老保险工作顺利推进，截年底有3205人享受基本养老金，累计发放金额630.57万元；缴费人员完成3337人次，缴费金额116.48万元。城镇居民医疗保险稳步推进，参保人数23264人，缴费7444480元。街道健康扶贫工作持续推进，与建档立卡户签订家庭医生协议，签约率达100%，实现对建档立卡户的全覆盖；建立就医绿色通道；结合60周岁以上农村计生家庭对象免费体检项目，开展健康进山村义诊活动7场。截至年底，街道保障城市低保对象47户、104人；保障农村低保对象44户、134人，全护理、半护理、全自理特困户6户6人，其中2户2人安排在涵江幸福养老院，2人在莆田慈康医院，2人全治理在家中由亲人照看；事实无人抚养儿童15户16人，其中寺庙事实无人抚养儿童9人，各村（社区）上报7人，补贴按每月发放的方式全部发放到位。街道按照“扶贫帮困，分类施救”的指导思想，将城乡低保户、特困户、家庭重病户、重点优抚对象等作为救助的重点，在救助资金和救助力量上尽量倾斜，全年发放城乡临时救助资金200175万元。

截至2022年末，凤凰山街

道有残疾人 575 名，其中一级残疾人 95 名，二级残疾人 186 名。春节慰问 9 人，每人 1000 元，省级慰问 1 名，慰问金 1000 元，区领导慰问 1 人，慰问金 2000 元。2022 年发放一户多残补助资金 36 户 76 人 89600 元，发放残疾人“两项补贴”6576 人次 672336 元，其中生活补贴 2892 人次，补贴金额 289200 元，护理补贴 3684 人次，补贴金额 383136 元；发放残疾人托养补助区级 5 人，省级 1 人，每人补助资金 2000 元；为 5 人发放区级第三十二个全国助残日慰问金，每人 500 元。开展城厢区凤凰山街道第十二届残疾人健身周活动及第十五届特奥会活动，组织辖区残疾人 7 名参加学雷锋活动和 6 名残疾人观看免费的莆仙戏，组织 30 个参加残疾人免费体检，慰问残疾儿童 6 名，礼包各 1 份。全年受理群众申请发放残疾证 24 本，申报 1 名残疾人进行无障碍改造，受理 9 名残疾人申请辅助器具补贴，定制式助听器补助各 1600 元，为吴玉香、黄国华两户每户发放多残辅助器具补助 2000 元。推荐 10 名参加 2022 全区电子商务职业技能培训班。

【精神文明建设】 2022 年，凤凰山街道积极开展社会公德、家庭美德、职业道德教育，立足实际，扎根群众，扎实推进精神文明建设。组建志愿服务队，开展学习中共二十大精神、党风廉政建设等宣讲活动，深入推进理论宣讲。在新时代文明实践所、站，设置党史走廊、文化墙、红色图书角、社会主义核心价值观宣传展板等，让思想道德教育走入日常，深入人心。结合社区特点，充分利用辖区内各新时代文明实践站等文化宣传阵地，开展理论宣讲、书法公益教学、倡导文明新风主题实践等活动，推进建设文明和谐社会。组织开展便民、利民的活动，其中的健康体检、书法公益教学、烘焙公益教学等等各项活动深受居民欢迎。开展学习道德模范，培育践行主流价值文明实践活动。开展美丽楼道日、文明交通劝导志愿活动，老旧小区、背街小巷、农贸市场、空中缆线专项整治活动，切实做好全国文明城市创建工作。充分发挥社区文化活动中心、社区学校等宣传主阵地作用，结合端午、中秋等传统节日以及各类重要节点，广泛开展包粽子、做月饼等系列群众性活动，引导市民在兴趣交流、才艺展示、大众讲台、在线沟通等多元参与中增强认知。

（陈晓晴）

霞林街道

【基本情况】 霞林街道位于城厢区东南部，辖区面积 17 平方千米。总耕地面积 161.25 公顷，其中水田 149.66 公顷，水浇地 10.63 公顷，旱地 0.96 公顷。园地 107.89 公顷，林地 69.95 公顷，人均耕地面积 0.006 公顷。最低海拔 50 米以下，最高海拔 277.9 米，位于云洞山峰。气候属南亚热带海洋性季风气候，年平均气温 20.2℃，年平均降雨量 1200—1700 毫米。主产蔬菜、水果、食用菌等作物；主要资源有以温泉为代表的地下水。街道办事处所在地霞林社区，街道辖木兰、铁岭 2 个村，霞林、沟头、棠坡、莆糖、肖厝、坂头、下黄、顶墩、屿上 9 个社区，共有 182 个村（居）民小组，22 个自然村。年末总人口 31357 人，年内出生 221 人，其中男 127 人，女 94 人，出生人口性别比为 135.1（女 =100）；死亡 174 人，出生率 7.07‰，死亡率 5.36‰。

【经济发展】 2022 年，霞林街紧盯高质量发展目标，主动作为，优化服务，保障经济健康发展。1—12 月，固定资产投资完成 108.55 亿元，同比增长 11.28%；规模以上工业企业完成产值 24.21 亿元，同比增长 5.00%；限上批零业完成销售额 53.25 亿元，同比增长 20.6%；限上住宿餐饮业完成营业额 6.31 亿元，同比增长 15.00%；1—11 月限上服务业完成 5.04 亿元，同比增长 30.23%。财政总收入完成 83061 万元，同比下降 15.5%。立足街道三产优势，强化产业招商、精准招商、“一把手招商”，年内签约落地中小企业转型升级孵化平台、中国建材集采平台（采购宝）、莆田产业赋能创新中心等 9 个项目，计划投资36.5亿元。在谈项目2个，计划纳税额近2.5亿元。

【社会事业】 2022年，霞林街道强化一线攻坚，保障项目建设序时推进，规划项目44个，投资额5519314万元，开工8个，竣工3个。木兰陂（木兰陂水利风景区）/木兰陂世遗公园总规划设计范围约133公顷（含河道），木兰陂水文化展示中心完成施工标、监理标中标公示，进行场地平整。钟潭南三角地块项目涉及4家企业完成评估报告；莆田西屿上片区地块一（屿上北片区）实现净地；屿上旧村内（屿上棚户区）民房全部拆除到位，支付拆迁户货币化补偿款约3亿元；国家AAAAA级旅游景区木兰陂水文化展示中心项目对接申请专项债。坂头西片区改造（安置房）地块签约完毕，于11月21日拆除完成并交付使用。木兰铁岭片区改造新建安置房65万平方米，初设概算完成论证。万达南片区安置房涉及安置地块4个，拟建安置房总建筑面积约33.90万平方米，地块二、地块四进行桩基施工，其中地块二完成60%，地块四完成20%，地块五正进行土方开挖及基坑支护，地块三处于场地整平阶段并准备进行桩基施工阶段。坂头炜业物流地块完成旧房拆除并净地交付使用。沟头片区改造项目涉及城市更新、中南珑禧台、沟头新城等主体工程30幢基本封顶。城厢区第四实验小学（沟头校区）进行地下室墙柱施工。

2022年1月3日，城厢区坂头东片区改造项目坂头安置房回迁仪式举行，574户征迁户喜迁新居 （陈丽双 摄）

2022年，霞林街道在教育投入方面，莆田第五中学附属学校、兰溪实验幼儿园、顶墩实验学校及幼儿园、下黄小学、霞林学校等新建、改建、扩建项目按序时完成征迁建设并投入使用，顶墩实验学校及幼儿园建设未完成部分工程按序时推进，城厢区第二实验小学分校征迁到位开工建设，坂头中学、坂头西小学征迁到位。街道协助区政府改善辖区内中小学、幼儿园办学条件，在全区7个镇街率先成立霞林街道奖教助学协会，筹集资金100多万元，用于义务教育、学前教育发展，营造良好的尊师重教氛围。街道自有财力每年向南门教育集团捐赠20万元用于奖优励学工作；给予6名困难学生临时救助2.2万元，各村居筹资9.6万元用于奖励优秀教师、优秀学生、准大学生等助学活动。鼓励和引导社会力量和个人捐资助学，向霞林学校、顶墩实验学校、莆田五中附属学校捐赠30万元，用于校园建设、奖教助学，促进教育发展。

2022年，在文化体育方面，11个春风宣传文化中心配置多媒体电教设备，先后建立育华小区、莆糖社区、金威豪园、荔景花园等全民健身场所。下黄社区和荔景花园两个室外活动场所配置灯光篮球场和健身器材并免费对外开放。莆糖社区设有文化交流中心、老人活动中心、图书室，拥有路径健身器材，开辟居民健身舞蹈场所。下黄社区举办迎中秋诗歌朗诵会，农历十二月举行老年集体祝寿。组织热爱健身的居民参加市体育局举办的社会体育指导员培训，加强对民间艺术团体管理。截至年底，街道有车鼓队7支、十音八乐队6支、女子腰鼓队2支、女子军乐队2支。

2022年，在精神文明建设

方面，开设道德讲堂，开展推荐评议“身边好人”活动和“文明餐桌行动”，进一步弘扬传统美德，倡导文明新风。积极推进广播电视村村通（村村响）和街道文化站、村居文化室等基础设施建设，形成纵向到底、横向到边的基层文化公共服务设施网络，让广大群众学有场所、娱有空间、乐有设施。

2022 年，在环境卫生整治方面，着力治理城市环境“脏乱差”，开展河道专项清理活动、夜市整治行动和餐厨收运工作。推动生活垃圾分类，投入资金 263 万元，购置分类垃圾桶 500 个，建造分类屋（亭）10 座。投入资金约 600 万元开展环境卫生整治、农贸市场改造、破损路面修复、空中飞线清理，提升群众对创城工作的认同感、获得感和满意度。污染防治不断加强，积极开展入河排污口摸排整治、河道清洁行动和钟潭溪幸福河湖创建工作。落实“村周巡查、街月检查”常态化巡查管理机制，不断巩固畜禽养殖污染、“小散乱污”企业和餐饮业整治成效。

2022 年，在社会保障方面，办理城乡居民医疗保险参保 29113 人，新开发公益性岗位 4 人。被征地养老保障符合对象 3050 人，其中 481 名失地农民领取到养老金。落实城乡低保 112 户 229 人，救济特困对象 39 人，重度残疾人补贴 340 人。投入运营的长者之家 3 个、幸福院 2 个。落实退役军人常态化服务保障。启动顶墩下黄安置房回迁工作，让征迁群众早日搬入新居。巩固脱贫成果，通过公益性岗位、资金帮扶和就业创业等举措，帮助 21 户脱贫户稳定经济收入，18 户脱贫户每年通过日有喜超市享受不低于年利 15% 的收益。

2022 年，霞林街道全力进行电信诈骗、“套路贷”等问题整治，依托日常监管、“12345”投诉平台、信访件等渠道，持续开展涉黑涉恶线索排查，未发现有涉黑涉恶线索。深化信访积案大排查大化解，受理初信初访 102 件，办结 101 件，息访 92 件，息访率为 91.09%。组织开展《中华人民共和国民法典》宣讲等普法宣传活动 6 场。以开通固话“平安彩铃”和发送平安短信等形式，抓好平安建设宣传工作，着力提高平安建设知晓率。深入开展安全生产大排查大整治，检查生产经营单位 75 家，沿街店铺 2000 多家，发现安全隐患 62 处，配合市区政府对 2 家存在重大火灾隐患单位进行挂牌督办。排查摸底房屋数量 3058 栋，系统录入率 100%；发现重大安全隐患 26 栋，整治 26 栋，整治率 100%。全年辖区没有发生安全责任事故和伤亡事件。

2022 年，在安全生产方面，调整充实街道安全生产工作领导小组，下设安全生产工作办公室和 11 个专项整治领导小组，进一步明确安全生产“党政同责”“一岗双责”工作职责，开展安全生产大检查和重点整治百日行动。开展消防安全大检查，联合派出所、工商所、“三合一”办，以及安办等部门对辖区内 11 个村（居）全面开展消防安全大排查、大整治专项行动，出动执法人员 852 人次，排查消防安全隐患 235 家，发出整改通知书 125 份，查封 11 家。同时，加强夏季消防安全与专项检查相结合，坚持严查严防严打，对

2022年6月24日，霞林街道在喜盈门建材广场开展《信访工作条例》宣传活动

（刘明星　摄）

“三合一”及沿街店铺经营与住宿合用场所、劳动密集型企业、彩钢板建筑安全隐患，开展专项整治活动，出动执法人员86人次，排查“三合一”28家，沿街店铺经营与住宿合用场所23家，劳动密集型企业3家，彩钢板23家，发出整改通知书78份，查封19家。开展危险化学品安全大检查，检查辖区内28家油漆店，联合区安监局查封2家无证涂料加工点，1家油漆仓库，有效打击非法生产经营活动。对雪津啤酒二厂、恒源制冰厂、龙升农副产品深加工冷冻库等涉氨企业继续跟踪，督促整改，先后配合市区安监局质监局执法多次。对辖区内的3家气体供应站、1家爱迪斯精细化工、4家加油站进行联合检查，发现安全隐患5条，下发限期整改单2份，基本整改到位。

【党建惠民】 2022年，霞林街道全面实施“党建引领、夯基惠民”工程，细化网格单元，将11个村（社区）科学划分为217个网格4806个单元。健全末梢组织，建立119个网格党支部（其中单独组建74个，联合组建45个，覆盖141个网格）、2个网格党小组、137个单元党小组。建立四级工作微信群，及时上情下达下情上传，激活基层社会治理的“神经末梢”。组建以市、区为主体力量的下沉队伍135人，根据需求对照平台流转事项进行会商研判处置；整合区、街道9个部门20名执法人员组成霞林街道综合行政执法队伍，形成基层社会治理强大合力。推进“百名组工进千村”活动，挖掘各类小区能人队伍20支115人，成立各类志愿服务队伍104支386人，其中党员265人。出台单元长奖励激励“六保障”政策，评选2022年度优秀单元长88名。改造200多平方米的办公场所作为街道社会治理调度中心、部门力量下沉、综合行政执法中心、街道夯基办等部门办公场所，改建11个“三官一律、部门力量下沉”办公场所，组建46个小区党群活动阵地，实现“人、财、物”的全面保障；提升治理水平，做到“一张图”全面管、“两个最”末梢管、“三个重”高效管，有效提高基层社会治理水平。9片区或地块安置房回迁1282户；小区新建立党群服务站或党建活动阵地19个，新安装充电桩373个，可满足1595辆电动车同时充电增设监控，实现治安防控全覆盖，新投放小区垃圾分类屋15座，增设小区居民议事亭或议事角15个，推动7个老旧小区外立面改造，补全39个消防设施，不断增强人民群众的获得感、幸福感、安全感。

【精准脱贫】 2022年，霞林街道有脱贫户（享受政策）21户48人，对其落实一对一帮扶责任人，精准制定帮扶措施。年内落实扶贫资金3.09万元，其中春节慰问金1.05万元，疫情防控补助金1620元，中央财政衔接推进乡村振兴资金1万元，健康扶贫资金2620元，用水补助0.42万元，产业奖补金0.2万元。依托农村日有喜村联公司为18户脱贫户开办一家综合超市，让脱贫户固定享受不低于年15%的收益。街道组织村（社区）做好结对帮扶工作，肖厝社区购买王团村小黄米等农副产品21000元，霞林社区购买菊花台村枸杞等农副产品12320元，下黄社区资助旱天岭村16名学生每人1000元，莆糖社区向李沿子村捐款6000元，沟头社区向同富村捐赠180双运动鞋，价值6930元，坂头社区向上河湾村捐赠216双运动鞋，价值8316元，棠坡社区购买同德村五谷杂粮等农副产品21340元，霞林街道资助河西镇116人、资助兴隆乡8名“雨露计划”学生每人300元。

【平安建设】 2022年，霞林街道组织干部开展平安宣传入户活动，入户7250户，入户率达100%，化解矛盾纠纷积案80件。推进“网格+”工作，积极构建“大机制、大队伍、大平台、大服务、大群防”格局，霞林社区网格化建设成为全市的参观点。开展平安和谐村居创建和善治工程示范村居培育工作。抓好特殊人群服务管理工作，接管精神障碍患者221人，接收社区戒毒对象12人，安置帮教人员129人。完成11个村居的平安协会会长换届，招募9000人平安志愿者参与平安建设。加强宗教工作，不断提高

2022年2月18日，泉州市永春县岵山镇、介福乡考察团一行到下黄社区党建+邻里中心参观学习（孙俊伟 摄）

依法管理水平。

【道路交通整治】2022年，霞林街道被市道安办列为重点道路交通安全专项督导乡镇，街道在全街道范围组织开展农村道路交通安全隐患集中整治专项行动，利用会议、宣传车、标语、横幅、宣传单、LED显示屏等载体，大力宣传农村道路交通安全知识，动员全街道办上下积极参与农村道路交通安全整治工作。投入6万多元进行道路安全宣传，张挂横幅、标语、制作宣传材料、发出道路安全短信，并通过繁华路段及辖区学校LED屏进行滚动性的交通安全宣传。对城港大道坂头事故多发路段，拨出2.5万元专款在中央绿化带设置500米1.8米高隔离铁网。街道辖区内自己排查的低标隐患路段21处，整改到位20处。并在21处道路隐患路段设立19处交通安全警示标志及8块广角反光镜。在街道辖区全面开展低速货车、拖拉机、三轮摩托车和非法拼组装等车辆排查清理整治，排查出低速货车33辆、拖拉机24辆、柴三机拼组装3辆；签订安全承诺书39份，发送整改通知书23份。

（孙俊伟）

华亭镇

【基本情况】华亭镇位于城厢区西部，东邻新度镇，西毗仙游县，南接灵川镇，北靠常太镇，总面积135平方千米，下辖32个村、3个社区，全镇总户数33395户，总人口111798人，其中男56759人，女55039人，基层党组织70个，中心村党委3个，党员4371名。

华亭镇是城厢区的人口大镇、工业重镇、重点侨乡、水果之乡，是省级卫生乡镇、文明乡镇、森林乡镇，市级小城镇综合改革、“城乡一体化”建设的试点镇，城厢经济社会发展的次中心。物产资源丰裕富饶。盛产龙眼、枇杷、橄榄等名特优水果，是居四大名果之首的龙眼在全国乃至东南亚地区的干果集散地，素有“华亭桂圆甲天下”的美誉。境内蕴藏丰富优质的矿石资源，主要有叶脂石、花岗石等。自然景观得天独厚。境内有莆田二十四景之一的“三紫凌云”、龟山寺、西冲岩、酒池寨、将军岩、钱碑故址等名胜近20处。历代乡贤名人辈出。华亭镇是莆田市第二重点侨乡，全镇涉侨的村有25个，其中华人30017人、华侨2182人、归侨侨眷10531人。注重教育、兴教育人，先后培养出中科院院士洪茂椿、龚旗煌，旅居德国的北斗导航项目科学家许国昌，省住建厅原厅长龚友群等一大批领导、专家和精英。华亭人有着经商办企业的传统，城厢区在上海、江苏、浙江的商会会长均为华亭籍企业家。

2022年，华亭镇扎实推进“两稳一保一防”（“两稳”指围绕稳增长、稳市场主体，“一保”指保就业，“一防”指风险政策措施）各项工作，大力实施“五大专项”（龙头企业培优扶强、服务业提质扩容、抓前期促开工、大招商招大商、安置房提速增效等专项行动）行动，在统筹推进疫情防控和高质量发展基础上，实现全镇经济社会事业稳定健康发展，为加快建设“山水格局、人文宜居”新城厢彰显“华亭担当”、贡献“华亭路径”、汇聚“华亭力量”。

【工业商贸】2022年，华亭完成限额以上批发零售业销售额66.09亿元，同比增长16.7%，完成年计划64亿元的103.26%。超序时3.26%。完成全社会固定资产投资44.24亿元，同比增长27.21%，完成年计划45亿元的98.3%。2022年完成工业总产值15.2亿元，同比增长6.9%，完成年计划15.2亿元的100%。

【农业】2022年，华亭镇推进木兰大道沿岸桂圆产业园示范区建设，建设郊溪、后塘千亩龙眼产业园，发展龙眼优质化耕作，果园集中流转、嫁接换种、统防统治等，促进农民增产增收；持续扶持壮大利农现代农业综合园、兰花基地以及城厢花卉世界等农业龙头产业项目，推广“利农”模式；逐步推进南湖、后枫等村的土地整理开发，因地制宜发展花卉、果蔬等农业，扎实推进全域共建。是年新认定省级、区级示范合作社和家庭农场各2家。全力保障粮食安全，全面推行“田长制”，坚持“保面积、保产量”，着力抓好涉粮问题专项巡查反馈问题整改工作，整治撂荒地18.526公顷，新建高标准农田166.67公顷，有效保障粮食安全，守住百姓“米袋子”。

【乡村振兴】2022年，华亭镇创新机制，狠抓落实，乡村振兴衔接有序。持续做好“产业扶贫”和“就业扶贫”，新增扶贫项目22个（村级工程类项目11个），其中产业项目8个，累计完成投资133.85万元，除跨年度项目（油潭村龙眼产业加工园区建设工程）完成年度任务外，其他项目全部完工。累计向上申请乡村振兴专项资金1570.76万元用于乡村振兴试点村的基础配套设施建设，全镇建设乡村振兴试点示范项目35个（含特色镇项目15个），全部完工，累计完成投资2315万元，投资额完成率100%，完工率100%。发掘龙眼、枇杷、花卉等农副产品资源，加强与农科院、天桂公司等合作，在埔柳、后塘、云峰累计流转土地千亩，矮化、优化龙眼、枇杷；推进油潭龙眼加工产业园等乡村振兴项目动工建设，实现五云晚熟龙眼实训基地等一批项目竣工验收，打造一、二产融合样板。推进莆田中旅公司等企业与农户联股联业，开展“葡萄采摘节”“火龙果采摘节”“龙眼采摘节”等大型乡村旅游活动，把农业生产与休闲、文化、民宿、农事体验等新型业态进行深度融合。

2022年7月，华亭镇后塘村乡村振兴农业产业发展示范基地航拍

（何伟敏　摄）

【社会事业】2022年，华亭镇开展食品药品安全和安全生产专项整治，加强安全隐患排查治理力度。是年成立47个检查组，累计对279家单位开展督导检查，督导问题48个；排查企业安全隐患358项，整改358项，整改率达100%；排查企业重大隐患2处，全部整改到位；组织全镇35个村开展应急演练，汛期累计转移群众84人次，确保各村安全度汛；严格落实森林防火责任制，发动巡查人员2700余人次，查处违章用火20余处，确保人民生命财产和森林资源安全。大力探索实施“党建引领、

2022年9月7日，华亭镇举办防范电信诈骗“集中宣传月”宣传教育活动（施翊腾　摄）

夯基惠民”工程，将全镇划分为359个网格3591个单元，配备359名网格长、3591名单元长，建立形成“镇—村居—网格—单元”四级管理模式，有效推进基层治理体系和治理能力现代化。是年化解矛盾纠纷185起，化解遗留问题6件。持续开展“平安三率”宣传活动，走访3.2万余户，发放宣传材料3.5万余份，发送短信30余万条，有效提升“群众安全感满意度”。

【生态环境保护】2022年，华亭镇累计筹措资金1000多万元，相继完成兴沙溪、长岭溪、云峰宝园溪等生态水系治理，完成3座自动监测站建设；长岭溪、西湖溪和木兰溪濑溪段3个断面全年水质平均值达Ⅲ类以上；累计完成废弃矿山生态修复3座9个矿点，牢牢守住绿水青山就是金山银山的生态底线；坚持开展农业绿色发展行动，不断完善节水、节肥、节药激励机制，促进生态与经济良性循环，农业面源污染得到有效遏制；常态化开展畜禽养殖、“两无”（无安全生产条件，无环保生产条件）企业专项整治行动，农村生态环境持续转好。

【基础设施建设】2022年，华亭镇着力改善道路通行环境，累计筹集资金1080多万元，对辖区内道路的护栏、警示标牌等安保设施及时进行增设、更换、翻新；相继完成郑庄道路水毁修缮、南湖主干道养护提升、长岭村加头危桥改造等工程，确保群众方便出行、安全出行。全面推进除樟塘外34个村城乡供水一体化项目建设。全年重点跟踪项目有19个；中电·科创城、智能智造产业园、“专精特新”产业园、樟塘片区整村改造安置区、莆田科技职业技术学校一期建设工程陆续推进，云峰、后塘拆旧复垦、油潭安置区、益民中医院等项目进行前期手续办理。全面推进安置区建设扫尾工作，竣工验收并顺利组织樟塘、山牌、后枫、兴沙、坪坂、濑溪、西许7个安置区安置户回迁，后山安置区基础工程基本完工。

【民生保障】2022年，华亭镇全力推进农村低保、特困、孤

2022年4月15日，华亭镇南湖村主干道路Y316（南西线）养护提升工程施工现场（郑伟鸿　摄）

儿、事实无人抚养儿童等困难群体基本生活保障等工作。是年新增低保38户84人，新增特困以及低保转特困25人，临时救助资金使用66.71万元、受助132户506人，接收在外省流浪回来人员2名；全镇建设农村幸福院25个、社区日间照料中心1个、养老机构2个；新增市级长者食堂1个、长者之家2个、综合服务站2个。

（刘建波）

常太镇

【基本情况】 常太镇位于城厢区西北部，南北长18千米，东西宽16.3千米，辖区面积201平方千米。总面积16186.67公顷，人均耕地面积0.012公顷，复种指数100%；人均山地0.39公顷，森林覆盖率87.3%。最低海拔80米，最高海拔832.6米，位于古山尾。主产枇杷、龙眼、橄榄、香蕉等作物。气候属南亚热带海洋性季风气候；年平均气温17—20℃，年平均降雨量1446毫米。主要矿产资源有铁、镍、蛇纹岩、滑石等，镇政府所在地常太村利洋1号，距城区14千米。常太镇有光荣的革命历史，早在20世纪30年代中期即为闽中革命根据地之一（老区基点村27个）。其境内山峦起伏，著名的东圳水库（莆田新二十四景为圳湖映碧）横卧境内，还有国家AAAA级旅游景区九龙谷国家森林公司（莆田新二十四景为龙谷奔泉）。

全镇辖松峰、利车、照车、东太、东青、山门、汀洋、侯山、常太、坑洋、霞山、渡里、金川、马院、党城、顶坑、外东坪、内东坪、南川、过溪、下莒、埔头、溪南、溪北、山坑、洋边、长基、岭下等28个村（社区），320个村（居）民小组，246个自然村。2022年末，全镇总户数11056户，总人口38617人，其中，男19812人，女18805人。

【农业】 2022年，常太镇水果种植面积2025.8公顷，其中枇杷面积1756.07公顷（品种有“解放钟”“早钟6号”“长红”“白梨”“贵妃白梨”“三月白”“亚舜本”“白雪早”“香妃”），产量11965千克；龙眼面积168.47公顷，产量1628千克；橄榄面积28.53公顷，产量542千克；香蕉面积44.93公顷，产量446千克；其他水果27.8公顷，产量994千克。2月，常太镇在山坑村举办“2022年常太镇枇杷助农直播”活动。分农户直播平台培训、上架产品链接、对接主流媒体三个系列内容，使用线上直播带货、后期宣传两种形式。4月，组织举办“2022年常太镇第二十四届枇杷文化节”系列活动，分“名园好果”“情深益农”“舌尖上的常太”3个主题模块，推出7个具体内容。通过多平台进行直播，实现线上销售枇杷近3250千克，线上观看达50万人次。

【社会事业】 科技。2022年，常太镇启动万亩改良计划，增加“白雪早”“三月白”“香妃”等多样优质品种，加快常太枇杷品种更新换代，提升科技水平。与省农业科学院与城厢区常太镇进行合作签约，共同揭牌成立枇杷龙眼科技转化基地。建设“5G”

2022年4月21日，常太镇在岭下村举行第二十四届枇杷文化节

（常太镇　供）

智慧果园，应用物联网技术，建成智能化生产环境采集系统，实时监测果园生产现场气象、土壤、水源环境。

教育。2022年，常太镇有5所完全小学、5所公办幼儿园；全镇适龄儿童入园率达100%，小学学龄入学率为100%，初中学龄儿童入学率为100%，初中年辍学率0%；6—14周岁三类残疾人入学率100%；教育资金到位率为100%。召开第38个庆祝教师节暨表彰大会，表彰奖励优秀教师16人、优秀班主任10人、优秀教育工作者5人；持续推进常太学校扩容建设，教学基础设施更新换代，提升教育教学水平，增强乡村教育成效。

文化体育。2022年，常太镇辖区内有1个镇级农民文化广场和6个村级农民文化广场，农家书屋28个；积极开展“我们的节日”专题系列活动，在莒溪“党建+”乡村邻里中心举办清明节“文明祭祀·平安清明”专题活动、母亲节亲子实践活动等；全镇有省级文物保护单位1个、市级文物保护单位6个、区级文物保护单位2个、文物点6个，市级非物质文化遗产（枇杷宴）1个。

卫生。2022年，常太镇环卫工作实现企业化、市场化运作。每年平均支出环卫资金800多万元，全镇有垃圾压缩中转站1座，密闭式垃圾清运车7辆、公路清扫车3辆，聘用环卫工作人员143名，生活垃圾实现日产日清。

生育服务。2022年，常太镇依法兑现奖扶，全面落实三孩政策及法律法规规定的各项奖励优惠政策。年内落实享受贡献奖189人，农村奖扶1008人，城镇奖扶32人，特别扶助14人。开展2022年“金秋助学”活动，慰问7人14000元，母亲节慰问8人8000元（每人1000元，区级6人，市级2人），慰问失独家庭6户12000元（每户2000元）。

社会治安综合治理。2022年，常太镇持续推进扫黑除恶斗争，积极开展干部进村入户大走访活动，整治学校交通安全、九龙谷景区摆摊等乱点乱象问题，进一步巩固扫黑除恶斗争成果。加强普法宣传，推进“一户一个法律明白人”活动，通过法律讲座、送法进村居、每村聘请一名律师等方法，加强法治建设，提高群众法律意识，营造良好的社会环境。

安全生产工作。2022年，常太镇严格落实“党政同责，一岗双责”，以整治消防、食品安全、道路交通、危化品、烟花爆竹及农村住房安全隐患为重点，以防范和遏制重大事故为目标，落实安全生产主体责任，加强安全隐患排查整改，全面推动安全生产整治攻坚。加大排查整治力度，截至年底排查出经营性自建房231栋，均无安全隐患。

武装工作。2022年，常太镇全面坚持党管武装工作的光荣传统；加强教育培训，提高武装干部队伍和民兵队伍的素质；全面完成年度民兵预备役组织整顿、国防潜力调查工作，提高国防后备力量建设水平；抓实民兵预备役训练，抓好武装机构规划建设；高标准抓好兵员征集工作。

旅游。2022年，常太镇以国家AAAA级旅游景区九龙谷为龙头，岭下村、马院村为支点的全域旅游初具规模，获评福建省“全域生态旅游小镇”，累计旅游收入500万元，接待游客近50万人次；推动九龙谷景区与溪南村合作开发移动民宿项目，入选全国森林康养基地试点单位，溪南村背靠九龙谷景区流量，获评福建省“金牌旅游村”；莒溪片区借力国家AAAA级旅游景区九龙谷流量优势，提炼祈梦、龙凤等IP，结合一、二、三产业，策划打造悠然栖梦小镇暨省级移民示范区，一期工程开标建设，同时积极对接研学机构进驻，整合研学资源，开发红色主题研学基地，推进莒溪生态研学活动；围绕环库路，有半浮生、又见一炊烟等网红打卡点，环库区打造集文创、茶室、餐饮不同业态的“慢生活带”；岭下村发展以“立谷听涛，乡野岭下”为主题的生态乡村休闲旅游；马院村建成闽中游击区革命纪念馆，对接莆田旅游文化等研学机构，展示馆年访问量达10万人次以上。

【民生保障】民政优抚。截至2022年底，常太镇有低保户195户378人，年内新增16户33人。一般低保对象每人每月450

元，重病重残对象每人每月 820 元。截至 2022 年底，常太镇有特困对象 50 人，年内新增 3 人。其中分散供养 35 人，全自理 29 人，每人每月 1250 元，半护理 6 人，每人每月 1520 元；集中供养 15 人，其中全自理 1 人，每月 1500 元；半护理 6 人，每人每月 2788 元；全护理 8 人，每人每月 4048 元。

社会保障。截至 2022 年 12 月，常太镇临时救助 274 户 510 人 20.6385 万元。其中低温寒潮临时救助 233 户 408 人，发放口罩、暖手宝、帽子等价值 2.0225 万元，急难型临时救助 3 户 12 人 9000 元。教育型临时救助 9 户 12 人 35000 元。其余临时救助 29 户 78 人，发放救助金 14.216 万元。

生态环境保护。2022 年，常太镇开展畜禽养殖污染整治“回头看”活动，落实主体责任，加强日常巡查，依法开展畜禽养殖反弹复养行政执法活动。集中整治管控九龙谷公园外的餐饮污染、砂石加工场、生猪屠宰点等污染源，清理一级保护区违规种植，26 家餐饮服务业全部安装油烟净化器和油水分离器。采取“三级沉淀、分片收集、加压抽取、集中处理”的技术模式，即统一将各村、各片区污水收集提升至污水主管网，再加压提升至市政管网，最终实现污水零排放，实现全镇污水收集全覆盖，累计新建三格化粪池户 3255 户，接管 3255 户，接管率 100%；建设污水管网 456.1 千米；建设收集池 72 个，日收集污水 400 吨以上，并加强污水管网设备的运行维护。推广科学施肥法及病虫害绿色防控，减少农药化肥的施用。与省农科院、福建农大、莆田学院完成山地生态果园综合治理建设方案，重点突出枇杷果园绿色防控、水肥一体化、生草免耕、生态沟渠、坡改梯等方面。累计投资 1.1 亿元完成延寿溪支流莒溪、溪北溪、珠口溪、院里溪、东太溪等 10 条河道生态整治；全面推进“六水共治”，严格落实河长制，进一步推进河务监管网格化，实现河道流域监管全覆盖。建立饮用水水源地生态保护“六方联合执法”机制，联合区生态环境局、东圳管理局、区公安分局、常太派出所、区网格化中心等，开展“海陆空”联合执法，确保涉水信息共享、矛盾纠纷共调、问题隐患共治，合力构建保护东圳水库绿色屏障。

城乡一体化。2022 年，常太镇莒溪片区以“悠然溪梦”为 IP，谋划并落地建设 5G 智慧果园、民俗体验一条街、图图生态研学基地、布谷信田农场等 10 多个项目，打造莒溪生态旅游、生态研学示范区；马院片区以打造省级党建重点培育项目为契机，挖掘马院闽中游击红色资源，辐射带动周边金川、渡里等村，实施党建研学、露营基地、红军路、烈士故居修缮等数 10 个红色文化项目，开发红色主题研学基地；环库区“慢生活带”，针对松峰、利车等环库区村实施“四个一”（指针对松峰村、利车村等环库区村实施的规范提升管理，即谋划一套产业策划，针对环库路各村特点，在整合现有的半浮生、又见一炊烟等网红打卡点基础上，策划环库路各村产业布局，打造文创、茶室、餐饮不同业态的网红打卡集群；制定一套管理制度，针对环库路各村现有的土地、庭院、民房等实行统一规范管理，成立村合作社集中流转、运营公司统一管理、政府统一引领，进一步规范运管，减少恶性竞争；坚持一个产业招商，积极吸引全国前五的优质民宿公司和相应产业运营商，到此规范投资运营；布局一个协调场所，专门负责环库路招商入驻企业、村民之间的矛盾纠纷调解，打造特色邻里中心）规范管理提升，创新“民宅合作社”，整合半浮生、又见一炊烟等网红打卡点，谋划“森林步道”，打通半浮生和天马阁的登山道，策划环库路各村产业布局，打造文创、茶室、餐饮不同业态的网红打卡集群，进一步丰富业态。

【基础设施建设】 2022 年，常太镇大力实施生态河道整治、环境综合整治、道路设施建设、教育文化建设等各类重点项目；实施库区移民项目 24 个，补助资金 1535.46 万元；推进完善侯山村等村道建设，进一步改善人居环境。

【精神文明建设】 2022年，常太镇全面深入开展群众性文明创建活动，积极创建镇机关和东青、下莒、岭下、洋边等4个村第十四届省级文明镇村；常态化开展全国文明城市和省级文明城区创建活动；开展群众性文娱活动，举办“我们的节日”春节、元宵节、清明节等传统节日庆祝活动，表彰第38个教师节。

【共建美丽乡村】 2022年，常太镇结合库区移民村环境综合整治，推进洋边、坑洋等省级美丽乡村和马院、岭下、东青、下莒等16个美丽乡村建设；累计投资1.56亿元持续推进马院、岭下、东青、下莒等村“幸福家园”建设。

（周东、李雪莹、范达晶）

灵川镇

【基本情况】 灵川镇地处城厢区南部，东与秀屿区笏石镇、东庄镇接壤，南濒临湄洲湾内海，西与东海镇相邻，北与华亭镇毗连。全镇总人口7.59万人（其中，男3.87万人，女3.72万人），下辖14个建制村、1个社区。设基层党委4个、党支部25个，党员2249名。

灵川镇的主要特点：一是“灵秀之川”，总面积56平方千米，海岸线长13.71千米，耕地面积1546.67公顷，主要作物有甘薯、花生、大豆等。林业用地3200公顷，滩涂浅海面积820公顷，淡水域面积91公顷，海域资源丰富。二是“山河纵横”，紧邻秀屿深水码头，径里、桂山2个水库，篁山溪、书峰溪等5条溪长度54千米；“三横”（沈海高速、滨海大道、笏枫路）、“两纵”（联十一线、灵华线）等交通大动脉横贯境内。三是“古韵生辉”，有东进村后院山新石器、宋代陶器笼口山古窑址、省级文物保护单位东汾五帝祖庙、清朝壶南书院等名胜古迹。四是“人杰地灵”，明代状元柯潜、为中国核工业发展做出重大贡献的高级工程师王正杰等均是灵川镇人。灵川镇先后被评为“全国亿万农民健身先进镇”“莆田市农业产业化先进乡镇”“省级生态镇”等，下尾村被誉为“中国花蛤之村”“省级乡村治理示范村”“省级文明村”，下尾村党委被评为“省级先进基层党组织”。

【工业】 2022年，灵川镇规模以上工业产值15.25亿元，同比增长4.8%。规模以上工业企业主要有福建省中伟体育用品有限公司、蛤老大（福建）食品有限公司、莆田市华锦纺织有限公司、莆田市康华饲料有限公司、振兴旅游用品有限公司、莆田市佰能体育用品有限公司，其中蛤老大（福建）食品有限公司充分利用灵川本地的海洋资源优势，拥有集研发、生产与销售于一体的产业供应链，是非味精增鲜调味料“蛤晶”的发明者与开创者，成为天然增鲜调味品行业的标杆企业；振兴旅游用品有限公司作为“纳税大户”企业，连续多年为灵川镇财政税收做出重要贡献。

【农业】 2022年，福建省新兴达公司作为全市首家全封闭智能化蛋鸡生产基地，基建部分全部完工，9幢鸡舍存栏蛋鸡80万羽全部投产，智慧家禽养殖示范基地建设顺利推进；主动接洽天顺利邦、温氏、威利斯等龙头企业，谋划选址桂山村赤岭头建设养殖小区，着力打造特色灵禽品牌。同时，以蛤老大、中淼、中灵等高新技术企业为龙头，通过校企科研深度合作推动海上牧场建设。

【商贸服务业】 2022年，灵川镇限上商贸完成产值8.56亿元。限上商贸企业13家，分别为莆田市易太食品贸易有限公司、莆田市兔大哥服饰有限公司、莆田市帅兔服饰有限公司、莆田市云随风行服饰有限公司、莆田市卡鳄贸易有限公司、莆田市随你行贸易有限公司、邻佳鲜（莆田）商贸有限公司、莆田市兰讷斯电子商务有限公司、莆田市纯紫蓝贸易有限公司、莆田市城厢区科里斯汀电子商务有限公司、莆田市城厢区罗卜丁贸易有限公司、福建富隆达贸易有限公司以及莆田市城厢区方块贸易有限公司，其中福建富隆达贸易有限公司、莆田市城厢区方块贸易有限公司于2022年6月退库。

【基础设施建设】2022年，灵川镇福厦客运专线城厢段安置房项目下尾安置区完成竣工验收，青山安置区附属配套工程开工建设；灵川西墩优质贝类及新品种工厂化繁育基地项目完成大棚、藻培池和育苗池等基础建设；国道228城厢东进至笏枫公路段工程完成施工和监理招投标；城厢区X282灵华线公路工程、太平高精密集成电路板产业园项目以及日兴建材、东南艺纸等一批项目基本完成征迁工作，联十一线、笏枫公路拓宽等一批重大交通路网项目加快扫尾。

【社会事业】2022年，灵川镇中心卫生院新综合大楼基本完工，基本公共卫生服务考核位居全市前列；灵川中心幼儿园教学综合楼改建工程、第十八中学教学楼宿舍食堂等改扩建项目顺利推进，全镇医疗卫生、教育水平大大提升；建成镇级新时代文明实践所1处、村级新时代文明实践站15处，文明村镇创建工作扎实开展。

2022年，灵川镇组建海上环卫队伍，开展日常巡逻、清洁活动等海漂垃圾综合治理工作，实现岸滩河流入海口和近岸海域垃圾治理常态化；落实畜禽养殖污染防治“村周巡查、镇月检查”长效工作机制，持续保持打击“反弹复养”高压态势，关闭清理养殖场4家；通过农村污水管网建设、排污口整治、养殖场整治、农业面源污染管理整治，逐步提升径里水库、桂山水库水质；加大环卫资金支持力度，新采购4辆25吨压缩式垃圾清运车、1辆25吨清洁洒水车，统筹保障全镇环卫清运工作；全力抓好水质提升工作，径里溪每月水质断面监测均达标，河湖面貌明显改善，水生态环境持续向好；幸福河湖主题公园项目动工建设。

2022年，灵川镇认真贯彻低保惠民新规，聚焦困难特殊群体，开展针对性帮扶，新增低保户84人，特困户10人，残疾证办理208人，临时救助资金使用64.81万元，受助143户333人，救助资金使用率114%；累计走访1136次，提供公益性岗位12

2022年12月21日，福厦客运专线城厢段安置区及其配套工程青山安置区现场（黄欢欢 摄）

2022年11月15日，灵川镇中心卫生院综合大楼建设项目（黄欢欢 摄）

个，提供就业咨询及帮助 2088 人次，实时监测务工情况，继续为 173 户脱贫户免费提供医保和意外保险等帮扶措施，稳定实现“两不愁三保障”（不愁吃、不愁穿，义务教育、基本医疗、住房安全有保障）及饮水安全；积极开展闽宁协作，加强与宁夏回族自治区同心县王团镇结对帮扶，落实镇村、企业帮扶 20.2 万元。

2022年4月，灵川镇何寨社区创建文明城市，图为何寨社区街道
（刘一薪　摄）

【基层治理】 2022 年，灵川镇主动融入“全市一张图、全域数字化”管理，将辖区 15 个村划分为 233 个网格、2055 个单元，并配备 227 名网格长、2014 名单元长。创设“常态巡查—源头发现—信息采集—任务分派—问题处置—核查反馈—跟踪问效”等七步事件闭环处置流程，全年采集处理疫情防控、矛盾纠纷、“两违”查处等事件 4653 起，办结 4653 起，办结率 100%。

2022 年，灵川镇调动“阿豹民间调解室”等社会力量参与信访矛盾化解，主动引导参加信访评理，定分止争；运用司法、行政、人民等多元调解、帮扶救助等手段，群策群力化解群众信访问题。多元调解展现优势，全年大调解办与灵川司法所经镇、村成功化解矛盾纠纷 138 件。

2022 年，灵川镇落实分级包保责任，建立 45 个 C 级主体、484 个 D 级主体台账，铺开 5 轮创建国家食品安全示范城市宣传和检查，出动 430 人次，开展食品安全常规检查 125 次，专项检查 19 次，食品药品安全环境逐步形成。同时，投入食品安全经费 10 万余元，认真开展创建国家食品安全示范城市宣传工作，印发各类食品安全宣传手册 3000 余册，并在各村（社区）主干道路口悬挂横幅 250 多条及充分利用辖区内 LED 宣传屏、手机短信、板报等形式进行宣传，张贴海报 1100 余张，积极营造放心消费、平安的食品药品环境。

2022 年，灵川镇坚持常态化开展扫黑除恶斗争、反邪教、禁毒、铁路护路、反恐、反走私等。“平安三率”宣传期间，分发《平安灵川 共建共享》《平安城厢》宣传单 8000 多份、印有“平安灵川”购物袋 3000 份，平安电信诈骗宣传抽纸 3000 盒、扫黑禁毒宣传笔 2000 支、平安宣传扇子 3000 只，为全镇 4000 多部固话开通平安灵川彩铃业务，通过电信公司发送平安“三率”宣传信息 10 万条；并联合派出所 2 人、网格巡逻员 4 人，村居 6 名干部计 12 人形成大巡逻队伍每天 19：00—21：00 进行夜间大巡逻，营造浓厚的平安宣传氛围，提高“平安灵川”建设的群众安全感、满意率和执法工作的满意度。

2022 年，灵川镇完善和落实安全生产责任制，加强安全生产监管执法，强化道路交通、水上交通、消防、渔业、危化品等重点行业领域安全监管责任，坚决消除重大隐患、坚决遏制重大事故发生。全年组织检查 260 余次，出动人员 1500 多人次，检查各个场所累计 380 余家次，累计发出安全生产隐患整改通知书 96 份，排查整改各类安全隐患问题 386 件，立即整改 361 件，限期整改 25 件，其中对企业发出安全生产告知书 85 份，对 8 家安全生产滞后企业进行工作约谈，配合区应急局对辖区内 2 家企业做出相应的处罚。同时，对安全生产问题比较突出的燃气专项“开小灶”进行整治，取缔2处黑气窝点，暂扣51瓶液化气瓶，有效防范遏制燃气安全事故发生，切实提升燃气安全水平。

【精神文明建设】 2022年，灵川镇常态化开展创城工作，扎实推进精神文明创建活动。加强基层文化阵地建设，提升新时代文明实践站、所等文化阵地功能，广泛宣传党的二十大精神、习近平新时代中国特色社会主义思想等内容；成立15支志愿者服务队，开展家园清洁行动，强化各村居卫生整治情况巡查通报，督促整改到位；加强垃圾分类宣传，提升居民的垃圾分类意识，按照“户分类、村收集、镇转运、区处理”的工作机制，实现垃圾日产日清。

（刘一薪）

东海镇

【基本情况】 东海镇位于北纬25°16′2″—25°17′1″、东经118°54′20″—118°57′1″，地处城厢区南部，东与灵川镇相邻，南邻湄洲湾内海，与秀屿港隔海相望，西至仙游县枫亭镇交界，北与华亭镇毗连。辖区东西最大距离6.4千米，南北最大距离8.9千米，辖区面积96平方千米，其中陆地面积47平方千米，水域面积49平方千米。森林面积30.087平方千米，森林覆盖率较高。下辖12个行政村和1个社区、51个自然村，户籍人口5.8万余人，基层党组织24个，党员1709人。

东海镇历史底蕴较为深厚，是北宋庆历名臣蔡襄后裔的聚居地，拥有金沙宫、石梯寺等一批文物保护单位、一个市级爱国主义教育基地蔡襄纪念馆、一批市级非遗项目。“上元祈福万人圈灯”民俗文化活动历史悠久，享誉海内外，多次被各级新闻媒体报道。蔡襄文化园项目占地面积7.33公顷，规划建设蔡襄文化主题公园、文化活动中心、廉政教育馆及书画展厅、多媒体智能厅、蔡襄文化商业街、万平休闲广场及配套服务设施等，一期工程占地面积4公顷，投资1.68亿元，蔡襄文化主题公园、文化活动中心、智能健身驿站及万平休闲广场建成并投入使用，投资500万元建设的智能健康运动驿站部分投入使用，建设篮球、门球、足球、乒乓球、链球等场所，形成东海镇新的地标性文化建筑。结合石梯旅游景区、上图采摘园基地、东海初之源农场、上亭高铁沿线特色建筑风貌优化建设等农文旅资源，创建蔡襄文化园乡村一日游线路，打造人文特色鲜明的蔡襄文化旅游景点，加快推进乡村振兴建设进程。

2022年，东海镇全年累计完成工业产值49.25亿元，同比下降15.86%；全年完成固定资产投资12.96亿元，完成年度计划的92.57%；建筑业产值全年完成1.99亿元，完成年度计划的99.5%；财政收入全年完成1.11亿元，同比增长2.59%。

2022年，东海镇辖区上亭村获评全国文明村，蔡厝村、东海村、海头社区、上图村、大埔村获评省级文明村，东沙村、利角村、东朱村、西厝村、西黄村获评市级文明村。

【自然条件】 东海镇地处湄洲湾畔，地理条件优越。整体地形依山面海。经镇有国道15沈海高速公路、国道228线笏枫公路、福厦铁路、省道201线即联十一线、新建福厦铁路客运专线，交通便捷。东海镇道路基础设施建设不断完善升级，先后完成国道228线笏枫公路拓宽改造工程，实现全线六车道竣工通车。

东海镇整体地势自北向南倾斜，海堤总长度7.2千米。境内最高处位于西北部的山峰西柳山太子峰，海拔660米；最低处为平地，海拔5米。境内属南亚热带气候，年平均气温21.8℃，年平均降雨量1663毫米。境内河道属自然流域，主要河道有团结溪、海头溪、蔡厝溪、西黄溪、蔡亭溪、横沟等6条，河流总长度20.75千米。境内最大的河流为海头溪，从海头水库至海头溪流经境内利角、海头、东海村直至出海口，总长3.65千米，总库容158.4万立方米。境内主要矿产资源有铝、铁、锰、黄铁矿等金属矿，但储量较少；还有高岭土、蛇纹石、滑石、叶蜡石、花岗石、钾长石、硅线石、铝土、石油、明矾等非金属矿藏。主产水稻、地瓜、花生、大豆等作物。境内主要自然灾害有地震、台风、洪涝、干旱、暴雨、寒害、冰雹和雷击等。台风灾害年均发生约4次，主要发生在每年5—10月。

【工业】2022年，东海镇下辖东朱、海头、东沙3个工业集中地，入驻工业企业100多家，其中规模以上工业企业34家，形成以才子服饰股份有限公司、嘉裕华制鞋工业企业等为龙头的鞋服产业链。产业规模不断壮大，在现有工业小区的规模上，规划新增东海鞋服科技产业园，占地面积33.33公顷，计划建设鞋服、纺织、科创信息、电子高端产业集群，概算投资30亿元。进一步拓展轻工业发展空间，编制占地面积66.67公顷的成片土地开发方案。

【农业】2022年，东海镇拥有专业合作社11家，家庭农场9家，蔡厝村等3个村建设高标准农田项目。辖区内牛樟芝种植基地位于太子尖和狮峰，占地面积68.33公顷，栽植8万株牛樟树。高科技花蛤育苗项目落户东海村，占地面积2.14公顷，建设育苗池250池计10000平方米，可投放花蛤小苗600亿只。火龙果种植基地位于东海村东港。上图村智慧果园基地巨峰葡萄种植项目占地面积20公顷，建成一期6.67公顷葡萄园，打造农业“休闲＋观光＋采摘＋体验”的模式。西黄石头蛎基地项目完成规划用地33.33公顷，拟扩建形成西黄村、蔡厝村、西厝村连片66.67公顷的海洋牧场，用于发展无公害生态养殖，依托人工沙滩、海路观光垂钓、海鲜品尝等模式，打造东海乡村一日游线路，延伸农文旅产业链。

2022年，东海镇中小河流清淤疏浚项目，组织实施横沟清淤工程，基本完成横沟流域6.7千米的清淤疏浚任务，完成投资约302万元。东海镇大埔溪清淤工程，完成清理河道流域约2.5千米，护坡修复16米，新建东滨溪连通工程202米，完成投资280万元。全年排查临河搭建养殖场18处，拆除面积200多平方米。

【商贸服务业】2022年，东海镇限上批零业产值完成情况：现有限上批零企业9家，全年完成10.32亿元，累计比增24.01%，完成年度计划10亿元的103.24%。

2022年，东海镇规上营利性服务业产值完成情况：现有规上营利性企业1家，全年完成0.62亿元，完成年度计划0.60亿元的103.33%。

【社会事业】卫计常规工作。2022年末，东海镇总人口61896人，出生387人，男孩201人，女孩186人，出生性别比为108.06（女=100）。对农村独生子女、二女医保补助2442人。对计生户意外伤害保险补助1130户3316人、保费11.3万元，慰问计生困难及失独家庭22人次、慰问金2.4万元。

文化体育。2022年，东海镇持续开展文体活动，组织“全民K歌”活动、“笔墨凝万香 新春送祝福”活动、“强国复兴有我暨我们的节日·七夕”等大型文体系列活动。依托节日文化载体，持续开展节日文化活动，组织清明节文明祭扫志愿活动、粽香端午活动、盛夏送清凉喜迎二十大慰问一线环卫工活动、重阳节敬老慰问等活动。东沙中学捐资助教建设篮球场、东海村成立奖学助教基金会、上图村成立奖学助教基金会、大埔村成立奖学助教基金会、蔡厝村成立爱教基金会、蔡襄学术研究会成立奖学基金会、教师节庆祝表彰活动等。

安全生产。2022年，东海镇深入开展安全生产大排查大整治工作，组织大型执法12次，部门执法218人次。检查各类企业116家，查出安全隐患336项，整改320项，整改率95%，下发整改通知书16份，要求限期整改到位。家庭式小作坊26家，排查存在安全隐患36条，即查即改31条，另有5条下发整改通知书，要求限期整改到位。

食品安全。2022年，东海镇开展食品药品安全大排查大整治工作，组织大型执法12次，职能部门执法116人次，检查餐

2022年9月21日，城厢区人民调解员协会揭牌仪式在东海镇举行

（东海镇　供）

饮店90家、食杂店316家，查处存在隐患316项，整改308家，整改率97%，发出整改通知书8份，要求按时整改到位。

矛盾纠纷排查化解。2022年，东海镇排查各类矛盾纠纷144件，其中婚姻家庭纠纷6件，邻里纠纷82件，损害赔偿纠纷16件，房屋宅基地纠纷1件，其他纠纷39件，调处成功144件，调处成功率100%。一批历史积案得到有效化解，助推基层治理水平再上新台阶。

打击电信网络诈骗工作。2022年，东海镇结合进村入户大走访活动，广泛发动、大力开展反诈宣传，持续落实各项宣防举措，大力推进“金钟罩”防诈骗系统注册关注工作，推进构建全民反诈格局。开展缅北窝点人员劝返工作，落实“十个一律”管控举措，确保及时逼投劝返。发动村居和群防群治力量，通过对其近亲属加强政策攻势，劝促其本人尽快回国投案自首。开展涉诈重点人员拉网式大排查、大整治，进一步加强滞留境外涉诈人员审查深挖，细化摸排，认真落实信息采集，逐人分类甄别境外回流人员，严防回流人员再次出境作案，对仍滞留境外的本地籍人员摸排劝返。经核查，国务院下发辖区涉诈重点人员158名，核查140名，核查率88.6%。

“平安三率”工作。2022年，东海镇开展“百名干部进村户，排忧解难保平安”活动，印制《2022年公众安全感测评电话调查模拟卷》及《东海平安专刊》、《一封信》、《平安调查问卷》、《禁毒调查问卷》、海报等宣传单5万多份，逐户进行分发宣传。利用短信平台，群发平安短信进行宣传，累计发送综治平安短信25万余条，同时在全镇辖区内的固定电话全面开通“平安彩铃”，提高群众对综治平安工作的认知感；在全镇所有镇干部、村干部、村民代表的手机定期统一发送关于防抢、防盗、防电信诈骗、防火、交通安全、扫黑除恶斗争等脍炙人口通俗易懂的宣传口号，有效提升综治平安建设、常态化扫黑除恶斗争活动知晓率、防范新型电信网络诈骗知识。利用云广播、H5、微信朋友圈广告等多平台宣传。通过利用云广播、H5、微信广告的优势，精准本地用户，投放“平安三率”广告18万余次。

【党的建设】2022年，东海镇立足实际、系统谋划探索“组织重构、资源重整、力量重合”路径，主动融入“全市一张图、全域数字化”建设，着力推动网格划分精细化、基层治理自治化、平台调度精准化、实现全域数字化、基层执法一体化、为民服务多元化的“六化”基层社会治理模式，以末端党组织为基础，融合党建+邻里中心、综治+治理中心，将疫情防控、生态环保、矛盾纠纷、“两违”治理、食品安全、文明创城等重点工作全部纳入网格管理事项，实现“一网统管”，切实解决基层具体问题。一是夯实基础数据。强化系统集成、数据归集，推动部门信息汇聚共享、实时更新，实现一次采集、多方共用，以可靠的基础数据支撑，服务“党建引领、夯基惠民”工程。年内平台采集事件信息1782件，办结1782件，办结率100%。

【基础设施建设】2022年，东海镇完成笏枫路拓宽工程拔钉清障工作，拓宽改造工程顺利竣工并投入使用，实现全线贯通，并升级为国道228线，车流量进一步提升，双向两车道变成六车道。

2022年，东海镇新建福厦铁路客运专线（东海段）顺利完成铺轨施工，涉及东海段全长4486米，桥墩112根，为跨海大桥段。

2022年，东海镇金桥路工程顺利动工建设，该路全长1.31千米，按市政道路兼三级公路标准进行设计，规划路幅宽度24米，概算总投资5900万元，完成土地农转用手续批复，8月正式动工建设。

2022年，东海镇利角至石梯段道路拓宽改造工程完成道路拓宽使用林地省级批复手续和路基拼宽刷坡施工，一期石梯段2.5千米先行施工。该道路全长7.5千米，规划路幅宽度7.5米，按四级公路标准进行改造设计，预计总投资约2900万元。

2022年，东海镇海头溪、横沟、大埔溪清淤工程先后完成设计、招投标，总投资约500多万元，海头溪、横沟、大埔溪清淤全部顺利完工。

2022年，东海镇城乡供水一体化“一户一表”改造项目顺利完工。项目总投资7000多万元，为EPC（是指承包方受业主委托，按照合同约定对工程建设项目的设计、采购、施工等实行全过程或若干阶段的总承包，并对其所承包工程的质量、安全、费用和进度进行负责）投资模式。

2022年，东海鞋服科技产业园项目先后组织6次意向企业招商及总平面设计座谈会，召开区政府专题协调会解决历史遗留问题，区国投顺利进场施工。该项目总用地面积25.1公顷，其中净用地面积19.83公顷，总投资30亿元。

2022年，东海镇污水管网建设全面完成，全镇污水管网设计长度266千米，完成污水管网铺设269千米；全镇PPP（即公共私营合作制融资模式，是指政府与私人组织之间，合作建设城市基础设施项目）三格式化粪池需接管1142个全面完成；新建三格式化粪池需接管1564个全部完成；群众自建三格式化粪池9938个，接管8728个，全镇接管率94.37%。镇域污水管网建设实现完工并投入使用。

【小城镇建设】2022年，东海镇先后完成东海鞋服片区控制性详细规划、协信制模地块控制性详细规划成果市政府批复，浮山岭地块控制性详细规划完成市自然资源局审核。

2022年，东海镇天誉首府房地产（三期）项目土建工程全部完工。项目占地面积2.67公顷，规划建设4幢高层建筑及1幢幼儿园，总规划建筑面积为112792.6平方米，其中高层建筑24层1幢、32层建筑3幢及4层1幢幼儿园。全部竣工并投入使用。

2022年，东海镇持续推进幸福家园建设，东沙幸福家园建设先后完成建筑方案评审、日照分析、总平面规划论证，完成土地农转用报批程序，累计拆除旧房228户，平整旧房区土地达40多亩，累计动工建设安置房22幢100直（每2直为1户套），其中土建封顶13幢64直、钢筋施工至基础圈梁9幢36直；坪洋西头幸福家园项目顺利完成续建工程招投标工作，正式动工建设，实现续建，续建工程投资700多万元，幸福家园规划占地面积8亩，规划建设安置房6幢，其中，3幢主体工程封顶，另3幢分别建至第4层主体框架。

2022年，东海镇持续推进集中地土地成片开发方案编制，规划占地面积48公顷，完成初稿设计。

2022年，东海镇扎实推进乡村振兴项目，累计争取项目建设补助资金45万元，策划并落地实施乡村振兴财政衔接项目5个：实施蔡亭村王洋片道路拼接及排水沟修复工程，提升蔡亭村村庄道路交通品质，保障村庄防洪抗涝能力；开展西黄村农田道路护坡改造项目和坪洋村农业生产基地隔离围挡项目，为改善、保障农户农业生产创造更良好条件；实施上亭村美丽微景观项目和大埔村美丽小公园项目。

【民生保障】2022年，东海镇全力做好社会兜底，继续落实低保提标扩面工作，定期回头看，滚动管理增减员。全年排查因病因残导致的低收入家庭523户1215人次。截至年底，有低保393户910人，新增低保26户61人，低保转特困6人，低保覆盖率达1.56%以上。临时救助105户43.403万元。特困集中供养人员13人，集中供养45%。全年发放残疾人“两项补贴”188万余元。

2022年，东海镇精准扶贫建档立卡脱贫户143户481人，其中，在学67户111人，低保保障101户290人，残疾补助保障63户114人。年内向16户脱贫户发放中央财政衔接推进乡村振兴补助资金5.8万元，用于扶持脱贫户自主经营、自主创业、发展休闲农业、电子商务等项目；发放市级脱贫对象疫情防控相关物资补助2.428万元，专项用于脱贫村、脱贫户的疫情防控物资采购，保障脱贫对象的人身安全和生产生活；发放市级产业发展奖补资金0.8万元，用于16户脱贫户产业发展奖补、补助；发放建档立卡脱贫户家庭春节慰问金7.15万元，用于帮扶143户488人脱贫户防寒防冻，过上幸福祥和的春节；发放区级重点帮扶对象补助资金0.6万元，用于补助东海镇6户重点帮扶对象；发放第二批区级财政衔接乡村振兴补助资金0.8万元，用于16户脱贫对象产业发展奖补、补助；发放第二批区级财政衔接乡村振兴补助资金1.43万元，用于补助143户脱贫户用水；按照上级文件规定“对脱贫对象医疗自费超过两千按50%补助”的标准，发放脱贫对象健康扶贫补助资金49969.04元。此外，年内为6户脱贫户进行住房修缮，保障脱贫户住房安全；脱贫对象续聘公益性岗位12户13人；截至年底，累计帮助23户有发展产业意愿的脱贫户申请小额信贷57万元。

2022年，东海镇大力开展闽宁协作工作。11月9日，与同心县预旺镇和马高庄乡进行视频连线，探讨如何进一步加强沟通协作、建立相关交流沟通制度，讨论具体帮扶举措。镇工会及利角村向同心县采购特优农产品枸杞、香米、八宝茶等4万元左右。11月，东海镇才子服饰股份有限公司、协顺鞋业有限公司分别向宁夏同心县预旺镇、马高庄乡捐赠200件才子棉服（价值183400元）、230双鞋子（价值34500元）；海头社区向所挂钩帮扶的马高庄村捐赠休闲裤200条（价值107300元）；大埔村向所挂钩帮扶的白阳洼村捐赠毛衣100件（价值76000元）；东海村向所挂钩帮扶的贺家塬村捐赠鞋子260双（价值33800元）；东沙村向所挂钩帮扶的赵家树村捐赠毛衣100件(价值57400元)；利角村向所挂钩帮扶的邱家渠村捐赠毛衣及加绒衬衣100件（价值61900元）。

（郭　淞　黄益彬）

人物　名录

人　物

2022年城厢区好人好事人物表

表6

姓名	工作单位	奖励名称	颁奖单位	表彰级别	颁奖时间
唐国涛（已故）	区疾控中心	2022年“福建好人”	省委文明办	省级	2023年2月
王金森	莆田市阿豹民间调解室负责人	2022年“福建好人”	省委文明办	省级	2023年2月

2022年城厢区高级专业技术职务人物表

表7

姓名	工作单位	技术职务	获任职资格时间
吴秀琼	城厢区医院	主任医师	2022年12月
沈秀香	城厢区医院	主任医师	2022年12月
杨荫明	城厢区医院	副主任医师	2022年12月
王淦樱	城厢区医院	副主任护师	2022年12月
吴小丽	城厢区医院	副主任医师	2022年12月
林舜贞	城厢区医院	副主任护师	2022年12月
陈婷	城厢区医院	副主任医师	2022年12月
陈建芳	城厢区凤凰山街道卫生服务中心	副主任医师	2022年12月
林敏	灵川镇中心卫生院	副主任医师	2022年12月
王秀蓉	灵川镇中心卫生院	副主任医师	2022年12月

2022年城厢区百岁以上老人名表

表8

序号	姓名	性别	出生年月	民族	居住地
1	周明香	女	1921年5月	汉族	龙桥社区欢喜庵
2	林顶听	女	1921年5月	汉族	霞林街道坂头社区
3	柯佑生	男	1922年11月	汉族	霞林街道顶墩社区
4	李金水	男	1922年5月	汉族	霞林街道木兰村
5	宋启宁	男	1917年12月	汉族	霞林街道下黄村
6	程亚幼	女	1916年8月	汉族	华亭镇濑溪村
7	林亚水	男	1917年10月	汉族	华亭镇后枫村
8	卓大张厝	女	1917年10月	汉族	华亭镇后塘村
9	张福清	男	1919年11月	汉族	华亭镇长岭村
10	石尾厝	女	1920年6月	汉族	华亭镇霞皋村
11	林云加	男	1920年10月	汉族	华亭镇霞皋村
12	许南门申	女	1920年6月	汉族	华亭镇兴沙村
13	卢吓娘	女	1921年12月	汉族	华亭镇濑厝村
14	辛亚妹	女	1921年8月	汉族	华亭镇埔柳村
15	卓社边	女	1922年6月	汉族	华亭镇埔柳村
16	徐淑林	女	1922年7月	汉族	华亭镇埔柳村
17	方木治	女	1921年12月	汉族	华亭镇南湖村
18	石子英	男	1921年4月	汉族	华亭镇南湖村
19	郑粉治	女	1922年8月	汉族	华亭镇南湖村
20	高下社	女	1922年6月	汉族	华亭镇西沙村
21	徐龙西新	女	1922年8月	汉族	华亭镇后塘村
22	郑顶时厝	女	1922年11月	汉族	华亭镇村樟塘村
23	黄玉珠	女	1922年10月	汉族	华亭镇前柳村
24	李山利新	女	1922年11月	汉族	华亭镇顶宅村
25	王吓金	女	1920年7月	汉族	常太镇候山村
26	杨爱清	女	1922年3月	汉族	常太镇候山村
27	谢吓冬	女	1921年7月	汉族	常太镇顶坑村
28	张刘密	女	1921年1月	汉族	常太镇长基村
29	杨秋妹	女	1918年9月	汉族	灵川镇桂山村白岭
30	许春玉	女	1921年11月	汉族	灵川镇桂山村白岭
31	林玉梅	女	1919年10月	汉族	灵川镇硋灶村坂厝
32	詹珍妹	女	1920年12月	汉族	灵川镇东进村8组
33	梅亚冬	女	1921年12月	汉族	灵川镇径里村7组
34	黄乌妹	女	1922年7月	汉族	灵川镇书峰村354号
35	黄亚金	女	1922年5月	汉族	灵川镇东进洋尾198号
36	郑美珍	女	1922年6月	汉族	灵川镇下尾岐头135号

续表 8

序号	姓名	性别	出生年月	民族	居住地
37	林吓春	女	1922年1月	汉族	灵川镇下尾下垞23号
38	陈冬玉	女	1922年8月	汉族	灵川下尾村下尾35号
39	郝吉仔	女	1918年8月	汉族	东海镇西黄村
40	蔡姐治	女	1920年6月	汉族	东海镇西黄村
41	蔡三姐	女	1921年8月	汉族	东海镇西黄村
42	蔡桂清	男	1919年11月	汉族	东海镇利角村
43	朱瑞姐	女	1920年12月	汉族	东海镇东海村
44	蔡吓拾	女	1920年12月	汉族	东海镇蔡亭村
45	江元佬	男	1921年9月	汉族	东海镇西厝村
46	黄元治	女	1921年4月	汉族	东海镇坪洋村
47	阮吓宝	女	1922年12月	汉族	东海镇东沙村

名 录

2022年城厢区在职副科级及以上干部一览表

表9

姓名	现单位及职务、职级	性别	民族	籍贯	出生年月	参加工作时间	入党时间	任现职务时间
				区委				
王文才	区委书记	男	汉族	秀屿东庄	1972年6月	1991年9月	1994年1月	2016年6月起
王文晖	区委副书记，区政府党组书记 区长	男	汉族	福建泉州	1986年7月	2014年8月	2007年5月	2021年6月起 2021年12月起
黄美光	区委常委 区政府党组成员 三级调研员	男	汉族	荔城镇海	1965年2月	1986年8月	1992年1月	2018年12月起 2013年7月起 2022年10月起
苏德权	区委常委、宣传部部长	男	汉族	秀屿东庄	1977年11月	2000年8月	2000年6月	2021年1月起
许琦阳（女）	区委常委 纪委书记 监委主任	女	汉族	涵江白塘	1975年10月	1995年8月	2002年12月	2021年4月起 2021年12月起
谢长征	区委常委 挂职宁夏回族自治区吴忠市同心县委常委、副县长	男	汉族	城厢霞林	1974年11月	1993年10月	1995年11月	2021年7月起
欧国民	区委常委、统战部部长 政协党组副书记（兼） 城厢区社会主义学校校长（兼）	男	汉族	仙游枫亭	1971年12月	1990年8月	1997年4月	2021年7月起 2021年8月起 2022年8月起
郭健明	区委常委，区政府党组副书记 区政府副区长	男	汉族	涵江涵东	1970年1月	1991年11月	1996年1月	2021年7月起 2021年10月起
于迎伟	区委常委、政法委书记	男	汉族	江苏涟水	1970年12月	1989年11月	1992年2月	2021年7月起
刘 艳（女）	区委常委（挂职） 宁夏回族自治区同心县委常委、宣传部部长	女	汉族	宁夏固原	1984年8月	2007年10月	2006年4月	2021年10月起 2021年8月起

续表9

姓名	现单位及职务、职级	性别	民族	籍贯	出生年月	参加工作时间	入党时间	任现职务时间
林江波	区政府党组成员（兼） 区委常委、区人武部上校政委	男	汉族	漳州漳浦	1983年8月	2004年6月	2005年11月	2021年3月起 2021年12月起
区人大常委会								
肖志雄	区人大常委会党组书记 主任	男	汉族	涵江国欢	1964年7月	1987年8月	1992年6月	2021年7月起 2021年12月起
林晋居	区人大常委会党组副书记 副主任	男	汉族	荔城 西天尾	1964年4月	1980年9月	1984年7月	2021年12月起 2016年12月起
王乌妹（女）	区人大常委会副主任	女	汉族	秀屿平海	1967年9月	1986年8月	致公党	2011年12月起
陈颖珊（女）	区人大常委会党组成员 副主任	女	汉族	秀屿平海	1971年4月	1991年8月	1995年1月	2021年7月起 2021年12月起
林俊杰	区人大常委会党组成员 副主任	男	汉族	城厢 凤凰山	1974年9月	1995年12月	1998年8月	2021年7月起 2021年12月起
区政府								
王文晖	区委副书记 区政府党组书记 区长	男	汉族	福建泉州	1986年7月	2014年8月	2007年5月	2021年6月起 2021年12月起
黄美光	区委常委 区政府党组成员 三级调研员	男	汉族	荔城镇海	1965年2月	1986年8月	1992年1月	2018年12月起 2013年7月起 2022年10月起
郭健明	区委常委、区政府党组副书记 区政府副区长	男	汉族	涵江涵东	1970年1月	1991年11月	1996年1月	2021年7月起 2021年10月起
林福全	区政府副区长、党组成员 区公安分局局长、党委书记	男	汉族	秀屿平海	1969年7月	1991年11月	1996年11月	2020年4月起 2020年4月起
许玉树	区政府党组成员 副区长	男	汉族	秀屿东峤	1977年3月	1995年10月	2007年12月	2021年7月起 2021年8月起
蒋万顺	区政府党组成员 副区长	男	汉族	城厢灵川	1977年6月	1999年12月	2001年10月	2021年7月起 2021年8月起
肖　娴（女）	区政府副区长	女	汉族	仙游龙华	1983年3月	2002年9月	民革	2021年9月起
何　辉	区政府党组成员 副区长	男	汉族	福建惠安	1983年11月	2004年7月	2003年11月	2021年7月起 2021年9月起
王　刚	区政府党组成员 副区长	男	汉族	秀屿平海	1972年10月	1994年11月	1996年7月	2021年7月起 2021年10月起
熊　艺（女，苗）	区政府副区长（挂职）	女	苗族	湖南泸溪	1986年7月	2012年9月	—	2022年2月起
张伟国	区政府党组成员	男	汉族	荔城黄石	1971年12月	1990年8月	1995年9月	2011年11月起
陈丽萍（女）	区政府党组成员	女	汉族	北岸山亭	1966年11月	1987年8月	1996年4月	2012年12月起
林江波	区政府党组成员（兼） 区委常委、区人武部上校政委	男	汉族	漳州漳浦	1983年8月	2004年6月	2005年11月	2021年3月起 2021年12月起
区政协								
陈四海	区政协党组书记 主席	男	汉族	莆田涵江	1969年6月	1991年8月	1993年6月	2021年7月起 2021年12月起

续表9

姓名	现单位及职务、职级	性别	民族	籍贯	出生年月	参加工作时间	入党时间	任现职务时间
欧国民	区委常委、统战部部长 政协党组副书记（兼） 城厢区社会主义学校校长（兼）	男	汉族	福建莆田	1971年12月	1990年8月	1997年4月	2021年7月起 2021年8月起 2022年8月起
林素香（女）	区政协党组副书记 副主席	女	汉族	城厢凤凰山	1964年10月	1984年8月	1985年7月	2019年3月起 2016年12月起
郑尚庆	区政协副主席	男	汉族	涵江梧塘	1965年2月	1988年9月		2011年12月起
黄斌华	区政协党组成员 副主席	男	汉族	城厢灵川	1966年9月	1989年9月	1995年8月	2016年7月起 2016年12月起
何剑锋（女）	区政协副主席	女	汉族	福州福清	1966年1月	1987年8月	民革	2016年12月起
区公安局、区检察院、区法院								
曾奋乐	区法院党组书记、院长 区委政法委员会委员、区法院审判委员会委员 三级高级法官	男	汉族	涵江三江口	1969年10月	1989年9月	1996年2月	2020年12月起 2020年12月起 2022年4月起
林少雄	区检察院党组书记、检察长 区委政法委员会委员、区检察院检察委员会委员 三级高级检察官	男	汉族	秀屿东峤	1967年7月	1989年8月	1996年2月	2020年12月起 2020年12月起 2022年4月起
林福全	区政府党组成员、副区长，区公安分局党委书记、局长、督察长 二级高级警长	男	汉族	秀屿平海	1969年7月	1991年11月	1996年11月	2020年4月起 2022年1月起
区人大内设机构								
陈敬阳	区人大常委会办公室党组成员、主任	男	汉族	荔城拱辰	1980年4月	2001年10月	2001年6月	2021年12月起
郑国树	区人大监察和司法工作委员会主任 一级主任科员	男	汉族	秀屿月塘	1972年12月	1995年10月	1996年10月	2021年12月起 2020年6月起
林德龙	区人大财政经济工作委员会主任 一级主任科员	男	汉族	秀屿埭头	1965年12月	1985年8月	农工党 1988年4月	2020年8月起 2020年6月起
程秀莲（女）	区人大华侨工作委员会主任 一级主任科员	女	汉族	荔城黄石	1971年12月	1993年8月	1997年6月	2021年12月起 2021年3月起
陈铁山	区人大人事代表工作室主任 一级主任科员	男	汉族	城厢常太	1971年11月	1995年9月	2000年7月	2012年4月起 2020年6月起
孙曙文	区人大农业和农村工作委员会主任 一级主任科员	男	汉族	山东寿光	1967年10月	1989年9月	1994年12月	2021年12月起 2021年1月起
林荣聪	区人大环境与城乡建设工作委员会主任 一级主任科员	男	汉族	涵江新县	1969年11月	1994年10月	1994年6月	2021年12月起 2021年3月起
黄建山（女）	区人大教育科学文化卫生工作委员会主任	女	汉族	荔城镇海	1971年5月	1990年8月	致公党 1998年1月	2020年8月起
林　丽（女）	区人大社会建设工作委员会主任	女	汉族	荔城镇海	1977年3月	1995年8月	1998年8月	2020年8月起
翁福铭	区人大常委（正科长级） 一级主任科员	男	汉族	城厢灵川	1965年7月	1988年9月	1997年10月	2019年6月起 2021年3月起

续表9

姓名	现单位及职务、职级	性别	民族	籍贯	出生年月	参加工作时间	入党时间	任现职务时间
陈庆中	区人大四级调研员	男	汉族	城厢龙桥	1966年1月	1988年8月	1994年5月	2019年6月起
何福水	区人大四级调研员	男	汉族	荔城新度	1963年3月	1988年8月	1988年7月	2019年6月起
卓永安	区人大四级调研员	男	汉族	仙游园庄	1963年10月	1984年8月	1984年7月	2019年6月起
陈建国	区人大办公室副主任	男	汉族	城厢霞林	1969年7月	1996年9月	2003年12月	2013年3月起
郭凤祥	区人大办公室副主任	男	汉族	秀屿东峤	1986年5月	2010年8月	民盟 2012年5月	2019年9月起
区政协内设机构								
蔡玉坤	区政协党组成员 办公室主任	男	汉族	城厢霞林	1966年9月	1989年8月	1997年9月	2019年6月起 2020年6月起
陈剑冰	区政协提案委员会主任 一级主任科员	男	汉族	荔城拱辰	1976年10月	1995年10月	1998年9月	2015年3月起 2020年6月起
章建平	区政协农业农村委员会主任、四级调研员	男	汉族	涵江梧塘	1969年11月	1992年9月	1996年12月	2019年6月起
黄黎明	区政协常委、四级调研员	男	汉族	涵江涵西	1964年12月	1984年8月	1990年3月	2019年6月起
詹雄志	区政协四级调研员	男	汉族	秀屿平海	1971年2月	1990年8月	1993年2月	2019年6月起
黄志汉	区政协社会法制民族宗教和港澳台侨外事委员会主任	男	汉族	荔城 西天尾	1969年8月	1991年9月	1996年7月	2020年7月起
陈德胜	区政协科技和人口资源环境委员会主任	男	汉族	秀屿月塘	1972年2月	1994年9月	致公党 2010年6月	2021年3月起
龚金忠	区政协二级主任科员	男	汉族	城厢 凤凰山	1973年12月	1994年9月	1996年4月	2019年6月起
区纪委监委								
许琦阳（女）	区委常委 纪委书记 监委主任	女	汉族	涵江白塘	1975年10月	1995年8月	2002年12月	2021年4月起 2021年12月起
吴智杰	区纪委副书记 区监委副主任 一级主任科员	男	汉族	城厢龙桥	1974年12月	1996年10月	1996年1月	2016年7月起 2017年12月起 2020年6月起
林建华	区纪委副书记、监委副主任	男	汉族	秀屿东峤	1982年8月	2007年9月	2011年6月	2020年12月起
陈宜宓	区纪委常委（正科长级） 区监委委员	男	汉族	涵江白沙	1972年8月	1992年9月	1998年8月	2017年12月起 2017年12月起
林国煌	区纪委常委	男	汉族	秀屿埭头	1986年6月	2008年2月	2012年7月	2021年7月起
陈碧金（女）	区纪委常委 区纪委监委案件审理室主任	女	汉族	秀屿平海	1976年4月	2006年1月	2007年6月	2021年7月起 2018年12月起
蔡建志	区纪委常委、区委巡察办主任 四级调研员	男	汉族	城厢东海	1972年12月	1995年12月	1995年4月	2022年1月起 2019年6月起
方　晖	区监察委员会委员（正科长级）	男	汉族	城厢灵川	1979年7月	2000年12月	2003年12月	2021年12月起
傅建彬	区监察委员会委员 三级主任科员	男	汉族	仙游赖店	1965年11月	1980年8月	1993年12月	2021年11月起 2022年2月起
林　航	区纪委监委信访室主任	男	汉族	仙游鲤城	1984年5月	2007年1月	2010年10月	2020年7月起
吴海婷（女）	区纪委监委纪检监察干部监督室主任	女	汉族	涵江涵东	1985年3月	2012年3月	2005年6月	2019年9月起

续表9

姓名	现单位及职务、职级	性别	民族	籍贯	出生年月	参加工作时间	入党时间	任现职务时间
姚剑雄	区纪委监委党风政风监督室主任	男	汉族	荔城拱辰	1984年6月	2008年10月	2007年6月	2022年1月起
罗　斌	区纪委监委办公室主任	男	汉族	江西宁都	1987年6月	2012年8月	2008年6月	2022年1月起
戴智宇	区纪委监委第二纪检监察室主任	男	汉族	城厢 凤凰山	1988年11月	2010年9月	2008年5月	2018年7月起
陈鹏远	区纪委监委第四纪检监察室主任	男	汉族	涵江涵东	1982年8月	2009年8月	2008年6月	2021年11月起
李　健	区纪委监委第五纪检监察室主任	男	汉族	荔城 西天尾	1988年4月	2010年11月	2012年8月	2018年7月起
林世忠	区纪委监委驻区委办公室纪检组副组长 三级主任科员	男	汉族	城厢龙桥	1969年8月	1991年11月	1998年6月	2017年8月起 2021年3月起
潘建生	区纪委监委驻区人大常委会机关纪检监察组组长（正科长级）	男	汉族	城厢霞林	1970年11月	1993年9月	1996年6月	2019年9月起
陈　杰	区纪委监委驻区人大常委会机关纪检组副组长 三级主任科员	男	汉族	浙江萧山	1972年7月	1991年12月	1994年7月	2017年8月起 2021年3月起
郑冠群	区纪委监委驻区政府办公室纪检监察组组长（正科长级）	男	汉族	城厢 凤凰山	1973年3月	1996年10月	1999年9月	2019年9月起
黄青锋	区纪委监委驻区政府办公室纪检组副组长 三级主任科员	男	汉族	荔城镇海	1971年1月	1993年12月	1997年6月	2017年8月起 2021年1月起
苏新添	区纪委监委驻区政协机关纪检监察组组长（正科长级）	男	汉族	秀屿东庄	1974年4月	1998年12月	2006年10月	2019年9月起
欧许晖	区纪委监委驻区委宣传部纪检监察组组长（正科长级）	男	汉族	荔城镇海	1982年2月	2007年2月	2010年10月	2019年9月起
陈林斌	区纪委监委驻区市场监管局纪检监察组组长	男	汉族	福建屏南	1984年4月	2010年3月	2012年5月	2022年2月起
许丽莉（女）	区纪委监委驻区委办纪检监察组组长	女	汉族	秀屿东峤	1976年8月	1994年10月	1999年12月	2022年1月起
吴立锋	区纪委监委四级调研员	男	汉族	荔城黄石	1968年6月	1991年11月	1995年5月	2022年2月起
田林华	区纪委监委四级调研员	男	汉族	涵江涵西	1965年7月	1985年7月	1995年11月	2022年2月起
陈金凤	区纪委监委一级主任科员	男	汉族	荔城拱辰	1963年9月	1984年8月	1985年7月	2021年3月起
唐金辉	区纪委监委一级主任科员	男	汉族	秀屿东峤	1963年9月	1984年8月	1996年7月	2021年3月起
吴朝阳	区纪委监委一级主任科员	男	汉族	涵江涵西	1968年12月	1991年9月	1995年12月	2022年9月起
区委巡察办								
蔡建志	区纪委常委、区委巡察办主任 四级调研员	男	汉族	城厢东海	1972年12月	1995年12月	1995年4月	2022年1月起 2019年6月起
叶晨曦（女）	区委巡察办副主任	女	汉族	荔城北高	1988年5月	2008年9月	2007年12月	2022年1月起
区委巡察组								
陈志平	区委巡察一组组长、正科级巡察专员 一级主任科员	男	汉族	荔城拱辰	1969年11月	1989年8月	1997年11月	2022年1月起 2020年6月起

续表9

姓名	现单位及职务、职级	性别	民族	籍贯	出生年月	参加工作时间	入党时间	任现职务时间
刘武生	区委巡察二组组长、正科级巡察专员	男	汉族	龙岩武平	1973年7月	1992年12月	1996年6月	2022年2月起
何震宇	区委巡察三组组长	男	汉族	城厢灵川	1977年12月	1997年8月	2008年11月	2018年7月起
陈贤仁	区委巡察一组副组长 三级主任科员	男	汉族	涵江新县	1970年9月	1991年8月	1996年10月	2018年7月起 2021年3月起
陈文林	区委巡察三组副组长	男	汉族	安溪桃舟	1976年2月	1996年11月	2000年12月	2018年7月起
法院								
曾奋乐	区法院党组书记、院长 区委政法委员会委员、区法院审判委员会委员 三级高级法官	男	汉族	涵江 三江口	1969年10月	1989年9月	1996年2月	2020年12月起 2020年12月起 2022年4月起
吕玉珍（女）	区法院党组副书记、审判委员会委员、审判员	女	汉族	城厢灵川	1966年3月	1988年8月	1995年3月	2022年6月起
陈　静（女）	区法院党组成员 副院长 审委会委员 四级高级法官	女	汉族	荔城镇海	1973年3月	1990年7月	2002年10月	2016年1月起 2020年6月起 2016年3月起 2020年10月起
张鹏辉	区法院党组成员、副院长	男	汉族	福建仙游	1969年6月	1992年8月	1992年6月	2022年5月起
陈冰	区法院党组成员 副院长、审委会委员、四级高级法官	男	汉族	荔城镇海	1974年12月	1995年12月	1995年4月	2022年11月起 2022年12月起
钟丽华（女）	区法院党组成员 审判委员会专职委员 四级高级法官	女	汉族	涵江国欢	1964年12月	1985年12月	1992年6月	2003年3月起 2012年4月起 2018年5月起
陈玲亚（女）	区法院党组成员 政治部主任、二级主任科员	女	汉族	仙游龙华	1977年5月	1996年8月	2001年12月	2021年1月起 2020年12月起
陈建郭	区法院刑事审判庭庭长 审判员 审判委员会委员 四级高级法官	男	汉族	荔城镇海	1965年10月	1988年8月	1999年6月	2013年1月起 2013年9月起 2018年5月起
方新福	区法院民事审判庭（家事少年审判庭）庭长、审判委员会委员 审判员 四级高级法官	男	汉族	仙游榜头	1965年1月	1990年9月	1998年2月	2019年6月起 2012年3月起 2018年5月起
陈俊武	区法院灵川人民法庭 四级高级法官	男	汉族	秀屿东庄	1968年5月	1989年9月	1998年2月	2020年6月起 2020年10月起
徐　荟（女）	城厢区人民法院行政审判庭（综合审判庭）一级法官	女	汉族	涵江国欢	1970年12月	1990年8月	2006年6月	2021年7月起
魏新华	区法院司法警察大队政委 一级警长	男	汉族	河北临城	1971年11月	1989年3月	1997年9月	2012年3月起 2020年9月起
许国珍	区法院民事审判庭（家事少年审判庭）一级法官	男	汉族	涵江 三江口	1965年10月	1988年9月	2006年1月	2021年7月起
陈颖盈（女）	区法院综合办公室（司法警察大队）主任、三级主任科员	女	汉族	秀屿平海	1984年10月	2006年7月	2008年11月	2019年6月起

续表9

姓名	现单位及职务、职级	性别	民族	籍贯	出生年月	参加工作时间	入党时间	任现职务时间
林吉辉	区法院立案庭（诉讼服务中心） 庭长 审判员 审判委员会委员 一级法官	男	汉族	泉州安溪	1983年5月	2009年9月	2003年5月	2019年6月起 2013年3月起 2022年4月起 2019年3月起
何冠荔（女）	区法院行政审判庭（综合审判庭）庭长 审判员 审判委员会委员 一级法官	女	汉族	荔城新度	1985年8月	2005年8月	2005年6月	2019年6月起 2022年4月起 2019年4月起
王少甫	区法院立案庭（诉讼服务中心） 一级法官 审判员	男	汉族	荔城镇海	1967年6月	1991年9月	1995年11月	2016年10月起 2014年1月起
检察院								
林少雄	区检察院党组书记、检察长 区委政法委员会委员、区检察院检察委员会委员 三级高级检察官	男	汉族	秀屿东峤	1967年7月	1989年8月	1996年2月	2020年12月起 2020年12月起 2022年4月起
徐润苗	区人民检察院党组成员、副检察长，检察委员会委员	男	汉族	仙游游洋	1977年9月	2000年11月	2002年6月	2022年6月起
邱景松	区检察院党组成员、副检察长、检察委员会委员、检察员、一级检察官	男	汉族	仙游榜头	1975年9月	1997年9月	1996年11月	2022年2月起
林颖慧（女）	区检察院党组成员、副检察长、检察委员会委员、检察员、一级检察官	女	汉族	福建长乐	1983年6月	2009年4月	2013年5月	2022年2月起
康青永	区检察院检委会委员 三级高级检察官	男	汉族	涵江梧塘	1964年12月	1987年8月	1996年7月	2005年10月起 2022年3月起
杨金春	区检察院党组成员 纪检组组长 四级调研员	男	汉族	秀屿东埔	1967年8月	1990年9月	1993年5月	1999年9月起 2015年10月起 2019年6月起
陈予方（女）	区检察院党组成员 政治部主任 一级主任科员	女	汉族	涵江涵东	1974年2月	1996年5月	2000年7月	2015年10月起 2020年2月起 2022年9月起
林国华	区检察院党组成员、专职检委会委员、四级高级检察官	男	汉族	城厢龙桥	1965年3月	1985年9月	1996年7月	2020年3月起
徐金模	区检察院专职检委会委员 四级高级检察官	男	汉族	荔城黄石	1973年2月	1997年12月	2006年10月	2017年7月起 2020年1月起
吴智群	区检察院第二检察部主任 检察委员会委员 正科级检察员 一级检察官	男	汉族	荔城黄石	1970年5月	1991年8月	1997年12月	2020年4月至 2013年9月 2015年10月起 2017年2月起
刘国富	区检察院第四检察部主任 检察委员会委员 正科级检察员 一级检察官	男	汉族	涵江秋芦	1973年6月	1996年5月	2003年3月	2020年4月起 2013年3月起 2015年10月起 2017年2月起
张春阳	区检察院司法警察大队大队长 一级警长	男	汉族	城厢凤凰山	1968年7月	1985年10月	1988年5月	2006年5月起 2019年4月起

续表9

姓名	现单位及职务、职级	性别	民族	籍贯	出生年月	参加工作时间	入党时间	任现职务时间
张纪英（女）	区检察院综合业务部副主任 正科级检察员 一级检察官	女	汉族	荔城黄石	1973年1月	1994年12月		2020年4月起 2014年1月起 2017年2月起
区委办								
许志勇	团区委书记 区委办主任	男	汉族	秀屿东峤	1989年6月	2012年3月	2017年5月	2021年1月起 2022年1月起
林平凡	区委办副主任（正科长级）、台港澳办主任 四级调研员	男	汉族	城厢常太	1966年10月	1988年9月	1993年7月	2019年6月起 2019年6月起
刘清伟	区信访局党组书记 局长 区委办副主任（兼）	男	汉族	仙游榜头	1978年12月	2006年1月	2009年3月	2022年1月起 2022年2月起 2022年7月起
许　震	区委办副主任	男	汉族	城厢华亭	1986年12月	2012年8月	2005年5月	2020年7月起
徐志群	区委办副主任	男	汉族	城厢常太	1976年12月	1998年8月	2006年2月	2021年1月起
余　晨	区委办副主任	男	汉族	城厢凤凰山	1992年6月	2015年7月	2011年7月	2022年1月起
陈文桂	区委办一级主任科员	男	汉族	荔城拱辰	1963年3月	1981年9月	1984年10月	2021年1月起
林凤棋	区委办室务会成员（正科长级） 区委督查室主任、区国家保密局局长 一级主任科员	男	汉族	荔城新度	1967年12月	1991年10月	1996年6月	2013年5月起 2015年1月起 2021年3月起
雷碧霞(女,畲)	区委办室务会成员（兼） 区档案馆四级调研员	女	畲	城厢常太	1965年3月	1983年8月	1993年4月	2019年6月起 2019年6月起
黄世高	区档案馆馆长 区委办公室室务会成员（兼）	男	汉族	荔城西天尾	1971年11月	1995年8月	1998年8月	2021年3月起 2022年4月起
区信访局								
刘清伟	区信访局党组书记 局长 区委办副主任（兼）	男	汉族	仙游榜头	1978年12月	2006年1月	2009年3月	2022年1月起 2022年2月起 2022年7月起
陈丽娟（女）	区信访局党组成员、三级主任科员	女	汉族	涵江新县	1969年2月	1990年8月	2003年5月	2019年3月起
连益斌	区信访局副局长、三级主任科员	男	汉族	涵江白沙	1970年11月	1992年11月	民革 2001年6月	2020年9月起
蔡剑鸣	区信访局党组成员 四级主任科员	男	汉族	仙游枫亭	1970年8月	1994年12月	2002年12月	2017年12月起 2019年6月起
区委组织部								
陈天疆	区委组织部常务副部长	男	汉族	秀屿埭头	1975年7月	1996年10月	2000年12月	2022年4月起
陈珊珊（女）	区委组织部部务会成员（正科长级） 四级调研员	女	汉族	涵江涵西	1965年5月	1985年7月	1990年5月	2019年4月起 2019年6月起
胡　宏	区委非公有制企业和社会组织工作委员会服务中心主任	男	汉族	城厢凤凰山	1983年11月	2005年9月	2007年6月	2021年1月起
吴凌燕（女）	区委组织部二级主任科员	女	汉族	城厢龙桥	1978年10月	1995年10月	1999年12月	2019年6月起

续表9

姓名	现单位及职务、职级	性别	民族	籍贯	出生年月	参加工作时间	入党时间	任现职务时间
张少俊	区委组织部部务会议专职成员	男	汉族	荔城新度	1981年10月	1999年4月	2003年11月	2021年3月起
陈毓卿（女）	区委组织部部务会议专职成员	女	汉族	秀屿平海	1987年6月	2011年8月	2008年12月	2021年11月起
陈秀模（女）	区委组织部三级主任科员	女	汉族	秀屿平海	1971年1月	1993年9月	2000年9月	2022年9月起
区委非公有制企业和社会组织工作委员会服务中心								
胡　宏	区委非公有制企业和社会组织工作委员会服务中心主任	男	汉族	城厢凤凰山	1983年11月	2005年9月	2007年6月	2021年1月起
区关工委								
蔡朝晖	区关工委秘书长 二级主任科员	男	汉族	城厢灵川	1969年9月	1991年8月	1991年6月	2013年1月起 2019年6月起
区委宣传部								
苏德权	区委常委、宣传部部长	男	汉族	秀屿东庄	1977年11月	2000年8月	2000年6月	2021年1月起
许国清	区委宣传部副部长、文明办主任 四级调研员	男	汉族	涵江秋芦	1970年10月	1992年9月	1994年6月	2012年4月起 2019年6月起
陈　斌	区委宣传部一级主任科员	男	汉族	荔城西天尾	1968年5月	1991年8月	1994年6月	2021年1月起
陈俊奇	区委宣传部二级主任科员	男	汉族	城厢华亭	1968年1月	1991年8月	1996年9月	2019年6月起 2012年1月起
林少勇	区委宣传部部务会成员 区委文明办一级主任科员	男	汉族	荔城镇海	1970年1月	1992年10月	1999年5月	2013年5月起 2021年3月起
林其委	区社科联主席 区委宣传部部务会成员	男	汉族	仙游榜头	1976年12月	1996年10月	2000年12月	2017年4月起 2022年9月起
郑碧樊（女）	区委宣传部副部长	女	汉族	城厢龙桥	1982年4月	2000年8月	2008年12月	2021年11月起
区融媒体中心								
翁丽霞（女）	区融媒体中心副主任	女	汉族	秀屿埭头	1990年4月	2013年5月	2012年6月	2021年1月起
区委文明办								
许国清	区委宣传部副部长、文明办主任 四级调研员	男	汉族	涵江秋芦	1970年10月	1992年9月	1994年6月	2012年4月起 2019年6月起
李晓忠	区委文明办副主任	男	汉族	涵江江口	1970年10月	1991年9月	1994年1月	2020年7月起
林少勇	区委文明办一级主任科员 宣传部部务会成员	男	汉族	荔城镇海	1970年1月	1992年10月	1999年5月	2021年3月起 2013年5月起 2013年5月起
许秋兰（女）	区委文明办二级主任科员	女	汉族	秀屿月塘	1972年10月	1992年9月	1995年9月	2019年6月起
区社科联								
林其委	区社科联主席 区委宣传部部务会成员	男	汉族	仙游榜头	1976年12月	1996年10月	2000年12月	2017年4月起 2022年9月起
林琦媛（女）	区社科联副主席 二级主任科员	女	汉族	秀屿笏石	1968年4月	1990年9月	九三学社 1999年12月	2020年7月起 2019年6月起

续表9

姓名	现单位及职务、职级	性别	民族	籍贯	出生年月	参加工作时间	入党时间	任现职务时间
吴金世	区社科联二级主任科员	男	汉族	秀屿埭头	1970年12月	1991年9月	1999年3月	2019年6月起
区文联								
郭雪寒	区文联主席	男	汉族	秀屿平海	1984年4月	2007年4月	2009年12月	2022年2月起
林宗哲	区文联四级调研员	男	汉族	荔城镇海	1964年8月	1984年8月	1992年6月	2019年6月起
张珍发	区文联副主席 二级主任科员	男	汉族	秀屿南日	1965年3月	1983年10月	1990年3月	2013年1月起 2019年6月起
区委统战部								
欧国民	区委常委、统战部部长 政协党组副书记（兼） 城厢区社会主义学校校长（兼）	男	汉族	仙游枫亭	1971年12月	1990年8月	1997年4月	2021年7月起 2021年8月起 2022年8月起
叶建平	区委统战部副部长（正科长级） 四级调研员	男	汉族	荔城黄石	1965年7月	1989年9月	1992年6月	2017年3月起 2019年6月起
吴胜飞	区委统战部副部长、工商联党组书记，分管日常工作的专职副主席 一级主任科员	男	汉族	荔城镇海	1974年10月	1996年8月	1998年12月	2022年10月起
黄国祥	区委统战部部务会成员（正科长级） 四级调研员	男	汉族	城厢龙桥	1969年10月	1990年8月	1996年6月	2019年3月起 2019年6月起
程文革	区委统战部部务会成员（副科长级） 三级主任科员	男	汉族	荔城黄石	1967年12月	1992年8月	1995年6月	2019年3月起 2021年1月起
林文桃	区委统战部四级调研员	男	汉族	秀屿东峤	1965年10月	1989年8月	1992年12月	2019年6月起
宋超英（女）	区委统战部四级调研员	女	汉族	荔城黄石	1964年7月	1986年8月	1991年11月	2019年6月起
孙桂芳	区委统战部四级调研员	男	汉族	城厢灵川	1965年2月	1988年8月	1990年11月	2021年3月起
刘永贤	区委统战部四级调研员	男	汉族	涵江江口	1967年12月	1989年8月	1999年11月	2022年9月起
翁福铭	区人大常委 区委统战部一级主任科员	男	汉族	城厢灵川	1965年7月	1988年9月	1997年10月	2019年6月起 2021年3月起
林素玉（女）	区委统战部二级主任科员	女	汉族	秀屿埭头	1968年9月	1989年8月	1994年6月	2019年9月起
黄元清	区委统战部二级主任科员	男	汉族	荔城新度	1972年11月	1994年10月	1998年9月	2021年1月起
区工商联								
吴胜飞	区委统战部副部长、工商联党组书记，常务副会长 一级主任科员	男	汉族	荔城镇海	1974年10月	1996年8月	1998年12月	2022年10月起
谢金灿	区工商联党组成员 一级主任科员	男	汉族	仙游游洋	1964年9月	1984年8月	1999年6月	2017年7月起 2021年1月起
吴　迈（女）	区工商联专职副主席 四级主任科员	女	汉族	荔城拱辰	1978年11月	1996年10月	民建 2006年4月	2022年9月起
区侨联								
陈玉萍（女）	区侨联四级调研员	女	汉族	涵江江口	1968年7月	1990年8月	1997年11月	2022年2月起

续表9

姓名	现单位及职务、职级	性别	民族	籍贯	出生年月	参加工作时间	入党时间	任现职务时间
李永鑫	区侨联副主席	男	汉族	涵江江口	1974年3月	1995年10月	2001年2月	2019年9月起
区委政法委								
于迎伟	区委常委、区委政法委书记	男	汉族	江苏涟水	1970年12月	1989年11月	1992年2月	2021年7月起
俞学军	区委政法委常务副书记 区法学会党组书记 一级主任科员	男	汉族	荔城镇海	1970年2月	1993年9月	2002年5月	2020年7月起 2020年8月起 2020年6月起
姚正扬	区委政法委副书记、二级主任科员	男	汉族	涵江国欢	1966年12月	1988年8月	1996年12月	2021年3月起
蔡爱国	区委政法委委务会成员（正科长级）	男	汉族	荔城黄石	1965年11月	1985年9月	1988年6月	2019年3月起
黄永国	区委政法委副书记	男	汉族	城厢东海	1975年1月	1997年8月	2003年6月	2021年1月起
柯锦扬	政法系统党委专职副书记	男	汉族	城厢霞林	1970年6月	1995年10月	2004年12月	2017年6月起
林清发	区委政法委四级调研员	男	汉族	秀屿东埔	1965年10月	1987年8月	1987年5月	2019年6月起
林　伟	区委政法委二级主任科员	男	汉族	荔城镇海	1970年3月	1991年8月	1994年12月	2019年6月起
王岩清	区委政法委三级主任科员	男	汉族	仙游盖尾	1971年10月	1992年10月	2005年12月	2021年3月起
许燕桢（女）	区委政法委政治处主任	女	汉族	荔城拱辰	1985年6月	2006年8月	2006年3月	2021年11月起
区委编办								
阮剑文	区委编办主任 一级主任科员	男	汉族	秀屿平海	1970年6月	1993年9月	1997年6月	2012年4月起 2020年6月起
郑开荣	区委编办副主任	男	汉族	荔城新度	1976年8月	1996年9月	2007年12月	2015年12月起
区事业单位登记中心								
陈俊洪	区事业单位登记中心二级主任科员、龙桥街道党工委副书记（挂职）	男	汉族	荔城西天尾	1974年10月	1996年9月	2004年9月	2022年9月起
区直机关党工委								
黄锦南	区直机关党工委常务副书记 四级调研员	男	汉族	荔城镇海	1966年5月	1988年9月	1993年11月	2022年9月起
傅元泉	区直机关党工委四级调研员	男	汉族	城厢凤凰山	1965年9月	1984年8月	1985年12月	2019年6月起
孙　翠（女）	区直机关党工委委员 二级主任科员	女	汉族	荔城拱辰	1972年8月	1992年8月	2000年9月	2013年2月起 2019年6月起
林　琳（女）	区直机关党工委委员	女	汉族	城厢龙桥	1990年6月	2013年7月	2014年10月	2022年10月起
区委党校								
林晓伟	区委党校常务副校长 区社会主义学校常务副校长（兼任）、一级主任科员	男	汉族	秀屿东峤	1973年10月	1997年10月	1997年6月	2019年9月起 2022年8月起 2022年9月起
陈建辉	区委党校副校长 三级主任科员	男	汉族	秀屿埭头	1966年10月	1992年12月	1997年3月	2009年1月起 2021年3月起
林志勇	区委党校四级主任科员	男	汉族	仙游郊尾	1973年11月	1995年12月	1997年5月	2013年12月起

续表9

姓名	现单位及职务、职级	性别	民族	籍贯	出生年月	参加工作时间	入党时间	任现职务时间
区档案馆								
黄世高	区档案馆馆长 区委办公室室务会成员（兼）	男	汉族	荔城西天尾	1971年11月	1995年8月	1998年8月	2021年3月起 2022年4月起
黄淑霞（女）	区档案馆副馆长	女	汉族	北岸山亭	1980年10月	2000年1月	2003年5月	2019年1月起
陈夏莉（女）	区档案馆副馆长 三级主任科员	女	汉族	荔城镇海	1978年12月	1996年12月	2002年10月	2019年3月起 2021年1月起
雷碧霞（女，畲）	区档案馆四级调研员、区委办室务会成员（兼）	女	畲	城厢常太	1965年3月	1983年8月	1993年4月	2019年6月起
马炳臻	区档案馆四级调研员	男	汉族	涵江新县	1963年7月	1986年8月	1988年12月	2019年6月起
区总工会								
陈开水	区总工会党组书记、常务副主席 一级主任科员	男	汉族	荔城新度	1967年1月	1992年9月	1995年5月	2013年6月起 2020年6月起
庞丽香（女）	区总工会党组成员 副主席 一级主任科员	女	汉族	荔城拱辰	1968年11月	1991年8月	1996年6月	2017年7月起 2015年1月起 2021年3月起
翁文理	区总工会党组成员 一级主任科员	男	汉族	荔城北高	1966年3月	1989年8月	1996年6月	2017年7月起 2021年1月起
连炳辉	区总工会党组成员 一级主任科员	男	汉族	涵江梧塘	1964年5月	1987年8月	1993年7月	2017年7月起 2021年3月起
团区委								
许志勇	团区委书记 区委办主任	男	汉族	秀屿东峤	1989年6月	2012年3月	2017年5月	2021年1月起 2022年1月起
林　昕	团区委副书记	女	汉族	城厢凤凰山	1989年10月	2011年7月	2009年11月	2022年9月起
区妇联								
谢芳菁（女）	区妇联党组书记 主席	女	汉族	荔城镇海	1972年12月	1991年9月	1995年4月	2019年6月起 2019年7月起
陈丽琴（女）	区妇联党组成员 一级主任科员	女	汉族	秀屿埭头	1968年3月	1991年8月	1995年5月	2017年12月起 2021年3月起
林丽洪（女）	区妇联副主席（挂职） 区党史和地方志研究室二级主任科员	女	汉族	涵江梧塘	1974年10月	1992年8月	1998年6月	2020年8月起 2022年9月起
区科协								
王　伟	区科协党组成员 一级主任科员	男	汉族	荔城镇海	1965年12月	1987年7月	1990年8月	2017年12月起 2021年3月起
翁朝晖	区科协党组成员、副主席	男	汉族	荔城镇海	1970年12月	1994年9月	1997年3月	2021年11月起
区残联								
林美华（女）	区残联党组书记、理事长	女	汉族	秀屿东庄	1972年2月	1996年6月	1999年3月	2021年1月起
欧奇翔	区残联党组成员、副理事长	男	汉族	城厢霞林	1982年8月	2004年1月	2010年10月	2017年12月起

续表9

姓名	现单位及职务、职级	性别	民族	籍贯	出生年月	参加工作时间	入党时间	任现职务时间
区政府办								
林鸿伟	区府办党组书记 主任 凤凰山街道党工委副书记、办事处主任	男	汉族	城厢灵川	1987年12月	2008年7月	2007年4月	2022年1月起 2022年2月起 2021年5月起
郑英杰	区政府办党组成员 副主任	男	汉族	仙游榜头	1983年5月	2007年9月	2006年1月	2022年9月起 2019年9月起
崔建行	区政府办副主任	男	汉族	秀屿月塘	1988年2月	2011年3月		2022年9月起
沈　军	区政府办党组成员 一级主任科员	男	汉族	秀屿埭头	1972年10月	1994年8月	2001年4月	2017年12月起 2021年1月起
肖超雄	区政府办党组成员 一级主任科员	男	汉族	仙游盖尾	1973年12月	1996年10月	1999年2月	2017年12月起 2021年3月起
姚子镰	区政府办党组成员 一级主任科员	男	汉族	湄洲岛	1968年10月	1991年9月	1995年8月	2017年12月起 2021年3月起
林金维	区政府办党组成员 二级主任科员	男	汉族	涵江新县	1972年12月	1995年8月	2000年9月	2017年12月起 2021年1月起
许晋芳	区府办党组成员、二级主任科员	男	汉族	城厢华亭	1979年3月	2000年12月	2002年7月	2022年9月起
区审计局								
许文龙	区审计局党组书记 局长	男	汉族	秀屿笏石	1970年1月	1991年8月	2001年7月	2022年1月起 2022年2月起
涂铁军	区审计局党组成员 四级调研员	男	汉族	城厢常太	1968年7月	1989年9月	1996年11月	2019年3月起 2022年2月起
孙　倩（女）	区审计局党组成员、副局长	女	汉族	荔城拱辰	1976年6月	1996年9月	2000年12月	2020年7月起
福建九龙谷国家森林公园保护发展中心								
陈　洄（女）	福建九龙谷国家森林公园保护发展中心主任 区大调解工作办公室专职副主任	女	汉族	荔城镇海	1978年4月	2002年2月	民建 2003年3月	2022年4月起 2013年12月起
区发改局								
林　根	区发改局负责人	男	汉族	仙游榜头	1981年10月	1998年8月	2002年3月	2021年11月起
郑灵辉	区发改局党组副书记（正科长级） 一级主任科员	男	汉族	仙游园庄	1965年11月	1983年8月	1992年6月	2019年5月起 2021年1月起
林梅红（女）	区发改局副局长 三级主任科员	女	汉族	仙游盖尾	1983年9月	2008年9月	民建 2015年5月	2020年7月起 2022年9月起
蔡东明	区发改局党组成员 二级主任科员	男	汉族	城厢灵川	1966年10月	1988年8月	1995年6月	2017年12月起 2019年6月起
陈成瑞	区发改局党组成员 二级主任科员	男	汉族	仙游郊尾	1973年11月	1995年11月	2000年1月	2019年9月起
郑圣柏	区发改局党组成员 莆田国际油画城产业发展中心副主任	男	汉族	仙游游洋	1973年9月	1996年9月	2000年4月	2022年4月起 2013年12月起 2017年12月起
区人社局								
沈国发	区人社局党组书记 局长 一级主任科员	男	汉族	秀屿埭头	1975年10月	1996年8月	1999年12月	2019年3月起 2018年12月起 2020年6月起

续表9

姓名	现单位及职务、职级	性别	民族	籍贯	出生年月	参加工作时间	入党时间	任现职务时间
林天虎	区人社局党组成员、副局长 三级主任科员	男	汉族	荔城 西天尾	1976年11月	1999年4月	1995年8月	2021年1月起 2021年3月起
胡晨耀	区人社局党组成员 二级主任科员	男	汉族	秀屿埭头	1973年7月	1994年9月	1994年5月	2017年12月起 2019年6月起
蔡玉美（女）	区人社局四级主任科员	女	汉族	秀屿南日	1981年9月	2000年8月	民建	2020年8月起
区机关事业单位社会保险中心								
彭尚智	区机关事业单位社会保险中心主任	男	汉族	荔城黄石	1985年1月	2006年9月	2012年6月	2020年12月起
林献焰	区机关事业单位社会保险中心保留原职级待遇干部	男	汉族	仙游郊尾	1969年12月	1993年9月	1998年11月	2018年7月起
区统计局								
刘开贵	区统计局负责人 区供销社党支部书记	男	汉族	仙游度尾	1976年7月	1996年11月	2002年6月	2019年9月起 2021年11月起
蔡金铭	区统计局党组成员 副局长 三级主任科员	男	汉族	城厢灵川	1968年6月	1990年8月	1994年1月	2017年12月起 2013年7月起 2021年3月起
陈光豹	区统计局党组成员 二级主任科员	男	汉族	秀屿平海	1967年11月	1988年8月	1994年1月	2017年12月起 2019年6月起
蔡国珍	区统计局党组成员 二级主任科员	男	汉族	城厢灵川	1966年7月	1988年9月	1992年6月	2017年12月起 2019年6月起
区经调队								
吴俊勇	区经济综合调查队队长	男	汉族	仙游郊尾	1984年9月	2008年8月	2010年7月	2020年7月起
区工信局								
陈旭清	区工信局党组书记、局长	男	汉族	仙游赖店	1977年6月	2001年12月	2006年7月	2021年3月起
谢轶群	区工信局党组成员 二级主任科员	男	汉族	仙游郊尾	1971年8月	1994年8月	1997年6月	2018年2月起 2019年3月起 2022年9月起
蔡金平	区工信局党组成员、副局长 三级主任科员	男	汉族	城厢霞林	1971年11月	1996年10月	2004年12月	2021年11月起 2021年1月起
马成誉	区工信局副局长（挂职） 宁夏自治区同心工业园区招商服务科副科长	男	回	宁夏同心	1985年2月	2010年9月		2021年10月起 2020年10月起
林国春	区工信局党组成员 二级主任科员	男	汉族	秀屿埭头	1971年9月	1994年10月	1994年1月	2019年3月起 2019年6月至 2013年2月
潘宏程	区工信局党组成员 一级主任科员	男	汉族	涵江秋芦	1966年8月	1987年8月	1994年5月	2019年3月起 2021年1月起
吴建荣	区工信局党组成员 三级主任科员	男	汉族	荔城新度	1971年11月	1996年10月	1996年6月	2019年3月起 2021年3月起
王益敏	区工信局四级主任科员	男	汉族	仙游郊尾	1978年3月	1997年10月		2020年8月起
区商务局								
杨智伟	区商务局党组书记、局长	男	汉族	仙游榜头	1981年3月	2003年2月	2005年7月	2021年1月起 2021年2月起

续表9

姓名	现单位及职务、职级	性别	民族	籍贯	出生年月	参加工作时间	入党时间	任现职务时间
汤国恩	区商务局党组成员 副局长 三级主任科员	男	汉族	荔城新度	1969年5月	1990年9月	1996年7月	2017年12月起 2015年5月起 2021年3月起
黄志伟	区商务局党组成员、副局长、三级主任科员	男	汉族	城厢龙桥	1972年5月	1993年10月	1999年12月	2021年11月起 2021年1月起
林　君（女）	区商务局党组成员 副局长	女	汉族	荔城镇海	1985年11月	2007年9月	2010年12月	2017年12月起 2015年5月起
莆田国际油画城产业发展中心								
郑　雄	莆田国际油画城产业发展中心主任（聘任）	男	汉族	仙游榜头	1976年5月	1996年12月	1999年11月	2022年1月起
郑圣柏	区发改局党组成员 莆田国际油画城产业发展中心副主任	男	汉族	仙游游洋	1973年9月	1996年9月	2000年4月	2017年12月起 2022年4月起
陈永光	莆田国际油画城产业发展中心副主任	男	汉族	城厢龙桥	1985年2月	2008年9月	2012年1月	2022年4月起
莆田市电商小镇产业发展中心								
杜子雄	莆田市电商小镇产业发展中心主任（聘任）	男	汉族	湄洲岛	1976年8月	1997年12月	1999年4月	2022年4月起
郑颖瑛（女）	莆田市电商小镇产业发展中心副主任	女	汉族	涵江涵西	1983年11月	2005年7月	2011年5月	2022年4月起
陈慕珊（女）	莆田市电商小镇产业发展中心副主任	女	汉族	城厢龙桥	1993年7月	2018年8月	2013年6月	2022年4月起
莆田市中电科创城服务中心								
许文泉	莆田市中电科创城服务中心主任	男	汉族	城厢常太	1976年8月	1997年8月	2003年10月	2022年4月起
詹丽明	莆田市中电科创城服务中心副主任	男	汉族	城厢灵川	1978年7月	1997年12月	2004年9月	2022年4月起
吴正兴	莆田市中电科创城服务中心 副主任	男	汉族	仙游大济	1965年6月	1983年10月	1986年6月	2022年4月起
区应急管理局								
刘国文	区应急管理局党委书记 局长 一级主任科员	男	汉族	秀屿埭头	1971年7月	1996年12月	1995年12月	2022年1月起 2018年12月起 2022年9月起
戴志朋	区应急管理局党委委员 副局长 三级主任科员	男	汉族	秀屿东埔	1974年10月	1997年10月	1996年5月	2022年1月起 2019年9月起 2021年3月起
庄且静（女）	区应急管理局党委委员 副局长	女	汉族	涵江梧塘	1983年7月	2005年11月	2004年6月	2022年1月起 2020年7月起
黄顺华	区应急管理局党委委员 副局长、三级主任科员 凤凰山街道党工委副书记（挂职）	男	汉族	城厢龙桥	1971年11月	1995年10月	1999年9月	2022年1月起 2021年11月起
黄国武	区应急管理局党委委员 区地震办主任 一级主任科员	男	汉族	秀屿东庄	1971年10月	1995年9月	1993年11月	2022年1月起 2019年9月起 2022年9月起
郑国庆	区应急管理局一级主任科员	男	汉族	荔城北高	1966年11月	1990年9月	1994年6月	2021年3月起

续表9

姓名	现单位及职务、职级	性别	民族	籍贯	出生年月	参加工作时间	入党时间	任现职务时间
潘金珍	区应急管理局二级主任科员	男	汉族	湄洲岛	1972年7月	1994年3月	1994年11月	2019年9月起
黄俊飞	区应急管理局二级主任科员	男	汉族	城厢灵川	1972年8月	1995年10月	2000年12月	2020年7月起
区地震办								
黄国武	区应急管理局党委委员 区地震办主任 一级主任科员	男	汉族	秀屿东庄	1971年10月	1995年9月	1993年11月	2022年1月起 2019年9月起 2022年9月起
易振环	区地震办二级主任科员	男	汉族	涵江庄边	1973年3月	1995年8月	1997年12月	2019年6月起
郭玉章（回族）	区地震办二级主任科员	男	回	涵江大洋	1968年3月	1988年8月	1991年10月	2019年3月起
黄慧娟（女）	区地震办三级主任科员	女	汉族	荔城镇海	1974年5月	1999年12月	1998年4月	2019年9月起
区贸促会								
郭　樱（女）	区贸促会会长	女	汉族	涵江涵西	1978年6月	2000年8月	1996年6月	2020年7月起
茅良杰	区贸促会副会长 三级主任科员	男	汉族	仙游鲤南	1971年10月	1997年12月	1996年6月	2017年2月起 2021年3月起
朱金焰	区贸促会二级主任科员	男	汉族	荔城镇海	1963年6月	1988年10月	农工党 2002年5月	2019年6月起
区财政局								
林春生	区财政局党组书记 局长 四级调研员	男	汉族	秀屿东峤	1970年7月	1991年8月	1995年10月	2021年11月起 2021年12月起 2021年3月起
陈屹楠	区财政局党组成员、副局长	男	汉族	北岸山亭	1988年7月	2009年12月	2014年1月	2019年9月起
黄　敏（女）	区财政局党组成员、副局长	女	汉族	城厢灵川	1985年9月	2008年9月	2010年9月	2021年3月起
张茂元	区财政局党组成员 二级主任科员	男	汉族	仙游郊尾	1964年11月	1986年8月	1996年11月	2017年12月起 2019年6月起
周东明	区财政局党组成员、四级主任科员	男	汉族	荔城新度	1977年5月	1996年10月	1999年12月	2019年9月起
区交通运输局								
宋朝阳	区交通运输局党组书记、一级主任科员 局长	男	汉族	秀屿平海	1976年2月	1996年10月	1996年6月	2021年11月起 2021年12月起
林建兴	区交通运输局党组成员 副局长	男	汉族	秀屿埭头	1976年4月	1997年2月	1999年7月	2017年12月起 2009年11月起
苏啟泰	区交通运输局党组成员 副局长 三级主任科员	男	汉族	涵江萩芦	1969年6月	1992年11月	1992年3月	2017年12月起 2015年2月起 2021年3月起
陈志杰	区交通运输局党组成员 二级主任科员	男	汉族	城厢龙桥	1971年12月	1996年7月	2005年11月	2017年12月起 2019年6月起
郭妙桑（女）	区交通运输局总工程师（副科级） 项目前期办副主任	女	汉族	荔城北高	1972年12月	1994年10月	民革 2000年8月	2015年10月起 2013年1月起

续表9

姓名	现单位及职务、职级	性别	民族	籍贯	出生年月	参加工作时间	入党时间	任现职务时间
区运输事业发展中心								
沈益国	区运输事业发展中心党支部书记	男	汉族	城厢东海	1982年1月	2004年8月	2007年5月	2022年2月起
林　曦	区运输事业发展中心主任（聘任）	男	汉族	秀屿埭头	1980年1月	1999年7月	2016年4月	2022年2月起
区市场监管局								
李德奋	区市场监管局党组书记 局长 一级主任科员	男	汉族	涵江白塘	1971年12月	1993年8月	1995年9月	2019年5月起 2019年6月起 2020年6月起
胡志海	区市场监管局党组副书记（正科长级） 四级调研员	男	汉族	秀屿平海	1965年10月	1986年8月	1989年4月	2019年5月起 2019年6月起
陈凤英（女）	区市场监管局党组成员 四级调研员	女	汉族	秀屿笏石	1965年10月	1984年8月	2001年4月	2019年5月起 2019年6月起
戴建雄	区市场监管局党组成员、副局长 二级主任科员	男	汉族	城厢龙桥	1969年3月	1991年9月	1998年1月	2019年5月起 2019年6月起
陈育飞	区市场监管局党组成员、副局长 三级主任科员	男	汉族	城厢霞林	1973年1月	1996年9月	1996年1月	2019年5月起 2021年3月起
魏金发	区市场监管局党组成员 二级主任科员	男	汉族	湄洲岛	1973年11月	1994年10月	1998年8月	2019年5月起 2019年6月起
宋仁洪	区市场监管局副局长	男	汉族	荔城新度	1973年4月	1995年8月	2002年9月	2019年5月起
黄志良	区市场监管局二级主任科员	男	汉族	荔城黄石	1969年12月	1990年12月	1992年7月	2019年6月起
曹金中	区市场监管局副局长	男	汉族	江苏通州	1974年4月	1993年9月	1997年6月	2019年5月起
柯福星	区市场监管局副局长	男	汉族	城厢常太	1981年12月	2003年6月		2019年5月起
林锦煌	区市场监管局四级调研员	男	汉族	荔城黄石	1964年3月	1984年8月	1997年3月	2019年6月起
陈金树	区市场监管局四级调研员	男	汉族	秀屿南日	1965年7月	1983年10月	1988年3月	2019年6月起
林建英（女）	区市场监管局副局长	女	汉族	秀屿埭头	1974年4月	1994年1月	2005年7月	2019年5月起
陈军峰	区市场监管局食品药品安全总监	男	汉族	城厢华亭	1971年5月	1989年3月	1992年6月	2019年5月起
杨佳嘉	区市场监管局四级主任科员	男	汉族	仙游榜头	1982年12月	2005年11月		2019年6月起
舒易刚	区市场监管局华亭市场监管所所长、二级主任科员	男	汉族	湖南溆浦	1970年10月	1990年3月	1990年11月	2021年1月起
卢朝阳	区市场监管局常太市场监管所所长	男	汉族	城厢华亭	1973年2月	1996年4月	1999年9月	2021年1月起
吴继胜	区市场监管局灵川市场监管所所长	男	汉族	荔城拱辰	1970年12月	1992年9月	2001年5月	2021年1月起
李清雄	区市场监管局三级主任科员 霞林街道党工委副书记（挂职）	男	汉族	涵江 三江口	1985年10月	2008年2月	2011年6月	2022年9月起
蔡冠清	区市场监管局凤凰山市场监管所所长	男	汉族	城厢东海	1974年12月	1998年9月	2005年7月	2021年1月起
黄继华	区市场监管局华亭市场监管所保留副科长级待遇干部	男	汉族	建宁黄坊	1980年9月	2005年1月	2008年7月	2021年1月起
陈盛字	区市场监管局常太市场监管所保留副科长级待遇干部	男	汉族	仙游赖店	1979年2月	2002年12月	2005年6月	2021年1月起

续表9

姓名	现单位及职务、职级	性别	民族	籍贯	出生年月	参加工作时间	入党时间	任现职务时间
欧建武	区市场监管局霞林市场监管所保留副科长级待遇干部	男	汉族	秀屿平海	1976年3月	1996年8月	1999年1月	2021年1月起
叶榕霞（女）	区市场监管局龙桥市场监管所保留副科长级待遇干部	女	汉族	城厢龙桥	1972年10月	1992年11月	2000年11月	2021年1月起
唐淑婷（女）	区市场监管局凤凰山市场监管所保留副科长级待遇干部	女	汉族	秀屿月塘	1982年3月	2004年12月	2007年5月	2021年1月起
吴文才	区市场监督管理局华亭市场监督管理所四级主任科员	男	汉族	荔城新度	1976年9月	2003年11月	2006年4月	2019年6月起
刘天盘	区市场监督管理局灵川市场监督管理所四级主任科员	男	汉族	仙游榜头	1971年1月	1992年12月	1999年1月	2021年2月起
黄莉莉（女）	区市场监督管理局办公室四级主任科员	女	汉族	仙游社硎	1972年6月	1992年10月	1998年1月	2019年6月起
区教育局								
黄晨宇	区教育局党组书记 局长	男	汉族	荔城黄石	1982年10月	2005年8月	2004年1月	2022年1月起 2022年2月起
佘智敏	区教育局党组成员 副局长 一级主任科员	男	汉族	荔城拱辰	1972年12月	1990年8月	1999年3月	2017年12月起 2010年9月起 2021年1月起
陈　进	区教育局党组成员 副局长 二级主任科员	男	汉族	城厢华亭	1976年7月	1998年8月	2000年12月	2017年12月起 2015年2月起 2019年6月起
张宁建	区教育局党组成员、教师进修学校党支部书记 校长	男	汉族	城厢龙桥	1977年12月	1999年9月	1998年1月	2017年12月起 2013年12月起
黄玉成	区教育局党组成员 二级主任科员	男	汉族	荔城拱辰	1963年10月	1984年8月	1988年5月	2017年12月起 2019年6月起
黄敢力	区教育局党组成员 二级主任科员 区委机要局局长	男	汉族	仙游榜头	1973年6月	1995年9月	1998年7月	2022年1月起 2019年6月起 2015年3月起
区教育督导室								
胡洪九	区教育督导室主任	男	汉族	秀屿埭头	1977年10月	2001年2月	2004年4月	2019年6月起
柯金芳	区教育督导室副主任	男	汉族	城厢灵川	1969年1月	1989年10月	1998年8月	2019年9月起
陈　超	区教育督导室党支部专职副书记	男	汉族	仙游枫亭	1987年8月	2009年12月	2020年8月	2022年9月起
区教师进修学校								
张宁建	区教育局党组成员、教师进修学校党支部书记 校长	男	汉族	城厢龙桥	1977年12月	1999年9月	1998年1月	2017年12月起 2013年12月起
陈金荣	区教师进修学校党支部副书记	男	汉族	荔城新度	1973年11月	1995年8月	1996年12月	2019年1月起
俞聪妹（女）	区教师进修学校副校长 妇联兼职副主席	女	汉族	城厢霞林	1974年12月	1994年9月	1994年6月	2019年3月起
赖翩京（女）	区教师进修学校副校长	女	汉族	涵江大洋	1970年12月	1988年8月	2016年12月	2019年1月起

续表9

姓名	现单位及职务、职级	性别	民族	籍贯	出生年月	参加工作时间	入党时间	任现职务时间
莆田五中								
施银辉	莆田五中校长	男	汉族	秀屿南日	1978年5月	2005年1月	2002年10月	2022年10月起
黄家红（女）	莆田五中党委书记	女	汉族	涵江涵西	1971年8月	1992年8月	1992年6月	2003年2月起
陈国勇	莆田五中副校长	男	汉族	荔城新度	1971年1月	1994年8月	1998年12月	2011年2月起 2013年8月起
梁宏晖	莆田五中副校长	男	汉族	荔城镇海	1969年1月	1992年8月	2002年6月	2014年8月起
林建明	莆田五中副校长	男	汉族	荔城镇海	1971年12月	1996年8月	1998年12月	2022年10月起
莆田三中								
丁彬彬	莆田三中校长（副科级）	男	汉族	湖北广水	1983年4月	2005年8月	2010年8月	2017年9月起
荣秀庆	莆田三中党支部书记	男	汉族	城厢华亭	1969年11月	1990年8月	1994年11月	2014年8月起
陈　彬	莆田三中副校长（副科级）	男	汉族	仙游游洋	1980年1月	2003年8月	2011年7月	2017年9月起
韩志勇	莆田三中副校长	男	汉族	城厢霞林	1968年10月	1991年8月	2001年7月	2010年10月起
俞为民	莆田三中副校长	男	汉族	荔城西天尾	1969年6月	1992年8月	1999年1月	2012年3月起
区文旅局								
许淑珍（女）	区文旅局党组书记 局长 一级主任科员	女	汉族	秀屿平海	1972年5月	1993年9月	1996年5月	2019年3月起 2018年12月起 2021年1月起
许建平	区文旅局一级主任科员	男	汉族	秀屿月塘	1963年8月	1984年8月		2021年3月起
林劲松	区文旅局党组成员 二级主任科员	男	汉族	城厢华亭	1967年3月	1987年9月	1997年12月	2019年3月起 2019年6月起
区旅游事业发展中心								
林双法	区文旅局党组成员 区旅游事业发展中心主任	男	汉族	仙游园庄	1973年5月	1997年12月	2004年6月	2019年3月起 2022年4月起
黄荔民（女）	区文旅局党组成员 区旅游事业发展中心副主任	女	汉族	荔城镇海	1976年10月	1996年9月	2002年1月	2019年3月起 2022年4月起
曾景德	区文旅局党组成员 区旅游事业发展中心一级主任科员	男	汉族	荔城拱辰	1963年5月	1988年8月	1994年10月	2019年3月起 2022年1月起
区卫生健康局								
林的华	区卫生健康局党组书记 局长	男	汉族	秀屿埭头	1978年4月	1995年10月	2004年4月	2021年1月起 2021年2月起
陈清汉	区卫生健康局四级调研员	男	汉族	秀屿平海	1969年12月	1992年9月	1994年12月	2019年6月起
黄东胜	区卫健局党组成员 副局长	男	汉族	荔城黄石	1990年7月	2013年7月	2012年10月	2022年9月起 2022年10月起
张建峰	区卫生健康局党组成员 二级主任科员	男	汉族	涵江涵东	1967年9月	1989年8月	2000年2月	2019年3月起 2019年6月起
林思壮	区卫健局党组成员 二级主任科员	男	汉族	荔城镇海	1973年10月	1994年10月	1994年6月	2022年9月起

续表9

姓名	现单位及职务、职级	性别	民族	籍贯	出生年月	参加工作时间	入党时间	任现职务时间
林文富	区卫生健康局党组成员 三级主任科员	男	汉族	荔城黄石	1966年11月	1989年12月	1994年6月	2019年3月起 2021年3月起
郑友山	区卫生健康局四级主任科员 党组成员	男	汉族	城厢灵川	1971年7月	1992年12月	1997年10月	2019年6月起 2019年3月起
区计生协会								
郑友洪	区计生协会党组成员 专职副会长 二级主任科员	男	汉族	荔城拱辰	1971年7月	1990年12月	1992年3月	2017年12月起 2017年2月起 2019年6月起
吴元开	区计生协会党组成员 二级主任科员	男	汉族	城厢灵川	1971年11月	1995年9月	1995年6月	2017年12月起 2019年6月起
陈玉爱（女）	区计生协会党组成员 四级主任科员	女	汉族	荔城新度	1972年11月	1997年3月	1999年11月	2017年12月起 2019年6月起
区医院								
潘仁东	区医院副院长	男	汉族	秀屿月塘	1978年1月	2001年7月	农工党 2011年12月	2021年2月起
郑丽舟（女）	区医院党委委员 区医院副院长	女	汉族	仙游榜头	1973年8月	1990年9月	1992年11月	2021年11月起 2021年2月起
蔡　宁	区医院党委委员 区医院副院长	男	汉族	城厢霞林	1976年12月	1998年12月	2012年3月	2021年11月起 2021年3月起
区疾控中心								
郭　伟	区疾控中心主任	男	汉族	城厢凤凰山	1970年11月	1991年11月	2003年12月	2010年9月起
吴武中	区疾控中心党支部书记 保留原职级待遇干部	男	汉族	秀屿埭头	1971年9月	1991年9月	2008年6月	2021年1月起
区红十字会								
吴敏红（女）	区红十字会常务副会长 三级主任科员	女	汉族	荔城黄石	1971年9月	1995年10月	2004年12月	2021年3月起 2021年3月起
区科技局								
陈俊成	区科技局党组书记	男	汉族	秀屿埭头	1980年12月	2004年8月	2007年12月	2022年1月起
方碧娴（女）	区科技局局长	女	汉族	城厢华亭	1979年9月	2001年1月	民盟 2012年9月	2022年2月起
陈平越	区科技局党组成员 副局长 二级主任科员	男	汉族	城厢华亭	1966年11月	1989年8月	1997年10月	2017年12月起 2013年1月起 2019年6月起
陈宝卫	区科技局党组成员 一级主任科员	男	汉族	荔城拱辰	1966年7月	1990年12月	1996年7月	2017年12月起 2021年3月起
区民政局								
郑向高	区民政局党组书记、局长	男	汉族	秀屿山亭	1977年8月	1998年10月	2006年8月	2022年2月起

续表9

姓名	现单位及职务、职级	性别	民族	籍贯	出生年月	参加工作时间	入党时间	任现职务时间
黄国生	区民政局党组成员 副局长 二级主任科员	男	汉族	城厢常太	1970年4月	1993年8月	1993年4月	2017年12月起 2015年5月起 2019年6月起
陈金华	区民政局党组成员 二级主任科员	男	汉族	秀屿平海	1967年6月	1992年12月	1995年10月	2017年12月起 2019年6月起
曾秋泉	区民政局党组成员、副局长	男	汉族	秀屿湄洲	1968年7月	1992年9月	1996年6月	2021年11月起
区司法局								
林祖宪	区司法局党组书记、一级主任科员 局长	男	汉族	秀屿笏石	1973年11月	1996年10月	1999年9月	2022年1月起 2022年2月起
林长春	区司法局党组成员 副局长 三级主任科员	男	汉族	城厢灵川	1975年2月	1993年12月	1996年6月	2017年12月起 2015年1月起 2021年3月起
施荔红（女）	区司法局党组成员 四级调研员	女	汉族	秀屿笏石	1966年5月	1988年8月	1994年10月	2017年12月起 2019年6月起
郑黎明	区司法局一级主任科员	男	汉族	荔城新度	1968年4月	1990年8月	1997年6月	2021年11月起
林朝阳	区司法局党组成员、二级主任科员	男	汉族	秀屿埭头	1971年10月	2003年10月	2004年3月	2021年3月起
柯子鹏	区司法局党组成员、二级主任科员	男	汉族	涵江白沙	1968年7月	1994年8月	1996年7月	2019年9月起
贾　昱	区司法局党组成员、政治处主任 三级主任科员	男	汉族	江西萍乡	1976年2月	1995年12月	1997年12月	2021年1月起 2021年3月起
林　毅	区司法局党组成员 三级主任科员	男	汉族	城厢华亭	1968年8月	1991年12月	1997年6月	2017年12月起 2021年3月起
吴章福	区法律援助中心一级主任科员	男	汉族	荔城拱辰	1963年12月	1981年10月	1985年3月	2019年10月起
区住建局								
陈　攀	区住建局党组书记 局长、人防办主任	男	汉族	城厢霞林	1981年9月	2004年2月	2003年1月	2020年7月起 2020年8月起
林建东	区住建局党组成员 副局长	男	汉族	秀屿埭头	1972年8月	1997年2月	1999年12月	2017年12月起 2015年3月起
龚　勇	区住建局党组成员、副局长、二级主任科员	男	汉族	荔城新度	1972年9月	1996年9月	2000年8月	2021年1月起
陈臻华	区住建局党组成员 三级主任科员	男	汉族	荔城镇海	1974年10月	1996年8月	1999年12月	2017年12月起 2017年6月起 2021年3月起
区退役军人事务局								
林清华	区退役军人事务局党组书记 局长 一级主任科员	男	汉族	秀屿埭头	1973年12月	1995年10月	1997年12月	2022年1月起 2022年2月起 2021年3月起
杨　勇	区退役军人事务局党组成员、副局长	男	汉族	江苏海安	1974年12月	1991年12月	1993年5月	2020年7月起
张攀峰	区退役军人事务局副局长（兼） 区人民武装部中校副部长	男	汉族	江西余干	1981年12月	1999年9月	2001年10月	

续表9

姓名	现单位及职务、职级	性别	民族	籍贯	出生年月	参加工作时间	入党时间	任现职务时间
林丽清（女）	区退役军人事务局党组成员、四级主任科员	女	汉族	秀屿平海	1971年7月	1993年9月	2002年5月	2019年9月起
区城市管理行政执法局								
蔡智勇	区城市管理行政执法局党组书记、局长	男	汉族	城厢东海	1977年10月	2000年11月	1999年12月	2019年6月起
陈　翔	区城市管理行政执法局党组成员、副局长 三级主任科员	男	汉族	城厢东海	1975年1月	1996年8月	1998年7月	2017年12月起 2013年7月起 2021年3月起
陈志辉	区城市管理行政执法局党组成员、副局长	男	汉族	仙游郊尾	1972年12月	1990年3月	1991年8月	2017年12月起 2013年9月起
杨春锦	区城市管理行政执法局党组成员、副局长	男	汉族	仙游榜头	1981年3月	2001年11月	2008年8月	2019年1月起
何国文	区城市管理行政执法局党组成员 二级主任科员	男	汉族	城厢华亭	1967年10月	1987年11月	1992年7月	2017年12月起 2019年6月起
许东平	区城市管理行政执法局党支部专职副书记	男	汉族	城厢东海	1975年11月	1995年12月	2001年4月	2021年1月起
区环境卫生中心								
陈志锋	区环境卫生中心主任（聘任）	男	汉族	仙游榜头	1975年8月	1996年12月	2002年5月	2022年4月起
欧宗辉	区环卫中心党支部书记	男	汉族	涵江庄边	1972年4月	1999年6月	2005年6月	2022年1月起
区水利局								
许庆明	区水利局党组书记 局长	男	汉族	秀屿东峤	1978年9月	1996年10月	2004年9月	2020年7月起 2020年8月起
吴清松	区水利局副局长	男	汉族	城厢霞林	1976年11月	1999年12月	九三学社 2009年1月	2019年9月起
黄超群	区水利局副局长	男	汉族	秀屿平海	1985年9月	2009年12月	2009年9月	2021年3月起
林密腾	区水利局党组成员 一级主任科员	男	汉族	城厢华亭	1968年7月	1992年9月	1999年6月	2019年3月起 2021年3月起
谢玉仙	区水利局党组成员、总工程师（聘任，副科级）	男	汉族	荔城拱辰	1977年6月	1997年3月	2000年2月	2019年3月起
区水利水电工程移民发展中心								
陈　婷（女）	区水利水电工程移民发展中心主任	女	汉族	荔城镇海	1986年11月	2006年9月	致公党 2010年12月	2022年4月起
区农业农村局								
肖建耀	区农业农村局党组书记、局长	男	汉族	秀屿东庄	1971年11月	1995年5月	1997年7月	2019年6月起
陈玉华	区农业农村局党组成员、副局长 三级主任科员	男	汉族	城厢霞林	1966年5月	1989年9月	2001年8月	2019年3月起 2021年3月起
胡元良	区农业农村党组成员 华亭镇党委副书记（挂职） 三级主任科员	男	汉族	仙游枫亭	1971年8月	1996年11月	1996年4月	2019年9月起 2021年11月起 2022年9月起
吴国良	区农业农村局党组成员 二级主任科员	男	汉族	秀屿埭头	1971年9月	1991年9月	2002年7月	2019年3月起 2019年6月起
戴玉腾	区农业农村局党组成员、三级主任科员	男	汉族	城厢华亭	1967年4月	1987年8月	1994年7月	2021年11月起

续表9

姓名	现单位及职务、职级	性别	民族	籍贯	出生年月	参加工作时间	入党时间	任现职务时间
区自然资源局								
高奇峰	区自然资源局党组书记 四级调研员	男	汉族	涵江涵西	1963年5月	1983年8月	1989年1月	2019年5月起 2019年6月起
黄鹏远	区自然资源局党组副书记 局长 一级主任科员	男	汉族	城厢龙桥	1970年8月	1996年10月	1993年5月	2021年11月起 2021年12月起 2022年9月起
黄雪峰	区自然资源局党组成员、副局长	男	汉族	荔城拱辰	1974年3月	1997年5月	2007年12月	2020年7月起
陈志敏	区自然资源局党组成员、二级主任科员	男	汉族	秀屿笏石	1978年2月	2001年1月	2003年8月	2020年7月起
陈建华	区自然资源局党组成员、副局长	男	汉族	城厢灵川	1975年5月	1993年12月	1995年12月	2021年11月起
陈清龙	区自然资源局党组成员、副局长	男	汉族	城厢凤办	1968年9月	2010年6月	1999年6月	2021年11月起
区海洋与渔业执法大队								
戴剑晗	区自然资源局党组成员 海洋与渔业执法大队大队长 东海镇党委副书记（挂职）	男	汉族	涵江江口	1984年6月	2007年3月	2008年12月	2019年5月起 2013年7月起 2021年11月起
区供销社								
林基立	区供销社主任	男	汉族	仙游鲤城	1975年1月	1996年9月	民革 2005年8月	2016年1月起
刘开贵	区供销社党支部书记 区统计局负责人	男	汉族	仙游度尾	1976年7月	1996年11月	2002年6月	2019年9月起 2021年11月起
林垒镕（女）	区供销社副主任	女	汉族	涵江三江口	1986年7月	2006年2月	民建 2011年9月	2013年7月起
王　晶（女）	区供销社副主任 三级主任科员	女	汉族	仙游鲤城	1987年10月	2007年8月		2019年1月起 2022年9月起
蔡腾达	区供销社四级主任科员	男	汉族	城厢东海	1976年6月	1997年9月	2005年5月	2019年9月起
区委党史和地方志研究室								
林建如	区委党史和地方志研究室主任 一级主任科员	男	汉族	仙游游洋	1967年2月	1988年8月	1996年7月	2019年9月起 2020年6月起
林丽洪（女）	区委党史和地方志研究室二级主任科员 区妇联副主席（挂职）	女	汉族	涵江梧塘	1974年10月	1992年8月	1998年6月	2022年9月起 2020年8月起
谢　彬	区委党史和地方志研究室四级主任科员	男	汉族	城厢霞林	1977年12月	1997年11月	2004年2月	2019年9月起
区行政服务中心								
林清飞	区行政服务中心主任	男	汉族	仙游社硎	1971年5月	1996年5月	2004年1月	2022年4月起
林雄峰	区行政服务中心副主任（聘任）	男	汉族	荔城镇海	1976年6月	1994年8月		2022年4月起
郑秋焕（女）	区行政服务中心副主任	女	汉族	秀屿东庄	1977年6月	1999年6月	2010年7月	2022年4月起
颜颖频	行政服务中心党支部专职副书记（聘任）	男	汉族	荔城拱辰	1970年2月	1988年1月	1992年5月	2015年10月起

续表9

姓名	现单位及职务、职级	性别	民族	籍贯	出生年月	参加工作时间	入党时间	任现职务时间
华林经济开发区								
苏顺琪	华亭镇党委书记 兼华林经济开发区管委会主任 一级主任科员	男	汉族	城厢东海	1979年11月	2000年12月	2002年11月	2021年5月起 2021年11月起
陈　峰	华林经济开发区党工委副书记、纪工委书记	男	汉族	城厢华亭	1973年10月	1997年11月	2012年9月	2021年3月起
吴奇伟	华林经济开发区党工委委员、管委会副主任 灵川镇党委副书记（挂职）	男	汉族	荔城镇海	1985年12月	2007年9月	2006年11月	2021年1月起 2021年11月起
宋　锋	华林经济开发区管委会副主任	男	汉族	荔城新度	1989年12月	2012年7月	2011年12月	2021年3月起 2022年1月起
陈光青	华林经济开发区党工委委员	男	汉族	秀屿平海	1982年3月	2005年8月	2010年1月	2021年1月起
周一娟（女）	华林经济开发区党工委委员	女	汉族	城厢龙桥	1987年1月	2008年9月	2008年6月	2021年1月起
陈国霖	华林经济开发区管委会副主任	男	汉族	秀屿笏石	1966年5月	1989年8月	1996年3月	2013年1月起
蔡国贤	华林经济开发区管委会副主任 华林工业园党委委员兼副主任	男	汉族	城厢东海	1965年11月	1988年9月	1996年6月	2013年1月起
陈金明	华林经济开发区管委会副主任	男	汉族	荔城黄石	1983年1月	2008年10月	2012年10月	2019年1月起
林剑杭	华林经济开发区管委会副主任	男	汉族	秀屿埭头	1990年10月	2013年10月		2021年2月起
柳军英（女）	华林经济开发区保留副科级待遇	女	汉族	北岸山亭	1972年5月	1994年8月	1997年12月	2020年8月起
太湖工业园								
陈继扬	太湖工业园党委委员 管委会副主任	男	汉族	荔城拱辰	1975年9月	1997年11月	2003年11月	2021年1月起 2021年2月起
华林工业园								
张朝阳	华林工业园党委委员兼副主任（聘任，副科级）	男	汉族	仙游榜头	1973年11月	1995年12月	2006年9月	2013年1月起
蔡国贤	华林工业园党委委员兼副主任 华林经济开发区管委会副主任	男	汉族	城厢东海	1965年11月	1988年9月	1996年6月	2013年1月起
区级国有企业主要领导（三大集团董事长、总经理）								
吴洪云	城厢区国有资产投资集团有限公司董事长	男	汉族	秀屿埭头	1977年10月	1996年11月	民建 2003年4月	2021年3月起
许阳升	城厢区国有资产投资集团有限公司总经理	男	汉族	城厢华亭	1989年2月	2013年10月	2018年12月	2021年3月起
谢晨风	城厢区城乡建设投资集团有限公司董事长	男	汉族	荔城镇海	1978年11月	2001年5月		2021年3月起
林劲腾	城厢区城乡建设投资集团有限公司总经理	男	汉族	荔城镇海	1973年12月	1996年9月	民盟 2020年5月	2021年3月起
陈　麟	城厢区经济发展集团有限公司董事长	男	汉族	荔城拱辰	1974年9月	1996年10月	1998年12月	2021年3月起
杨柏兴	城厢区经济发展集团有限公司总经理	男	汉族	仙游榜头	1989年5月	2016年3月	2020年10月	2021年3月起

续表9

姓名	现单位及职务、职级	性别	民族	籍贯	出生年月	参加工作时间	入党时间	任现职务时间
华亭镇								
苏顺琪	华亭镇党委书记 兼华林经济开发区管委会主任 一级主任科员	男	汉族	城厢东海	1979年11月	2000年12月	2002年11月	2021年5月起 2021年11月起 2022年9月起
杨少龙	华亭镇党委副书记 镇长	男	汉族	城厢常太	1985年5月	2009年7月	2008年10月	2020年7月起 2021年11月起
徐振海	华亭镇二级主任科员	男	汉族	城厢霞林	1974年11月	1996年8月	1996年6月	2019年6月起
胡元良	区农业农村局党组成员 华亭镇党委副书记（挂职） 三级主任科员	男	汉族	仙游枫亭	1971年8月	1996年11月	1996年4月	2019年9月起 2021年11月起 2022年9月起
陈扬鑫	华亭镇党委副书记 政法委员	男	汉族	南平延平	1987年2月	2009年4月	2008年3月	2021年5月起
陈　森	华亭镇党委委员、纪委书记、监察组组长	男	汉族	城厢常太	1989年6月	2012年7月	2014年3月	2020年8月起
林　敏	华亭镇党委组织委员	女	汉族	秀屿埭头	1995年11月	2018年7月	2016年6月	2022年9月起
陈　珊（女）	华亭镇党委宣传委员	女	汉族	涵江涵西	1981年10月	2003年11月	2001年5月	2021年5月起
王谟兵	华亭镇党委委员、武装部部长 三级主任科员	男	汉族	江苏赣榆	1979年1月	1998年12月	2003年4月	2018年12月起 2021年1月起
黄伟泓	华亭镇党委统战委员、副镇长	男	汉族	城厢常太	1990年9月	2013年7月	2011年5月	2021年11月起
林俊嘉	华亭镇副镇长	男	汉族	秀屿埭头	1987年9月	2008年1月	2006年12月	2018年8月起
杨　黎（女）	华亭镇副镇长	女	汉族	荔城镇海	1989年6月	2013年10月	2010年5月	2020年9月起
陈复资	华亭镇副镇长	男	汉族	城厢凤凰山	1989年3月	2014年7月	2012年12月	2021年11月起
翁高武	区司法局华亭司法所所长	男	汉族	城厢华亭	1986年11月	2010年7月	2009年4月	2019年9月起
陈孙耕	华亭镇综合便民服务中心主任	男	汉族	涵江白沙	1970年4月	1991年9月	1996年10月	2021年1月起
张伟	华亭镇综合执法队队长	男	汉族	城厢灵川	1986年11月	2016年3月	2011年12月	2022年9月起
俞清	华亭镇乡村振兴发展中心（社区建设发展中心）主任	男	汉族	城厢华亭	1989年2月	2011年8月	2019年11月	2022年9月起
常太镇								
沈海霞（女）	常太镇党委书记 一级主任科员	女	汉族	城厢东海	1979年4月	2004年7月	2003年3月	2021年5月起 2022年9月起
林志伟	常太镇党委副书记 镇长	男	汉族	城厢灵川	1986年7月	2009年7月	2008年12月	2021年5月起 2021年11月起
张洪宾	常太镇四级调研员	男	汉族	仙游榜头	1970年3月	1990年8月	1995年3月	2022年9月起
柯　立	常太镇党委委员 人大主席	男	汉族	城厢灵川	1980年3月	2000年8月	2004年10月	2021年5月起 2021年11月起
林　魁	常太镇党委副书记（挂职）、市发展和改革委员会二级主任科员	男	汉族	福建连江	1989年8月	2018年12月	2011年11月	2021年2月起 2018年12月起

续表9

姓名	现单位及职务、职级	性别	民族	籍贯	出生年月	参加工作时间	入党时间	任现职务时间
吴国晖	常太镇二级主任科员	男	汉族	仙游鲤城	1979年12月	2003年3月	2007年3月	2022年9月起
许宇宙	常太镇党委副书记 政法委员 三级主任科员	男	汉族	秀屿笏石	1988年12月	2010年7月	2008年12月	2019年9月起 2022年9月起
林葵华	常太镇党委副书记（挂职） 区委党史和地方志研究室四级主任科员	男	汉族	荔城镇海	1977年5月	1996年8月	1997年8月	2021年3月起 2021年11月起
方　智	常太镇党委委员、纪委书记、监察组组长	男	汉族	荔城 西天尾	1988年3月	2009年9月	2016年1月	2019年9月起
林　晨	常太镇党委组织委员	男	汉族	城厢华亭	1992年5月	2014年7月	2016年6月	2021年3月起
许　羡（女）	常太镇党委宣传委员	女	汉族	城厢华亭	1989年11月	2011年7月	2009年5月	2020年7月起
严烽伟	常太镇党委委员、武装部部长	男	汉族	仙游盖尾	1981年11月	1999年12月	2005年5月	2021年5月起
黄志聪	常太镇党委统战委员 副镇长	男	汉族	城厢凤凰山	1982年12月	2005年8月	2012年11月	2020年8月起 2020年12月起
蔡仲清	常太镇副镇长	男	汉族	城厢常太	1976年7月	2006年11月	2006年11月	2021年11月起
卓金飞	常太司法所所长	男	汉族	城厢华亭	1978年10月	1998年9月	2001年10月	2022年2月起
郑　翰	常太镇综合执法队队长	男	汉族	荔城镇海	1977年12月	2000年1月	1999年3月	2021年1月起
黄志隆	常太镇综合便民服务中心主任	男	汉族	荔城新度	1991年5月	2014年9月	2021年11月	2022年9月起
灵川镇								
刘都峰	灵川镇党委书记、一级主任科员	男	汉族	秀屿笏石	1983年1月	2006年8月	2005年6月	2021年5月起 2022年9月起
黄智强	灵川镇党委副书记 镇长	男	汉族	仙游榜头	1982年10月	2005年6月	2010年3月	2021年5月起 2021年11月起
陈　伟	灵川镇党委委员 人大主席	男	汉族	城厢 凤凰山	1985年9月	2007年3月	2011年7月	2021年5月起 2021年11月起
吴碧娟（女）	灵川镇二级主任科员	女	汉族	城厢常太	1981年9月	2004年7月	2003年6月	2022年9月起
江　波	灵川镇党委副书记、政法委员	男	汉族	城厢龙桥	1981年5月	2004年7月	2009年5月	2021年5月起
吴奇伟	华林经济开发区党工委委员兼管委会副主任 灵川镇党委副书记（挂职）	男	汉族	荔城镇海	1985年12月	2007年9月	2006年11月	2021年1月起 2021年11月起
刘汉斌	灵川镇党委组织委员 纪委书记、监察组组长	男	汉族	秀屿东庄	1990年9月	2014年3月	2011年12月	2021年5月起 2022年9月起
张与望	灵川镇党委宣传委员	男	汉族	仙游鲤南	1991年2月	2012年9月	2017年8月	2020年8月起
吕伍平	灵川镇党委委员、武装部长	男	汉族	江西广丰	1974年9月	1991年12月	1997年6月	2021年5月起
林斌斌	灵川镇党委统战委员、副镇长	男	汉族	仙游大济	1989年2月	2013年10月	2011年12月	2020年8月起
蔡赛梅（女）	灵川镇副镇长	女	汉族	城厢霞林	1991年2月	2016年7月	2015年12月	2021年11月起
郑宜立	灵川镇副镇长	男	汉族	仙游榜头	1984年12月	2007年9月	2006年6月	2020年8月起

续表9

姓名	现单位及职务、职级	性别	民族	籍贯	出生年月	参加工作时间	入党时间	任现职务时间
蔡明华	区司法局灵川司法所所长、三级主任科员	男	汉族	城厢东海	1974年3月	1996年7月	2001年7月	2013年7月起 2021年1月起
许琦猛	灵川镇综合便民服务中心主任	男	汉族	城厢灵川	1978年3月	2009年8月		2021年1月起
林德清	灵川镇乡村振兴发展中心（社区建设发展中心）主任	男	汉族	城厢龙桥	1973年4月	1996年11月		2021年3月起
林伟清	灵川镇综合执法队队长	男	汉族	秀屿埭头	1990年2月	2013年7月	2010年6月	2022年9月起
林海斌	灵川镇正科长级干部	男	汉族	城厢霞林	1976年2月	1995年9月	1998年5月	2018年6月起
王春树	灵川镇副科长级干部	男	汉族	北岸山亭	1978年10月	1997年12月	2002年6月	2019年6月起
东海镇								
张飞虎	东海镇党委书记 一级主任科员	男	汉族	仙游盖尾	1977年12月	2000年1月	2005年1月	2020年3月起 2020年6月起
林　宇	东海镇党委副书记 镇长	男	汉族	荔城黄石	1988年6月	2011年4月	2013年5月	2020年7月起 2021年11月起
蔡庆明	东海镇党委委员 人大主席	男	汉族	城厢东海	1987年3月	2009年8月	2008年12月	2021年5月起 2021年11月起
谢雨林	东海镇党委副书记、政法委员	男	汉族	城厢凤凰山	1991年1月	2012年8月	2014年3月	2021年5月起
戴剑晗	区自然资源局党组成员 海洋与渔业执法大队大队长 东海镇党委副书记（挂职）	男	汉族	涵江江口	1984年6月	2007年3月	2008年12月	2019年5月起 2013年7月起 2021年11月起
吴溢凡	东海镇委员会委员、纪委书记，监察组组长	男	汉族	荔城镇海	1985年11月	2003年12月	2007年1月	2022年2月起
徐　炜	东海镇党委组织委员	男	汉族	城厢霞林	1989年1月	2010年7月	2007年12月	2020年8月起
沈庆海	东海镇党委委员 武装部部长	男	汉族	城厢东海	1976年8月	1995年12月	2000年1月	2019年9月起
黄剑恒	东海镇党委统战委员 副镇长 三级主任科员	男	汉族	涵江白塘	1974年4月	1995年10月	2003年12月	2021年5月起 2021年11月起 2021年1月起
蔡莉娜（女）	东海镇副镇长	女	汉族	城厢常太	1983年7月	2009年4月	民盟	2021年11月起
林　凡	东海镇副镇长	男	汉族	仙游榜头	1984年4月	2007年9月	2008年12月	2020年8月起
陈建锋	东海镇三级主任科员	男	汉族	仙游盖尾	1979年11月	2004年1月	2010年11月	2022年9月起
蔡建文	东海镇综合便民服务中心主任	男	汉族	城厢东海	1976年8月	2008年9月	2001年8月	2021年1月起
杨耀崴	东海镇乡村振兴发展中心（社区建设发展中心）主任	男	汉族	城厢常太	1991年4月	2014年8月	2013年4月	2022年9月起
方奇逢	东海镇综合执法队队长	男	汉族	城厢华亭	1984年1月	2016年9月	2013年7月	2022年9月起
龙桥街道								
曾　锋	龙桥街道党工委书记 一级主任科员	男	汉族	城厢凤凰山	1980年1月	2001年10月	2004年6月	2021年5月起

续表9

姓名	现单位及职务、职级	性别	民族	籍贯	出生年月	参加工作时间	入党时间	任现职务时间
柳军勇	龙桥街道党工委副书记、办事处主任	男	汉族	北岸山亭	1980年11月	2000年1月	2005年2月	2021年5月起
吴俊熹	龙桥街道党工委委员 人大主任	男	汉族	秀屿东庄	1990年2月	2012年9月	2014年12月	2021年5月起 2021年6月起
卢劲展	龙桥街道党工委副书记、政法委员	男	汉族	涵江梧塘	1978年11月	1996年6月	2000年6月	2021年5月起
陈俊洪	区事业单位登记中心二级主任科员、龙桥街道党工委副书记（挂职）	男	汉族	荔城 西天尾	1974年10月	1996年9月	2004年9月	2022年9月起
吴少敏	龙桥街道党工委委员、纪工委书记、监察组组长	男	汉族	秀屿东庄	1984年11月	2008年7月	2007年10月	2020年7月起
陈志伟	龙桥街道党工委组织委员	男	汉族	秀屿平海	1990年9月	2012年8月	2011年12月	2020年7月起
黄　浦	龙桥街道党工委宣传委员	男	汉族	荔城 西天尾	1990年7月	2012年7月	2011年5月	2021年5月起
方自宏	龙桥街道党工委委员、武装部部长	男	汉族	安徽歙县	1974年7月	1993年12月	1999年3月	2021年5月起
吴晨旭	龙桥街道党工委统战委员、办事处副主任	男	汉族	秀屿东庄	1988年8月	2013年10月	2016年5月	2021年5月起
郑婷婷（女）	龙桥街道办事处副主任	女	汉族	城厢龙桥	1986年2月	2009年12月	2008年5月	2021年5月起
陈怡勤（女）	龙桥街道办事处副主任	女	汉族	城厢霞林	1992年11月	2015年7月	2017年8月	2021年5月起
方海英（女）	区司法局龙桥司法所所长	女	汉族	荔城拱辰	1974年5月	1994年10月	2005年12月	2016年6月起
蔡剑斌	龙桥街道社区建设发展中心（乡村振兴发展中心）主任	男	汉族	城厢东海	1990年8月	2013年7月	2012年4月	2021年1月起
佘赛芬（女）	龙桥街道综合便民服务中心主任	女	汉族	秀屿南日	1988年1月	2010年9月	2009年5月	2021年1月起
霞林街道								
陈元兴	霞林街道党工委书记 一级主任科员	男	汉族	荔城新度	1976年7月	1997年10月	1999年11月	2020年3月起 2020年6月起
胡彬伟	霞林街道党工委副书记、办事处主任	男	汉族	荔城黄石	1982年10月	2004年9月	2006年5月	2020年3月起
林明钟	霞林街道党工委委员 人大主任	男	汉族	涵江新县	1982年5月	2004年4月	2006年5月	2021年4月起
林窕婧（女）	霞林街道党工委副书记、政法委员	女	汉族	仙游鲤城	1989年9月	2011年10月	2008年5月	2021年5月起
李清雄	区市场监管局三级主任科员 霞林街道党工委副书记（挂职）	男	汉族	涵江 三江口	1985年10月	2008年2月	2011年6月	2022年9月起
关　宇	霞林街道党工委委员、纪工委书记、监察组组长	男	汉族	涵江江口	1990年5月	2013年10月	2011年3月	2021年5月起
宋奇鹏	霞林街道党工委组织委员	男	汉族	秀屿平海	1992年7月	2015年8月	2013年12月	2021年5月起

续表9

姓名	现单位及职务、职级	性别	民族	籍贯	出生年月	参加工作时间	入党时间	任现职务时间
郑荔涵（女）	霞林街道党工委宣传委员	女	汉族	涵江涵西	1987年5月	2009年7月	2008年5月	2021年5月起
张印忠	霞林街道党工委委员、武装部部长	男	汉族	河北巨鹿	1973年1月	1991年12月	1993年9月	2021年1月起
沈剑芳（女）	霞林街道党工委统战委员、办事处副主任	女	汉族	城厢龙桥	1988年12月	2012年8月	2014年4月	2021年5月起
周自强	霞林街道办事处副主任	男	汉族	荔城镇海	1988年6月	2011年4月	2012年4月	2021年5月起
阮成伟	霞林街道办事处副主任	男	汉族	仙游郊尾	1975年11月	2000年8月	九三学社	2021年5月起
游金峰	区司法局霞林司法所所长	男	汉族	秀屿东庄	1987年5月	2004年12月	2005年7月	2022年2月起
朱玉龙	霞林街道综合执法协调中心主任（聘任）	男	汉族	秀屿东峤	1974年3月	1996年12月	2000年10月	2021年1月起
郭燕玉	霞林街道综合便民服务中心主任	女	汉族	荔城北高	1988年11月	2012年7月		2022年9月起
凤凰山街道								
蔡辉彬	凤凰山街道党工委书记 一级主任科员	男	汉族	城厢东海	1976年8月	1998年11月	1998年1月	2021年2月起 2020年2月起
陈丽丽（女）	凤凰山街道党工委委员 人大主任	女	汉族	秀屿东埔	1984年10月	2007年7月	2006年12月	2021年5月起 2021年6月起
黄顺华	区应急管理局党委委员 副局长、三级主任科员 凤凰山街道党工委副书记（挂职）	男	汉族	城厢龙桥	1971年11月	1995年10月	1999年9月	2022年1月起 2021年11月起
陈　扬	凤凰山街道党工委副书记、政法委员	男	汉族	涵江国欢	1985年4月	2010年2月	2013年6月	2021年3月起 2021年5月起
姜大银	凤凰山街道党工委副书记	男	汉族	重庆开县	1976年11月	1996年9月	2003年11月	2021年11月起
李春英（女）	凤凰山街道党工委委员、纪工委书记、监察组组长	女	汉族	秀屿东庄	1989年9月	2013年12月	2011年6月	2021年5月起
林金銮	凤凰山街道党工委组织委员	男	汉族	秀屿平海	1988年8月	2012年5月	2016年6月	2021年5月起
林罕英（女）	凤凰山街道党工委宣传委员	女	汉族	城厢龙桥	1982年5月	2004年10月	2003年5月	2020年7月起
沈耀森	凤凰山街道党工委委员 武装部部长	男	汉族	漳州诏安	1973年12月	1990年12月	1994年10月	2018年12月起
苏剑炜	凤凰山街道党工委统战委员、办事处副主任	男	汉族	城厢龙桥	1975年10月	1995年10月	2001年8月	2021年5月起
周荔山	凤凰山街道办事处副主任	男	汉族	城厢霞林	1972年11月	1996年10月	1998年10月	2016年5月起
蔡金敏	凤凰山街道办事处副主任	男	汉族	城厢东海	1986年3月	2008年7月	2007年11月	2021年5月起
吴礼敏	区司法局凤凰山司法所所长	男	汉族	仙游榜头	1977年9月	1996年12月	2002年7月	2022年9月起
黄智深	凤凰山街道四级主任科员	男	汉族	秀屿平海	1977年11月	1996年10月	1999年7月	2019年6月起
王宏群	凤凰山街道综合执法协调中心主任	男	汉族	河南清丰	1975年11月	1994年12月	1996年12月	2021年1月起
郑晓燕	凤凰山街道综合便民服务中心主任	男	汉族	荔城镇海	1989年9月	2011年7月	2009年11月	2022年9月起

（区委组织部　供）

2022年城厢区获市级及以上表彰先进单位（集体）一览表

表10

获奖单位	奖项名称	颁奖单位	表彰级别	颁奖时间
城厢区纪委监委	《中国纪检监察》学刊用刊工作“组织奖”	《中国纪检监察》杂志社	国家级	2022年9月
城厢区人民检察院	全国检察宣传先进单位	《检察日报》社	国家级	2022年9月
城厢区	省级双拥模范城“五连冠”	中共福建省委、福建省人民政府、福建省军区	省级	2022年7月
城厢区	2017—2020年度平安建设示范县（市、区）	福建省平安建设领导小组	省级	2022年6月
东圳事迹教育基地	全省首批廉洁文化示范基地	福建省纪委监委	省级	2022年5月
城厢区委政法委	平安建设先进	福建省平安建设领导小组 福建省人力资源和社会保障厅	省级	2022年6月
城厢区人民法院综合办公室	全省法院党的二十大期间信访安全保障工作成绩突出的集体	福建省人民法院	省级	2022年12月
城厢区税务局第一税务分局（办税服务厅）	“2022年—2024年”省级青年文明号	福建省创建青年文明号活动组委会	省级	2022年3月
城厢区税务局第一税务分局（办税服务厅）	福建省五一先锋号	福建省总工会	省级	2022年5月
城厢区住房和城乡建设局	城厢区崇尚集约建房样板项目、城厢区木兰滨溪片区无障碍设施建设示范区整治提升工程	福建省财政厅 福建省住房和城乡建设厅	省级	2022年9月
凤凰山街道办事处	福建省第七次全国人口普查突出贡献集体	福建省统计局、福建省第七次全国人口普查领导小组办公室	省级	2022年8月
凤凰山街道筱塘社区退役军人服务站	全省退役军人服务保障体系建设“五有”先进单位	中共福建省委退役军人事务工作领导小组办公室	省级	2022年7月
凤凰山街道月塘社区退役军人服务站	全省退役军人服务保障体系建设“五有”先进单位	中共福建省委退役军人事务工作领导小组办公室	省级	2022年7月
城厢区 区委、区政府	市对区党政主要领导2021年度履行教育职责和区政府履行教育职责督导评估（全市第一）	莆田市人民政府教育督导委员会	市级	2022年12月
城厢区纪委监委	莆田市抗击新冠疫情及时奖励先进集体奖	莆田市委	市级	2022年6月
城厢区法院立案庭（诉讼服务中心）	全市法院工作先进集体	莆田市法院	市级	2022年2月
城厢区人民检察院	全市基层先进检察院	莆田市人民检察院	市级	2022年2月
城厢区人民检察院第三检察部	全市检察机关先进集体	莆田市人民检察院	市级	2022年2月
城厢区人民检察院	莆田市检察机关法律文书制作业务练赛优秀组织奖	莆田市人民检察院	市级	2022年4月
城厢区人民检察院	莆田市检察机关优秀公诉人业务竞赛优秀组织奖	莆田市人民检察院	市级	2022年8月
城厢区人民检察院第二检察部	莆田市级青年文明号（2022年—2024年）	莆田市创建青年文明号活动组委会	市级	2022年12月
城厢区行政服务中心	改革创新奖	莆田市行政服务中心管理委员会	市级	2022年2月

（区委办　供）

2022年城厢区获市级及以上表彰先进个人一览表

表11

姓名	工作单位	荣誉称号	授予单位	表彰级别	授予时间
阮龙腾	城厢区霞林街道下黄社区党委书记、居民委员会主任	全国优秀城乡社区工作者	民政部	国家级	2022年11月
林燕梅	城厢区人民法院	全国青少年普法教育优秀辅导员	中国关工委、中央政法委、司法部、共青团中央、中国法学会	国家级	2022年5月
梁常青	城厢区人民检察院	2021年度优秀通讯员	《方圆》杂志社	国家级	2022年12月
傅晓彤	城厢区人民检察院	2021年度全国检察宣传先进个人	《检察日报》社	国家级	2022年12月
李源	城厢区自然资源局	全省造林绿化先进个人	福建省委、省政府	省级	2022年8月
李健	城厢区纪委监委	福建省纪检监察系统先进个人	福建省纪委监委	省级	2022年7月
刘明	城厢区人民法院	《破产程序中在建工程续建融资的法律风险及保障措施》一文，荣获“第六届中原破产法高峰论坛”征文活动三等奖	河南省法学会破产法学研究会	省级	2022年7月
张睿	城厢区人民法院	《杨某某诉郑某某名誉权纠纷案》荣获全省法院系统首届年度优秀案例分析评选优秀奖	福建省人民法院	省级	2022年8月
郭逸霏	城厢区人民法院	《从碎片化到协同化：基层法院在多元解纷机制中的角色定位》一文荣获第二届东南法治论坛征文活动二等奖	中共福建省委政法委员会、福建省法学会	省级	2022年8月
张睿	城厢区人民法院	《涉企非法吸收公众存款罪扩张化之治理路径研究》一文荣获第二届东南法治论坛征文活动优秀奖	中共福建省委政法委员会、福建省法学会	省级	2022年8月
刘明、吴娉婷	城厢区人民法院	《论破产程序中拒交账册行为的刑事规则——基于成本收益的分析视角》荣获全省法院第三十四届学术讨论会论文三等奖	福建省人民法院	省级	2022年11月
王妍	城厢区人民法院	《法院未采纳精准化量刑建议的规则构建——以F省111件不采纳案件为样本》一文荣获全省法院第三十四届学术讨论会论文优秀奖	福建省人民法院	省级	2022年11月
沈莉莉	莆田市城厢区人民检察院	优秀公诉人	福建省人民检察院	省级	2022年12月
傅晓彤	莆田市城厢区人民检察院	优秀刑事检察官助理	福建省人民检察院	省级	2022年12月
陈志平	城厢区司法局	全省司法行政系统先进工作者	福建省司法厅	省级	2022年8月
廖娴娴	城厢区旅游事业发展中心	全省文化和旅游系统先进工作者	福建省人力资源和社会保障厅、福建省文化和旅游厅	省级	2022年4月
陈慕珊	莆田市电商小镇产业发展中心	全省优秀妇联主席	福建省妇联	省级	2022年11月
朱雪华	莆田市城厢生态环境局	2021年度“清水蓝天”生态环境保护专项执法行动表现突出个人	福建省生态环境厅 福建省公安厅	省级	2022年3月
林松青	莆田市城厢生态环境局	2021年度生态环境保护执法大练兵表现突出个人	福建省生态环境厅	省级	2022年3月

续表 11

姓名	工作单位	荣誉称号	授予单位	表彰级别	授予时间
朱雪华	莆田市城厢生态环境局	2021年度生态环境保护执法大练兵表现突出个人	福建省生态环境厅	省级	2022年3月
林斌斌	灵川镇人民政府	福建省第七次全国人口普查突出贡献个人	福建省统计局	省级	2022年8月
陈坚	城厢区委政法委	建党100周年庆祝活动期间为全市信访安全保障工作作出突出贡献个人嘉奖	莆田市委、市政府	市级	2022年2月
洪俊达、林晨、陈颖盈	城厢区人民法院	全市法院工作先进个人	莆田市人民法院	市级	2022年2月
王妍	城厢区人民法院	2022年莆田市“聚榜样之力 扬道德之光”道德模范事迹宣讲比赛二等奖	中共莆田市委文明办	市级	2022年5月
宋福伟	城厢区人民法院	战“疫”先锋荣誉证书	莆田市应对新冠肺炎疫情工作指挥部	市级	2022年2月
范剑萍	城厢区人民检察院	2021年度全市检察机关先进个人	莆田市人民检察院	市级	2022年2月
傅晓彤	城厢区人民检察院	2021年度全市检察机关先进个人	莆田市人民检察院	市级	2022年2月
郑峰	城厢区人民检察院	2021年度全市检察机关先进个人	莆田市人民检察院	市级	2022年2月
徐晋雄	城厢区人民检察院	莆田市检察机关优秀公诉人	莆田市人民检察院	市级	2022年8月
沈莉莉	城厢区人民检察院	莆田市检察机关优秀公诉人	莆田市人民检察院	市级	2022年8月
蔡振武	城厢区人民检察院	莆田市检察机关优秀公诉人	莆田市人民检察院	市级	2022年8月
李丽琴	城厢区人民检察院	莆田市检察机关优秀刑事检察官助理	莆田市人民检察院	市级	2022年8月
傅晓彤	城厢区人民检察院	莆田市检察机关优秀刑事检察官助理	莆田市人民检察院	市级	2022年8月
董凌楠	城厢区人民检察院	莆田市检察机关优秀刑事检察官助理	莆田市人民检察院	市级	2022年8月
张与望	灵川镇人民政府	建党100周年信访安全保障突出贡献个人嘉奖	莆田市委、市政府	市级	2022年1月
林清飞	城厢区行政服务中心	“身边人讲好身边事”先进典型通报	莆田市行政服务中心管理委员会	市级	2022年3月
胡洪九	城厢区教育督导室	莆田市教育督导工作先进个人	莆田市教育局	市级	2022年9月

（区委办　供）

2022年城厢区规模以上工业企业荣誉表（省级以上）

表12

序号	企业名称	荣誉	认定单位
1	中电望辰科技有限公司	工信部新型信息消费示范项目名单	工业和信息化部
2	中电望辰科技有限公司	省级“专精特新”企业	福建省工业和信息化厅
3	莆田市明扬纸品有限公司	省级“专精特新”企业	福建省工业和信息化厅
4	锐马（福建）电气制造有限公司	福建省工业互联网APP优秀解决方案	福建省工业和信息化厅
5	锐马（福建）电气制造有限公司	省级工业龙头培育企业	福建省工业和信息化厅
6	福建省劲德电源科技有限公司	省级工业龙头培育企业	福建省工业和信息化厅
7	福建东南艺术纸品股份有限公司	省级工业龙头培育企业	福建省工业和信息化厅

（区工信局　供）

附　录

城厢区2022年国民经济和社会发展统计公报

（城厢区统计局）

2022 年，城厢区坚持以习近平新时代中国特色社会主义思想为指导，在区委、区政府的坚强领导下，高效统筹疫情防控和经济社会发展，扎实推进“两稳一保一防”各项工作，全区经济总体保持平稳增长。

一、综合

初步核算，全年城厢生产总值 587.08 亿元，比上年增长 5.6%，其中：第一产业增加值 10.27 亿元，下降 2.9%；第二产业增加值 225.70 亿元，增长 9.1%；第三产业增加值 351.11 亿元，增长 3.9%。三次产业结构 1.8∶38.4∶59.8。

二、农业

全年农林牧渔总产值 20.76 亿元，同比下降 3.3%，其中：种植业产值 4.24 亿元，增长 5.7%；林业产值 0.53 亿元，下降 25.9%；牧业产值 10.10 亿元，下降 5.8%；渔业产值 4.15 亿元，增长 1.4%。

全年粮食产量 1.14 万吨，同比下降 7.1%；猪肉产量 6839 吨，下降 43.6%，生猪出栏 9.12 万头，下降 37.9%，活家禽出栏 1548.33 万只，增长 3.3%；蔬菜播种面积 1.17 万亩，增长 13.9%；全年蔬菜产量 2.17 万吨，增长 14.1%。

三、工业和建筑业

全年规上工业企业 171 家，规上工业增加值同比增长 7.5%。分轻重看，规上轻工业企业产值占全区规上工业产值 81.2%，增长 7.8%；规上重工业占全区规上工业产值 18.8%，增长 20.7%。在全区 18 个工业大类中有 15 个行业实现增长，其中 11 个行业实现两位数增长，特别是规上橡胶和塑料制品业增长 42.9%。其中全区主要行业鞋服行业增长 4.9%，拉动规上工业产值 2.3 个百分点。

按注册地算，116 家资质内建筑企业完成产值 222.08 亿元，同比增长 15.7%，高于全市平均水平 5.8 个百分点。其中，本年新签合同额 275.87 亿元，增长 57.8%，外省产值增长 23.5%。

四、固定资产投资

全年固定资产投资（不含农户）完成 320.47

亿元，同比增长11.9%，其中：项目投资完成254.11亿元，增长44.6%；房地产开发投资完成66.36亿元，下降40.1%。

五、国内贸易

全年社会消费品零售总额完成653.89亿元，同比增长4.2%。其中，限上消费品零售额完成329.21亿元，增长5.8%。限上批零业销售额完成912.2亿元，增长22.4%；限上住餐业营业额完成13.86亿元，增长0.6%。

六、对外经济

全年实际利用外资总额完成2628万美元，同比增长1312.9%。外贸出口总额完成89.44亿元，同比增长24.6%。

七、服务业

全年规上服务业营业收入（错月值）完成39.27亿元，同比增长1.9%。规上其他营利性服务业营业收入（错月值）完成26.68亿元，同比增长16.8%。

八、交通业

公路运输总周转量完成84704万吨公里，同比下降1.7%，其中：旅客转量完成1131万人公里；货物周转量完成84591万吨公里，同比下降1.5%。

九、居民生活

全年全区居民人均可支配收入46991元，同比增长6.4%；按常住地分，农村居民人均可支配收入27465元，同比增长7.9%；城镇居民人均可支配收入53723元，同比增长5.6%。

全年全区居民人均消费支出28878元，同比增长5.8%；按常住地分，农村居民人均消费支出20408元，同比增长6.2%；城镇居民人均消费支出32150元，同比增长5.3%。

十、教育

2022年，全区有各级各类学校157所，其中：幼儿园71所，小学65所，中学20所，职业学校1所。全区各级各类学校在校生95804人，其中：小学45581人，中学27414人。

注：1. 本公报所列数据为初步统计数；

2. 本公报地区生产总值、各产业增加值、农林牧渔业总产值增长速度按可比价格计算。

2022年全市及各县（区）主要经济指标情况表

表1

指标名称		单位	全市	城厢区	涵江区	荔城区	秀屿区	北岸	湄洲岛	仙游
1.地区生产总值（GDP）	总量	亿元	3116.25	587.08	684.56	642.00	440.76	112.34	22.54	626.99
	增幅	%	4.0	5.6	3.1	1.0	4.9	5.0	5.3	6.0
#第一产业增加值	总量	亿元	146.13	10.27	18.37	18.06	52.71	16.88	4.93	24.90
	增幅	%	2.5	–2.9	3.7	0.3	2.1	3.3	0.3	6.4
第二产业增加值	总量	亿元	1630.81	225.70	457.84	330.85	248.10	46.16	3.91	318.25
	增幅	%	4.0	9.1	3.3	–2.6	5.8	10.7	3.1	6.9
第三产业增加值	总量	亿元	1339.31	351.11	208.35	293.08	139.94	49.29	13.70	283.84
	增幅	%	4.2	3.9	2.5	5.1	4.4	0.8	7.7	5.1
2.农林牧渔业总产值	总量	亿元	273.94	20.76	34.72	33.16	98.30	31.07	9.16	46.77
	增幅	%	2.8	–3.3	4.2	0.5	2.9	3.9	1.3	7.3
3.规模以上工业增加值	增幅	%	4.2	7.5	3.1	–1.4	7.5	1.8	—	8.4
4.建筑业总产值	总量	亿元	923.57	222.08	189.97	214.08	57.04	88.37	7.01	145.02

续表1

指标名称		单位	全市	城厢区	涵江区	荔城区	秀屿区	北岸	湄洲岛	仙游
	增幅	%	9.9	15.7	−4.9	6.8	7.3	33.3	3.9	19.1
5.固定资产投资	总量	亿元	1986.67	320.47	393.68	301.47	405.78	255.45	8.14	301.68
	增幅	%	6.2	11.9	6.6	−18.0	19.4	11.0	8.1	11.9
6.财政总收入	总量	亿元	218.86	34.89	28.79	48.68	16.63	4.20	2.63	47.23
	增幅	%	3.0	1.8	2.9	4.7	10.2	−48.8	9.2	14.0
# 地方级收入	总量	亿元	151.05	25.41	18.65	32.60	13.22	3.88	1.94	29.65
	增幅	%	9.8	5.1	10.3	10.8	24.2	−30.8	43.6	14.9
7.社会消费品零售总额	总量	亿元	1804.58	653.89	158.82	516.58	91.04	21.11	3.67	359.48
	增幅	%	3.4	4.2	1.1	2.4	6.6	−11.4	3.5	4.6
批零业销售额	总量	亿元	5159.67	1100.60	814.14	1415.27	405.46	315.65	12.80	1095.76
	增幅	%	17.1	19.1	9.4	21.8	32.1	−2.9	258.5	16.6
住餐业营业额	总量	亿元	150.08	45.08	15.78	23.55	7.85	2.83	1.13	53.87
	增幅	%	6.5	1.3	5.7	6.6	7.5	17.1	17.6	10.5
8.实际利用外资	总量	万美元	11771	2628	2851	1330	2017	389	23	2533
	增幅	%	10.9	1312.9	−52.2	0.8	681.8	–	−63.5	−10.4
9.规模以上其他营利性服务业营业收入（错月值）	总量	亿元	83.81	26.68	7.67	22.93	5.52	3.90	4.14	12.97
	增幅	%	19.5	16.8	21.1	28.7	29.9	−0.5	8.4	16.2
10.全体居民人均可支配收入	总量	元	37027	46991	41583	46232	28976	–	–	29440
	增幅	%	6.5	6.4	6.4	6.1	7.0	–	–	6.8
城镇居民人均可支配收入	总量	元	46595	53723	44362	51928	39127	–	–	40098
	增幅	%	5.7	5.6	5.7	5.3	6.1	–	–	5.9
农村居民人均可支配收入	总量	元	24718	27465	23640	28043	25725	–	–	22418
	增幅	%	8.0	7.9	8.0	7.6	8.3	–	–	8.6
11.常住人口		万人	319.9	54.5	47.7	67.2	48.5	8.3	3.4	90.3

注：除地区生产总值（GDP）、农林牧渔业总产值、规模以上工业增加值增幅按照可比价格计算外，其他指标均按照现价计算。

2022年城厢区宣传稿件目录

国家级媒体报道

新华社

2022−01−08　新华全媒+丨以转促稳　“中国鞋都”深化转型升级

2022−02−02　福建莆田：加快推进鞋业转型升级（新华社）

2022−12−14　莆田木雕：小小雕刻刀 讲好中国故事

《人民日报》

2022−11−29　图片报道向群众宣讲党的二十大

中央电视台

2022−03−25　奋进新征程 建功新时代 伟大变革 福建木兰溪的绿色之变（新闻联播）

2022-07-23　八闽大地谱写高质量发展新篇章（新闻联播）
2022-08-27　福建莆田：龙眼陆续成熟，果园洋溢丰收喜悦（CCTV13新闻直播间）
2022-09-12　莆田木兰溪十里风光带启动区建设忙（新闻联播）
2022-09-13　大美中国看福建（《新闻联播》片尾）
2022-12-25　一季甜巧变四季蜜（中央2套）

中新社

2022-10-04　马来西亚侨领桑梓地的美丽蝶变（吾乡拾年）

《光明日报》

2022-04-14　匠心，刻在一刀一棰间（光明网）
2022-04-22　隔离区涌动“山海情”讲述人：宁夏吴忠市同心县第四中学来自福建莆田的支教教师方春武（光明日报04版综合新闻）
2022-08-07　福建非遗中的书卷“大国工匠”、当代莆田木雕代表性人物郑春辉的大型山水木雕作品《千里江山图》（局部）
2022-08-13　09版生态文明　从“水患之河”到“幸福之河”
2022-08-13　09版生态文明　我们的木兰溪
09版生态文明　市民在木兰溪畔的绿道骑行
09版生态文明　游客泛舟绶溪，领略荔林水乡美丽风光
2022-08-13　09版生态文明　看河湖全流域治理的生动样本

省级媒体报道

《福建日报》

2022-01-10　04版经济　莆田城厢跨境电商发展步入快车道
2022-01-12　11版莆田观察　城厢打击电信网络诈骗实现“两升两降”
2022-01-12　11版莆田观察　整治3个易涝路段
2022-01-12　10版莆田观察　三乡镇上榜市农业产业强镇创建名单
2022-01-12　10版莆田观察　6个市级夜间经济示范区公布
2022-01-12　10版莆田观察　人均公园绿地面积15-098平方米
2022-01-12　09版莆田观察　未来五年，我们建设这样的新莆田
2022-01-17　02版要闻　守住粮食安全“压舱石”
2022-01-26　10版莆田观察　消费帮扶续写山海情
2022-01-26　10版莆田观察　市皮划赛艇基地迁建工程可研报告获批
2021-01-13　11版莆田观察　城厢区全力防范应对寒潮天气
2021-01-13　09版莆田观察　莆田落实稳生产稳就业工作
2021-01-13　11版莆田观察　“四季蜜”晚熟龙眼采摘上市
2021-01-13　11版莆田观察　城厢：激活市场主体“一池春水”
2021-01-20　11版莆田观察　15分钟服务圈正稳步走来
2021-01-20　10版莆田观察　落幕·崛起
2021-01-20　06版经济　存量挖潜，“僵尸企业”土地焕生机
2021-01-27　11版莆田观察　城厢：保障“两节”期间工业生产稳定运行
2022-02-09　03版经济　莆田抢占数字经济新赛道
2022-02-11　04版社会　图片新闻：莆田市公安局城厢分局禁毒大队联合龙桥派出所在莆田市总工会工人文化宫广场针对网约车行业劳动者集中开展禁毒宣传活动
2022-02-14　02版要闻　绘就百姓安居乐业新画卷
2022-02-15　04版社会　发朋友圈侮辱他人还拒不道歉，法院强制执行

2022-02-16　10版莆田观察　铆足“虎劲”奋斗“开门红”城厢稳字当头防疫复工两手抓
2022-02-16　10版莆田观察　城厢新发展企业数实现首月“开门红”
2022-02-16　12版莆田观察　2022年，文旅莆田这样玩
2022-02-16　09版莆田观察　莆田“备案即交证”做法上榜
2022-03-02　02版莆田观察　乡村旅游搭起振兴天梯
2022-03-02　02版莆田观察　城厢财政收入首月“开门红”
2022-03-02　02版莆田观察　16家市场主体上榜“莆田老字号”
2022-03-16　10版莆田观察　把“烦心事”办成“暖心事”
2022-03-30　11版莆田观察　木兰铁岭片区改造项目启动设计招标
2022-03-30　11版莆田观察　走近你，走进你
2022-03-30　11版莆田观察　王金森：爱上调解
2022-03-30　11版莆田观察　城厢向4名醉驾缓刑人员发出《道安劝导令》
2022-03-30　12版莆田观察　木兰溪畔起新城
2022-04-13　09版莆田观察头条　纾困解难　稳工稳产
2022-04-13　09版莆田观察　我们在一起，就是最大力量
2022-04-14　08版科技文体头条　匠心，刻在一刀一棰间
2022-04-22　03版要闻　省领导赴莆田调研
2022-04-27　11版莆田观察头条　城厢：步履铿锵 踏浪而行
2022-04-27　第11版莆田观察　撂荒地变“致富田”
2022-04-27　11版莆田观察　守牢校园疫情防控阵地
2022-04-27　11版莆田观察　创建“无疫小区”，积极守护家园
2022-04-28　07版海峡版头条　咖啡屋里“烘焙”甜蜜新生活
2022-05-03　01版要闻　莆田：零证办电　市民省心
2022-05-10　04版社会　新业态从业人员，用工关系怎么认定
2022-05-11　09版莆田观察　力奴鞋业员工在操作智能数码画线机图片
2022-05-11　11版莆田观察　莆田首个残疾人公益培训基地启用
2022-05-16　04版社会　轻微事故处理“一趟不用跑”
2022-05-16　04版社会　传授防毒技巧
2022-05-25　11版莆田观察　城厢区：惠企资金线上直达兑现
2022-05-25　12版莆田观察　基层党建有力度 社区治理有温度
2022-05-25　12版莆田观察　城厢举办医务人员技能竞赛
2022-06-02　03版要闻　莆田：生态红利转化为宜居指数
2022-06-08　10版莆田观察　绶溪片区：“城市客厅”2-0版来了
2022-06-13　05版社会　图片新闻
2022-06-13　04版　社会治理更高效
2022-06-22　12版莆田观察　莆田首个省级商业秘密保护示范基地授牌
2022-06-22　11版莆田观察　城厢：让每个孩子“好上学”“上好学”
2022-06-22　11版莆田观察　让城市烟火气旺起来
2022-07-06　10版莆田观察　更智慧，产业发展再提速
2022-07-06　10版莆田观察　城厢开展农村残疾人实用技术培训
2022-07-06　11版莆田观察　托起舌尖上稳稳的幸福
2022-07-16　02版要闻　书写生态文明建设“莆田样本”

2022-07-20 10版莆田观察 城厢：地方级收入增幅居全市第一
2022-07-20 09版莆田观察 绿色驱动 壮大产业
2022-08-03 09版莆田观察 “数字”掘金正当时
2022-08-03 12版莆田观察 小手绘脸谱 国粹绽芳华
2022-08-03 11版莆田观察 莆田首家社区“行政服务中心”启用
2022-08-05 02版要闻 省领导到泉州和莆田调研
2022-08-15 05版社会 莆田城厢法院成功调解一起聋哑夫妻离婚纠纷案
2022-08-15 03版 莆田：母亲河畔 城市蝶变
2022-08-15 01版要闻 治水兴城，澎湃莆田活力新
2022-08-15 01版要闻 生态优先谋发展
2022-08-15 03版 乘“水上巴士”看“荔林水乡”
2022-08-16 06版时事 完善工作方法化解矛盾纠纷
2022-08-17 10版莆田观察 当下有为 未来可期
2022-08-17 10版莆田观察 整合文旅资源 建设旅游强区
2022-09-05 04版经济 正牌“莆田鞋”来了
2022-09-13 05版时事 莆田市公安局东海派出所开展流动人口服务宣传活动
2022-09-14 10版莆田观察 城厢区举办“专精特新”企业产融对接活动
2022-09-14 12版莆田观察 城厢区发布推进教育高质量发展行动方案
2022-09-14 12版莆田观察 九旬老兵陈文岛的精彩人生
2022-09-14 11版莆田观察 集约建房，让乡村美起来
2022-09-20 06版时事 莆田市公安局华亭派出所开展《福建省流动人口服务管理条例》宣传
2022-09-28 10版莆田观察 赓续文脉 办出有特色的教育
2022-09-28 10版莆田观察 一所农村校的十年变迁
2022-09-28 10版莆田观察 霞林学校学生在塑胶跑道上运动
2022-10-12 09版莆田观察 生态更优 城市更美
2022-10-12 09版莆田观察 办好实事 惠及民生
2022-10-12 09版莆田观察 莆田南湖公园俯瞰图
2022-10-12 10版莆田观察 城厢：打造现代服务业新高地
2022-10-15 01版要闻 办好教育立德树人
2022-10-16 06版 非凡·奋进 喜迎党的二十大丨游客们行走在莆田木兰陂上，感受岁月的沉淀、自然的神奇。
2022-10-23 06版 图片新闻：学习党的二十大精神
2022-10-31 04版经济 莆田首单“9810”货物通关
2022-10-31 05版社会 让基层“末梢”变为治理“前哨”
2022-10-31 03版经济 莆田：练好内功 逐鹿境外蓝海
2022-11-01 03版经济 莆田：练好内功 逐鹿境外蓝海
2022-11-02 12版莆田观察 图片新闻：常太镇岭下村村民住上新房，村子越来越美
2022-11-02 09版莆田观察 港产城联动 擘画新蓝图在城厢区坂头西片区安置房项目建设现场
2022-11-02 10版莆田观察 图片新闻：泗华溪景色旖旎
2022-11-02 10版莆田观察 莆田首条环城福道来了
2022-11-02 09版莆田 观察心声
2022-11-03 01版要闻 我在木兰陂颂安澜
2022-11-09 07版海峡 “家在这里，大陆就是故乡”
2022-11-23 10版莆田观察 女职工职业技能公益培训班开班
2022-11-23 10版莆田观察 壮美画卷在城厢乡村徐展开
2022-12-01 05版经济 莆田颁发首张直接变更经营者的个体工商户营业执照

2022-12-14 10版莆田观察 新起点 再出发
2022-12-14 10版莆田观察 唤醒"沉睡"的山路
2022-12-20 08版科教文体 木兰溪流域考古发现两万年前人类活动遗址
2022-12-20 03版经济 发挥特色优势 传承千年技艺
2022-12-20 03版经济 莆田国际陆港启用
2022-12-20 03版经济 跨境物流通道还需优化
2022-12-21 07版海峡 莆田市霞林街道：多措并举做好拆迁安置信访工作
2022-12-28 09版莆田观察 基层治理中的"数智"力量
2022-12-28 09版莆田观察 东圳水库水利风景区入选
2022-12-28 10版莆田观察 城厢发布推进民营经济高质量发展十条措施

福建电视台

2022-01-06 莆田：八旬阿婆丢了8000多元 公交驾驶员完璧归赵（第一帮帮团）
2022-01-07 莆田城厢：1529套安置房提前交付（第一帮帮团）
2022-01-07 莆田：硬举措！举报有奖 持续加大酒驾打击力度（第一现场）
2022-01-08 奖励三千元！莆田推行举报酒驾有奖措施，民警：首例奖励已发放（第一帮帮团）
2022-01-15 莆田：春节临近3万株蝴蝶兰上市迎春（乡村振兴公共频道《乡村振兴进行时》栏目）
2022-01-17 莆田：多部门联合对溪岸排污口"全口径"排查整治（第一帮帮团）
2022-01-17 莆田：设春运执法站加强路检路查 交警守护"回家路"（第一现场）
2022-01-17 莆田：逛灯会品年味 流光溢彩迎新春（新晚报）
2022-01-18 莆田一水泥罐车与电动车刮碰后起火，公交司机秒变救火员扑救（第一帮帮团）
2022-01-22 莆田：巧手剪窗花 快乐迎新春（乡村振兴进行时）
2022-01-25 莆田城厢：开展关爱留莆职工送温暖系列活动（福建新闻联播）
2022-01-31 莆田：暖心年夜饭 留企员工欢喜过新年（乡村振兴进行时）
2022-02-04 木版年画贺新春 可爱萌虎送祝福（第一现场）
2022-02-07 莆田城厢区：建成20个乡村"口袋公园"（福建新闻联播）
2022-02-10 莆田：世界灌溉工程遗产——木兰陂（乡村振兴进行时）
2022-02-14 让时间见证甜蜜爱情 "情人节"扎堆领证
2022-02-16 莆田："点对点"包车返岗 复工复产"加速度"（东南晚报）
2022-02-17 莆田首个海漂垃圾收集点及上岸码头建成（东南晚报）
2022-02-19 女子发朋友圈侮辱他人 法院强制执行赔礼道歉
2022-02-21 女子欲跳河轻生 民警父子及时救下
2022-03-05 莆田：最多跑一次 办好新生儿"出生一件事"
2022-03-09 莆田：女科特派员结对助农 别样形式庆"三八"
2022-03-11 省领导赴莆田调研 福建新闻联播
2022-03-14 拖车上的小轿车突发起火 吓坏了司机
2022-03-15 莆田：栽植苗木好时节 苗木销售进旺季
2022-03-17 首批"醉驾"缓刑人员执行"道安劝导令"
2022-03-21 莆田：硬隔离暖服务 筑牢疫情防控屏障
2022-03-24 莆田城厢：隔离不隔爱 细致陪伴暖人心
2022-03-24 莆田：构建"电子栅栏" 筑牢平安屏障
2022-03-25 莆田: 以"艺"战"疫" 致敬抗疫英雄

2022-03-25　央视新闻联播聚焦：福建木兰溪的绿色之变
2022-03-29　莆田：两男子逃避防疫检查被依法查处
2022-03-30　莆田：今天起学生分批返校复学
2022-04-02　莆田：防疫生产“两手抓、两不误”
2022-04-03　莆田城厢：为全区111名烈士开展代祭扫活动　福建新闻频道
2022-04-10　莆田：紫荆花迎春盛开（乡村振兴公共频道）
2022-04-18　莆田：多措并举推进高标准农田建设　助力“沃土生金”（乡村振兴公共频道）
2022-04-20　莆田：三辆货车连环追尾　两名司机受伤被困（福建新闻频道）
2022-04-21　莆田：羊蹄甲竞相绽放　道路成“花道”（乡村振兴公共频道）
2022-04-22　省领导赴莆田调研（福建综合频道）
2022-04-28　莆田：72岁老伯被卷入车底　众人合力抬车救人（福建新闻频道）
2022-05-01　莆田：首票跨境电商出口货物实现跨关区通关（东南卫视）
2022-05-01　莆田：暖心！72岁老人被卷车底 众人合力抬车救人（综合频道中心）
2022-05-03　莆田：母女被困深山　民警1小时成功救援（综合频道中心）
2022-05-04　莆田：千名学生举行“青春心向党”十四岁青春奠基礼活动（福建综合频道）
2022-05-04　莆田：举办“五四”青年节主题活动（东南卫视）
2022-05-06　莆田：扩产能强链条　食品产业提质增效（福建综合频道）
2022-05-09　深圳返乡创业“夫妻档”　只为还原“正宗酸甜”枇杷（福建新闻频道）
2022-05-10　莆田：首票跨境电商出口货物实现跨关区通关（东南卫视）
2022-05-10　莆田：小蜡花开繁似雪　芳香迷人（乡村振兴公共频道）
2022-05-13　莆田：“夫妻档”深圳返乡创业　只为还原“正宗酸甜”枇杷（福建乡村振兴公共频道）
2022-05-15　莆田：扩产能强链条　食品产业提质增效（东南卫视）
2022-05-15　莆田：“空地”联勤　民警紧急救援落水女子（综合频道中心）
2022-05-16　莆田：东海迎来海带收获季　产量价格双丰收（乡村振兴公共频道）
2022-05-19　莆田: 老屋变身农耕文化展示馆　留住浓浓乡愁（乡村振兴公共频道）
2022-05-23　莆田：以链串珠强产业　聚合发展新动能（福建综合频道）
2022-05-24　全省首次！“出生一件事”莆田率先实现全流程网办（福建新闻频道）
2022-05-24　奋力实现双过半丨莆田：以链串珠强产业　聚合发展新动能（东南卫视）
2022-05-25　莆田：“出生一件事”从线下升级到线上（综合频道中心）
2022-05-26　莆田：蓝花楹浪漫盛开 紫色花海拥抱初夏（福建乡村振兴公共频道）
2022-05-27　莆田：警惕！红火蚁活动频繁 谨防被蜇伤（福建新闻频道）
2022-05-31　莆田: 控烟科普进校园（福建新闻频道）
2022-06-03　莆田：端午节来临　食材蒲艾热销（福建新闻频道）
2022-06-03　莆田城厢：首批“百企千店”社会化拥军企业授牌（福建综合频道）
2022-06-06　莆田：刺桐花开红胜火（福建乡村振兴公共频道）
2022-06-07　书写青春答卷！莆田今天2万多名考生赶考（福建新闻频道）
2022-06-09　莆田: 以“时时放心不下”的状态 做好人员转移安置工作（福建新闻频道）
2022-06-22　莆田：打造桂圆示范基地　带动产业融合发展（乡村振兴公共频道）
2022-06-23　莆田：低价旅游养生“套路”中老年“钱袋子”7名涉案人员被逮（福建新闻频道）

2022-07-04 可受理104项业务！莆田首家“最小办事大厅”便民服务中心启用（第一帮帮团）
2022-07-04 莆田：举办高校毕业生线下招聘会（东南卫视）
2022-07-06 莆田：首家居民楼下的“最小办事大厅”启用（福建新闻频道）
2022-07-10 莆田：开心过暑假 留守儿童成长夏令营开营（福建乡村振兴公共频道）
2022-07-10 福建：留守儿童在活动中拓展眼界、收获快乐（福建综合频道）
2022-07-11 中小学生减负过暑假！莆田推进作业改革，让暑假作业更接地气（第一帮帮团）
2022-07-11 莆田：减负不减质 暑假作业更有趣更接地气（福建新闻频道）
2022-07-16 一湾溪水绿 两岸荔枝红（福建新闻频道）
2022-07-17 莆田：一湾溪水绿 两岸荔枝红（乡村振兴公共频道）
2022-07-17 莆田：葡萄成熟上市 采摘旅游走红（福建电视台旅游频道）
2022-07-18 莆田：建起农家书屋 打造留守儿童暑假开心乐园（福建乡村振兴公共频道）
2022-07-18 莆田：花海有诗意 赏芒正当时（福建综合频道）
2022-07-19 莆田：野泳危险多 莫把安全作赌注（综合频道中心）
2022-07-20 莆田：小区特殊人才库为邻里排忧解难（综合频道中心）
2022-07-21 莆田：《习近平谈治国理政》第四卷宣讲进企业（东南卫视）
2022-07-21 莆田：一湾溪水绿 两岸荔枝红（福建电视台旅游频道）
2022-07-22 莆田：雪津啤酒旅游美食季开幕 点亮城市“夜经济”（福建综合频道）
2022-07-23 莆田：过大暑 吃羊肉啖荔枝（福建新闻频道）
2022-07-25 全省农村公路建设志愿帮扶“五个服务”主题活动在莆田举办（福建综合频道）
2022-07-26 木兰溪畔水安澜（东南卫视）
2022-07-26 莆田：动物防暑降温有“凉”方（福建新闻频道）
2022-07-26 莆田：抓项目树品牌 文旅融合延伸产业链（福建电视台旅游频道）
2022-07-29 莆田：三位一体筑牢防溺水“生命线”（综合频道中心）
2022-07-29 木兰溪畔水安澜（福建乡村振兴公共频道）
2022-07-29 莆田：建立“绿色通道”服务军人（福建综合频道）
2022-07-29 莆田：“睡美人”悄然绽放（福建乡村振兴公共频道）
2022-08-02 莆田：建立“绿色通道” 做好服务工作（福建乡村振兴公共频道）
2022-08-05 莆田：火龙果“甜蜜”丰收 采摘尝鲜正当时（福建新闻频道）
2022-08-05 木兰溪：碧水安澜 人水和谐（福建综合频道）
2022-08-07 莆田：中电科创城投用 打造信息服务产业新高地（福建综合频道）
2022-08-10 木兰溪：碧水安澜 人水和谐（福建乡村振兴公共频道）
2022-08-10 莆田：中电科创城投用 打造信息服务产业新高地（东南卫视）
2022-08-11 莆田：木兰溪畔 绿色转型 福建综合频道）
2022-08-12 莆田：消防员不惧“烤”验 挥汗如雨练本领（福建新闻频道）
2022-08-13 光明日报》聚焦莆田木兰溪的治水故事（东南卫视）
2022-08-18 莆田：火龙果“甜蜜”丰收 采摘尝鲜正当时（福建乡村振兴公共频道）
2022-08-22 莆田龙眼上市 口感优于去年（福建新闻频道）
2022-08-23 刷单返现“尝甜头” 女子两天被

骗47多万！受害者：软件里都是托（福建新闻频道）
2022-08-25 莆田：刷单骗局套路多 女子两天被骗47万（综合频道中心）
2022-08-26 莆田：龙眼丰收 果农增收（东南卫视）
2022-08-29 莆田：持续高温 “避暑”经济持续升温（福建乡村振兴公共频道）
2022-09-01 莆田：紫薇花绽放扮靓乡村（福建乡村振兴公共频道）
2022-09-13 莆田：逐绿而行 按下绿色经济发展“驱动键”（乡村振兴公共频道）
2022-09-13 莆田：“驴友”迷山中 民警“空地联动”及时救治（综合频道）
2022-09-14 莆田：爬梯子采摘龙眼！男子不慎摔骨折（新闻频道）
2022-09-18 莆田：荷花深处莲子熟 美了田园富了村民（乡村振兴公共频道）
2022-09-19 莆田：加快龙眼产业转型 助力“莆田好桂圆”升级（新闻频道）
2022-09-20 一站式办理！莆田推出身份信息连锁变更联办，市民烦心事变顺心事（第一帮帮团）
2022-09-21 莆田：推出身份信息连锁变更联办服务（综合频道中心）
2022-09-25 暖心执法！莆田新增1500个限时车位，维护校园周边交通秩序（第一帮帮团）
2022-09-28 莆田：加快龙眼产业转型 助力“莆田好桂圆”升级（乡村振兴频道）
2022-09-29 女子景区不慎落水 警方迅速营救（现场）
2022-10-03 黄毓青、黄爱武家庭：见义勇为施援手 良好家风代代传（福建新闻联播）
2022-10-06 莆田：山花烂漫 “醉”美风景（乡村振兴频道）
2022-10-13 莆田：“四季蜜”特晚熟龙眼元旦将陆续上市（乡村振兴频道）
2022-10-15 莆田：千株醉蝶花烂漫盛开（乡村振兴频道）
2022-10-15 投资12-06亿莆田首条环城福道要来了，为居民添福气（第一帮帮团）
2022-10-16 莆田：首条环城“福道”全面开工建设（综合频道）
2022-10-16 莆田：宣传节粮减损知识 传播爱粮节粮理念 新闻频道）
2022-10-21 莆田：学生烫伤 交警紧急护送就医（综合频道）
2022-10-23 这位乡村大叔真“潮”！做顿饭上千万人围观（现场）
2022-10-24 莆田：启动适龄女性HPV疫苗免费接种（综合频道）
2022-10-24 莆田：全面启动HPV疫苗免费接种（东南卫视）
2022-10-26 莆田：工会部门开展慰问 致敬城市美容师（综合频道）
2022-10-29 莆田：幼儿发烧抽搐 警车紧急护送（综合频道）
2022-10-30 莆田：异木棉竞相绽放 乡间村道成花道（福建新闻联播）
2022-10-30 莆田：备货！培训！理顺流程！电商企业开足马力备战“双十一”（现场）
2022-11-01 莆田：异木棉美丽绽放 城乡街道成“花道”（乡村振兴公共频道）
2022-11-07 给力！9岁男孩走失 民警用无人机迅速找到孩子位置（新闻频道）
2022-11-09 莆田：免费培训西式面点师 拿证做美食助力就业（新闻频道）
2022-11-10 莆田：“萌娃”走进消防站 化身小小“消防员”（乡村振兴公共频道）
2022-11-12 劳模引领 推动二十大精神在职工群众中落地生根（福建卫视新闻）
2022-11-26 莆田：木兰溪畔蒹葭苍苍 茫茫芦苇惹人醉（乡村振兴公共频道）
2022-12-01 正确认识和预防艾滋病！莆田举办艾滋病宣传活动（新闻频道）
2022-12-04 莆田下黄社区：长者食堂升级了（福建卫视新闻）
2022-12-05 莆田下黄社区：长者食堂升级了（新闻频道）

2022-12-05　莆田下黄社区：长者食堂升级了（福建新闻联播）
2022-12-07　莆田：凌晨3点　车停红绿灯路口一直不动！民警：司机睡得太沉了（新闻频道）
2022-12-10　指定担任民政部门遗产管理人！莆田：首例指定遗产管理人案件审结（新闻频道）
2022-12-11　为老年人提供就近就便疫苗接种服务（福建新闻联播）
2022-12-11　迎来老年人疫苗接种小高峰（新闻频道）
2022-12-13　莆田：国际陆港首票出口货物顺利通关（福建卫视新闻）
2022-12-13　莆田：樱花木棉绚丽绽放（福建新闻联播）
2022-12-15　木兰溪流域考古发现2万年前莆田地区人类活动遗址（福建卫视新闻）
2022-12-16　莆田：投资超百亿实施棚户区改造托起百姓安居梦（福建卫视新闻）
2022-12-18　莆田：寒潮来袭 鸡舍保暖用上“智能科技”（乡村振兴进行时）
2022-12-21　莆田：木兰溪流域考古发现2万年前人类活动遗址（乡村振兴进行时）
2022-12-24　莆田全面启动“第四针”新冠疫苗加强免疫接种（新闻频道）

市级媒体报道

《湄洲日报》

2022-01-04　A2　“立心社团”文体汇演
2022-01-06　B8B5　勇毅前行建设“山水格局、人文宜居”新城厢
2022-01-07　B1头条　产城融合 提质升级
2022-01-07　B3　让群众在“家门口”享受优质服务
2022-01-07　B4　开展了迎新年活动
2022-01-10　B1　574户征迁户新年喜迁新居
2022-01-11　A2　开启安置小区建管融合新模式
2022-01-11　B1头条　精细管理 保质保量
2022-01-11　B1　规范餐饮服务单位经营行为
2022-01-11　B3　城厢区妈祖文化交流协会挂牌
2022-01-12　A2　火龙果园里送技术
2022-01-12　A2　年轻女子欲轻生 网格员暖心施救
2022-01-12　B2头条　山海情深谱新篇
2022-01-12　B2头条　城厢区商务考察团在同心县考察
2022-01-12　B2头条　市区同心县农特产品展销馆物品丰富
2022-01-12　B2头条　建电商直播间，助力农特产品销售
2022-01-12　B2　设置校外“全民护学岗”
2022-01-12　B4　儿科病房温馨亮相
2022-01-13　A2　“田间课堂”体验农耕
2022-01-13　A2　开展育婴员技能培训
2022-01-13　A2　聚焦高效课堂 提升教育质量
2022-01-13　B1　特色旅游助力振兴
2022-01-13　B1　城厢利用外资实现大幅增长
2022-01-14　A2　让群众吃上“放心肉”
2022-01-17　A2　在我市率先建立行政争议实质性化解机制
2022-01-18　B1　一房多卖诈骗房款90万元
2022-01-18　B3头条　以绿为底绘发展
2022-01-18　B3　增殖放流 修复生态
2022-01-18　B3　监管水电站下泄流量
2022-01-19　A1头条　泗华溪清淤工程春节前完工
2022-01-19　B1　两地相隔2000余公里视频慰问现场
2022-01-19　B2头条　学史力行开新局
2022-01-19　B2头条　参观闽中革命烈士陵园
2022-01-19　B2头条　开展“从小学党史 永远跟党走”主题活动
2022-01-19　B4　传递家一般的温暖
2022-01-20　A2　爱心助残送去温暖
2022-01-20　B1　有力拉动经济增长
2022-01-20　B1　持续深化“放管服”改革
2022-01-20　B2　云端巡查+严查三轮车违法载人
2022-01-20　B3　民警为市民寻回遗失电脑
2022-01-21　B1　“工”贺新春送“福”到家

2022-01-21　B1　197户征迁户喜回迁
2022-01-23　1　春来福到!
2022-01-23　2　让留莆女工体验第二故乡的温暖
2022-01-24　B1头条　以情感人 以理服人
2022-01-24　B1　慈善救助300余户困难群众
2022-01-25　A2　“三下乡”服务暖人心
2022-01-25　B1　推进河道治理项目建设
2022-01-26　B2头条　以绿为底 绘就画卷
2022-01-26　B2头条　城市环境生态宜居
2022-01-26　B2头条　华亭镇五云村内风景如画
2022-01-26　B3头条　司法建议助力化解乡村邻里纠纷
2022-01-26　B3　落实安全生产各项措施
2022-01-26　B4　仁心仁术服务患者
2022-01-27　B1　3万株蝴蝶兰迎春上市
2022-01-28　B1　源头把控食品质量
2022-01-28　B2　助力弱势群众维权
2022-01-30　4头条　真情关爱留企人员
2022-02-01　3　村民因疫情无法回国 民警帮助换领身份证
2022-02-01　3　助力疫情防控排查
2022-02-01　3　加强烟花爆竹安全管理
2022-02-01　4　河道焕新迎新春
2022-02-07　2　师生员工进行核酸检测
2022-02-08　1头条　城厢：访企招商开好局
2022-02-08　2　全市首个海漂垃圾收集点及上岸码头建成
2022-02-10　2　亲子互动 快乐寒假
2022-02-10　2　检查草莓质量安全
2022-02-11　1头条　政策扶持 项目拉动
2022-02-13　1头条　打造数字农业科技体验示范园
2022-02-13　2头条　让群众有笑脸　让社区有“温度”
2022-02-14　A4　鼓足干劲“满格”开工
2022-02-14　B1　连续23年发放失地农民生活补贴
2022-02-15　A2　专车护送 安全返岗
2022-02-16　A2　部署校园防控工作
2022-02-16　A1头条　抢先抓早开好局
2022-02-16　B2头条　铆足虎劲开新局
2022-02-16　B2头条　杰讯光电生产车间，工人正忙碌生产
2022-02-16　B2头条　区发改局服务专班到重点项目一线了解复工复建情况
2022-02-16　B3　叔侄对簿公堂 法官耐心调解
2022-02-16　B4　提升核酸检测能力
2022-02-17　A2　新学期集“五福”
2022-02-17　A2头条　以满满的仪式感迎接开学
2022-02-17　A2　警察一家人劝导救助轻生女
2022-02-17　B1　多举措来助力
2022-02-17　B1　保障重点项目建设
2022-02-17　B4头条　利民之事 丝发必兴
2022-02-17　B4　12条香烟被盗迅速追回
2022-02-18　B1　线上线下提供3000余个就业岗位
2022-02-18　B2　空中巡查助力禁种铲毒
2022-02-21　A2　激发企业内生动力
2022-02-21　B1　开展专项检查 守住安全底线
2022-02-21　B4头条　践行为民初心 传递法治温度
2022-02-22　A2头条　农技人员一线支招
2022-02-22　B1　提供免费核酸检测 助力企业安全开工
2022-02-22　B1　做好垃圾分类 共创文明家园
2022-02-22　B1　多形式宣传“福”文化
2022-02-23　A1头条　奋战一季度“开门红”
2022-02-23　A2　诉非联动高效解纷
2022-02-23　B1　关爱环卫工送温暖
2022-02-23　B3头条　不负春光逐梦行
2022-02-23　B3头条　树标体育用品有限责任公司展厅内
2022-02-23　B3头条　工人们赶制订单
2022-02-23　B3　安全用电 从我做起
2022-02-23　B3　举办心理健康教育讲座
2022-02-23　B4　助患者摆脱手汗症困扰
2022-02-24　A2　“望闻讲补”助企发展
2022-02-24　A2　以讲促学提升能力
2022-02-24　A2　做好低温阴雨天气校园安全管理
2022-02-24　B1　发放小微企业 创业担保贷款

2022-02-24　B3　微信朋友圈发布侮辱内容拒不道歉
2022-02-25　A2　率先启动“出生一件事”一站式联办服务
2022-02-25　B1　集体生日会 情暖老人心
2022-02-25　B3头条　逐梦新征程 一起向未来
2022-02-27　4头条　从“橄榄绿”到“藏青蓝”
2022-02-28　A1头条　对接项目强链补链
2022-02-28　A2　开展专项救助行动
2022-02-28　B1　快撤快赔防堵保畅
2022-02-28　B1　常态义诊 造福于民
2022-02-28　B4　整治“钉子阵”安全隐患
2022-03-01　B1　争当“这就是莆田”宣传员
2022-03-02　A1头条　一线指导春耕生产
2022-03-02　B1头条　完善农村基层治理机制
2022-03-02　B2头条　笃定前行开新局
2022-03-02　B2头条　力奴鞋业有限公司生产车间里
2022-03-02　B2头条　城厢区5G数字产业园华龙厂区综合楼及2#厂房建设现场
2022-03-02　B3　调解进病房 服务暖人心
2022-03-02　B3　排查消除各类安全隐患
2022-03-02　B4　提升康复服务水平
2022-03-03　A2　“移动微法院”智能调解
2022-03-03　A2　守护校园食品安全
2022-03-03　B1　培育高新技术企业
2022-03-04　B2　绿茵场上“国字玫瑰”初绽放
2022-03-07　A2头条　文明实践活动进校园
2022-03-07　B4　花钱“摆平案件”遭行骗
2022-03-08　A1头条　一企一组 纾困解难
2022-03-08　A2头条　情暖女职工
2022-03-08　B3　满满福气红红火火
2022-03-09　A2　弘扬拥军优属传统
2022-03-09　B2头条　一马当先绘蓝图
2022-03-09　B2头条　坂头东片区改造项目地块四安置房已提前9个月回迁
2022-03-09　B2头条　华亭镇后塘村口袋公园成为村民休闲好去处
2022-03-09　B2　米塑“冰墩墩”走进课堂
2022-03-09　B3　妥善化解商铺租赁纠纷
2022-03-09　B4　义诊活动便民惠民
2022-03-10　A2　“融志愿”在行动
2022-03-10　B1　安福电商经验入选《国家电子商务示范基地建设案例集》
2022-03-11　A2　城厢法院发出首份《家庭教育令》
2022-03-11　B1　乡村建起儿童乐园
2022-03-11　B2　建筑一线绽放芳华
2022-03-14　A2　为青少年心理健康护航
2022-03-14　A4　巾帼心向党 女检展风采
2022-03-14　B1　拖车加装强光灯被查处
2022-03-15　A2　志愿服务 植树护绿
2022-03-15　A2　呵护幼苗 播种希望
2022-03-15　A2　筑牢“防火墙”守护平安
2022-03-15　B1　“电子围栏”构筑平安屏障
2022-03-15　B3　举办环保设施开放日活动
2022-03-16　A2头条　严把进口食品安全关
2022-03-16　A2　“警医邮”小分队走进偏远山区
2022-03-16　B1　用心用情用力 笑靥开遍社区
2022-03-16　B2头条　打通基层治理“最后一公里”
2022-03-16　B2头条　党员连心路解决居民出行难问题
2022-03-16　B2头条　小区党建宣传栏，引居民观看
2022-03-16　B2　增强应急疏散能力
2022-03-16　B3头条　法治护航 便捷服务
2022-03-16　B3　开展女职工维权宣传服务活动
2022-03-16　B4　关注上消化道肿瘤筛查
2022-03-17　A1头条　上门指导快审快批
2022-03-17　A2　维护群众权益
2022-03-17　B1　第四批省级循环经济示范园区
2022-03-17　B1　打造现代智能化蛋鸡品牌
2022-03-18　A2　展开新一轮核酸检测
2022-03-20　4　学习雷锋精神 奉献青春力量
2022-03-20　4　自制甜点展才艺
2022-03-21　B1　醉驾缓刑人员执行“道安劝导令”
2022-03-21　B4　促进无障碍环境规范建设
2022-03-22　A2　离家多年户口被注销
2022-03-23　A2　为隔离点的青少年送去零食“大

礼包”，送上关爱
2022-03-23 B1 增强困难群体抗疫能力
2022-03-23 B1 筑牢公共场所疫情防线
2022-03-23 B2头条 共筑爱心之城
2022-03-23 B2头条 根据“一元理发”志愿服务活动改编的情景剧《爱的循环》
2022-03-23 B2头条 爱心理发师为老人免费理发
2022-03-23 B3 重拳整治“两违”严守耕地红线
2022-03-23 B3 开展燃气排查整治行动
2022-03-23 B4 抗疫一线党旗高扬
2022-03-24 B1头条 敲开乡村致富门
2022-03-24 B1头条 后塘村茶园俯瞰
2022-03-25 A2 当好服务企业“店小二”
2022-03-25 A2 护航高三学生备考
2022-03-25 A2 海水池塘贝类育苗技术获突破
2022-03-28 A2 落实联防联控措施
2022-03-28 B1头条 一个小山村的抗疫24小时
2022-03-28 B4 携手筑牢疫情防线
2022-03-29 B1 改造破损道路 方便群众出行
2022-03-29 B3头条 蔬菜棚中春光美
2022-03-29 B3 督导涉疫垃圾污水处理
2022-03-30 A2 强化涉疫处置单位行业监管
2022-03-30 A2 入企送政策稳生产
2022-03-30 B1 筑牢疫情防控防线
2022-03-30 B2头条 “红色堡垒”保驾护航
2022-03-30 B2头条 员工进行全员核酸检测
2022-03-30 B2头条 指导核酸检测预登记
2022-03-30 B2 思政课堂“连线天宫”
2022-03-30 B2 确保校园食品安全
2022-03-30 B3 运用小额诉讼程序庭审提速化解合同纠纷
2022-03-30 B3 督促物业企业履职尽责
2022-03-30 B4 勇挑重担践初心
2022-03-31 A2 确保市场物价稳定
2022-03-31 B1 抖音助推苗木销售
2022-03-31 B4 多种活动引导分类
2022-04-01 A2 督导涉疫污水监管
2022-04-01 A2 线上线下联动送关爱
2022-04-05 3头条 “强筋健骨”淬炼精兵
2022-04-06 A2 女子楼顶欲轻生 民警舍身勇相救
2022-04-06 B2头条 攻坚克难勇毅前行
2022-04-06 B2头条 南湖公园核酸采集点秩序井然
2022-04-06 B2头条 坂头西城市更新项目如期动工建设
2022-04-06 B3 启动“云宣判”审结刑事案件
2022-04-06 B3 落实物流寄递安全管理措施
2022-04-06 B3 强化污染土壤环境监管
2022-04-06 B4 抗疫一线践初心
2022-04-07 A1头条 抢抓黄金期 跑出加速度
2022-04-07 A1 靠前服务守好关
2022-04-07 A2 三警之家并肩战“疫”
2022-04-07 A2 “云祭扫”缅怀英烈
2022-04-07 B1头条 助力“沃土生金”
2022-04-07 B1 政银联动赋能发展
2022-04-07 B2 核酸检测线上预约跑出“加速度”
2022-04-08 A2 当好“四员”做好服务
2022-04-08 B2头条 战“疫”芳华别样红
2022-04-11 B4 男子酒后寻衅滋事被公诉
2022-04-12 B1 坂头西片区项目动工建设
2022-04-12 B3 营造爱河护河氛围
2022-04-13 A2 嫁接“四季蜜”提效益
2022-04-13 B1 军民携手添绿村庄
2022-04-13 B2头条 步履铿锵逐梦行
2022-04-13 B2头条 龙德井片区建设现场航拍
2022-04-13 B2头条 5G数字产业园施工现场
2022-04-13 B2头条 区发改局干部下沉项目一线解难题
2022-04-13 B3 落实旅游安全工作措施
2022-04-13 B4 “哪里有需要，我就在哪里”
2022-04-14 A2头条 整治撂荒地 保粮食增产
2022-04-14 B3头条 简政放权 强基惠民
2022-04-14 B3 全力护航企业复工复产
2022-04-14 B3 加强三电设施保护
2022-04-15 A1头条 上门问需精准帮扶
2022-04-15 A1头条 建设幸福河湖主题公园
2022-04-15 A2 加强沿海岸线巡检
2022-04-17 A1头条 补植增绿提升“颜值”

2022-04-18 B1 儿童在医院玩耍受伤引纠纷
2022-04-18 B4 发挥公益诉讼职能 整治燃气安全隐患
2022-04-19 A2头条 为一线环卫工人检测核酸
2022-04-19 B1 营造整洁卫生文明有序城市环境
2022-04-19 B3 专人徒步巡查河道
2022-04-20 A2头条 加快打通路网 兴产业惠民生
2022-04-20 B2头条 守护健康家园
2022-04-20 B2头条 南园社区多举措督导“无疫小区”创建工作
2022-04-20 B2头条 下黄社区的楼栋长为居民保障日常物资
2022-04-20 B3头条 启动多元化解机制 妥善处理离婚案件
2022-04-20 B3 保持“两违”整治的高压态势
2022-04-20 B4 成功实施胸壁肿物切除术
2022-04-21 B1 改革审批制度
2022-04-21 B1 枇杷“云上”销售
2022-04-22 A2 扎牢进口冷链食品安全网
2022-04-24 1头条 快速行动 对标整改
2022-04-25 A2 内地居民赴港澳定居“销户+领证”一窗通办
2022-04-25 B4 酒后驾驶丢了工作又获刑
2022-04-26 B1 强化食品质量安全监管
2022-04-26 B1 织密建筑工地疫情防控网
2022-04-27 A2 家校宣教防溺水
2022-04-27 B2头条 花开满园竞芬芳
2022-04-27 B2头条 城厢区逸夫实验小学举行经典诵读活动
2022-04-27 B2头条 志愿者开展宣传活动
2022-04-27 B4 美化就医环境 完善公共设施
2022-04-28 A1头条 对标施策纾困解难
2022-04-28 A2 成立专班 督查整治
2022-04-28 B1头条 万象“耕”新“唤醒”撂荒地
2022-04-28 B1 城厢工业经济实现“开门红”
2022-04-28 B3头条 像保护眼睛一样保护好“大水缸”
2022-04-29 A1头条 莆田—厦门首票顺利转关
2022-04-29 A2头条 创建“无疫园区”
2022-04-29 A2 繁华商圈如何筑牢“平安墙”？
2022-04-29 B1 修复排污管 除臭解心病
2022-05-05 A1头条 坚持党建引领 形成“叠加效应” 城厢区3300多名党员进社区服务
2022-05-05 B1 小树苗 大“钱景”
2022-05-05 B3 守护未成年人成长
2022-05-06 A2 专题美术作品展举行
2022-05-06 B1 家长陪伴上阅读课
2022-05-06 A1 顽童踩裂采光井玻璃坠伤
2022-05-08 1 警民联手勇救落水女子
2022-05-08 4 培养健康生活新行为
2022-05-09 A2头条 高空去“墙斑”为城市“美颜”
2022-05-09 A4 保护环境共行动
2022-05-09 B1 一件特殊的“诉求”
2022-05-09 B4 发出再审检察建议 促虚假诉讼获改判
2022-05-10 A1头条 提质扩容 增强后劲
2022-05-10 B3 田间课堂培训农民
2022-05-11 A2 深耕产业链谋划大项目
2022-05-11 B2头条 砥砺实干稳增长
2022-05-11 B2头条 莆田市机动车驾驶人训练场迁建项目加紧建设
2022-05-11 B2头条 搅拌车来来往往，将混凝土运往工地
2022-05-11 B2头条 木兰溪支流兴沙溪整治工程现场
2022-05-11 B2 “法治进校园”巡讲活动启动
2022-05-11 B3 抓好沿街店铺安全检查
2022-05-11 B3 信用卡套现转贷他人使用 法院认定借贷合同无效
2022-05-11 B4 启动超声内镜诊疗
2022-05-12 A2头条 同心共建平安家园
2022-05-12 A2 “挂图作战”排查隐患
2022-05-12 B1 乘上“直达车” 快速“云兑现”
2022-05-12 B3 为群众织就“平安网”
2022-05-12 B3 “云”宣判刑事案件
2022-05-13 B1 “云”处理跨国离婚案
2022-05-16 B4 释放司法红利 服务社会治理
2022-05-16 B4 联合练赛提升素能

2022-05-17 B1 整治“空中飞线” 消除安全隐患
2022-05-17 B1 全面补植补栽 提升绿化品质
2022-05-17 B3 改善农村水环境质量
2022-05-18 A2 全面排查在建项目
2022-05-18 B2 创建脚步正铿锵
2022-05-18 B2 整治后的龙桥市场周边干净整洁有序
2022-05-18 B2 工人们正在进行空中缆线整治
2022-05-18 B2 实行创城“挂图作战”
2022-05-18 B2 学生入学实现“零跑腿”“零证明”
2022-05-18 B2 实践中领悟劳动之美
2022-05-18 B3 巡查不间断 拆违不手软
2022-05-18 B4 交流慢性病防治新进展
2022-05-19 A2 守护未成年人健康成长
2022-05-19 B1 首个省农村青年致富“种子工程”示范基地挂牌
2022-05-20 A2 扎牢药店“哨点”防线
2022-05-21 1 实地督导整改提升
2022-05-22 1 紧抓工期打通新通道
2022-05-23 A2 严厉打击禁渔期非法捕捞
2022-05-23 B4 快速办理司法救助案
2022-05-24 A2 提升校园安全管理水平
2022-05-24 A2 亲子劳动实践活动
2022-05-24 B1头条 巡查整改集资房脏乱问题
2022-05-24 B1 深入基层 为民服务
2022-05-25 A2 开展海堤应急抢险演练
2022-05-25 A2 共同启动保护母亲河
2022-05-25 B2头条 筑牢“安全网” 织密“文明网”
2022-05-25 B2头条 交通安全教育专题片
2022-05-25 B2头条 华林学校设立校园交通监督岗
2022-05-25 B2 花开有时，成长可期
2022-05-25 B3 保障妇女儿童合法权益
2022-05-25 B3 普法公益活动进社区
2022-05-25 B4 每周六到城厢区医院坐诊
2022-05-26 A1头条 告别“空中飞线” 消除安全隐患
2022-05-26 B1 打造优质贝类工厂化繁育基地
2022-05-26 B1 问需于企 纾难解困
2022-05-26 B2 开展河长制进校园活动
2022-05-27 A2头条 创城启动集中攻坚
2022-05-27 A2 法治副校长持证上岗
2022-05-27 A2 开展“两项督导”
2022-05-27 B1 举办包粽子比赛
2022-05-27 B2 从“头”感受幸福
2022-05-29 4 精准防控“粮食杀手”
2022-05-30 A2头条 开展“良好家风，润泽童心”家风家教系列活动
2022-05-30 B4 增殖放流“补过”
2022-05-31 A2 13家拥军企业集中授牌
2022-05-31 A2 排查隐患 安全度汛
2022-05-31 B1头条 城管力量下沉 有效解决问题
2022-05-31 B1 清理建筑垃圾
2022-06-01 A2头条 开展“玩转六一 放飞童年”活动
2022-06-01 A2 一线督导检查 创建“无疫企业”
2022-06-01 B1 志愿者在老人家中安装安全护栏
2022-06-01 B2头条 让城市“动脉”更畅通
2022-06-01 B2头条 民警在进行酒醉驾查处
2022-06-01 B2头条 快撤快处专班在忙碌工作中
2022-06-01 B2头条 志愿者与民警一同进行路面交通秩序管理
2022-06-01 B2 幼小衔接实现零距离
2022-06-01 B3 排查整治房屋隐患
2022-06-01 B4 提升口腔科医疗技术水平
2022-06-02 A3 欢声笑语展示才艺
2022-06-02 B1 打造文旅精品线路
2022-06-02 B1 扶持建筑业壮大
2022-06-03 2头条 区开展“迎端午”赛龙舟系列活动
2022-06-04 4 “粽”享青春全民禁毒
2022-06-05 2 捐赠爱心物资
2022-06-05 2 开展“快乐粽动员”端午民俗体验活动
2022-06-06 A2 体验习俗
2022-06-06 A2 以文惠民
2022-06-06 B1 三级联创打造智慧农场

2022-06-06 B4 "带案下乡"调解公开听证普法
2022-06-07 A2头条 护航考生饮食安全
2022-06-07 B1 小区环境卫生整改未到位
2022-06-08 B1 倡导绿色低碳生活
2022-06-08 B2头条 老旧小区焕新颜
2022-06-08 B2头条 纠正不文明现象
2022-06-08 B2头条 设立集中充电站
2022-06-08 B2头条 开放式小区划车位
2022-06-08 B2 优秀示范 高效引领
2022-06-08 B3头条 工厂烧毁引发赔偿纠纷 合力调解促进企业发展
2022-06-08 B3 持续治理"两违"全力助推创城
2022-06-08 B3 增强群众防灾减灾意识
2022-06-08 B4 为百岁老人上门巡诊
2022-06-09 B1 推动汽车市场回暖
2022-06-09 B3 化解"小矛盾"积累"大平安"
2022-06-10 A2 孝廉品德润心田
2022-06-10 B1 抽检草莓豆芽质量
2022-06-11 1头条 优化环境 政策惠企
2022-06-12 4 增强居民识骗防骗能力
2022-06-12 4 传承非遗文化 留住乡音乡韵
2022-06-13 A1头条 小区屋顶种菜，清理
2022-06-13 A2 突出重点部位整改
2022-06-13 A2 增强雨天路队安全意识
2022-06-13 B1 切割搬走大树，恢复交通和供电
2022-06-13 B4 推进落实海洋伏季休渔
2022-06-14 A1 排查清除地灾隐患
2022-06-14 B1 环卫保洁实施精细化管理
2022-06-14 B3 打捞垃圾扮靓河道
2022-06-15 A1头条 直达快享减负增效
2022-06-15 A1 专班推进 标本兼治
2022-06-15 B1 修复路面"创伤"安全出行暖心
2022-06-15 B2 "华丽蜕变"焕新颜
2022-06-15 B2 整治后的蔡埕市场整体面貌焕然一新
2022-06-15 B2 南门农贸市场告别"探头店"等情况，处处整齐划一
2022-06-15 B3 推动信访化解 工作提质增效
2022-06-15 B3 开展食品安全宣传活动
2022-06-15 B3 引导学生学法守法用法
2022-06-15 B4 医务人员赛技能
2022-06-16 B1 推进惠企资金 直达平台构建
2022-06-17 A2 开展志愿服务 助力文明创建
2022-06-17 B1 "向日葵亲子小屋"启用
2022-06-17 B1 为渣土车司机上交通安全课
2022-06-19 2 让党员"流动"不"流心"
2022-06-20 A1 开放式小区变整洁
2022-06-20 B4 合伙开设赌场获刑
2022-06-21 A2 嘉许回馈志愿者
2022-06-21 B1 施划停车位 让文明到"位"
2022-06-21 B3 "田专家"零距离培训农民
2022-06-22 A4 用绣花功夫刷新城市颜值
2022-06-22 A4 凤办环卫工人处理天妃酒店工地建筑垃圾
2022-06-22 A4 霞林环卫工人冲洗沟头社区兰溪街
2022-06-22 B1 "你说我听"解矛盾"一杯热茶"筑和谐
2022-06-22 B1 推进城乡教育一体化发展
2022-06-22 B4 城厢区医院成为省胃肠道肿瘤早诊早治及筛查联盟合作单位
2022-06-23 A2 给垃圾桶划线定位
2022-06-23 A2 防止噪声护航中考
2022-06-23 B1 我市首个省级商业秘密保护示范基地授牌
2022-06-23 B1 做大存量 做优增量
2022-06-23 B1 举办美妆设计 职业技能竞赛
2022-06-23 B2 取缔非法销售液化气窝点
2022-06-23 B2 提高企业依法经营水平
2022-06-23 B3 加强油气企业和油气管道安全监管
2022-06-24 A2 确保校园饮水安全
2022-06-24 B1 执法上力度 居民得实惠
2022-06-25 1 空闲地穿"绿衣"
2022-06-26 4 集中慰问立功军人家庭
2022-06-26 4 举行2022届大班毕业典礼
2022-06-27 A1 补链强链 合作共赢
2022-06-27 B1 "童心喜迎二十大·筑梦成长向未来"大班毕业典礼

2022-06-27 B1 健康人生 绿色无毒
2022-06-27 B4头条 城游线洋西至东太桥段下月上旬修复通车
2022-06-27 B4头条 数据资源提质效
2022-06-28 A2 幸福感恩 筑梦启航
2022-06-28 A2 完善设施 稳产保供
2022-06-28 B1 社区彩绘墙 老街添风景
2022-06-28 B3头条 管护“组合拳”河湖换新貌
2022-06-28 B3 摸底调查生物质锅炉
2022-06-29 B2头条 力量下沉效能提升
2022-06-29 B2头条 华亭镇五云村网格党小组组长林玉满指导晚熟龙眼种植技术
2022-06-29 B2头条 常太镇对网格长、单元长进行培训，更好服务群众
2022-06-29 B2 开展幼儿园办园行为督导评估
2022-06-29 B2 热心校友奖教助学
2022-06-29 B2 家校携手倡导文明交通
2022-06-29 B3 宣传未成年人保护政策
2022-06-29 B3 举办禁毒宣传活动
2022-06-29 B4 莆籍名医 健康惠民
2022-06-30 B1 助力消费市场回暖
2022-07-01 B2 情牵“工”友 “缘”来是你
2022-07-03 4 锻炼身体 丰富生活
2022-07-04 A1头条 提升城市功能品质
2022-07-04 A2 展示乡村学校少年宫建设成果
2022-07-04 A2 图为城厢区青少年活动中心的叶欣宜同学带来的歌曲《莆城谣》
2022-07-04 B4 盗刷前女友支付宝被起诉
2022-07-05 A2头条 联合整治提升市容环境
2022-07-05 B1 增补更换破损公益广告
2022-07-06 A2 理响莆阳”宣讲队进校园
2022-07-06 A4头条 创新机制催生文明之花
2022-07-06 A4头条 路边摩托停放有序
2022-07-06 A4头条 整治后的棠坡市场
2022-07-06 A4头条 联动整治混乱的管线
2022-07-06 B3头条 全力服务创新创业创造
2022-07-06 B3 开展防范非法集资宣传活动
2022-07-06 B3 当好平安建设排头兵
2022-07-06 B4 省级专家来莆义诊
2022-07-07 A2 组织演练筑牢防线
2022-07-07 B1头条 持续做优“生态长板”
2022-07-07 B1 中科华宇荣获省专利奖
2022-07-07 B3头条 加减乘除”强服务 点亮治理新思路
2022-07-07 B3 网络交友需谨慎
2022-07-08 A2 助推数字经济产业强链
2022-07-09 1头条 畅通堵心下水道
2022-07-10 1头条 赋能实体经济发展
2022-07-10 1 新驾训场加快建设
2022-07-10 1 保障一线防疫物资供给
2022-07-10 4 “红领巾成长营”开营
2022-07-10 4 为农村残疾人培训实用技术
2022-07-11 A2头条 流动疫苗接种车上线
2022-07-11 B4 深入宣贯《反有组织犯罪法》
2022-07-12 A2 助力转型升级 加强学习交流
2022-07-12 B1 做好“加减法” 创城齐发力
2022-07-13 A1头条 培育财源加强征管
2022-07-13 A2 395名“新农人”结业
2022-07-13 B1 为老党员颁发“光荣在党50年”纪念章
2022-07-13 B2头条 “党建红”点亮产业路
2022-07-13 B2头条 区委组织部干部走访企业宣传人才政策
2022-07-13 B2头条 亚明食品引进院士团队，加快智能制造和产业创新
2022-07-13 B3 图为拆除违章建筑物现场
2022-07-13 B3 关爱银发老人 预防养老诈骗
2022-07-13 B4 凝心聚力推动医院高质量发展
2022-07-14 A2 全程服务疫苗接种
2022-07-14 B4 篆刻印章 展示辉煌成就
2022-07-15 A1 城厢获评我省平安建设示范区
2022-07-18 B2 开展爱心义诊、义剪等志愿活动
2022-07-18 B3 筑牢未成年人“法治屏障”
2022-07-18 B4 牢记嘱托再出发 踔厉奋发谱新篇
2022-07-19 A2 为党员发放“精神食粮”
2022-07-19 B1 编制实施计划 改善空气质量

2022-07-19 B1 开展公益课 关爱助成长
2022-07-20 A1头条 扬长避短保稳促优
2022-07-20 A2 专车接送暖心护航
2022-07-20 B1头条 乡村旧貌换新颜
2022-07-20 B2头条 做大存量 做优增量
2022-07-20 B2头条 复茂连锁门店创新升级版的软皮绿豆饼清爽上市
2022-07-20 B2头条 亚明公司严格把关生产质量
2022-07-20 B2头条 举行食品诚信管理体系培训
2022-07-20 B2 开展闽宁教育协作
2022-07-20 B3 打着“养老服务”幌子 非法吸收公众存款
2022-07-20 B4 疫苗接种服务下乡
2022-07-21 A1头条 支持鞋企智能化升级增效
2022-07-21 B1 城厢区第二届直播电商节收官
2022-07-21 B1 分类施策帮扶企业
2022-07-21 B3 拧紧治安“安全阀”
2022-07-22 A2 受伤池鹭“展翅高飞”
2022-07-22 B2 体验农耕文化
2022-07-25 A2 上门接种疫苗 贴心服务老人
2022-07-25 B4 双方争执一人伤
2022-07-26 A2 艺术殿堂变研学天地
2022-07-26 B1头条 补齐短 源头防范
2022-07-27 B2头条 奋力赶超乘势上
2022-07-27 B2头条 顶墩——下黄片区整村改造项目正在验收，即将交付
2022-07-27 B2头条 城厢区工信局工作人员入企助力企业发展
2022-07-27 B2 关爱留守儿童 培养“国风少年”
2022-07-27 B4 省中医生殖专科联盟许金榜工作室在城厢区医院揭牌
2022-07-29 A3 树立正确分类理念
2022-07-29 B1 志愿帮扶主题活动在莆举行
2022-07-31 1头条 紧紧稳住商贸服务业大盘
2022-07-31 4 安全自护 为爱护航
2022-08-01 A2头条 城厢区成立“老兵宣讲团”
2022-08-01 B2 违法贩卖“止咳水”获刑
2022-08-02 A2 感悟思想伟力 推动笃行实干
2022-08-02 B1 回应群众诉求 整治噪声问题
2022-08-03 A2 “访调对接”源头化解矛盾
2022-08-03 B1 开展“夏送清凉”慰问一线职工活动
2022-08-03 B2头条 军民鱼水情更浓
2022-08-03 B2头条 城厢区对优抚对象，颁发优待证
2022-08-03 B2头条 送法进军营
2022-08-03 B2头条 为官兵进行核酸检测
2022-08-03 B2 开展社会实践调研活动
2022-08-03 B2 莆田4所学校案例获一等奖
2022-08-03 B3 饭店油烟污染引发投诉 商户被责令限时整改
2022-08-03 B4 助力皮肤早癌筛查
2022-08-04 B1 打通重点产业链上下游堵点
2022-08-04 B1 做好企业发展“服务员”
2022-08-05 A2 浪漫小爱化作文明大爱
2022-08-05 B1 小手绘脸谱 国粹绽芳华
2022-08-06 1头条 俯下身子一抓到底
2022-08-07 4 留守孩子打卡农家书屋
2022-08-08 B4头条 “益”路扬帆启新程
2022-08-10 A1 科技治违提效率
2022-08-10 A2 推广绿色种植方式
2022-08-10 B2头条 确保“舌尖上的安全”
2022-08-10 B2头条 开展食安创城宣传
2022-08-10 B2头条 执法人员对“明厨亮灶”智慧食安监管平台的餐饮单位进行抽检
2022-08-10 B2 公益课堂进社区
2022-08-10 B4头条 专家组团进村巡诊
2022-08-11 B1 常态化走访企业解难题
2022-08-12 B1 地灾点安置户喜领新房
2022-08-12 B2 青春绘蓝图 共护木兰溪
2022-08-15 A2 确保粮食增产增收
2022-08-15 B4 助涉案未成年人重返校园
2022-08-16 A2 展现特色乡村建筑风貌
2022-08-16 A2 警娃进警营
2022-08-16 B1 开展文物安全“拉网式”排查
2022-08-16 B3头条 家门口享绿色福利
2022-08-16 B3 返乡大学生参与护河

2022-08-17 B1 智慧农业助力乡村振兴
2022-08-17 B2头条 共创文明幸福城
2022-08-17 B2头条 执法人员整治占道摆摊
2022-08-17 B2头条 加强夜市巡查及整治
2022-08-17 B2头条 修复损坏的路灯
2022-08-17 B2 捐赠空调 情暖校园
2022-08-17 B3头条 无声世界里“听见”公正的声音
2022-08-17 B3 促矛盾化解 为企业解忧
2022-08-17 B4 进村联合义诊
2022-08-18 A2 司法服务站揭牌成立
2022-08-18 B1头条 铆足干劲勇争先
2022-08-18 B1 政策“找”企服务上门
2022-08-18 B3头条 打侵财 强追逃 严执法
2022-08-19 A1 无人机助精准核查酒醉驾
2022-08-19 A2 大学生为快递小哥送清凉
2022-08-19 A2 优秀学子获得表彰
2022-08-21 4 举行防溺水应急救援演练
2022-08-22 B4 “春蕾安全员”护航未成年人成长
2022-08-23 B1头条 坚持问题导向压实工作责任
2022-08-24 A2 普及应急救护知识
2022-08-24 A2 守护“舌尖上的安全”
2022-08-24 B1头条 从山区村到“世外桃源”
2022-08-24 B2头条 向海而兴进活力
2022-08-24 B2头条 城厢区海洋产业链专班前往太湖新型产业园现场办公解难题
2022-08-24 B2头条 蛤老大（福建）食品有限公司生产车间忙碌生产
2022-08-24 B2头条 迈向新学期 谱写新篇章
2022-08-24 B3 持续推进食安创城工作
2022-08-24 B3 开展养老诈骗排查整治
2022-08-24 B4头条 职工拔河比赛举行
2022-08-25 B1 科技助企 人才制胜
2022-08-25 B1 验收果园轨道运输机
2022-08-26 B1 下东圳2座危桥改造开工建设
2022-08-29 A2 全面推动“崇尚集约建房”工作
2022-08-29 B4 外卖站点变洗钱窝点
2022-08-30 A2 确保顺利开学
2022-08-30 A2 奖教助学激励成才
2022-08-30 A2 足不出户一键求职
2022-08-30 B1 医治“道路病害” 守护民生“落脚点”
2022-08-30 B1 改造危桥方便出行
2022-08-31 A2头条 连续9年奖励学子
2022-08-31 B1头条 火灾现场成为安全示范点
2022-08-31 B1 村民向档案馆无偿捐赠古籍
2022-08-31 B2头条 建圈强链动能澎湃
2022-08-31 B2头条 城厢区现代服务业发展大会暨重点项目推介签约授牌仪式现场
2022-08-31 B2头条 城厢区现代服务业风生水起，图为联发电商城俯瞰
2022-08-31 B2 东海镇蔡厝村成立爱教基金会
2022-08-31 B3 股东请求解散陷入“僵局”公司
2022-08-31 B3 助力青少年快乐“益”夏
2022-08-31 B4 专项督查促落实
2022-09-01 A2 描绘木兰溪美丽画卷
2022-09-01 A2 打造家校社“教育共同体”
2022-09-01 A2 为花卉苗木科技降温
2022-09-01 B1 助力外贸企业发展
2022-09-01 B1 图为航拍下的养殖场片片连接
2022-09-01 B3头条 处好每一起警情 办好每一起案件
2022-09-02 A2头条 改善办园条件
2022-09-02 B1 灵华线云庄大桥主体完工
2022-09-05 A1 “近水”救“近火”
2022-09-05 A2 规范节日市场经营秩序
2022-09-05 B4 缺钱走“偏门”盗窃熟人
2022-09-06 A2 保障新学期师生安全
2022-09-06 B1 督促整改环境安全隐患
2022-09-07 A2 确保进口冷链食品安全
2022-09-07 A2 沟头小学举行入泮礼
2022-09-07 B1 为困难家庭学生发放助学金
2022-09-07 B2头条 勇毅前行拓空间
2022-09-07 B2头条 城厢区召开“六园千亿”产业高质量发展现场推进会
2022-09-07 B2头条 东海鞋服科技产业园配套工程金桥路施工现场

2022-09-07　B3　加大巡查力度 净化校园周边环境
2022-09-07　B4　省级专家带教指导
2022-09-08　A2头条　同庆佳节 共话师恩
2022-09-08　A2　城厢区九华学校二期工程已竣工并投用
2022-09-08　A2　成立奖教助学协会
2022-09-08　B1　探索数字乡村新模式
2022-09-09　B2　莫做孤"泳"者
2022-09-09　B3　特色教学 激发活力
2022-09-10　1　指导学生练习书法
2022-09-12　4　参与涉恶团伙被判刑
2022-09-13　A2　连续21年为居民免费体检
2022-09-13　B1　规范药品经营市场秩序
2022-09-13　B1　关爱环卫工人爱心义剪志愿服务活动
2022-09-13　B3　强化扬尘污染治理
2022-09-14　A2　营造校园安全环境
2022-09-14　A4　规范停车场经营秩序
2022-09-14　B2头条　秀水灵动生态美
2022-09-14　B2头条　常太镇莒溪移民"幸福河湖"主题公园美景
2022-09-14　B2头条　华亭镇长岭溪"幸福河湖"主题公园一角
2022-09-14　B2头条　华亭镇工作人员查看"莆田市智慧河长综合管理平台"信息
2022-09-14　B2　老少同声颂党恩
2022-09-14　B3　担当作为求实效 凝心聚力谋发展
2022-09-14　B4　家庭化病房带来温馨体验
2022-09-15　B3头条　"5G+充电桩"促电动车"智慧"管理
2022-09-16　A2　为奔赴军营的新兵送行
2022-09-18　1头条　开展亲子体验活字印刷术
2022-09-19　B4头条　锻造优秀人才队伍
2022-09-20　A1　中电科创城投用
2022-09-20　B1　加大巡查力度 合力守护"静夜"
2022-09-20　B3　多措并举狠抓河道整治
2022-09-21　B1　助力困难大学生圆梦
2022-09-21　B2头条　美丽蝶变展新姿
2022-09-21　B2头条　城厢区城市更新项目崛起一片新
2022-09-21　B2头条　人行天桥既保障市民安全，也为城市增添景观
2022-09-21　B2　热心企业家奖教奖学
2022-09-21　B3　提升管理能力 筑牢安全防线
2022-09-21　B3头条　为民服务出实招 高效履职谱新篇
2022-09-22　A2　"一窗办理"协同服务
2022-09-22　A2　从严管理船舶活动
2022-09-22　B3头条　工旅融合展醉美风采
2022-09-22　B1　下沉一线 主动服务
2022-09-23　A2　城厢区部门联动共同守护
2022-09-23　B1　龟山路全线通车
2022-09-23　B1　开展乡村康复服务
2022-09-23　B3　与爱同行 温暖有光
2022-09-24　4头条　城厢奖教奖学新风尚 谱写教育新篇章
2022-09-24　4头条　嘉奖教育先进个人
2022-09-24　4头条　奖励考上本科院校的南门社区大学生
2022-09-24　4头条　奖励该校优秀教师及学生
2022-09-26　A4　检校融合护航少年成长
2022-09-27　B3　联合巡查区域水质
2022-09-28　B2头条　展翅腾飞势如虹
2022-09-28　B2头条　木兰溪畔的华林经济开发区俯瞰
2022-09-28　B2头条　亚明食品公司流水线生产繁忙
2022-09-28　B2头条　强国有我 匠心相传
2022-09-28　B2　小小"船"承人 非遗进校园
2022-09-28　B3　增强学生防范电信诈骗意识
2022-09-28　B4　产科新病房迎来首个新生宝宝
2022-09-29　B1　中稻测产验收增产又增效
2022-09-30　A4　木兰大道（三期）1号桥贯通
2022-10-01　2　"法治蓝"守护红领巾
2022-10-09　1头条　木兰大道一期通车
2022-10-09　2　服务进社区 浓浓敬老情
2022-10-09　4　家校共育 点滴做起

2022-10-10 B1 双胞胎兄弟圆“从军梦”
2022-10-10 B4 举办主题讲座深化学习教育
2022-10-11 B1头条 老街区“数”说新故事
2022-10-11 B1 加强食品经营监督管理
2022-10-12 B2头条 绘就乡村振兴壮美画卷
2022-10-12 B2头条 常太镇打造全域生态旅游小镇
2022-10-12 B2头条 城厢区组织党员干部参与“认领一亩田”志愿活动
2022-10-12 B2 开展优秀童谣传唱活动
2022-10-12 B3 拆除2处楼顶违建房屋
2022-10-12 B4 从“万元档”降至“千元档”
2022-10-13 A2 保障畜产品质量安全
2022-10-13 B3头条 提升打防效能 全力守护平安
2022-10-13 B3 辅警抱娃狂奔送医
2022-10-14 A2 南湖公园广场实行噪声自动监测
2022-10-14 A2 传承红色基因凝聚工作动力
2022-10-14 B1头条 绿色产业“流金淌银”
2022-10-14 B1 多措并举助力产业兴旺
2022-10-15 1头条 部门力量下沉 问题闭环解决
2022-10-17 A2头条 城厢：坚定信心 埋头苦干
2022-10-19 B1 举办小区篮球比赛
2022-10-19 B3头条 打造创新驱动新引擎
2022-10-19 B3头条 进行研发工作
2022-10-19 B3头条 洋溪汇跨境电商众创空间内展厅一角
2022-10-19 B3 增强老年人防诈骗意识
2022-10-20 B1 南门“股民”享健康福利
2022-10-21 A1头条 携手共建幸福河
2022-10-21 B4 预防流感，接种疫苗正当时
2022-10-25 B3 向乡村未成年人普法
2022-10-26 B4 HPV疫苗免费接种 项目首针开打
2022-10-26 B3头条 大道通衢 平安是福
2022-10-26 B3头条 无人机在联创广场上空巡逻喊话提示
2022-10-26 B3头条 民辅警走上莆仙戏舞台向农村群众开展交通安全宣传
2022-10-27 B4 即时零售崭露头角
2022-10-30 4 提升残疾人职业技能
2022-10-31 B1 多条道路施工合理规划出行
2022-10-31 B4头条 落实措施展现作为
2022-11-01 B1 深度“体检”排水管道 助力污水处理提质增效
2022-11-01 B3 整治夜间噪声污染
2022-11-02 A2头条 热心解纷促和谐
2022-11-02 A4 进校园普法护安全
2022-11-02 B2头条 敢闯新路引“凤凰”
2022-11-02 B2头条 图为中电科创城先导区为企业打造一站式拎包入驻的高品质科创空间
2022-11-02 B2头条 图为城厢区东海鞋服科技产业园项目建设现场
2022-11-02 B2 爱心助学点亮“微心愿”
2022-11-02 B3 上街宣传防范诈骗知识
2022-11-02 B4 温暖相伴 守护健康
2022-11-03 B1 工作专班“一对一”为企解忧
2022-11-03 B3 反诈骗宣传搭上“顺丰”车
2022-11-04 A2 “免费肥料＋技术支持”赋能特色产业发展
2022-11-04 B1 五社联动 民主协商
2022-11-06 4 南湖村成立“爱心助残驿站”
2022-11-07 A1 用心解决征迁 群众所需所盼
2022-11-07 B2 醉驾弃车逃避检查 重罚！
2022-11-08 A1头条 把握精神实质 确保落地见效
2022-11-08 B1 防范化解重大火灾隐患风险
2022-11-08 B3 还居民清静夜晚
2022-11-09 A2 关怀“两癌”患病妇女
2022-11-09 A2 合力筑牢森林“防火墙”
2022-11-09 B2头条 构建“专精特新”生力军
2022-11-09 B2头条 明扬纸品有限公司厂房各条生产线开足马力生产纸吸管
2022-11-09 B2头条 劲德电源科技有限公司工人正在生产锂电池
2022-11-09 B2头条 城厢区举行“专精特新”产业园设计方案意见征求会
2022-11-09 B3 切实保护海洋生态环境
2022-11-09 B3 引导大学生远离非法“校园贷”

2022-11-09 B4 打造温馨雾化室
2022-11-10 A2 精准服务 用“爱”除“碍”
2022-11-10 A2 激活机制 力量下沉
2022-11-10 B1 培训搬进果园 振兴龙眼产业
2022-11-11 A2头条 坚定信念 干事创业
2022-11-11 B1 打造滨海靓丽风景线
2022-11-11 B1 助山东失联老太返乡
2022-11-11 B1 新塘社区老旧小区 改造力争年底完工
2022-11-11 B2 布里生花 乐趣满满
2022-11-14 A2 城厢区“红色廉洁文化档案展示点”揭牌
2022-11-14 B4头条 企有所需 检有所为
2022-11-15 A2头条 宣讲进企业 鼓劲促发展
2022-11-16 B1 助残驿站提供康复服务
2022-11-16 B2头条 谱写校园“食安曲”
2022-11-16 B2头条 督查小组对集体供餐企业进行抽检
2022-11-16 B2头条 城厢区教育局对学校“明厨亮灶“建设进行检查
2022-11-16 B3头条 对标先进 创新举措
2022-11-16 B3 南湖安全文化主题公园建成
2022-11-16 B4 轻松面对胃肠镜检查
2022-11-17 A2头条 宣讲进工地 建设添动力
2022-11-17 A2 便捷！个体工商户“一表登记”
2022-11-18 B2 青年不负凌云志
2022-11-21 B1 方便百姓出行 推动经济发展
2022-11-21 B4 非法持枪猎杀白鹇鸟
2022-11-23 A2头条 牢记殷切嘱托 努力干事创业
2022-11-23 A2 举办饮用水水源地突发环境事件应急演练
2022-11-23 B2头条 冲刺四季度 决胜全年度
2022-11-23 B2头条 城厢区第二实验小学分校项目建设现场
2022-11-23 B2头条 木兰溪“十里风光带”建设现场
2022-11-23 B3 抓好城镇燃气管理工作
2022-11-23 B4 “让患者康复是我们最大的动力”
2022-11-24 A2头条 宣讲进社区
2022-11-24 B1 攻坚冲刺全年目标
2022-11-24 B1 培育“新农人” 助产业振兴
2022-11-28 B4 学以致用促进履职尽责
2022-11-29 B1 抓好物业小区公共收益“点题整治”工作
2022-11-29 B3 召开环保规划专家评审会
2022-11-30 A2头条 立足生态优势 促进绿色转型
2022-11-30 A2头条 为张向阳向观 展者讲解创作历程
2022-11-30 B1 多维保障老龄事业健康发展
2022-11-30 B2头条 凝心聚力抓落实 团结奋进谱新篇
2022-11-30 B2头条 城厢区组织“大国工匠”到项目一线宣讲
2022-11-30 B2头条 以群众喜闻乐见的方式，宣讲二十大精神
2022-11-30 B2头条 二十大精神宣讲进校园
2022-11-30 B2 “未”你而来 护“未”同行
2022-11-30 B2头条 莆宁两地开展云端联动教研
2022-11-30 B2 筑牢禁毒思想防线
2022-11-30 B2 促进学生增强体质
2022-11-30 B3 宣传“平安三率”增加群众安全感
2022-11-30 B4 提高消化系统疾病诊疗水平
2022-12-01 A4 参观学习分类知识
2022-12-01 B1头条 一堂特别的“思政课”
2022-12-01 B1 科学施肥 绿色增长
2022-12-01 B3 全市公安机关“1+3”多中心融合治理模式推广应用现场会召开
2022-12-02 A4 全力筑牢平安防线
2022-12-02 A4 培育青年“新农人”
2022-12-02 B1头条 山门村“沉睡”10余年移民通道重见天日
2022-12-02 B2头条 “她力量”绽放别样芳华
2022-12-05 A2 全市首张直接变更经营者的个体工商户营业执照颁发
2022-12-05 B1 没有继承人谁来处理遗产？
2022-12-05 B4 合规建设助企发展
2022-12-08 A4头条 党建引领夯根基 司法为民

显担当
2022-12-08　A4头条　城厢区开展领导干部学法专题讲座活动
2022-12-08　A4头条　常太镇司法所、法律顾问调解纠纷
2022-12-08　B1头条　奏响发展奋进曲
2022-12-08　B4　创建老年友善医院
2022-12-09　A2　城厢区率先建立异地商会红色家园
2022-12-09　A2　巾帼志愿者进社区宣传
2022-12-09　B2　群众茶余饭后自娱自乐
2022-12-09　B2　聘任12名人民法院监督员
2022-12-11　4　提升技能 提高收入
2022-12-12　A2　发布十条措施优化营商环境
2022-12-12　A2头条　田间"小板凳课堂"
2022-12-12　A2　城厢区工商业联合会（总商会）第四次代表大会召开
2022-12-12　B4　假订单骗取货款被起诉
2022-12-13　A2　提高教学质量等进行深入交流
2022-12-13　B4头条　生态宜居增颜值
2022-12-14　B1头条　深化认识激发干劲
2022-12-14　B1　一线协商解难题
2022-12-14　B1　做美做优人居环境
2022-12-14　B2头条　守护百姓 还"静"于民
2022-12-14　B2头条　执法人员对正在施工作业的建筑工地进行噪声值监测、检查等
2022-12-14　B2头条　城厢区多部门联合对娱乐场所等进行检查
2022-12-14　B2　增强识毒防毒拒毒意识
2022-12-14　B2　法官协调解决问题促和谐
2022-12-14　B4　邀请省级专家参与疑难病例讨论
2022-12-15　A2头条　分众化宣讲入人心
2022-12-15　A2　防"艾"宣传进企业
2022-12-15　B1　建设标准化 智能贝类育苗基地
2022-12-16　A2头条　丰富形式贴近群众
2022-12-16　A2　普法活动走进校园
2022-12-16　B1头条　点"藏"莆商大爱
2022-12-19　A2　飞车抢夺被起诉
2022-12-20　A2　"跨村联建"激活力 党建引领助振兴
2022-12-20　A2　"声"入群众凝聚人心
2022-12-20　B1　环保法律宣传进企业
2022-12-21　B1　让安置房早日通电
2022-12-21　B2头条　古韵今风魅力显
2022-12-21　B2头条　东圳水库烟波浩渺
2022-12-21　B2头条　天龟线蜿蜒环绕，串联起城厢区旅游景区
2022-12-21　B2头条　"八二一"人民广场（左岸段）建设现场。
2022-12-21　B2　跨地交流 情满教育
2022-12-21　B3　多措并举推动平安建设
2022-12-21　B3　5宗违法建筑被拆除
2022-12-21　B4　微创治疗技术上新台阶
2022-12-22　B1　果农采摘"四季蜜"龙眼
2022-12-24　1头条　破解难题集中攻坚
2022-12-25　1头条　突破技术瓶颈 加大研发投入
2022-12-25　4　品味生活 乐享童年
2022-12-25　4　文明实践 常态创建
2022-12-26　A2　开展森林灭火演练
2022-12-26　B4头条　奋发作为勇担当
2022-12-28　2头条　学思践悟出真知 细照笃行促发展
2022-12-28　2头条　勇立潮头展风采
2022-12-28　2头条　木兰大道一期通车
2022-12-28　2头条　三利谱光电新厂房俯瞰
2022-12-28　3　精心诊治赢得信任
2022-12-29　1头条　霞林街道坂头西片区改造项目快速推进
2022-12-29　2　访调联动化解矛盾
2022-12-29　3　护航一线民警健康
2022-12-30　B1　快速追回借款60余万元

索 引

说 明

一、本索引采用主题分析法编制。索引范围包括各部类、分目、条目等。“专记”“大事记”“附录”等部类的具体内容未做索引，仅以其部类名称标示。

二、索引按主题词首字汉语拼音(同声字按声调)音序升序排列。部类、分目作索引款目用黑体字排印，其余均用宋体字排印。

三、索引款目后的阿拉伯数字和拉丁字母(a,b,c)分别表示内容所在的页码和栏别(即左、中、右栏)。

四、索引空两字位起排的款目为上一主题的“附见”。为便于读者检索，内容有交叉的款目，在本索引中重复出现。

五、非音序开头的款目排在索引的末尾。

A

B

C

D

E

F

G

H

J

K

L

M

N

P

Q

T

W

X

Y

Z

非音序